KB122026

나오미 울프

버자이너
vagina

번역 **최가영**

 사일런스북

버자이너

지은이 | 나오미 울프
옮긴이 | 최가영
펴낸이 | 박동성
주간 | 박지선
표지 디자인 | 곽유미
홍보마케팅 | 유인철

펴낸 곳 | **사일런스북** / 16311 / 경기도 수원시 장안구 송정로 76번길 36
전화 | 070-4823-8399
팩스 | 031-248-8399
출판등록 | 제2016-000084호 (2016.12.16)

실오라기 한 올 걸치지 않고 하늘 아래 서 있으니
얼마나 이상하고 무서운지! 그러면서도 얼마나 달콤한지!
그녀는 눈을 뜨고 친숙하지만 전에 알았던 적이 없는
세상을 돌아보며 새로 태어난 것 같다고 느꼈다.

—케이트 쇼팽,《각성》

목차

감사의 글

인터뷰에 응해 준 과학자들과 학자들, 상담 전문가들, 의사들을 포함해 여러분들의 도움이 없었다면 이 책은 완성될 수 없었습니다. 모두가 기꺼이 시간을 할애해 소중한 전문 지식을 공유해 주었습니다. 이 책을 통해 한 명이라도 더 많은 사람이 여성의 건강과 성을 올바르게 이해할 수 있게 되었다면 다 그들 덕분입니다. 도움을 주신 뉴욕 소호 산부인과의 데버라 코디 박사, 같은 병원 소속의 낸시 피시, 뉴욕대학병원의 라메쉬 바부 박사, 뉴저지 케슬러 재활 센터의 제프리 콜 박사, 위스콘신 대학교의 버크 리치먼드 박사, 뉴욕에서 활동하는 카트린 카컬스, 몬트리올 컨커디어 대학교의 짐 파우스 박사, 의학 저술가 줄리어스 겝, 뉴욕 레녹스힐 병원의 바실 코커 박사에게 감사드립니다. 저는 학자들과의 인터뷰를 통해 여성의 성을 제대로 이해할 수 있었고 의사들과 인터뷰하면서 여성의 성을 다루는 의학이 어떻게 발전하고 있는지 제대로 파악할 수 있었습니다. 바쁜 시간을 쪼개기가 힘들었을 텐데 그들 모두 원고를 검토하고 소중한 의견까지 주었습니다. 이 책에 잘못된 내용이 있다면 그건 모두 제 탓입니다.

탄트라의 역사와 실행에 대해 넘치는 정보를 제공해 준 캐럴라인 뮤어, 찰스 뮤어, 마이크 루사다에게는 고마움을 말로 다 표현할 수 없습니다.

이름을 드러내거나 드러내지 않고 자신의 이야기를 들려준 많은 남녀에게도 진심으로 감사를 전합니다.

Harper Collins 출판사의 담당 편집자 리비 에델슨과 대니얼 할편, Virago 출판사의 레니 구딩에게는 진 빚이 많습니다. 그들만큼 통찰력 있고 까다로운 논평가는 또 없을 겁니다. 마이클 매켄지와 조이 후드 역시 고맙습니다. 로리 맥기는 끈기를 가지고 꼼꼼하게 제 원고를 교열해 주었습니다. 라쉬미 샤르마는 연구자료를 모으고 선별하는 데 큰 힘이 되어 주었습니다. 에이전트인 Brockman, Inc.의 존 맷슨과 카틴카 맷슨 그리고 러셀 와인버거도 초고와 수정고를 모두 읽고 영양가 있는 조언을 해 주었습니다.

마지막으로, 언제나 그렇듯, 부모님과 연인과 아이들에게 깊은 감사를 전합니다.

버자이너

vagina

들어가며

버자이너란 무엇인가?

왜 버자이너에 관한 책이냐고?

나는 언제나 여성의 성(性)과 그 역사에 관심이 많았다. 어떤 문화는 버자이너를 존중하고 아끼는 반면 어떤 문화는 무시하고 폄하한다. 이렇듯 문화가 버자이너를 다루는 방식은 당대 여성의 사회적 지위를 그대로 반영한다. 버자이너를 바라보는 시각은 문화의 수만큼이나 다양하다. 사상 사학[1]에서는 이런 시각들을 '인지 구성체'라고 부른다. 이 책을 준비하면서 나는 다양한 역사적 시각으로 버자이너를 바라보면 성적 대상이자 사회 구성원으로서의 여성에 대해 많은 것을 알게 될 거라고 생각했다. 그럼으로써 우리의 현재 모습을 정확하게 조명할 수 있을 거라고 말이다. (고백하자면 나도 쾌락을 즐기는 평범한 여자라서 개인적으로 그동안 여성의 성에 대해 몰랐던 것들을 알고 싶은 욕심도 있었다.) 나는 이 모든 인지 구성체들을 공부하면 버자이너를 제대로 알게 될 거라고 기대했다. 그러면 거의 완벽하게 옳은 시각과 뿌리 깊

---

1) [역주] 사상의 역사를 연구하는 학문

이 틀어진 시각을 가려낼 수 있을 것 같았다. 그러나 마지막에 내가 내린 결론은 모든 시각이 부분적으로 다 옳으면서도 주관—내 것도 포함해—과 그릇된 정보가 가득하다는 것이었다.

버자이너는 뭘까? 인도의 탄트라 수련에서처럼 득도에 이르는 길일까? 도교 철학에서 말하는 금련화일까? 아니면 엘리자베스 1세 시대의 관념대로 그냥 '구멍'일까? 지그문트 프로이트의 생각처럼 소녀와 성인 여성의 반응이 다르다는 점에 착안해 신체 성숙도를 검사하는 신체 부위일 뿐일까? 1970년대 미국 여권운동가들이 주장한 것처럼 음핵을 보좌할 뿐 별로 중요하지 않은 기관일까? 그것도 아니면 현대사회에서 공산품처럼 대량생산되는 포르노들이 묘사하는 대로 모뎀만 있으면 얼마든지 구경할 수 있고 누구 것이든 별로 상관도 없는 "볼 만한" 구멍인 걸까? 혹은 2000년대 포스트 페미니즘[1] 시대에 진보주의자들이 말한 것처럼 혈기왕성한 여성으로 하여금 순간의 갈증을 해소하기 위해 원나잇 스탠드 상대를 찾거나 바이브레이터를 집어 들게 만드는 초고속 쾌락 제조기인가?

나는 진화생물학자 크리스토퍼 라이언과 카실다 제타가 쓴 《왜 결혼과 섹스는 충돌할까》[1]나 사회학자 쉐어 하이트가 쓴 《하이트 보고서》[2]와 같은 책들을 정독했다. 또, 문화역사학자 케서린 블랙레지가 쓴 《성과학》[3]과 같은 서적을 통해 버자이너의 역사를 공부했다. 《성 행동 아카이브》와 같은 데이터베이스를 뒤져 여성 오르가슴에 관한 최신 연구

---

1) [역주] 페미니즘에 이어 1980년대 중반부터 대두된 사상. 기존 활동이 성공적이어서 페미니즘이 더 이상 필요 없게 되었다는 긍정적 의미와 기존 페미니즘이 실패하여 효력을 잃었다는 부정적 의미로 해석이 갈린다.

논문들도 꼼꼼하게 읽었다. 심지어는 현대 신경생물학을 선도하는 연구실에 직접 찾아가 취재도 했다. 캐나다 몬트리올의 컨커디어 대학교에 있는 짐 파우스 박사의 연구실도 그중 하나였다. 파우스 박사는 암컷의 성적 쾌락이 하등동물에서조차도 교미 상대 선택에 중요한 역할을 한다는 사실을 실험으로 증명해 낸 인물이다.

그런데 이 모든 독서와 논문 조사와 방문 취재 결과, 나는 모든 게 큰 퍼즐의 조각일 뿐이라는 생각이 들기 시작했다.

이성적으로도 개인적으로도 진짜 주제는 따로 있다는 느낌이 점점 강해졌다. 작은 구멍 밖의 좀처럼 언급되지는 않는 무언가를 더 얘기해야 할 것 같았다. 뇌와 버자이너는 서로 단단하게 연결되어 있다. 그러므로 내가 그때까지 파던 것보다는 이 연결고리에 더 많은 진실이 숨어있을 게 분명했다. 처음에 내가 집필 준비에 초점을 둔 것은 역사와 문화였다. 하지만 연이어 등장하는 생소한 정보와 개인적 촉에 이끌려 어느새 나는 새로운 방향으로 흘러가고 있었다. 일단은 버자이너를 제대로 공부할 필요가 있었다. 버자이너의 진짜 세상을 살짝 엿보고 나니 그동안 내가 모르고 있던 것이 너무 많다는 사실을 깨달았기 때문이다.

특히 나는 한번 크게 아프고 나서 버자이너와 여성의 의식 자체가 연결되어 있을 거라고 생각하게 되었다. 그런 생각은 내가 이 책을 위해 공부하면서 습득한 지식들을 자양분 삼아 계속 자라났다. 나는 버자이너가 여성 뇌의 일부분이며 따라서 여성의 창의력, 자신감, 심지어 성격까지 형성한다는 사실을 확신하게 되었다.

내가 개인적으로 겪은 일의 바탕에 깔린 신경과학적·생리학적 원리를 알게 되자 나는 여성을 괴롭히는 다른 문제들도 뇌와 버자이너의 연결과 무관하지 않다는 감이 왔다. 그리고 이 연결이 진짜라는 증거를 찾았을 때는 우리 어머니들과 어머니의 어머니들이 왜 그런 시대를 살아야 했는지를 설명할 열쇠도 여기에 있다는 생각이 들었다. 나는 이 정보를 여성들과 그들을 아끼는 모든 이들에게 꼭 알려야겠다고 생각했다. 그래야만 여성들이 진정으로 자기 자신을 이해하고 아낄 줄 알게 될 것이기 때문이다.

　제대로 된 글을 쓰기 위해 나는 버자이너를 어떻게 느끼는지 남자들의 말도 듣고 싶었다. 포르노로 포화된 우리 사회가 들려주는 뻔한 얘기 말고 보통 남자들이 직접 밝힌 속마음 말이다. 내가 내 연구의 주제를 간단히 설명한 후 그들의 생각을 물었을 때 많은 남성이 감동받을 만큼 고무적인 답을 해 주었다. 특히 몇몇은 진솔한 말본새 속에서 여성의 그곳을 진심으로 아끼고 사랑하는 마음마저 엿보였다. 그런 남성도 그들이 한 대답도 남성 집단 전체에 일반화할 수는 없지만 그래도 그들이 보여 준 진심은 성차별이나 포르노와 거리가 한참 멀다는 것만은 분명했다.

　인터뷰에 응해 준 남성 다수가 성적인 것만이 아닌 보다 총체적인 고마움을 버자이너에 표했고 쾌락이 전부가 아니라 일종의 안도감과 기쁨이 함께한다고 고백했다. 이것은 그들이 여성에게 완전히 받아들여졌다는 혹은 환영받았다는 데서 나오는 감정이었다. 실제로도 수락과 환영이라는 두 단어가 나와 얘기를 나눈 남성들의 말에 자주 등장했다. 그들 덕분에 나는 남성이 여성에게 인정받는 것을 얼마나 중요하게 여기는지를 여성들이 잘 모르고 있음을 새삼 깨달았다.

물론 몇몇은 눈앞의 질문자가 여자라서 듣기 좋게 답했을 수도 있다. 하지만 같은 감정을 느낀다는 남성이 이렇게 많은 걸 보면 그 안에 일말의 진실이 있다고 믿지 않을 수가 없다. 내가 버자이너가 창의력이나 행복감 같은 정신적인 요소와 연결되어 있는 것 같다고 설명했을 때 적지 않은 남성들이 그들도 배우자 혹은 연인에게서 비슷한 변화를 목격했다고 대답했다.

뇌와 버자이너가 별개가 아니라는 중심적 명제와 더불어 여성의 감정과 성적 반응에 관한 보다 구체적인 사실 증거들은 내 인생, 내 연애, 내 안목을 바꾸어 놓았다. 물론 좋은 쪽으로 말이다. 나는 전과 다른 의미로 내가 여자라는 게 엄청난 행운이라고 느꼈다. 그리고 여성이 여자의 몸을 갖고 있는 게 왜 축복인지 한층 깊이 이해하게 되었다.

––––––––––––

오늘날 우리가 여자로 살아가는 게 불편한 이유 중 하나는 여자의 몸과 버자이너를 가리키는 언어가 형편없다는 것이다. 일이 이렇게 된 것은 무엇보다도 버자이너가 그냥 살덩어리라는 잘못된 인식 탓이다. 하지만 여성의 성적 쾌락의 요체는 생식기만도 쾌락만도 아니다. 여성의 성적 쾌락은 여성의 자기 인식과 긍정적 태도, 창의력과 용기, 집중력과 추진력을 매개하며 여성에게 초월적 황홀경과 해방감 비슷한 감정을 선사한다. 다시 말해 버자이너를 제대로 이해한다는 것은 버자이너가 뇌의 연장선일 뿐만 아니라 영혼의 일부라는 것을 깨닫는 걸 의미한다.

이런 버자이너의 진면목에 대한 확신이 강해지면서 나는 여성들과 관련 분야 전문가들을 직접 찾아다니기 시작했다. 그리고 그들에게 여성의 창의력, 자신감, 유대감과 버자이너의 관계를 어떻게 생각하는지 물어봤다. 그들의 대답은 내가 올바른 방향으로 가고 있음을 확신시켜 주었다.

자료조사를 시작하기 전에 내게는 과거와 현재 사회에서 버자이너가 겪은 일들이 죄다 미스터리처럼 보였다. 여류 예술가들이 성적 각성 이후에 창의력이 폭발한 것은 왜일까. 어떤 여성은 왜 사랑에 중독될까. 나쁜 남자와 착한 남자 사이에서 여성이 망설이는 이유는 뭘까. 도대체 왜 버자이너는 옛날 옛적부터 지금까지 그 긴 세월 동안 학대와 폭력과 통제의 표적이 되어 왔을까.

예전에 나는 이런 미스터리들이 죄다 문화적인 것이라고 생각했었다. 그런데 버자이너의 신경구조와 버자이너와 뇌의 생화학적 소통을 공부하고 나니 그게 아니었다. 버자이너와 뇌는 하나의 네트워크다. 그런 까닭에 버자이너가 여성의 자아와 정신적 특질들을 매개하는 것이다. 이것은 세계 최고의 연구실들과 세계 곳곳의 임상 현장에서 명백하게 증명된 사실이다. 이 진실을 이해한다면 누가 보더라도 미스터리 퍼즐의 모든 조각이 완벽하게 맞춰질 수밖에 없을 것이다.

이 책의 1부에서는 버자이너에 관한 오해의 역사를 돌아볼 것이다. 최신 연구자료 조사와 온·오프라인에서 진행한 인터뷰를 통해 내가 발견한 게 있다. 바로 버자이너의 경험이 생물학의 맥락에서 여성의 자신감을 높일 수도 깎아내릴 수도 있으며 창의력을 발산시킬 수도 틀어막을 수도 있다는 것이다. 또, 버자이너가 어떤 일을 겪느냐에 따라 여성은 물질적·정신적 세계와 하나 되는 환희를 누릴 수도, 세상으로부터 고립되어 실의에 빠질 수도 있다. 좋은 대접을 받은 버자이너는 여성에게 평생 여운이 남는 황홀경을 선사하지만 푸대접을 받은 버자이너는 여성을 황홀경의 문턱에서 애만 닳게 만들 수 있다. 버자이너의 나쁜 경험은 성욕을 떨어뜨릴 뿐만 아니라 여성의 인생 전체를 퇴색시켜 여성을 실존적 우울증에 빠지게 한다는 게 무엇보다도 문제다.

2부에서는 그동안 서구 사회가 어떻게 버자이너와 여성의 성을 통제함으로써 여성의 마음과 정신을 단속했는지 시대 순서에 따라 살펴보려고 한다.

이어지는 3부는 현대를 무대로 한다. 포르노의 유행과 같은 현대사회의 압력이 버자이너를 공론화함으로써 어떻게 남녀 모두를 무감각해지게 만드는지 알아볼 것이다.

마지막 4부의 주제는 여신성의 탈환이다. 어떻게 버자이너에 대한 여성과 남성의 인식을 재정립할 것인가에 대해 말할 것이다. 버자이너에 대한 올바른 이해와 인식을 통해 여성의 자아정체성을 든든하게 보호하고 고양해 줄 방법을 제시하고자 한다. 또한, 성적 만족과 삶 전반의 행복을 위해 여성에게 진정으로 필요한 게 무엇인지를 신경과학과 탄트라의 관점에서 분석할 것이다. 이를 위해 나는 몸과 마음을 다쳐 안으로 꼭꼭 숨어버린 여성을 치유해 밖으로 끌어내는 탄트라 수행법을 이 분야 권위자들로부터 직접 배웠다.

이 책에서 든 예시들, 특히 여성의 흥분과 오르가슴에 관한 과학적 자료들은 어떤 성적 취향의 소유자이든 모든 여성에게 유효하다. 그렇긴 하지만 나는 이성애자 여성이 남성과 나누는 육체적·정서적 교감에 가장 큰 우선순위를 두었다. 연구 대상을 이성 커플로만 한정한다고 못 박은 연구도 몇몇 있다.

동성애자 여성이나 양성애자 여성의 사랑은 이성 간 사랑보다 덜 매력적이라서가 아니다. 내가 우선순위를 나눈 진짜 이유는 여성의 성적 반응과 심신의 소통이 워낙 복잡하기 때문이다. 따라서 정치적 논리로 여성들을 몇 가지 범주로 대충 묶어서 차이를 정당화하기보다는 모든 여성을 한 사람 한 사람씩 차근차근 살펴볼 필요가 있다는 게 내 판단이다. 나는 동성애자 여성과 이성애자 여성의 생리학과 버자이너 이야기가 각각 또 다른 책 한 권 값어치를 한다고 믿는다.

한 가지 더 언급하고 싶은 것은 이 얘기가 현재 연애 상대가 있는 여성에게만 국한되는 것도 아니라는 것이다. 이 책에서 든 많은 사례가 두 사람의 잠자리에 관한 것이긴 하지만 스스로 해결하는 여성에게도 통할 수 있는 얘기다.

내 안에 여신이?

이 책의 곳곳에서 나는 여성의 특정 정신 상태 혹은 의식 상태를 '여신'이라 칭할 것이다. 기억하기 쉬운 것도 있지만 단어가 가진 어감 때문이기도 하다. 바라건대 여신이라는 말에 만화책이나 1970년대에 미국 국립공원에서 성행하던 이교 의식부터 떠올리지는 않았으면 한다.

또, 나의 '여신'은 대중문화가 자존감이라는 말 대신 쓰는 캐치프레이즈와도 다르다. 우리가 아직 발견하지 못했지만 우리 안 어딘가에 분명히 있는 공간을 수사적으로 이렇게 표현하려는 것이다.

약 100년 전 심리학자 윌리엄 제임스는 '생물학적 의식 연구'라는 학문 분과를 창설했다. 한마디로 육체가 정신 상태에 미치는 영향을 연구하는 것이다. 이 내용을 총정리해 펴낸 책이 1902년의 심리학 고전 《종교적 경험의 다양성》이다.[4] 이 책에서 그는 초월적 경험에는 정신적 외상과 우울증을 치료하는 힘이 있다는 주장을 논리적으로 펼친다.[5] 그동안은 초월적 경험이란 게 있다고 어렴풋이 짐작만 했었지만 최근 연구에 의하면 누구나 어느 정도든 그런 체험을 실제로 한다고 한다. 책에서 제임스는 신이나 숭고한 존재를 들먹이지 않는다. 그 대신 생각보다 꽤 흔한 것으로 최근 밝혀진 이 신비주의적 경험의 기저에 신경계의 작용이 깔려 있다고 해설한다. 그는 사람의 뇌가 이런 초월 상태를 경험할 때 겉으로 드러나는 신체적 변화는 없더라도 사람이 달라질 수 있다고 주장했다. "심리학적 관점에서 볼 때 압도적으로 확연하게 표출된 신비주의적 상태는 보통 그 객체를 지배한다."[6]

제임스가 신비주의적이라고 묘사한 의식 상태는 시인 윌리엄 워즈워스가 때때로 천지만물에게서 영광을 본다고 말한 감각과 같은 것이다. 제임스는 이 의식 상태가 인간의 무의식으로 들어가는 문이라고 생각했다.[7] "신비주의적 상태는 신비한 본연의 성질 때문에 어떤 권력도 휘두르지 않는다. … 신비주의적 상태는 이상과 광대함, 합일과 안전, 그리고 휴식의 우월성을 노래한다. 그것은 우리에게 가설을 제시한다. 이 가설은 우리 인간이 종종 마음 내키는 대로 부정하곤 하지만 사변가로서는 감히 뒤집기 어려운 가설이다."[8] 그는 이런 상태가 일시적으로 찾아왔다 사라지는 성질이며 노력으로 얻을 수 있는 성질의 것도 아니지만 그것을 경험하는 인간은 치유되고 창의력을 얻으며 행복해진다고 말했다. 초월적 상태에서 신이나 숭고한 존재를 영접한 사람들은 정말로 더 행복하고 사랑이 넘치고 훨씬 창의적인 새로운 '나'로 거듭날까? 그런 내면의 변화가 사실은 단순히 화학물질에 의한 것이더라도? 제임스는 그렇다고 말한다.

최근의 신경과학 연구는 오르가슴에 이른 여성의 뇌는 크게 활성화하여 자아의 경계를 허무는 신비주의적 혹은 초월적 경험을 일으킨다는 것을 증명해 냈다. 제임스가 말한 것과 완전히 똑같지는 않아도 효과 면에서는 다르지 않은 변화다. 하지만 이 증거 자료가 나오기 훨씬 전부터 과학자들은 오르가슴과 뇌의 오피오이드 분비 사이에 분명한 연관성이 있다는 것을 알고 있었다. 일종의 신경펩타이드[1]인 오피오이드는 황홀경과 초탈의 감각을 유도한다. 지그문트 프로이트는 1930년에 내놓은 《문명 속의 불만》에서 로맹 롤랑이 '대양감'(oceanic feeling)이라 칭한 감각을 언급했다. 프로이트는 대양감을 유아적 소망이라고 불렀다. 반면에 롤랑은 이것을 무한한 대양과 같이 경계를 뛰어넘어 확장하는 종교적 감정이라고 정의했다.[9]

하지만 프로이트는 남자였다. 게다가 최신 과학은, 적어도 오르가슴에 관한 한, 여성이 이 대양감을 독특한 방식으로 경험한다고 제시한

---

1) [역주] 중추나 말초의 신경세포체에서 생합성되어 표적세포의 수용체에 작용하여 필요한 정보를 전달하고 생체의 생리기능을 조절하는 펩타이드의 총칭

다. 야니코 R. 게오르기아디스팀이 MRI 기술을 활용해 수행한 2006년 연구에 의하면, 오르가슴이 일어나는 짧은 순간에 여성의 뇌에서 자기인식, 자기억제, 자기통제에 관여하는 영역들이 침묵하는 것으로 밝혀졌다.[10] 이 기능이 정지하면 여성은 경계가 소멸하고 자아가 사라지는 것을 느낀다. 기쁘게 혹은 무섭게 내가 나를 통제할 수 없게 된다.

지난 30년 동안 학계는 생화학의 맥락에서 제임스가 옳다는 결론을 내렸다. 뇌에서 일어나는 생화학적 변화가 지극한 행복감을 유도한다는 것은 이제 엄연한 사실이다. 초월적 심리 상태의 체험에는 깊어지는 사랑, 연민, 자기수용, 유대감 등 다양한 긍정적 효과가 있다. 심리학자 대니얼 골먼이 연구 결과를 정리해 1995년에 발표한《EQ 감성지능》과 달라이 라마의 명상집이 이를 뒷받침한다. 또한, 서구의 최근 과학 연구에 의하면 명상을 통해 더없는 행복을 느끼는 것도 오피오이드의 효과일 거라고 한다.

앞으로 살펴보겠지만 모든 여성에게는 다중오르가슴의 잠재력이 있다. 여성의 섹슈얼리티에 내재된 초월적 성질은, 그것이 찰나일지언정, 여성으로 하여금 눈부신 신성성 혹은 더 큰 자아(혹은 불교가 말하는 초탈의 경지)를 경험하게 한다. 이런 물아일체의 정신상태에 오르는 데 필요한 자극을 어떻게 얻어낼 것인가는 버자이너의 진화적 과업이나 다름없다.

수 세기 동안 철학자들은 신의 형상을 한 구멍을 얘기해 왔다. 인간은 인간 이상의 존재와 소통하기를 열망한다. 그런 소망 덕분에 종교와 철학이 발전한다. 17세기의 철학자 블레즈 파스칼은 말했다. "인간은 한때 진정으로 행복했었지만 오늘날에는 그런 행복의 희미한 자국밖에 남아 있지 않다. 이 갈증과 무력함이 그 증거가 아니라면 무엇인가. 우리는 주변의 온갖 것들을 그러모아 거대한 구멍을 메우려 한다. 하지만 우리가 원하는 구원은 그곳에 없으니 다 헛된 짓이다. 이 무한한 심연은 전지전능하고 불변하는 존재, 즉 신만이 채울 수 있다."[11]

현대과학은 무한한 심연을 채우고자 하는 인간의 갈망이 신경계의 능력과 관련 있다고 해석한다. 모든 인간은 초월성을 각자의 버전으로 경험하고 추구하는 능력을 가지고 태어난다는 것이다. 달라이 라마의 명상집과 더불어 대니얼 골먼, 라마 오세르, 그리고 켁(E.M. Keck) 뇌-행동 연구소의 연구에 의하면 사람이 명상할 때 뇌의 특정 부위가 밝게 빛난다고 한다. 스탠퍼드 대학교의 신경과학자들 역시 이 초월 상태의 신경학적 기전을 하나씩 찾아내고 있다.[12] 일반적으로 초월 상태에서는 나와 우주가 완벽하게 합일해 현실의 모든 고뇌가 사라지고 자아의 경계가 허물어진다. 역사적으로 수많은 위대한 예술작품들이 작곡가, 화가, 시인이 바로 그런 경험을 한 후에 탄생했다.

나는 여성의 섹슈얼리티도 다르지 않다고 생각한다. 여성이 매우 흡족한 잠자리를 가졌을 때 뇌 신경계는 교묘한 마법을 부려 일종의 숭고함을 선사한다. 그런 감정은 롤랑이 말한 대양감과 같이 우리를 압도할지도 모른다. 이 감정은 자기애 혹은 자기존중뿐만 아니라 해방감과 욕구와도 밀접하게 연관되어 있다. 여성의 성을 애정과 경의로 대우하는 것이 무엇보다도 중요한 것이 바로 이 때문이다. 성적 감수성이 한껏 고양된 순간, 여성은 자신이 완벽하며 세상과 온전한 조화를 이룬다고 인식한다. 이런 의식 상태에서는 '너'는 별로 선하지도 아름답지도 유쾌하지도 않다고 여성에게 속삭이던 내면의 목소리가 완전히 사라진다. 그 대신 범 우주적인 유대와 소통의 감각이 활짝 열린다. 보편적인 혹은 신적인 여성성이 그녀에게 강림한다. 말로는 이렇게밖에 표현할 수 없는 게 안타까울 뿐이다.

이런 유의 초월 상태를 경험하고 나면 창의력과 추진력이 비약한다. 여성이 이 정의에 부합하는 여신을 발견하고 인지할 때 그녀의 자아정체성과 삶은 좋은 쪽으로 크게 달라질 것이다. 자기파괴와 수치심과 부당한 인내는 여신의 감정과 양립할 수 없으니까 말이다.

모든 여성의 안에는 상처도 불안도 두려움도 없이 눈부시게 빛나는 여성성 즉, 여신이 있다고 나는 과감하게 주장한다. 여성은 여신이 된 자기 모습을 엿봤거나 살짝 감지했을 때 직감적으로 안다. 자기 안의 여신의 존재를 깨달은 여성은 더 건강하다. 자신을 더 존중하며 성적으로 전과 다르게 행동한다. 이때 버자이너는 여신의 존재를 감지하는 데 필요한 각종 화학물질이 뇌에서 뿜어져 나오게 하는 생리학적 전초기지 역할을 수행한다. 버자이너는 우리로 하여금 한 사람의 여성이자 발광(發光)하는 우주적 여성성의 일부로서 자신의 존엄성과 크나큰 자기애를 깨닫게 한다.

버자이너가 구멍이라는 것은 틀린 말이 아니다. 하지만 더 정확한 표현은 여신의 형상을 한 구멍이다.

1부

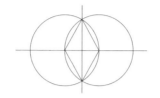

버자이너의
자아의식

숨은 실세, 골반 신경

> 시든 과학이든 에로스든, 상상에 주제가 무에 중요할까.
> —이언 매큐언, 《솔라》

2009년 봄은 아름다웠다. 나는 몸과 마음 모두 행복에 겨웠고 지적으로도 최고조에 달해 있었다. 무엇보다도 나는 한창 연애 중이었다. 바로 이때였다. 한편으로 뭔가가 잘못되고 있다는 느낌이 서서히 강해지기 시작한 것은.

당시 나는 마흔여섯 살이었다. 나는 여러모로 잘 통하는 남자와 사귀고 있었다. 2년 동안 그는 내게 정서적으로도 육체적으로도 큰 행복을 안겨 주었다. 나는 그에게 성적으로 감응하지 못한 적이 없었고 그쪽으로는 지금까지 아무 문제 없이 잘 해 왔다. 그런데 내 안에서 뭔가가 미묘하게 변하기 시작했다.

나는 매번 음핵 오르가슴을 느꼈다. 30대 때는 음핵과 버자이너에서 동시에 느끼는 소위 '혼합' 오르가슴을 즐기는 방법도 배웠다. 이 기술은 또 다른 심리적 영역을 자극하는 듯했다. 관계 후에는 늘 심신이 상쾌했다. 나이를 먹고 완숙해질수록 잠자리에서 절정에 이르고 나면 항상 주변의 모든 색깔이 더 밝아 보이고 자연의 아름다움이 한층 선연하게 도드라지곤 했다. 그렇게 자연 만물과 소통하는 느낌이 몇 시간 동안 나를 지배했다. 그럴 때 난 들떠서 더 수다스러워지고 활력이 넘쳤다.

그런데 언제부턴가 내가 조금씩 달라지고 있었다. 온몸을 충만하게 채우던 감각들이 서서히 희미해지고 있었다. 그건 그런대로 견딜 만했다. 나를 더욱 당황케 하고 혼란스럽게 만든 것은 따로 있었다. 음핵 오르가슴은 여전히 강렬하고 즐거운데도 잠자리 후에 드는 생각들이 평소와 달라진 것이다.

어느 날, 시골의 작은 별장에서 침대에 누워 창밖의 나무 꼭대기를 멍하니 바라보다가 불현듯 깨달았다. 펄떡거리는 생명력이 온 세상을 물들이던 느낌, 나와 나의 세계에 가득하던 환희, 살아 있는 모든 것에 넘쳐흐르던 창조적 에너지가 더는 관계 후에 뒤따르지 않는다는 것을. 이제 섹스는 단순한 육체적 유희에 지나지 않았다. 관계 자체는 여전히 만족스러웠다. 하지만 나는 더 이상 섹스를 통해 정서적으로 의미 있는 무언가를 경험하지 못했다. 내 몸이 원해서 할 뿐, 허기를 느껴 포식하는 것 그 이상도 이하도 아니었다. 시적인 감동은 더 이상 없었다. 나는 전과 달리 모든 것과 단절되어 있었고 세상만사에 무심했다. 이제 색깔은 그저 색깔일 뿐이고 관계 전이나 후나 똑같아 보였다. 나는 알고 싶었다. 나에게 무슨 일이 일어나고 있는 걸까?

내 생활의 나머지 부분들은 전과 다름없이 정상적이었고 연애도 여전히 멋졌다. 그럼에도 나는 우울한 기분이 들기 시작했다. 그리고 그 밑바닥에는 절망감이 있었다. 마치 공포영화 같았다. 빛으로 가득해 반짝이던 세상이 끝없이 침강하는. 이제는 잠자리에서뿐만 아니라 평소에도 그런 심연의 우울감이 사라지지 않았다. 나의 내면은 점점 무감각해지고 있었다. 그건 단지 상상이 아니었다. 정서적 무감각증은 가차없이 심해져만 갔다. 나를 여자로 존재하게 하는 무언가를 잃고 있다는 느낌이었다. 이렇게 끔찍한 기분을 안고 평생을 살아갈 수는 없었다.

어디서부터 무엇이 잘못된 건지 찬찬히 따져 봤지만 도무지 감이 잡히지 않았다. 어느 늦은 밤, 나는 차갑게 식은 난로 옆에 앉아 혼자 비참한 기분으로 정신병자처럼 질문들을 곱씹었다. 우주를 상대로 말 그대로 흥정이라도 하고 싶은 심정이었다. 대공황 시절에 사람들이 그랬듯 말이다. 나는 진짜로 신에게 기도하기 시작했다. 만약 신께서, 혹은 신이 아니라도 이 기도를 듣고 응답해 줄 어떤 존재가 나를 치유하고 내가 잃은 것을 되돌려 준다면, 그리고 그 과정에서 내가 무언가 가치 있는 것을 깨우친다면, 그것에 관한 책을 쓰겠노라고. 내 깨달음이 누구에게든 조금이라도 도움이 된다면 반드시 그러겠노라고 말이다.

해결책이 없다는 선고를 받을까 봐 두려웠지만 나는 무거운 마음으로 내 산부인과 주치의인 데버라 코디 박사와 진료 약속을 잡았다. 코디 박사는 여성의 신체에 관한 한 몇 안 되는 전문가 중 한 사람이다. 특히 당시에는 불확실했지만 나중에 나를 괴롭히던 원인으로 밝혀진 골반 신경 문제에 정통했다. 그런 면에서 나는 운이 매우 좋은 편이었다.

코디 박사는 밝은 갈색 머리카락이 어깨까지 내려오는 40대 여성이다. 그녀가 특유의 표정을 지을 때면 가벼운 피로감과 함께 상대방의 아픔을 공감한다는 진심이 얼굴에 또렷하게 드러나곤 했다. 그녀는 여성 골반 신경 장애, 그중에서도 특히 감사하게도 나에게는 해당 사항이 아닌 외음부통의 전문가이기 때문에 각양각색의 곤란을 겪는 여성 환자들을 자주 본다. 그런 경험이 있으니 사람이 그렇게 세심해지고 공감 능력이 발달할 수밖에….

코디 박사는 이런저런 검사를 하고 침착한 목소리로 몇 가지를 묻더니 신경 압박 때문에 무감각이 온 것 같다고 말했다. 나는 충격을 받아 아무 말도 할 수 없었다. 이미 내 인생과 성생활의 정서 영역이 녹슬고 있는데 잃을 게 더 있다니. 박사는 나를 진료실로 데리고 들어갔다.

그녀는 나를 안심시키려는 듯 네터 이미지 두 장을 보여 주었다. 프랭크 네터(Frank Netter)는 사실적이고 정확한 묘사로 따라올 자가 없는 천재적인 의학 전문 삽화가다. 신경내과, 산부인과 등 각 분과의 몇몇 의사들이 환자들에게 설명할 때 활용할 목적으로 그가 남긴 총천연색의 해부도들을 모아 도해집으로 엮었는데, 이 책은 해부학 교재의 고전 대접을 받는다.

코디 박사가 보여 준 첫 번째 그림에는 여성의 골반 신경이 뻗어 나가 척수의 끝자락에 가닿는 과정이 묘사되어 있었다.[1] 두 번째 그림에서는 음핵과 등 쪽 음핵 신경에서 갈라져 나온 신경 가닥들이 우아한 아치를 그리며 척수로 이어지고, 질과 자궁경부에서 출발한 신경 가닥들은 구불구불한 곡선을 그리며 뻗어 갔다. 음핵과 질에서 시작되는 신경 가닥들은 중간에 뭉쳐져 더 굵은 음부 신경 다발이 되고 자궁경부에서 출발한 신경 가닥들은 골반 신경이 되었다.[2] 나중에 알았는데, 이렇게 복잡한 얽이 덕분에 여성 골반의 여러 지점에서 오르가슴이 만들어진다고 한다. 이 모든 신경 갈래는 척수로 집합하고 척수에서는 다시 뇌로 연결된다.

내 경우, 자궁경부와 이어지는 가닥 하나가 척수에서 눌린 것 같다는 게 코디 박사의 결론이었다.

그녀는 여성의 신경계 구조 때문에 척수 압박이 얼마나 심하든 내가 음핵 오르가슴을 못 느끼게 되는 일은 없을 거라며 나를 안심시키려고 애썼다. 비록 별 도움은 안 되었지만 말이다. 나는 MRI 검사를 예약하고 코디 박사가 소개해 준 뉴욕의 골반 신경 전문가 제프리 콜 박사와 약속을 잡은 뒤에 진료실을 나섰다.

콜 박사를 만난 것은 뉴저지에 있는 케슬러 재활연구소에서였다. 콜 박사는 약간 구식이지만 태도에서 왠지 믿음이 가는 차분하고 상냥한 남자였다. 그는 전에 찍었던 엑스레이를 살펴보고 내가 서 있는 자세를 관찰하더니 우스꽝스러운 모양새의 척추 보호대를 급히 처방해 주었다.

2주 뒤, 나는 다시 콜 박사의 진료실을 찾았다. 철쭉이 만개해 봄이 절정의 아름다움을 뽐내고 있었다. 하지만 나는 낡아빠진 택시의 뒷좌석에 앉아 버티느라 기절하기 직전이었다. 2주째 허리에 차고 있는 보호대가 몹시 불편했기 때문이다. 보호대가 엉덩이 바로 위부터 갈비뼈 아래까지 몸통을 단단히 잡아 준 까닭에 꼿꼿하게 앉을 수밖에 없었던 것이다.

나는 콜 박사에게 어떤 소식을 듣게 될지 두려웠다. 지금쯤이면 MRI 검사 결과가 나왔을 터였다. 그는 MRI 사진에서 척추 하부의 퇴행성 질환 소견이 보인다고 말했다. 척추뼈가 부서져 서로를 짓누르고 있었다. 나는 깜짝 놀랐다. 그때까지 허리에 통증은 고사하고 불편한 점이 조금도 없었기 때문이다.

그는 지난번 방문했을 때 찍은 엑스레이 사진을 보여 주며 나를 또한 번 놀라게 했다. 6번 요추와 1번 천추[1]에 누가 봐도 확실한 이상이 있었다. 내 척추는 아래쪽에 블록 하나가 절반쯤 삐져나온 장난감 탑과 같았다. 삐져나온 블록의 절반은 이웃 블록과 맞닿아 있고 나머지 절반 부분은 허공에 떠 있는.

나는 다시 내 옷으로 갈아입고 진료실에서 콜 박사와 마주 앉았다. 그는 마음의 준비를 할 여유도 주지 않고 직관적인 질문을 던지며 대뜸 치고 들어왔다. "언제 허리를 세게 맞은 적이 있습니까?", "무언가에 허리를 강하게 부딪히지 않았습니까?" 그는 심각한 부상이었을 거라며 분명 생각나는 게 있을 거라고 강조했다. 하지만 몇 번이고 기억을 되짚어도 아무것도 떠오르지 않았다. 그러다 마침내 질문의 숨은 뜻을 깨달은 나는 그에게 누구에게도 폭행당한 적이 없음을 분명히 밝혔다.

그런데 그렇게 비슷한 맥락의 문답을 오 분 동안 반복하는 도중에 생각나는 것이 있었다. 20대 초반에 허리를 심하게 다친 적이 있었던 것이다. 백화점에서 발을 헛디뎌 계단에서 굴러 떨어졌었다. 그때는 그렇게 아프지는 않고 그냥 온몸이 뒤흔들린 느낌만 들었다. 구급차를 타고 세인트 빈센트 병원에 가서 엑스레이를 찍었지만 별다른 이상 소견이 없어서 그대로 퇴원했던 기억이 났다.

---

1) [역주] 엉치 척추뼈: 척추뼈 가운데 허리뼈 아래쪽에 있는 다섯 개의 뼈

콜 박사는 이 내용을 메모하고는 몇 가지 영상검사를 다시 접수하게
했다. 이번에는 더 정밀한 엑스레이 검사였다. 이날 나는 바늘로 신경
계에 전기 자극을 준 뒤 어디가 밝게 빛나고 어디가 깜깜해지는지 살펴
보는 몹시 불편한 검사도 받아야 했다.

같은 진료실에서 이루어진 세 번째 만남에서 나는 다시 검사용 침대
에 누웠다. 콜 박사는 새로 나온 엑스레이 사진을 보여 주며 정확히 문
제가 무엇인지 설명해 주었다. 그가 말하길, 나는 경미한 형태의 척추
갈림증을 가지고 태어났다고 한다. 척추갈림증은 척추가 완전히 발달
하지 못하는 선천적 장애다. 말하자면 원래 약하고 불완전했던 척추가
20년 전에 강타를 당한 셈이었다. 시간이 흐르면서 다친 척추뼈가 서서
히 배열에서 이탈했고 코디 박사가 네터 이미지로 알려 주었던 골반 신
경의 한 줄기를 누르는 지금의 지경까지 온 것이었다. 골반에서 출발해
질관에서 종착하는 그 신경 줄기 말이다.

그럼에도 지금까지 아무 증상이 없었던 건 천운이라고 콜 박사는 말
했다. 나 역시 무감각이 또렷해지고 있다는 건 차치하고 부상의 심각성
을 감안할 때 조금도 아프지 않았던 게 신기하다는 생각이 들었다. 몸
을 움직이는 걸 싫어해서 투덜거리면서도 평생 운동을 쉬지 않아서 허
리와 복부의 힘을 지킨 덕분에 증상 악화를 막을 수 있었던 게 아닌가
싶었다. 하지만 세월을 이기는 장사는 없는 법. 내 척추뼈 두 개는 결국
경로를 이탈했고 골반 신경을 포위해 누르고 있었다. 그 때문에 그 골
반 신경에서 나오는 신호는 뇌까지 이르지 못하고 척수에서 막혀 버렸
다. 검사 사진에서도 이 부분에서 나온 신경 신호가 중간에서 끊겨 있

었다. 나는 잠자리 후에 내가 느낀 감정—혹은 느끼지 못한 것들—이 이것과 관련 있는지 궁금했지만 부끄러워서 차마 물어볼 수는 없었다. 콜 박사는 신경을 누르는 척추뼈를 제대로 잇는 수술을 받아야 한다고 말했다.

이상이 다리까지는 가지 않았다는 걸 확인하려고 콜 박사 앞에서 몇 걸음 걸어 보이고 어깨가 수평으로 반듯한지 검사한 뒤에 나는 넌지시 말을 꺼냈다. 혹시나 의견이 다를 수 있어서 확인 차 여쭤보는데, 손상된 골반 신경이 영원히 낫지 않더라도 음핵 오르가슴에는 이상이 없을 거라던 코디 박사의 소견이 옳으냐고. 그는 그렇다고 대답했다. 음핵에 연결된 신경망이 손상되었다면 이미 증상이 있었어야 한다면서. 이 신경이 멀쩡한 것은 타고 난 내 운이었다. 콜 박사는 덤덤한 말투로 설명을 이어갔다. "모든 여성은 저마다 개성적인 신경망 얽힘 구조를 갖고 있습니다. 어떤 여성은 신경 분지(分枝)가 질에 더 발달해 있고 어떤 여성은 신경 분지가 음핵에 더 많죠. 회음부나 자궁경부에서 신경 가닥이 집중적으로 분지된 여성도 있습니다. 그러니 성적 반응의 개인차가 벌어지는 게 당연하죠."

나는 너무 놀라 침대에서 떨어질 뻔했다. 질 오르가슴과 음핵 오르가슴의 차이가 신경망 구조 때문이라고? 문화나 가정교육이나 가부장제나 페미니즘이나 프로이트가 아니라? 심지어 여성잡지를 봐도 여성의 성적 반응 차이는 그때의 감정 상태나 딱 맞는 상상과 역할놀이, 어릴 때 받은 가정교육, 죄책감이나 해방의식, 혹은 파트너의 기술에 따라 결정된다고 적힌 기사가 일색인데 말이다. 여성의 오르가슴이 근본적으로 신경망 얽힘 때문이라는 말은 어디서도 들어 본 적이 없었다. 이것은 여성의 성에 대한 매우 현실적이고 가치 판단적인 메시지였다. 누구나 자기 자신 혹은 파트너의 특징적인 신경망 구조를 알면 그 작동 패턴도 이해하게 된다는 것을 분명하게 함의하고 있기 때문이다.

"지금 선생님께서…" 그와 달리 나에게는 이게 중대한 논제였기에 나는 당황스러움을 감추지 못하고 더듬거리며 말했다. "수많은 프로이트 정신분석가와 여권운동가, 성과학자들이 수십 년 동안 고민해 온 명제에 답을 내놓으신 거 아세요? 모든 학자가 질 오르가슴과 음핵 오르가슴의 차이가 집에서 받은 가정교육이나 기대되는 사회적 역할 혹은 육체와 섹스 기술에 얼마나 개방적인 문화인지 여부에서 비롯된다고 보고 있어요. 그런데 선생님 말씀은 그게 단순히 신경구조가 달라서라는 거잖아요? 신경이 그렇게 생겼기 때문에 누군가는 질 오르가슴을 더 잘 느끼고 또 누군가는 음핵 오르가슴에 민감하다고요? G스팟에 민감하고 둔하고의 차이도 사실상 물리적인 문제라는 말씀이세요?"

"모든 여성은 신경구조가 다 다릅니다." 그는 마치 동요하는 사람을 진정시키려는 것처럼 부드러운 말투로 같은 말을 반복했다. "여성마다 성적 반응이 제각각인 건 모두 그 때문입니다. 골반 신경이 갈라진 모양새가 사람마다 달라요. 이건 물리적인 차이죠." (나중에 알게 된 바로는, 이 개성적이면서도 복잡한 여성의 신경 분포는 남성의 그것과 확연하게 다르다. 남성의 등 쪽 음경 신경은 훨씬 단조롭게 생겼다.)

나는 그의 말을 곱씹느라 침묵에 빠졌다. 여자들은 오르가슴에 이르느냐 그렇지 못하느냐에 따라 스스로를 이러저러하게 판단한다. 사실은 신경구조가 여성 오르가슴의 요체임에도 여성의 성에 관한 담론은 이 사실을 완전히 간과한 채 수십 년째 이어지고 있다. 심지어 오늘날 여성 해방의 시대에도 여전히 여성이 오르가슴에 도달하지 못하는 것이 온전히 당사자의 탓이라고 말한다. 너무 억눌려 있거나 요령이 없거나 지나치게 몸을 사려서라는 것이다.

콜 박사의 헛기침 소리에 나는 현실로 돌아왔다. 그러고는 일단은 내 문제에 집중하기로 했다.

———————————

콜 박사는 수술을 위해 뉴욕병원의 라메쉬 바부 박사를 소개해 주었다. 이번에도 나는 운이 좋다는 생각이 들었다. 바부 박사는 점잖은 옷차림에 카리스마가 넘치는 인도 출신의 신경외과 전문의였다. 뜬금없지만 그의 책장에서 신경과학 서적들 사이에 놓여 있는 작은 관음상을 발견하자마자 나는 안도감이 들었다. 내가 집에 있는 책장에 올려놓은 것과 똑같은 조각상이었다. 바부 박사는 사과 하나를 권하고는 빨리 수술하는 게 좋겠다고 단호하지만 친절하게 말했다. 그는 접합용 부품이 달린 35cm짜리 금속판을 허리뼈에 대고 손상된 척추를 이을 거라면서 수술 과정을 설명해 나갔다. 두려운 일이었으나 다행히도 그는 확고한 신념을 보여 주었다.

바로 수술날짜가 잡혔다. 네 시간에 걸친 수술 후 몽롱한 상태에서 깨어났을 때 나는 병원 침대에 누워 있었다. 이제 나는 아래쪽 척추에 금속판이 볼트 네 개로 고정된 채로 살아가게 될 터였다. 수술 상처를 보고 남자친구는 펑크록 밴드의 이름을 따 '나인 인치 네일스'[1]라고 불렀다. 이런 흉터쯤은 내게 아무것도 아니었다. 이제 골반 신경이 압박에서 풀려났으니 잃어버린 감수성과 시들어가던 삶을 되찾을 수 있을 거라는 희망에 비교하면 말이다.

금욕령은 3개월 뒤에 해제되었다. 아직 완전히 회복된 것은 아니지만 기분은 훨씬 좋았다. 신경 재생은 무척 더뎌서 몇 달이 걸릴지 모르는 일임을 나는 알고 있었다. 6개월 동안 나는 꾸준히 회복해 갔다. 골반 신경이 완전히 살아나면 내 마음에는 어떤 변화가 있을지 기대되는 한편 두렵기도 했다. 완치되기는 할까? 아니, 무엇보다도 내 감정과 정서가 되돌아올까? 만물이 조화되는 환희의 감정을 다시 느낄 수 있을까?

바부 박사와 우주 어딘가에서 내 기도에 응답했을 어떤 존재 덕분에 내 신경은 마침내 완전히 회복했다. 아무리 감사해도 모자랄 일이다. 이런 유의 신경 압박은 희귀한 경우가 아님에도 의학 논문이 아니고서는 관련 자료를 좀처럼 찾아보기가 힘들다. 그렇다면 나는 골반 신경 신호가 여성의 뇌에 미치는 영향을 연구하기에 딱 좋은 살아 있는 표본 아닌가. 이 주제에 관한 정보가 너무 없다는 사실을 깨닫자 이다음 얘기를 반드시 글로 남겨야겠다는 의무감이 생겨났다.

골반 신경의 감각이 천천히 복귀하면서 잃었던 의식도 되돌아왔다. 느리지만 꾸준하게, 내면의 감각이 되살아났고 옛날에 맘껏 누리던 혼합 오르가슴 비슷한 것도 기적을 내기 시작했다. 나에게 섹스가 다시 정서적

---

1) [역주] (Nine-Inch Nails) 트렌트 레즈너가 주도한 언더그라운드 락 밴드. 혹은 밴드 운영 방식. 유일한 공식 멤버는 레즈너 1인이고 그가 여러 장르의 (짜깁기 식) 연합 밴드 형태로 공연을 주도함

인 유희가 된 것이다. 수술 전의 오르가슴이 《오즈의 마법사》에서 도로시가 살던 흑백의 캔자스 시골이었다면 수술 후의 오르가슴은 오색찬란한 마법의 세계 오즈였다. 이제는 오르가슴에 도달한 후에 빛줄기가 내 주변을 감싸 흐르는 모습이 종종 보였다. 나는 다시 잠자리 후에 붙임성 좋은 사람이 되어 말도 많이 하고 잘 웃었다. 시간이 지날수록 잠자리 후 견고한 정서적 유대감과 폭발하는 창의력, 나와 그 사람이 함께하는 기쁨, 자신감과 입담, 그리고 내가 영원히 잃어버렸다고 생각했던 것들이 제자리에 잘 있다는 안도감이 점점 짙어졌다.

관계 후에 나를 지배하곤 했던 완전한 일체감도 되살아났다. 낭만주의 예술가들이 '숭고하다'고 표현했던 이 감정은 만물을 하나로 연결해 모든 것이 빛에 둘러싸여 미세하게 떨리는 것처럼 보이게 만드는 영혼의 영역이다. 바로 이 지복[1]이 내게 돌아온 것이다. 이제 나는 지복의 맛을 가끔 한두 번씩 보는 것만으로도 충분히 행복했다.

수술 후 나는 시골 별장을 다시 찾아갔다. 남자친구와 막 사랑을 나눈 뒤, 나는 창밖의 나뭇가지들이 잎을 떨어내려는 듯 바람에 흔들리는 모습을 지켜보고 있었다. 그 모든 게 무용수들이 잘 짜인 안무에 맞춰 춤을 추는 것 같았다. 온 자연이 무언가를 표현하려 하고 있었다. 흔들리는 풀잎, 스치는 나뭇가지, 얼룩덜룩한 초록의 그림자에 숨어 노래하는 새들…. 모두가 유쾌하게 담소를 나누는 듯했다. 나는 생각했다. 돌아왔어.

이게 출발점이었다. 바로 여기서 나는, 내 마음속에서 일어난 변화들

---

1) [역주] 至福, 더 없는 행복감

과 여성의 몸과 성(性)의 실체를 진정으로 이해하기 위한 여정을 시작했다.

―――――

다음 두 해 동안 나는 여성의 골반 신경에 대해 상당히 잘 알게 됐다. 어려울 건 없었다. 대부분의 여성들이 그렇듯 예전의 나는 이 주제에 대해 아는 게 전혀 없었지만. 그런데 알고 보니 여성성과 관련된 모든 것의 뒤에 바로 이 골반 신경이 숨어 있었다.

별도 언급이 없는 한, 이 책에서 나는 버자이너라는 단어를 기술적 정의와는 조금 다르게 사용할 것이다. 음순부터 음핵과 질 입구를 지나 자궁경부의 시작점에 이르는 여성의 성 기관 전체를 가리키는 의미로 말이다. 답답하지만 이 모두를 한 번에 설명할 수 있는 단어가 없기 때문이다. 사실 의학용어로서 버자이너는 질의 입구를 뜻한다. 하지만 이 뜻은 책의 주제를 풀어내기에는 한참 부족하다.

더욱 포괄적인 정의도 있지만 우리의 관념은 여전히 좁은 테두리 안을 벗어나지 못한다. 이 기준에 따르면 두 다리 사이에 있는 눈에 보이고 손으로 만져지는 표면의 구조물인 음문과 음순, 음핵만을 혹은 그나마 봐 줘서 질관에 손가락을 넣어 만져지는 곳까지만 버자이너로 인정한다. 우리는 피부 표면과 안으로 말려 들어간 점막 일부로 경계선을 그어 버림으로써 버자이너를 잘못 이해하고 있는 것이다.

음문, 음핵, 질은 진정한 실체의 피상적인 겉면에 불과하다. 손으로 만져진다는 것 말고는 특장점이 없는 이 표면 구조물들 안쪽에서는 말 그대로 굉장한 일들이 일어나고 있다. 음문, 음핵, 질은 대양의 해수면과 같다. 그 아래에서는 수중 번개 같은 신호들이 복잡한 네트워크를 따라 분주하게 오간다. 이 네트워크는 정교하고 섬세하며 개성적이다. 네트워크는 골반 신경이 쏜 신호를 척수와 뇌로 쉬지 않고 올려보내고, 위쪽에서 새로운 신호를 받아 같은 신경계 안의 다른 신경섬유를 통해 하달한다. 그 결과는 다양한 신체 반응으로 표출된다. 이 거미줄 같은 신경 통로는 외음부 피부와 질의 안쪽 피부에서 한참 더 들어가는 지점까지 골반 전체에 넓게 퍼져 있다. (의학적 관점에서는 **질의 안쪽 피부**는 정확한 표현이 아니다. 이 사랑스러운 신체기관을 지칭하는 용어로는 너무나 안 어울리지만 **점막**이라고 해야 옳다.)

인터넷에서 네터 이미지를 검색해 보면, 골반 신경망이 얼마나 멋지고 복잡하게 척수에 연결되어 있는지 직접 확인할 수 있다.[3] 이 신경 통로들은, 신경학자들의 표현을 빌리면, 음핵과 음문과 질에서 어떤 동요가 있을 때마다 전기신호가 지나가면서 "빛을 발한다".

비유를 하나만 더 들어 볼까. 해변 한 귀퉁이에서 뒤엉킨 미역 줄기를 발견해 집어 들었다고 상상해 보자. 복잡하게 얽힌 가장 무거운 덩어리는 아직 바닥에 놓여 있고 거기에 연결된 작은 타래만 수직으로 공중에 떠 있는 형상일 것이다. 골반 신경망이 바로 이런 모습을 하고 있다. 상승하는 수만 가닥의 금빛 신경 줄기가 얽히고설켜 중간에서 타래를 이루고 아래쪽 큰 덩어리는 골반에 자리를 잡고 있는 한편 반대쪽에는 끝까지 올라간 신경 줄기들이 척수와 뇌에 가닿는다. 이 모두가 한 장에 묘사된 것이 네터 이미지 3093번이다.[4]

사람의 골반 신경은 허리 아래에 있는 척추뼈인 천추 4번과 5번에서 발원한다. 그리고 거기서부터 다시 세 갈래로 갈라져 골반을 향해 내달리다 하나는 음핵에, 하나는 질 벽에, 하나는 자궁경부에 닿는다. 근처에는 회음부와 항문으로 연결된 신경망도 따로 있다. 신비한 골반 신경의 놀라운 특질은 한둘이 아니지만 그중에 으뜸은 뭐니 뭐니 해도 모든 여성은 자신만의 독자적인 신경망 구조를 갖고 있다는 점일 것이다. 여성은 누구나 세상에 한 명밖에 없는 존재인 것이다.

네터 이미지를 보면 알겠지만, 여성의 골반 신경망은 엄청나게 복잡하다. 성적 신경회로의 개인차가 심한 것이 바로 그래서다. 이와 달리 남성의 골반 신경망은 모든 칸의 간격이 마치 자로 잰 듯 일정한 격자가 음경을 한 바퀴 에워싼 것 같은 형태라 훨씬 단순하다. 이렇게 여성의 신경망 구조가 훨씬 복잡한 것은 남성과 달리 여성은 자궁과 자궁경부라는 생식기관과 성 기관을 모두 가지고 있기 때문이다.

여성의 골반에서 척수로 이어지는 신경망의 수도 음경과 척수를 잇는 신경망보다 더 많다. '외부 생식기의 신경분포', '여성 회음부와 생식기관의 신경분포', '남성 생식기관의 신경분포'라는 제목의 네터 이미지를 보면 이 점을 직접 확인할 수 있다.[5] 여성의 신경망은 남성의 그것에 비해 훨씬 더 넓게 분산되어 있고 하는 일도 더 많다. 여성 골반의 경우 자궁 꼭대기, 질 측면, 직장의 시작점, 방광 꼭대기, 음핵, 회음부에 신경 활동의 중간 집결지가 있다. 남성 골반의 경우는 신경활동 분포가 훨씬 뜨문뜨문하다. (회음부란 항문과 질 사이의 피부 부분을 말한다. 독립적이고 완전한 성적 신경망 하나가 바로 여기 회음부에서 시작되는데 난산으로 고생하는 산모에게 회음절개술을 하면서 함께 잘라

내곤 하는 신경망이 바로 이것이다. 내가 전작인 《모성에 관한 오해와 진실》에서 언급했듯, 미국과 서유럽에서는 산부인과에서 회음절개술을 남발하는 경향이 있다. 시간의 제약과 의료소송의 압박 탓이다. 그런데 미국과 서유럽의 많은 여성이 출산 후에, 회음절개술을 받은 경우에 특히, 성감 감퇴를 겪는다고 한다. 하지만 회음절개술 과정에서 신경도 잘라낸다는 사실을 알려 주는 병원이나 의사는 거의 없다.)[6]

네터 이미지에 묘사된 신경망이 그리는 무늬를 잘 살펴보면 여자의 몸은 오르가슴에 도달하기에 앞서 보듬고 리듬감 있게 눌러 주면 쾌락과 흥분을 느끼게 하는 지점이 널리 분포하도록 설계되었다는 것을 알 수 있다. 오늘날 현대인의 일반적인 성교 행태에서 전희는 여성의 신체 부위 한두 지점만 집중적으로 공략하는 데 그치고 목표를 향해 직진해 속전속결로 끝내버리는 요식행위에 불과하다. 하지만 포르노의 전형적 레퍼토리인 이런 식의 기교들은 여성에게 섬세한 자극을 거의 또는 전혀 주지 못한다. 여성의 성적 반응 체계가 가진 엄청난 잠재력은 무시한 채 겉만 핥고 지나가는 식이기 때문이다.

어떤 여성은 신경이 음핵에 쏠려 있어서 질 쪽은 신경 분포가 듬성듬성하다. 이런 경우는 음핵으로 자극을 많이 받고 삽입으로는 크게 흥분하지 못한다. 반면에 질에 신경이 집중된 여성은 삽입만으로도 쉽게 절정에 도달한다. 또, 신경 줄기의 종착지가 회음부나 항문에 몰린 경우도 있다. 이런 여성은 항문 섹스를 즐기고 오르가슴에까지 이른다. 반면 신경 구조가 이와 다른 사람은 항문으로 할 때 무덤덤하거나 심하면 아프기만 할 것이다. 한편, 어떤 여성은 다른 사람들에 비해 골반 신경이 피부 표층 가까이에까지 뻗어 있다. 이런 경우는 오르가슴을 느끼기가 한결 쉽다. 이와 반대로 신경망이 더 깊이 숨어 있는 여성은 파트너와 힘을 합해 인내심과 창의력을 발휘해야만 가까스로 절정에 이를 수 있다.

문화와 가정교육이 여성의 성에 어느 정도 영향을 주는 것은 사실이다. 하지만 그게 전부는 아니다. 이런 사고방식은 많은 여성에게 억울한 죄책감과 수치심을 안기거나 여성으로 하여금 내가 변태 아닌가 하는 자괴감에 빠지게 만든다. 자신이 애인에게 오럴 섹스를 그의 전 여자친구보다 더 많이 요구하는 것 같은 기분이 드는가? 질과 항문 모두 만져 달라고 하고 싶은 마음이 들어 창피한가? 가끔 절정까지 너무 오래 걸리거나 절정이 모호한 것 같은가? 여기서 주목. 그건 당신의 할머니가 양손을 이불 위에 고이 포개고 자라고 가르쳤거나 중학교 때 수녀 선생님이 유독 무서웠기 때문이 아니다. 당신은 애인의 전 여자친구보다 성적으로 흥미가 덜한 사람이 아니고 더 엄격하게 길러지지도 않았다. 어떤 잠자리를 좋아하고 원하든, 모든 여성의 저마다 다른 성적 성향은 온전히 신경계의 물리적인 구조에서 오는 것일지 모른다.

꿈꾸는 자율신경계

그를 흘끗 볼 때마다
심장은 가슴속에서 요동치고
입은 얼고… 귀는 윙윙거리네
살갗 아래에는 작은 불길이 일지만
얼굴은 잿빛으로 해쓱해져서
곧 죽을 사람 같네…
—사포, 〈단편(Fragment)〉

　여성은 성적으로 흥분하면 의식 상태가 달라진다. 이런 의식의 전환
이 일어나는 것은 꿈꾸는 자율신경계 때문이다. 자율신경계가 기본적
으로 하는 일은 평활근 수축을 조절하는 것이다. 이 신체 반응은 자율
신경계가 서로 밀접하게 연결된 교감신경과 부교감신경을 밀고 당길
때 우리가 의식하지 못하는 사이에 일어난다. 여성이 성적 자극에 흥분
하는 생물학적 기전은 생각보다 복잡한데 바로 이 예민하고 까다로운
자율신경계에 크게 의존하기 때문이다.
　흥분은 오르가슴에 이르는 중간 단계라 할 수 있다. 그래서 골반 신
경망이 오르가슴이라는 마법을 부리려면 자율신경계가 먼저 자리를 깔

아 주어야 한다. 임상심리학자 신디 메스턴과 보리스 고잘카는 1996년에 여성의 교감신경계가 성적 흥분의 발동 여부와 성패를 결정적으로 좌우한다는 사실을 밝혀냈다.[1]

자율신경계는 신경 신호가 질, 음핵, 음순에서 출발해 뇌까지 무사히 전달될 수 있도록 길을 닦아 놓는다. 그러면서 이른바 '여신 마중'이라 표현되는 전희의 행동들이 이완과 긴장을 절묘하게 일으킬 때 여성의 몸에 일어나는 변화들을 조절한다. 원래 자율신경계는 사람이 자유 의지로 조절하지 못하는 신체 반응들을 관장하는 시스템이다. 흥분하거나 절정에 이르면 호흡이 가빠지고 온몸이 달아오르고 음핵 해면체─질에서 스펀지처럼 생긴 조직. 이곳에 혈액이 몰리면 음핵이 발기되기 쉬워진다─가 팽팽해지고 질 벽의 혈류가 증가해 질이 촉촉해지고 심장박동이 빨라지며 동공이 확장되는데, 이 모두를 자율신경계가 조종하는 것이다.

자율신경계는 뇌의 명령을 받아 버자이너의 변화를 유도한다. 여성이 연인을 생각만 해도 온몸이 상기되고 아래가 젖는 것이 바로 그래서다. 하지만 거꾸로 버자이너가 뇌로 상달한 신호에 자율신경계가 반응할 수도 있다. 말하자면 끊임없이 순환하는 되먹임 고리인 셈이다. 상대가 숙련된 손길로 여성의 음핵과 질을 보듬으면 버자이너는 자율신경계에 신호를 보내 여성의 몸 전체에 일련의 미묘한 변화들을 끌어낸다. 그런 접촉이 여성의 반응을 살펴 가며 부드럽고 효율적으로 지속되면 어느새 여성의 호흡이 달라져 있다. 호흡은 무겁고 거칠어지고, 세차게 두근거리는 심장에 혈액순환도 빨라져 피부가 선홍색으로 물들며, 유두가 오뚝 서고 온몸의 세포가 예민해진다. 있는 힘껏 박동하는 심장은 버자이너의 혈관들에도 다량의 혈액을 리듬감 있게 밀어 보낸다. 그러면 음순, 질, 골반 심부까지 뜨거운 피로 충만해져 부풀어 오른다. 또, 두 장으로 포개진 음순은 팽팽해지고 더욱더 민감해진다. 음핵 역시 피가 몰리면서 탄력 있게 봉긋해지고 기분 좋은 자극을 더 예민하게 느끼게 된다. 이때 질 벽은 촉촉하게 젖어 한층 매끄러워진다.

이렇게 자율신경계가 딱 적당하게 활성화되면 여성은 섹스에 대한 열망이 솟으면서 온몸을 던질 준비가 된다. 하지만 이 과정이 완전하고 만족스러운 것이 되려면 전희가 성급하지 않고 세심해야 한다. 따라서 충분한 시간과 집중력이 요구된다. 그런데 이 단계에서 이완 상태는 자율신경계가 최적 상태로 활성화하는 걸 돕고 "나쁜 스트레스"는 반대로 이것을 방해한다.

강한 오르가슴은 이렇게 자율신경계가 딱 적당하게 활성화하였을 때에만 나올 수 있다. 아무리 잘 설명해도 인간의 언어로는 표현하는 데 한계가 있지만, 나는 이것을 온몸의 모든 세포가 완전한 무아지경의 상태에 올라서 관계 직후에 심신이 더할 나위 없이 충만하고 뇌에 좋은 화학물질이 넘쳐 흐르는 기분이 들게 하는 오르가슴으로 정의하고자 한다. 흔히 우리는 섹스 하면 골반 쪽의 신경 자극만 생각한다. 어릴 때, 그것도 수박 겉핥기식으로만 그게 섹스라고 배웠기 때문이다. 하지만 사실 여성의 성적·정서적 해방감은 섹스를 얘기할 때 논외로 치부되는 단계에서부터 시작한다. 바로 활성화 단계다. 이상적인 순서는 호흡, 체액 분비, 심장박동을 지배하는 자율신경계가 활성화하고 이것이 질의 혈류를 증가시키고 근육을 수축시켜 오르가슴을 유도하는 것이다. 사람들이 섹스의 전부라고 잘못 배운 외부의 자극은 바람잡이인 도파민을 분비시키고 오르가슴은 오피오이드와 옥시토신을 분비시킨다. 현대인은 여성의 활성화 정도를 예의주시해야 한다고 배우지 않는다. 자율신경계 반응을 무시해도 관계를 갖고 오르가슴에 이를 수는 있다. 하지만 이 여성은 해방감, 황홀경, 충만감, 사랑에 빠진 느낌을 놓치기 쉽다. 사랑을 나누면서 혹은 사랑 행위를 하면서 사용된 것은 그녀가 가진 감응력의 극히 일부분에 지나지 않기 때문이다.

자율신경계는 여성이 안전이나 위험을 감지했을 때의 반응도 관장한다. 자율신경계는 안전할 때 뇌에다 그런 상황을 보고하고 몸에는 이제 안전하니 괜찮다고 알려 준다. 그러면 우리는 그제서야 긴장을 풀고 음식을 먹거나 잠을 자거나 맘 편히 사랑을 나눈다. 이 이완 반응이 서양에서는 동양 문화권보다 한참 늦은 1975년에야 허버트 벤슨 박사에 의해 규명되었다. 박사는 이완 반응을 긴장이 충분히 풀어져서 자율신경계가 뇌의 명령을 받아 치유 작업에 집중하고 무의식적인 신체 기능이 더 효율적으로 작동하게 되는 현상으로 규정한다.[2] 이완 반응이 사람의 몸과 마음에 얼마나 이로운지는 이미 수백 건의 연구를 통해 증명되었다. 이 연구들에 따르면 이완 반응은 수술 후 회복을 촉진하고 집중력을 높이며 심장질환 발생률을 낮춘다고 한다.

이완 반응이 여성의 흥분에 매우 중요하다는 사실을 보여 주는 최근 연구가 몇 건 있다. 게오르기아디스 박사팀은 MRI 영상을 분석한 뒤, 여성이 오르가슴에 가까워질수록 행동을 통제하는 뇌 중추의 활동이 줄

어든다는 사실을 확인했다.[3] 어쩌면 이 순간 그녀는 생화학적으로 야생마 혹은 광녀로 돌변하는 건지도 모른다. 이성을 옥죄던 고삐가 모두 풀리고 통증에도 무감각해질 만큼… 그래서 마치 의식 상태마저 변한 것처럼. 강한 오르가슴에 이른 여성은 이 무아지경의 상태에 어느 때보다도 깊게 빠진다. 이런 상태에서는 모든 논리 판단이 정지하고 평소와 달리 아픔도 느끼지 못한다.

자율신경계는 여성을 이 경지에 데려다주는 마차다. 이를 통해 여성은 긴장이 풀리고 호흡이 깊어지고 적소에 충분한 혈액이 공급되고 도파민의 효능이 극대화되면서 마침내는 앞서 언급한 무아지경의 상태에 안착하는 것이다. 이때 골반도 강력하게 수축하므로 여성은 오피오이드와 옥시토신의 소나기에 흠뻑 젖어 온몸을 내어 주고 지복을 얻은 느낌을 받게 된다. 그리고 이 모든 감각은 짙은 여운을 남겨 삶과 인간관계에 깊게 스며든다.

하지만 주의할 점이 하나 있다. 바로 자율신경계에 무언가를 억지로 시킬 수는 없다는 것이다. 우리는 자율신경계에 "나를 켜 줘" 하고 명령하지 못한다. 자율신경계가 관장하는 모든 신체기능이 그렇다. 예를 들어, 산모라면 더욱 공감할 텐데, 우리는 "모유 나오는 속도를 줄여"라고 명령할 수 없다. 우리는 필요에 따라 음식 소화 속도를 높이거나 늦추지 못하며 분만을 앞당기지도 미루지도 못한다. 마찬가지로 자신을 의식적으로 흥분시키거나 오르가슴으로 끌고 가려고 하면 할수록 일은 더욱 힘들어진다. 이것은 남녀 모두 공통으로 해당하는 얘기다.

여성의 뇌를 강한 오르가슴이라는 상태로 초월시키려면 먼저 여성의 몸을 안전하다고 굳게 믿도록 만들어야 한다. 나를 보호해 줄 사람 혹은 적어도 나를 위협하지도, 위기 상황에 처하게 하지도 않을 사람이 옆에 있는 상태에서 무아지경이 가까워진다는 것을 인지하면 나쁜 스트레스가 개입할 틈이 없다. 무아지경의 상태는 휴양지 호텔의 고급 스위트룸에서라면 멋진 것이다. 하지만 우리 조상들이 그랬듯 사바나 덤불 뒤에 간신히 숨어서 몰래 나누는 사랑이라면 얘기가 달라진다. 이런 행동은 진화론적으로 바람직하지 않다. 각종 자연재해의 위협은 둘째 치고 주위에 맹수들과 앙숙인 다른 부족민들이 널렸는데 이런 무방비한 황홀경에 빠지는 것은 몹시 위험하기 때문이다. 오르가슴과 안정감 간의 이러한 생물학적이고도 진화론적인 관계에는 아무리 강조해도 지나치지 않을 진실이 함축되어 있다. 바로 **힘이 빠져야 흥분할 수 있다**는 것이다.

귀히 여김과 편안한 심신 상태가 성적 반응을 고양시키듯, 나쁜 스트레스는 여성의 성적 활성화를 고약하게 방해한다. 10년 전, 나는 출산에 관한 전작《모성에 관한 오해와 진실》을 준비하면서 스트레스가 질과 유방과 자궁의 성능에 미치는 영향에 관심을 갖게 되었다. 조사하면 할수록 자궁, 자궁경부, 산도[1], 질, 회음부 모두 이완 상태에서 자율신경계를 매개한 분만과 수유 관련 임무를 더 잘 수행한다는 사실이 명확해졌다. 조명을 어둡게 하고, 편안한 음악을 틀어 놓고, 친한 친구나 사랑하는 가족이 동석한 스트레스가 적은 환경에서는 분만이 한결 수월했고 신생아에게 젖을 물리는 성공률도 임상적으로 눈에 띄게 더 높았다. 반면에, 여러 연구에 의하면 팔에는 수액 관이 줄줄이 매달려 있고

---

1) [역주] 분만할 때 태아가 지나가는 통로

옆에서는 태아 모니터기가 계속 삐삐거리는 병원 분만실의 강압적인 환경은 산모에게 심리적으로가 아니라 생물학적으로 나쁜 스트레스를 준다. 이런 스트레스는 그 자체로 자궁 수축과 젖 분비를 방해한다.[4]

그로부터 10년이 지난 지금, 뇌와 자궁 혹은 뇌와 유방의 연결고리를 파헤친 연구 자료는 몇 배로 늘어났다. 스트레스는 자궁 수축을 멈추게 하고 산도가 태아를 질 입구로 밀어내는 작업을 방해한다. 또한, 스트레스를 받으면 근육이 이완되지 못하므로 아기가 나오면서 엄마의 회음부를 찢기 십상이며 젖도 충분히 차오르지 않는다. 유명한 자연 출산법 전문가이자 스테디셀러 《영혼을 보듬는 조산술》의 저자이기도 한 이나 매이 개스킨은 가정이나 숲속에 쳐 놓은 텐트 같은 곳에서 500명이 넘는 건강한 아기를 받아 낸 실력자다. 개스킨은 예정일이 임박한 부부에게 조명의 조도를 낮추고 음악을 틀고 분만 과정 내내 남성이 옆에 있으면서 산모를 계속 쓰다듬고 입을 맞춰 격려하라고 조언한다. 편안하면서도 유혹적인 환경이 효율적인 자궁 수축을 돕고 젖이 잘 나오게 하기 때문이다.

개스킨은 책에서 이렇게 적고 있다. "시골 산파들은 더 효과적인 키스의 기술을 잘 알고 있다. 입이 살짝 벌어지면 여성의 성기도 느슨해져 아기가 더 쉽게 나온다." 또한 그녀는 교육생들에게는 자궁 수축을 돕기 위해 여성의 유두를 자극하도록 산모의 배우자에게 알려 주라고 가르친다. "이쪽에서는 유두 자극이 도움이 된다는 것을 이미 알고 실행하고 있었습니다. 2~3년 뒤에야 옥시토신이라는 강력한 내분비 호르몬이 뇌하수체에서 생성된다는 사실을 의학계가 증명했어요. 뇌하수체 기능은 유방 자극으로 항진되기 때문에 결과적으로 유두를 만져 주면 자궁 수축 효과가 나는 거죠. 우리는 분만을 시작하거나 촉진할 때 이 기술을 사용합니다. 정맥주사로 방울방울 주입하는 것보다는 친밀한 사람의 따뜻한 손길을 선호하죠." 그녀의 표현을 그대로 빌리면, 아기가 생겨나게 한 것과 똑같은 성적 자극이 아기를 가장 잘 나오게 하는 셈이다.[5]

출산과 수유의 신경학과 생화학을 살펴보면 버자이너가 보낸 신호가 여성의 생각과 감정을 바꾼다는 것이 조금도 이상할 것 없이 매우 과학적인 얘기임을 알 수 있다. 분만 과정에서 자궁과 수유 과정에서 유방이 보낸 신호 역시 여성의 생각과 감정을 바꾸기 때문이다.

아기가 산도를 통과할 때의 수축 작용은 산모 뇌의 옥시토신 수치를 높인다. '포옹 화학물질'이라는 귀여운 별명을 가진 옥시토신은 분만과 수유뿐만 아니라 산모와 신생아 사이의 애착 형성에도 중요한 역할을 하는 호르몬이다. 그런데 오르가슴 동안에도 이 옥시토신이 분비된다. 그래서 남녀 모두의 뇌에서 신경전달물질로 작용하여 결속감과 신뢰 형성에 기여한다. 옥시토신과 같은 호르몬은 두려움과 주저 행동을 줄여 주고 짝을 맺는 등의 사회적 행위와 성적 행동과 모성 행동을 독려한다. 새끼를 낳은 적이 없는 암컷 랫트가 옥시토신을 투여한 지 단 30분 만에 모성 행동을 보였다는 실험적 증거도 있다. 반면 이 실험에서 같은 실험 동물에게 옥시토신 길항제[1]를 투여했을 때는 이런 행동이 감쪽같이 사라졌다.[6] 비슷하게 옥시토신 처치를 받은 암컷 초원들쥐는

---

1) [역주] 어떤 약물이 다른 약물과의 병용에 의하여 그 작용의 일부 또는 전부를 감쇠시키는 역할을 하는 약제

교미 상대를 더 금방 찾았고 호르몬을 차단하자 이성에 대한 관심을 상실했다. 사람의 경우, 제왕절개술로 출산한 여성은 처음에 아기와 유대감을 형성하는 데 어려움을 겪는다고 한다. 몸 안에서 모성애가 화학적으로 정립되기에는 분만 시간이 너무 짧았기 때문이다. 옥시토신은 신생아가 젖을 빨 때도 반사적으로 여성의 뇌에서 분비된다. 아기도 생화학적 모성애와 유대감 형성에 힘을 보태는 셈이다.

나는 "생각하는" 자궁을 직접 경험했다. 2000년에 임신 중이었던 나는 옥시토신이 나를 얼마나 온화하고 평화적이고 상냥한 사람으로 변모시켰는지를 기록으로 남겼었다.[7] 그때 내 자궁은 내 의지와 상관없이 나를 위해 일종의 생각 같은 것을 함으로써 자율적이고 단호하며 지극히 페미니즘적이었던 나의 뇌에 변화를 일으켰다. 또 나는 유대 형성 지연을 체험한 당사자이기도 하다. 제왕절개술 때문에 수축 단계를 본의 아니게 건너뛰어 옥시토신이 부족해진 탓이었다. 생물학이 의식을 조율한다는 것은 그렇게 과격한 주장이 아니다. 분만 중의 자궁, 수유 중의 유두가 여성의 의식에 영향을 미친다는 것은 꽤 널리 인정되는 사실이다. 그러므로 성의 맥락에서 버자이너의 생물학이 여성의 의식을 바꾼다고 말하는 것은 조금도 억지스럽지 않다.

이제는 학계에서도 인정하는 나쁜 스트레스는 여성의 흥분에 그리고 버자이너에 똑같이 부정적인 영향을 미친다. 위협을 느끼거나 안전하지 않다는 생각이 들면 여성의 몸에서는 교감신경이 발동한다. 교감신경은 둘이 합쳐 완전한 자율신경계를 구성하는 부교감신경의 짝꿍이다. 교감신경이 하는 가장 중요한 일은 '싸우기 혹은 도망치기' 반응[1]을 조절하는 것이다. 뇌에서 아드레날린과 카테콜아민이 분비되면 당장 급하지 않은 소화 운동이나 성적 반응이 중지된다. 심장이 펌프질한 피는 전력 질주해 도망가거나 몸싸움을 하는 데 집중적으로 쓰여야 하므로 혈관은 수축한다. 이 상황에서 온몸에 울려 퍼지는 메시지는 "도망치라"는 것이다. 메스턴과 고잘카의 연구에 따르면, 여기서 말하는 위협에는 버자이너를 은근히 무시하거나 비하하는 언어폭력도 포함된다. 부정적 언어를 듣는 것만으로도 여성의 성적 반응은 차갑게 식을 수 있다(반대 개념인 '좋은' 성적 스트레스는 조금 뒤에 더 자세히 살펴보기로 한다).

이것은 여성의 성 측면에서 마음과 몸이 연결되어 있다는 강력한 증거임이 확실하지만, 내 말을 곧바로 믿지는 말길 바란다. 대신, 연인이나 배우자의 동의를 얻어 간단한 실험 하나를 해 보기를 권한다. 상대가 여성으로서 당신을 신뢰하고 흠모함을 보여 주는 칭찬을 하게 한 뒤 잠시 기다렸다가 당신의 유두를 만지게 하자. 그러고는 유두가 사랑하는 이의 손길에 얼마나 빨리 반응하는지 주시하자. 상대가 그런 식의 찬사를 계속하게 하고 이번에는 질의 반응을 주시하자. 탄트라 수행자들의 표현을 빌리면, 이런 상황에서는 여성의 몸이 연인의 손길과 성기를 점점 더 갈구하게 된다. (참고로, 칭찬의 말과 흥분 과정의 연관성이 남성의 경우도 크게 다르지 않다. 상대 여성에게서 칭찬을 들으면 남성의 관계를 방해하는 생리학적 물질들의 수치가 내려간다는 사실이 연

---

1) [역주] 급박한 위험이 닥쳤을 때 맞서 싸우거나 도망치기에 적합한 상태로 신체가 생리적으로 각성하는 것

구를 통해 밝혀졌다.)

추천할 만한 실험이 하나 더 있다. 이번에는 상대방에게 공격적이고 모욕적인 발언을 하게 한다. 그러고는 상대방이 유두를 만졌을 때의 반응을 관찰하면 그의 손이 당신의 몸에 닿는 게 편하지 않다는 걸 알게 될 것이다. 누구라도 화가 났을 때 남이 건드리면 불쾌하기 마련이다. 흥미로운 점은 흥분한 남성이 기분이 언짢은 여성에게 접촉을 시도했을 때 반작용이 더 크다는 연구 결과가 있다.

여성 신체 반응의 차이는 특히 이런 순간에 남녀의 교감을 어렵게 만든다. 따라서 어떤 말을 듣느냐에 따라 반응이 달라진다는 사실은 오랜 연인 사이에서 태도가 달라진 남성의 접근 시도가 남녀 모두를 슬픔과 절망에 빠지게 만드는 결정적인 요인이 될 수 있다. 최근에 연인이 말로 상처를 주었거나 '그녀 안의 여신'을 말로 달래지 못했다면 여성은 그의 은밀한 손길을 받아들일 수 없게 된다. 옥시토신과 바소프레신이 충분히 분비되지 못하고 부교감신경이 마법을 부릴 채비를 갖추지 못하기 때문이다.

연애 초기에 남성은 보통 연인을 극진히 모신다. 긴장이 완전히 풀린 여성의 교감신경은 골반 신경망을 활성화시키고 뇌의 달콤한 호르몬 활동을 촉발한다. 하지만 두 사람 사이가 좀 더 확고해지면 많은 남성이 달콤한 구애의 말을 줄이고 긴장을 풀어 주는 애무도 대충 넘어가려 한다. 이것은 분명한 실수지만 드문 일은 아니다. 애무의 비중이 높은 섹스는 단순한 구성의 목표지향적 섹스보다 훨씬 긴 시간이 소요된다. 이에 내해 원래 남성이 힘이 더 들기 때문에 목표지향적 섹스는 어쩔 수 없다고 말하는 사람도 있다. 흔히 우리는 애무 행위와 언어유희를 실전의 예고편 정도로 생각한다. 이 아이디어는 전희[1]라는 단어 자체에도 녹아 있다. 전희를 섹스의 별책부록 정도로 보는 것이다. 내가 '여신 마중'이라고 부르는, 말과 동작과 손길의 종합세트는 여성에게 꼭 필요한 것이지만 현대사회에서는 축제의 일부가 아니라 축제의 초대장 정도로만 과소평가된다.

성관계와는 무관해 보이는 신체 접촉, 유혹과 칭찬의 말, 안전하고 귀히 대접받는다는 느낌의 접수창구인 자율신경계의 역할을 이해하면 이것이 얼마나 멍청한 실수인지 알게 된다. 교감신경이 이런 자극에 대한 느낌을 전달하지는 않는다. 그것은 자율신경계의 일부로서 '싸우기 혹은 도망치기' 반응과 정반대의 효과를 만들어낸다. 교감신경은 부드러운 터치, 달콤한 말 같은 느낌에 반응한다. 그리고 이 반응은 여성의 종합적인 성적 각성에 영향을 미친다. 뇌가 자율신경계를 조정하는 동시에 자율신경계의 조정을 받기 때문에 이런 **손길과 접촉과 키스와 찬사는 섹스의 별책부록이 절대로 아니다.** 이것은 여성 자율신경계 활성화 과정의 필수적인 일부분이며 따라서 이런 말과 행동이 선행되어야만 여성의 뇌는 지금이 성관계를 맺기에 안전한 때라고 인식한다. 현대인에게 가장 익숙한 일방적이고 목표지향적인 섹스 방식은 여성에게 두려움과 불안감을 조성한다. 오르가슴을 느끼면서도 말이다. 현대사회에서 오르가슴은 흔히 섹스의 최종 목표로 인식된다. 따라서 이런 현상은 충분히 혼란스러울 수 있다. 좋은 의도로 시작한 문화적으로 완벽하게 적절한

---

1) [역주] foreplay. 접두사 fore에는 '앞', '전'이라는 뜻이 있다

잠자리였는데 여성이 점점 짜증을 내며 싫어하는 모습을 보고 남성들이 어리둥절해 하는 것은 당연하다.

　사랑하는 여자를 이해하고 그녀를 진정으로 행복하게 해 주고 싶다면 남성은 여성의 자율신경계와 버자이너의 생리를 제대로 이해해야 한다. 그러려면 남성은 탄트라 수행자처럼 침대에서 더 감각적이고 로맨틱한 사람이 되어야 한다. 그러나 무엇보다도 중요한 것은 순간순간 여성이 뭘 원하는지 잘 살피는 것이다. 지나간 연인들에게는 잘 통했다고 믿었던 것들은 전부 잊고 현재 상대의 반응을 따라가며 모든 것을 처음부터 다시 익혀 나가야 한다. 따라서 오래된 매뉴얼에 쓰여 있을 법한 이성 간 섹스의 전형을 모방하지 말고 보다 창조적이고 사려 깊은 사람이 될 필요가 있다. 즉, 남성은 자라면서 배워온 것이나 퇴근 후 피곤에 절어 지금까지 해 왔던 것과 달리, 참을성 있게 기다리고 촉각을 십분 활용하고 시간을 충분히 들이는 자세를 갖추어야 한다. 여성의 심리상태가 어떤지, 스트레스를 받았는지 편안한지, 피부 온도는 어떤지, 귀에 바람을 불면 좋아하는지, 힘을 더 넣을지 뺄지 세심하게 결정해야 한다. 여성의 눈동자를 응시하며 키스의 강약을 조절하고 애무의 완급에 신경 쓰면서 이 남자가 돌진한다는 인상을 여성에게 주지 않도록 주의해야 한다. 그러면서 음핵, 질, G스팟, 음순, 외음부, 항문, 자궁경부 중 연인에게 최적화된 조합의 부위들을 섬세하고 숙련되게 자극해야 한다. 시기에 따라 혹은 심리상태에 따라 여성의 취향이 변할 수 있기 때문에 그녀가 원하는 방식이 부드럽고 느긋하게 하는 것인지, 거칠고 강렬한 것인지, 아니면 지루하지 않게 둘을 왔다 갔다 하는 것인지 예의주시해야 한다. 그러려면 기본적으로 나쁜 스트레스와 좋은 스트레스를 구분할 줄 알아야 한다. 삽입은 쾌락을 위한 과정의 일부일 수도 있고 아닐 수도 있다. 오르가슴은 확실하게 이 과정의 일부다. 그리고 그 너머에는 더 많은 것이 있다.

성적 반응을 조절하는 신경계는 정확히 어떻게 기능할까? 자율신경계를 묘사한 네터 이미지를 보면, 생식기가 척수 하부에 어떻게 연결되고 여기서 다시 어떻게 뇌까지 이르는지를 한눈에 파악할 수 있다.[8]

척수와 신경 뿌리를 확대한 네터 이미지도 있다. 이 그림을 보면 척수는 중간에서 버자이너와 양방향으로 메시지를 주고받는다. 버자이너로부터 전달받은 메시지는 척수가 다시 뇌로 전달한다. 이렇듯 음핵, 질, 자궁경부에서 신경전달물질이 쏘아 올린 신호는 척수를 거쳐 최종적으로 시상하부와 뇌간에 도달한다.

뇌 밑에는 뇌하수체가 있고 시상하부는 그 바로 위에 있다. 뇌하수체는 흔히 대장 분비샘이라 불린다. 뇌를 포함한 전신의 모든 호르몬을 통제하기 때문이다. 결속과 신뢰와 유대라는 감정을 만들어내는 까닭에 '사랑 공장'이라 불리는 옥시토신 역시 뇌하수체에 의해 생산량이 조절되는 호르몬 중 하나다. 즉, 모든 감정적 반응이 이 뇌하수체에서 비롯된다고 볼 수 있다. 바로 여기에 도파민 관제소 하나가 있는데, 이곳에서는 흥분의 정도를 조절한다. 도파민 조절 중추는 중뇌에도 있다. 성관계 동안 여기서 도파민이 분비되면 사람이 더 적극적으로 변하고 집중력이 높아진다. 도파민이 흥분과 욕구를 높이는 화학물질인 까닭이다. 한편 시상하부는 옥시토신과 그 밖의 감정 호르몬들을 처리한다. 이 물질들이 증가하면 콩깍지가 씌어서 연인의 짜증날 만한 행동들이 귀여워 보인다. 마찬가지로 시상하부에서 처리되는 프로락틴은 빨래나 밀린 잡무를 처리하기 위해 마지못해 침대에서 몸을 일으키게 만드는 호르몬이다. 종합하면, 사랑을 나누는 동안 버자이너가 뇌에 화학신호를 보내 사람의 의식을 조종한다는 것은 전적으로 맞는 말이다.

여성의 정교한 골반 신경망은 척수를 중간에 끼고 화학물질의 변화무쌍한 물줄기를 흘려보내 뇌에 긴밀하게 동태를 전하다가 오르가슴 직후에 오피오이드와 옥시토신의 분비를 촉발한다. 그러면 갓 사랑에 빠졌을 때처럼 온몸이 쑤시게 된다. 이때 활성화되는 뇌 부위는 절정에 이르렀을 때 모든 것을 놓은 무아지경에 빠지게 만드는 곳과는 다른 곳이다.

음핵과 음순과 질을 복잡하게 연결하는 골반 신경망은 오르가슴에 가까워지는 동안 뇌에 강력한 메시지를 보낸다. 메시지의 내용은 월경주기와 호르몬 수치를 조절해 생식능력을 높이거나 낮추고, 연인의 체취에 긴장을 풀고, 칭찬을 받으면 질을 촉촉하게 적실 수 있게 도와 달라는 것이다. 그러면 뇌는 부름에 화답해 음핵과 음순과 질에 신호를 보내 언제가 반응을 고조시켜 절정에 이르게 하기에 적당한 때인지를 일러 준다. 이 신경망은 온몸 구석구석에 영향을 끼친다. 그래서 여성이 상대방에게 무시를 당하거나 스스로를 무시하면 골반 신경망이 사실을 있는 그대로 뇌에 보고하고 뇌는 호르몬을 조절해 여성을 우울감에 빠지게 만든다. 이런 순간에는 다치거나 심장질환에 걸릴 위험도 커진다. 골반 신경망은 여성의 기분과 감정을 쉬지 않고 뇌에게 보고하고 뇌의 지시를 피부 안팎에 전달한다. 여성으로 하여금 느껴지는 것을 느끼게 하고, 비슷한 손길에도 몸을 다르게 떨게 하고, 때때로 성욕 주기에 맞춰 화학신호의 등락에 따라 의식 자체가 요동치게 하는 것은 질 자체가 아니라 그 뒤에서 수많은 촉수를 뻗어 나가는 골반 신경망이다. 어딘가 여성성의 발원지가 있다면 나는 이곳이 바로 그곳이라고 말하고 싶다. 골반부터 뇌까지 촘촘하게 뻗어 있어서 전기신호가 쉴 틈 없이 왕복하는 우리 몸 안의 이 네트워크 말이다.

이 신경 통로는 여성의 성에 관한 사회의 통념이 어떻게 잘못되었는가를 잘 설명한다. 마스터스와 존슨은 실험실에서 남녀가 관계를 맺고 오르가슴에 이르기까지의 과정을 관찰한 연구를 토대로 1966년에 보고서 《인간의 성적 반응》을 발표했다. 이 보고서가 나온 뒤, 우리 사회에는 흥분기, 정체기, 오르가슴, 해소기로 이루어진 성적 반응 4단계가 남녀 간 비슷하다는 단순 모형이 정설로 자리 잡았다.[9] 두 사람은 보고서에서 "성적 자극에 대한 질의 (자연적이거나 인위적인) 반응은 자극의 기원과 무관하게 일정한 패턴으로 일어난다"고 주장한다. 신세대 과학자라면 지나친 비약이라며 고개를 저을 견해다. 그러나 오늘날에도 사람들은 남녀의 성적 반응이 똑같거나 비슷하다고 보는 경향이 있다. 오르가슴을 더 잘 느끼고 중간의 불응기가 남성이 원하는 재충전 시간보다 짧은 여성이 있다는 사실을 알고 있으면서도 말이다. 심지어는 일원적 모형이 2세대 페미니즘[1]과 성 혁명[2]에 부합하는 여성 해방의 증거라는 시각도 있다. 남성에게 그러는 것만큼 여성에게도 성적 욕구를 용인함으로써 여성이, 적어도 성적으로는, 남성과 대등하다고 인정한다는 시각이다.

하지만 현재 마스터스와 존슨의 이론은 여러 가지 면에서 여성에게 지나친 환원주의적 입장을 취한다는 지적을 받는다. 캐나다 브리티시 컬럼비아 대학교의 로즈메리 바송, 캐나다 맥길 대학교의 어브 비닉, 미국 루터 대학교의 배리 R. 코미사룩 등이 실시한 최근 연구가 이 반격을 뒷받침한다. 이들의 연구에 따르면, 여성은 개인차가 너무 심해 획일화된 모형 하나에 모든 여성을 끼워 맞추는 게 절대로 불가능하다.[10] 더 정확히 말하면, 최신 과학적 증거를 토대로 할 때 여성과 남성의 성에 피상적인 유사성이 어느 정도 있다고 치더라도 여성의 경우는 경험과 감각이 더 다채롭다.[11] 따라서 여성의 성은 전통적으로 남성의 시각에서 섹스라 인식되던 것의 여성화 버전과 완전히 거리가 멀다. 이 연구들은 버자이너와 뇌가 불가분의 관계임을 한목소리로 인정한다. 바송은 여성의 주관적인 흥분 감각을 몸이 아니라 마음으로 가늠해야 한다고 주장했고 코미사룩 연구팀은 척수가 손상된 여성도 마음으로 흥분과 오르가슴을 느낌을 증명했다.[12]

내가 내린 결론은 이렇다. 치료사나 교사, 의료인의 특수한 예를 제외하고, 우리 모두는 입으론 해방을 외친다. 하지만 우리는 기존 성-이

---

1) [역주] 1세대 페미니즘에 이어 섹슈얼리티, 가족의 구조, 재생산 권리, 실질적 평등 등으로 논의 범위를 넓힌 여성주의 운동
2) [역주] 성에 대한 태도가 보수의 반대 방향으로 급격하게 변하는 현상

데올로기의 틀 안에서 버자이너의 낡은 족쇄를 더 쌔끈하기만 할 뿐 과거보다 하등 나을 것 없는 새 족쇄로 갈아 끼우고 있을 뿐이다. 아니면 우리는 버자이너의 진짜 역할과 잠재력을 일부러 무시하고 있는 것인지도 모른다. 오늘날 서구사회에서 버자이너는 우리의 착각과 달리 여전히 자유롭지 못하다. 버자이너의 총체적 역할이 심각하게 왜곡된 동시에 경시되고 있기 때문이다.

자신감과 창의력, 그리고 유대감

내 동생은 수채화를 이해하지 못해요. 그림이 그녀를 혼란스럽게 하는 것 같아요. 아무리 봐도 잘 모르겠나 봐요. 말을 탄 남자 그림은 좋아했는데…. 내일 그걸 학교에 가져가 학생들에게 보이려고 해요. 상처를 제대로 볼 줄 모르는 이들이지만 상관없어요…. 내가 당신 곁에 머물며 당신을 얼마나 좋아하는지 말하고 싶어 하는 건 내 안에 이성이 아니라 짐승이 있기 때문일까요? 아뇨, 그건 짐승이 아니에요. 감촉이죠. 감촉은 내게 신일 수도 악마일 수도 있어요. 난 잘 모르겠어요….

　　　　　─조지아 오키프가 앨프리드 스티글리츠에게 보내는 편지 중에서

　지병으로 고민이 많던 시기에 나는 대학원에 복학했다. 전공은 빅토리아 시대와 에드워드 시대의 여성 문학이었다.

　대학원에서 나는 1850년과 1920년 사이에 활동한 여류 작가들을 열정적으로 탐구했다. 그들은 여성의 성적 경험에 성적 각성과 더불어 창의력의 각성이 연결되어 있음을 암시하는 여러 측면들을 자주 기술했다. 빅토리아 시대의 영국 서정시인 크리스티나 로세티, 20세기의 미국 소설가 케이트 쇼팽, 1930년대의 프랑스 전기작가 아나이스 닌 등의 여류 작가들은 여성의 성적 욕망을 압도적인 힘으로 묘사했다. 여성의

냉정한 의지를 손쉽게 꺾어버리는 힘. 이들이 활동한 시대는 성 혁명이 일어나기 전이었고 2세대 페미니즘에 불이 붙기 전이었다. 그들은 성적 자기인식 혹은 성적 각성을 창의력 및 자아정체성의 성장과 연결하곤 했다. 1960년대 이후의 여성 예술가들과 달리 그들은 여성의 성을 육체적 쾌락 그 이상의 것으로 다루었다.

경탄할 만한 사실이 또 있다. 여성 혐오주의자들은 청탑파[1]와 같이 똑똑한 여자는 성적 매력이 없고 끝내주게 섹시한 여자는 뇌가 없다고들 말했지만, 천재 여류 예술가들의 전기는 정반대되는 얘기를 들려준다는 점이다. 세대를 거듭하며 끊임없이 등장한 여성 작가, 여성 혁명가, 여성 예술가들은 자유로운 성생활과 불륜을 즐기거나 심지어 혼자서도 쾌락을 추구할 줄 알게 된 뒤에 창의력과 지적 재능이 폭발한 경험을 공통적으로 갖고 있었다. 게다가 그들이 나눈 사적인 서신들의 내용으로 미루어볼 때 크리스티나 로세티부터 조지 엘리엇, 이디스 휘턴, 에마 골드먼, 조지아 오키프에 이르기까지 당대에 누구보다도 창조적이고 지적으로도 심리적으로도 가장 자유로웠던 여성들이 성적으로도 매우 열정적이었다.

조지 엘리엇은 소설 《플로스 강변의 물방앗간》(1860년)의 주인공 매기 툴리버를 "한없는 욕망이 끌고 가는 대로 스스로를 내던지는" 인물로 묘사했다.[1] 이 소설에 주해를 단 소설가 A. S. 바이엇에 따르면 엘리엇 본인도 "자신의 열정적인 성품이 악마처럼 포악해지지 않을까 하는 두려움을 가지고 있었다"고 한다. 친구들에게 보내는 편지에서 엘리엇

---

1) [역주] 靑鞜派, bluestocking, 영국에서는 문학과 여권 신장에 관심이 많은 인텔리 여성을 조롱하여 이렇게 불렀다.

은 성적 욕망에 잠식될까 두렵다고 고백하고 있다. "어젯밤에 내가 세속적이고 음탕한 악마가 되어 버린 악몽을 꿨어…."[2]

시인 크리스티나 로세티는 여성에게 성적 유혹이 얼마나 거부하기 힘든 고문인지를 《요괴 시장》(1859년)의 주인공 로라를 통해 생생하게 묘사했다. "열렬한 갈망에 잠들지 못하니 / 이를 악다물고 욕망을 참으며 흐느낀다 / 부서질 것 같은 심장을 안고…" 반면에 요괴의 열매를 먹어 버린 로라의 자매 리지는 중독되어 점점 더 많이 원하게 된다. 리지는 울부짖는다. "나를 안아 줘, 내게 입 맞춰 줘, 내 즙을 빨아 줘 / 요괴의 열매를 꽉 짜서 / 과육과 과즙을 내 봐 / 나를 먹어 줘, 나를 마셔 줘, 나를 사랑해 줘 / 원하는 모든 것을 줄게… / 그녀의 목마른 입술이 키스를 퍼붓는다." 이 시에서 "묘하게 사악한 기운을 풍기는 과일 장수 사내"는 "혀에는 꿀과 같지만 피에는 독"인 과일을 두 소녀에게 강권한다.[3]

젊은 여성화가 조지아 오키프는 1915년에 연모하는 아서 휘티어 맥마흔에게 보낸 편지에서 이렇게 말하고 있다. "끌리는 대로 몸을 맡기지 않는 건 몹시 어색해요. 사랑의 묘미는 그런 데 있는 것 아닌가요…." 또, 그녀가 화가로서 괄목할 성장을 한 시기에 깊은 관계였던 사진작가 폴 스트랜드에게는 이런 편지를 보내 추상주의를 새롭게 시도하는 흥분감과 키스를 떠올릴 때의 흥분감을 동시에 얘기했다. "작품, 그래요, 난 그 작품을 사랑했어요. 그리고 당신도 사랑해요. 당신의 목에 양팔을 두르고 키스를 퍼붓고 싶었어요. … 당신을 너무나 만지고 싶었는데 그러지 않았다니 허탈하죠. 지금도 이렇게 당신을 원한다고 말하고 있는데 말이에요. … 언제 밤에 날 드라이브에 데려가 주지 않을래요?" 오키프의 전기작가는 그녀가 연인을 도발하려고 마지막 부분에서 일부러 드라이브를 언급했을 거라고 해석했다. 리버사이드 드라이브는 한밤에 연인들의 밀회 장소로 유명했던 곳이기 때문이다.[4]

이런 여성 예술가들의 다수는 인생에서 어느 특정 시점에 성적 각성과 창의력의 폭발이 융합해, 그로 인해 그들의 작품세계를 더 깊은 통찰과 강렬한 에너지를 함축한 경지로 끌어올린 것으로 보인다. 나는 여성의 버자이너가 내면의 자아와 깊이 연결되어 있으며 그것을 깨닫는 것이 감수성을 깨우는 계기 혹은 시작점이 될 수 있다고 생각했다. 이런 각성은 때가 딱 맞으면 창의력과 성욕을 한 덩어리로 뒤섞는다. 그런데 여류 예술가들이 보여 준 창의성의 상승 곡선은 이런 나의 추론을 확신으로 바꾸어 놓았다.

여류 작가들은 그런 성적 각성의 순간을 안개가 걷히고 여성으로서의 자아가 우뚝 서는 식으로 묘사하곤 한다. 특히 그들의 사적 서신을 보면 본인들이 육체적 사랑을 경험하고 나서 스스로도 놀랄 만큼 급작스럽게 자아를 발견한 경우가 흔하다. 젊은 시절의 한나 아렌트가 매우 지적이면서도 고도로 에로틱하다고 묘사한 연애를 막 시작했을 때 연인에게 보낸 편지에는 이런 구절이 있다. "이제서야 행복이 무엇인지 알았어요. …위대한 사랑과 자아정체성을 모두 가질 수 있다니 믿기지 않아요. 저는 이미 하나를 갖고 있어서 나머지 하나를 새로 얻은 경우지만 말이에요."[5] 이들이 쓴 소설 속의 주인공들은 자신의 열정 때문에 어떤 곤란을 겪게 되든 성적 각성을 후회하지 않는다. 케이트 쇼팽이

1899년에 쓴 소설 《각성》에서 에드나 퐁텔리에는 "여러 가지 감정이 나를 괴롭혔지만 그중에 수치심이나 회한은 없었다"고 술회한다.[6]

특히 나는 이디스 휘턴의 작품과 개인사에서 이 연결고리를 강렬하게 감지한다. 그녀는 전형적인 상류층 호사가인 테디 휘턴과 결혼해 가정을 이뤘다. 하지만 두 사람은 잘 맞지 않았다. 휘턴 부부에게 성생활이 없다는 것은 공공연한 사실이었다. 그런데 1908년에 매력적인 미남에 적극적인 성격을 가진 기자 모턴 풀러턴과의 불륜이 시작되고 그녀는 엄청난 성적 각성을 경험한다. 1980년대에 최초로 공개된 이 시기의 연애편지에서 그녀는 각성이 너무 강렬해 이성의 의지가 모두 소멸할 것 같다고 기록하고 있다. 그녀는 성적 쾌락을 말할 때 즐겨 사용하던 언어인 프랑스어로 "당신이 나를 만지면 모든 의지가 사라진다"고 표현했다.[7] 휘턴은 풀러턴과의 육체적 사랑을 마약에 비유했는데, 동시대 다른 여류 작가들이 쓴 소설들에도 같은 은유가 자주 차용되고 있다. (《각성》의 에드나 퐁텔리에 역시 연인의 손길이 마약과 같다고 표현했다. 하지만 남성에 대한 의존성을 암시한다는 이유로 '정치적으로 옳지 않다'고 1970년대의 2세대 페미니즘이 선포한 이후 이 표현은 거의 사용되지 않게 되었다.)[8]

또 다른 편지에서 휘턴은 지난 만남에서 풀러턴과 나눴던 대화를 언급했다. 그때 그녀는 풀러턴에게 오르가슴이 그녀에게 끼친 영향을 설명해 주었다. 풀러턴은 그녀가 그 경험을 바탕으로 더 좋은 글을 쓰게 될 거라고 말했다. 그리고 그 예언은 적중했다. 풀러턴과의 관계가 만개한 후 최고의 작품들을 써냈던 것이다. 흥미롭게도 초기작인 1905년의 《기쁨의 집》에서는 여성 등장인물의 육체적 욕망에 관한 문구를 한 줄도 찾아볼 수 없다. 그래서 이 소설 속 여성들의 애착과 동기는 불완전하다.[9] '절제'는 잘 표현되어 있지만 '성취'는 발견할 수 없었다. 반면 더 나중에 집필한 《여름》(1917년)이나 《순수의 시대》(1920년)에는 여성의 성욕에 대한 묘사가 넘쳐난다.

1910년 이후 휘턴의 산문은 점점 더 풍부하고 관능적인 글이 된다. 소설에서 쾌락과 감각의 세계가 점점 더 큰 비중을 차지하게 되었고 어떤 희생을 치르더라도 황홀경과 살아 있음과 감각적 자극을 갈구하는 여성의 비극적인 진심도 더욱 부각되었다. 성에 눈을 떠 변모하고 그 어떤 고난이 따르더라도 그 결과를 후회하지 않는 여성상은 이후 그녀의 모든 작품을 관통하는 주제가 되었다.

나는 18세기와 19세기를 아울러 20세기 초까지 이런 용감한 여성들의 전기를 죄다 찾아 읽었다. 메리 울스턴크래프트, 샬럿 브론테, 엘리자베스 배럿 브라우닝, 조지 샌드, 크리스티나 로세티, 조지 엘리엇, 조지아 오키프, 이디스 휘턴, 에마 골드먼, 거트루드 스타인…. 이들 모두는 희생을 감수한 선택을 통해 성을 갈구하는 본성을 떳떳하게 드러낸 여성들이었다.[10]

이제는 규모가 상당히 커진 이 계열의 여성 화가, 여성 작가, 여성 혁명가들의 인생의 면면을 따라가다 보면 똑같은 정열의 불꽃을 발견할 수 있다. 성에 눈을 뜬 뒤에 창의적 통찰과 식견이 넘쳐 흐르기 시작한 것이다. 보통은 특정 시점 전후로 관념의 현격한 변화가 눈에 띈다. 작품의 내용이 갑자기 풍성해지고 완전히 새로운 장르로 확장되기도 한다.

조지 엘리엇은 조지 루이스와 부적절한 사랑에 빠진 뒤에 역작 《목사 생활의 전경》(1857년)을 완성했다. 또, 조지아 오키프는 앨프리드 스티글리츠와의 열렬한 연애를 시작하자마자 형태와 색채를 과감하게 다루는 실험정신으로 당시로써는 혁명적이었던 꽃 연작을 탄생시켰다. 오키프는 1917년에 스티글리츠에게 보내는 편지에서 예술가로서의 흥분과 성적 주체로서의 흥분을 두서없이 섞어 이야기한다. "할 일이 너무너무 많아요. 그중에 하나는 그림을 그리는 거예요. 바다에 떠 있는 깃발[1]을 그릴 거예요. 암적색 깃발이 바람에 바들바들 떨리고 있죠. 울음이 터지기 직전의 입술처럼. 하지만 그 속에는 확고한 신념이 있어요. 입술 안쪽에 가지런한 치아가 있는 것처럼요. … 잘 자요. 난 가슴이 너무 아파요. 피곤하기도 하고요. 그런데도 흥분과 통증과 궁금증 탓에 잠이 들지도 음식을 먹지도 못하겠어요…."[11]

에마 골드먼의 기존 사회규범을 향한 급진적인 평론이 한층 날카로워진 것 역시 1908년에 벤 라이트먼과의 불타는 연애를 시작하면서부터였다. 그녀는 심지어 그런 입장을 고집하다 체포되기도 했다. 라이트먼은 이런 여성들의 연인이 보통 그랬듯 에마 골드먼을 유혹하기만 한 것이 아니었다. 그녀가 강의 장소를 구하지 못하고 있을 때 자신의 공간을 제공하며 적극적으로 내조했다. 한편 거트루드 스타인은 앨리스 B. 토클라스를 만나 동거하기 시작했는데, 그녀가 동성애자로서 자신의 내면을 마주하게 된 이 시기는 실험정신과 관능성 면에서 그녀의 작

---

1) [역주] 1918년에 완성한 작품 〈깃발The Flag〉을 말한다.

품이 더 높은 차원으로 약진하는 결과로 이어졌다.

현대에도 많은 여성 작가들이 이 연관성을 인정하고 가끔은 깜짝 놀랄 정도로 자세하게 언급한다. 2006년 11월 6일에 내셔널 퍼블릭 라디오에서 방송된 멜리사 블록의 '이사벨 아옌데와의 대화'에서 아옌데는 소설 《내 사랑 이네스》 속에서 생생하게 체현된 17세기 스페인 여성 캐릭터 이네스 수아레스의 탄생 비화를 묻는 블록에게 이렇게 대답한다. "첫 문장은 내 자궁에서 튀어나왔어요." 이 한 마디에 아마도 인터뷰 진행자는 잠깐 흠칫했을 것이다. "머리가 아니라 자궁에서요. '내가 이네스 수아레스다. 내가 바로 칠레 왕국의 왕성에 사는 도시 처녀다.' 이거였어요. 진짜 그렇게 생각됐거든요. 내가 그녀이니 소설이 그녀의 입을 통해서만 전개될 수 있다고 느꼈죠."[12]

내가 참고한 전기들을 보면 남자든 여자든 연인들은 얌전한 파트너에 머물지 않고 일종의 뮤즈 역할을 한다. 그들은 주인공을 끊임없이 성적으로 도발하면서도 그녀의 예술적 재능과 지적 세계를 존경하고 응원한다. 이런 최고의 조력자가 있었기에 그렇게 많은 여성 예술가, 여성 작가, 여성 혁명가들은 성적 각성을 통해 통찰과 표현력 그리고 창의의 각성에 도달하게 된 것이다. 사회와 예술계에서 소외될 위기에 직면하면서도 말이다.

나는 궁금해지기 시작했다. 여성이 열정적 본성을 각성하는 것과 자유나 창의성 사이에 우리가 놓치고 있는 어떤 연결고리가 있는 게 아닐까?

심연에서 알 수 없는 무언가가 꿈틀대고 있는 게 아닐까?

실험쥐의 섹스 토이

척수수술을 받고 나서 모든 즐거움과 자신감, 색채, 만물과의 유대감이 되살아나자 나는 그동안 나를 괴롭혔던 의식의 장애가 어느 정도 신체적 문제에서 기인했음을 부인할 수 없었다. 의식 변화의 전환점이 골반 신경이 손상되고 회복된 시점과 기가 막히게 일치했기 때문이다. 나에게 무슨 일이 벌어졌던 걸까? 그리고 그 의미는 뭘까? 신경계와 생화학 시스템이 내 경우만 희한하게 변덕을 부려서 그랬던 걸까 아니면 다른 여자들도 나와 같은 걸까?

몸을 완전히 추스르고 넉 달쯤 지났을 무렵, 나는 한 대학교로부터 여학생들에게 강연해 달라는 요청을 받았다. 편의상 이 행사가 캐나다의 한 시골에서 열렸다고 하겠다. 대부분 생물학이나 신경과학을 전공하는 학생들이 학회 비슷하게 자발적으로 추진한 행사였고 그들은 학업을 마치고 사회에 나가면 여성으로서 맞닥뜨리게 될 상황들에 관해 이야기를 나누고 싶어 했다.

바람이 기분 좋게 부는 따뜻한 날이었다. 우리는 오래된 농장에 딸린 오두막의 거실에 모여 앉았다. 다홍색 담요가 깔린 소파는 푹신했고 바닥 깔개의 진홍색은 약간 바래 있었다. 압도적인 크기의 벽난로 곁에 놓인 바구니에는 말린 꽃이 가득했다. 창문으로는 꿀을 바른 것 같은 햇살이 쏟아져 들어 왔고 굽이져 흐르는 초록의 강이 보였다. 강 너머에는 푸르른 둔덕이 펼쳐져 있었다.

각자 본인의 연구와 미래 계획을 소개한 뒤 우리는 날씨가 좋으니 산책하러 가자는 데 의견을 모았다. 그 지역을 잘 아는 한 참가자가 앞장서서 우리를 산울타리를 따라 소들이 다니는 길로 인도했다. 질척한 굽잇길을 지나자 언덕이 나타났고 우리는 그곳을 올랐다. 언덕 정상에 섰을 때 나는 전혀 다른 생태계에 와 있다는 느낌을 받았다. 그곳에선 집안의 안락함을 찾아볼 수 없었다. 회색과 녹색이 조화롭게 뒤섞인 평야가 사방으로 펼쳐져 있었고 점잖고 강단 있는 바람이 계속 불어왔다. 나는 단도직입적으로 내 고민을 털어놓기로 했다.

"난 버자이너와 뇌 사이에 우리가 아직 이해하지 못하는 어떤 관련성이 있다고 생각해요. 오르가슴이 여성의 자신감 그리고 창의력과 서로 무관하지 않은 것 같아요. 버자이너와 오르가슴이 사물과 현상들의 연결고리를 보는 능력과도 연관 있는 것 같고요."

짧은 침묵이 흐른 뒤 역사학도라는 한 참가자가 입을 열었다. "저는 선생님 말씀에 전적으로 공감해요." 그녀의 목소리에는 확신이 가득했다. "진짜 멋진 섹스를 했을 때—아, 단 진짜 멋진 섹스여야 해요." 사방에서 웃음이 터져 나왔다. 모두가 그 차이를 잘 알고 있는 것이다. "제가 뭐든지 다 할 수 있을 것 같은 기분이 들어요. 제가 아주 대단한 사람인 것처럼 느껴져요. 자신감이 하늘을 찌르죠. 평소에는 그러지 않거든요. 그리고 또 한동안 학업 효율도 오르는 것 같아요. 전에는 보지 못했던 것들이 보여요. 인지력이 최고조에 이른 것이 느껴져요."

정치학 전공의 또 다른 학생도 동의하며 말했다. "저는 그때 천하무적이 돼요. 마라톤 완주도 거뜬할 것 같아요. 내가 나라는 게 너무나 행복해요." 다시 정적이 흘렀다. 모두 깊은 생각에 빠진 것이다.

이번에 침묵을 깬 것은 젊은 과학도였다. 그녀는 짓궂은 미소를 지으며 말했다. "연구실에서 암컷 랫트에게 성적 쾌감을 주는 임무를 맡은 적이 있어요."

"뭐라고요!?" 모두의 목소리가 커졌다.

"정말이에요!" 그녀가 웃으며 대답했다. "작은 붓이 있어요." 그녀는 허공에 대고 붓으로 그림을 그리는 손동작을 해 보였다. "연구의 일부분이라서 익숙해지면 별로 이상하지 않아요."

나는 스스로의 무지함에 충격을 받아 말했다. "암컷 랫트도 성적 즐거움을 느낀다니 전혀 몰랐네요."

"모든 포유류 암컷은 음핵을 가지고 있어요." 그녀는 과학자의 침착한 어조로 말했다. 그녀에게는 이것이 흥미롭기는 하지만 특별하지는 않은 수많은 데이터 중 하나에 불과한 것 같았다. "모두에게 음핵이 있죠." 젖소 한 마리가 고개를 돌려 어리둥절한 표정으로 오른편의 생명체를 바라보았다. (실제로 나중에 따로 조사해본 바에 의하면 포유류의 3분의 2는 음핵이 사람의 G스팟처럼 질 내벽에 숨어 있다고 한다. 하지만 그전까지 나는 대부분의 포유류가 음핵을 가지고 있다는 사실을 전혀 몰랐었다.)

매혹적인 순간이었다. 안개가 저 멀리서부터 언덕의 정수리를 향해 스멀스멀 기어오기 시작하고 바람이 우리를 부드럽게 간질인다. 여자들은 모여서 오르가슴, 통찰, 활력 따위를 얘기하고 있다. 그 와중에 나는 너무나 당연한 사실을 지금껏 모르고 있었다는 사실에 충격을 받았다. 그렇다. **모든 포유류 암컷**은 성적 쾌락을 경험하도록 진화했다.

"암컷 랫트가 섹스를 하고 싶을 땐 이렇게 해요." 그녀는 양손을 녀석들의 작은 앞발처럼 오므리고 등을 뒤로 휘어 보였다. 우리는 유쾌하게 웃었다. 이 자세를 의학용어로는 척추전만 자세라고 부른다. 그녀는 연구의 내용을 조금 더 설명해 주었고 나는 나중에 이 주제를 좀 더 파보기로 했다.

그곳에서 얘기를 더 나누고 싶었지만 바람이 점점 거세지고 있었다. 어쩔 수 없이 우리는 벽난로와 담요와 찻주전자의 곁으로 돌아가기로 하고 발걸음을 돌렸다. 약간 초현실적이기도 한 야생의 분위기를 뒤에 남겨두고 떠나자니 좀 섭섭했다. 바람과 초목과 동물들 모두 우리가 조금 전에 깨친 진실의 일부 같았기 때문이다. 우리 여성의 자아와 여성 특유의 성적 쾌락은 자연의 섭리를 따르는 지극히 정상적인 것이었다.

시간이 너무 짧아서 아쉬웠지만 나는 젊은 친구들에게 고무되어 덩달아 붕 뜨는 느낌이었다. 그들은 호기심이 넘쳤고, 예전에 경험했던 학업의 자극제가 그때까지 단순히 물리적인 것이라고만 믿고 있었던 것과 전혀 다른 종류의 흥분일 수도 있다는 가설을 편견 없이 받아들였다.

무대 위의 오르가슴

그로부터 여러 달 동안 나는 다양한 배경을 가진 많은 여성들의 얘기를 통해서도 성적인 삶의 질과 정신적인 삶의 질이 이어져 있음을 확신하게 되었다.

어느 날 저녁, 나는 뉴욕에서 성대하게 열린 영화 개봉 파티에 참석하게 되었다. 사방이 영화와 연극 관계자들 천지였고 귀가 먹을 정도로 시끄러웠다. 붐비는 바에서 나는 바로 옆에 있던 조각상 같은 40대 초반의 미인에게 내 소개를 했다. 빨간 립스틱에 진주 귀걸이를 하고 1920년대를 연상케 하는 블랙 칵테일 드레스를 입은 그녀는 온몸으로 우아함을 발산하고 있었다. 그녀는 자신이 배우라고 했다. 내가 최근에 본 영화에 출연했다는 것이다. 그러고는 내게 직업이 뭐냐고 물었다. 나는 작가라고, 지금 다음 책을 준비하고 있다고 말했다. 그녀는 다시 책의 주제가 뭐냐고 물었다. "버자이너에 관한 책이에요." 내 대답에 그녀는 눈을 똥그랗게 뜨면서 미소를 지었다.

그때쯤 나는 이런 상황에 매우 익숙했기 때문에 내 입에서 버자이너라는 단어가 나온 직후에 사람들이 어떤 반응을 보이는지 잘 알고 있었다. 유형을 나누자면, 일단 바로 미소를 짓는 사람이 있다. 남자와 여자 모두 그런 경우를 봤는데 진심에서 우러나오는 아름다운 미소였다. 두 번째는 겁을 먹거나 싫은 티를 팍팍 내는 유형이다. 그들은 마치 내가 핸드백에서 살아 있는 생선을 꺼내 들이민 것 같은 표정을 짓는다. 마지막으로 어떤 사람들은, 보통 남자들이 이러는데, 혼자 민망해서 자기도 모르게 미친 듯이 웃는다.

그날의 경우, 여배우의 감미로운 미소를 보고 나는 얘기를 더 해도 괜찮겠다는 생각이 들었다. "실은요, 여성의 오르가슴과 창의력 간에 어떤 관계가 있는지를 연구하고 있어요."

갑자기 그녀의 얼굴에서 핏기가 가시고 표정이 굳어졌다. "남의 입에서 그런 말을 듣다니 믿을 수가 없네요." 그녀가 말했다. "당신에게 말해 줄 게 있어요. 아직 아무에게도 못 한 얘기에요." 그녀는 심호흡했다. "저는 메소드 연기를 해요." 메소드 연기란 배우가 자신을 온전히 극 중 인물에 이입함으로써 그 인물의 의식을 경험하고 겉으로 표현해내는 기법이다. 그저 흉내를 잘 내기만 하는 게 아니라 아예 그 사람이 되는 것이다. "연습할 때도 캐릭터에 몰입할수록 오르가슴이 살아나는 걸 느껴요. 점점…" 잠시 그녀는 단어를 고르며 영혼이 우주에 가 있는 듯 와인 잔만 빙빙 돌렸다.

"초월 상태가 된다고요?" 내가 대신 말했다.

"바로 그거예요. 제 남자친구에게 물어보세요. 그리고…" 그녀는 주위를 살펴 아무도 듣는 사람이 없음을 확인하고 말을 이었다. "연기하면서 완전히 그 인물이 된다는 건 저에게 굉장히 에로틱한 일이에요." 그녀는 다시 주위를 둘러보고는 계속 설명했다. "무대 위에서 오르가슴을 느낀 적도 있어요. 고도로 창조적인 환경에 있는 것 자체만으로 말이에요."

와인 잔을 잡은 내 손가락에 힘이 꽉 들어갔다. 오르가슴이 여성의 창의성을 고취할 뿐만 아니라 창조적 활동이 오르가슴을 유발하기도 하는 것이다.

"정말이에요?" 내가 물었다.

"정말이에요." 그녀가 대답했다.

"와, 다른 사람들도 그럴까요?" "그럴걸요. 특히 예술 쪽 일을 하는 여성들이요. 그림을 그리다가 오르가슴을 느꼈다는 화가 얘기를 들은 적이 있어요. 이건 쌍방향이에요. 성이 창의성을 북돋기도 하지만 예술 작업도 성욕을 높이는 거죠." 그녀는 내게 명함을 주며 작업 중에 오르가슴을 체험했다는 여성 예술가 몇 명을 소개해 주겠다고 약속했다.

나는 그녀에게 감사 인사를 한 뒤 여배우들로 가득한 인파를 조심조심 헤치고 밖으로 걸어 나왔다. 마치 그곳이 잘 단장되어 있지만 언제 폭발할지 모르는 성애(性愛)의 지뢰밭인 것처럼. 나는 별이 총총 떠 있는 뉴욕의 겨울 밤하늘을 올려다보았다. 머리가 어찔어찔했다.

당장 그날 밤 나는 설문조사 하나를 급조해서 회원 수가 약 16,800명인 내 페이스북 커뮤니티에 올렸다. 설문조사의 목적은 섹스와 창의력 사이의 연결고리를 느낀 적이 있는지, 성적 경험이 자신감과 자기애를 강화했는지, 성관계 후에 만물의 유대가 더 잘 보인 적이 있는지 여성들에게 묻는 것이었다. 질문지에는 성적 고립, 우울증, 좌절감 때문에 자신감과 창의력, 활력을 잃은 경험이 있냐는 문항도 있었다. 설문조사의 결과는 젊은 과학자들과 여배우와 나 자신이 다른 여성들과 조금도 다르지 않음을 재확인시켜 주었다.

질의응답은 대충 이런 식으로 진행되었다:

나: 최상의 성적 경험 후 자신감이 커졌습니까?

응답자: 예.

나: 활력이 증가했습니까?

응답자: 예.

나: 자기 자신을 더 좋아하게 되었습니까?

응답자: 예.

나: 창의력이 상승했습니까? 그렇다면, 구체적으로 기술하세요.

응답자: 저는 화가입니다. 일 년쯤 전에 버몬트에 있는 예술가를 위한 공유공간에 한 달 동안 입주했던 적이 있습니다. 남편과 떨어져서요. 공간을 저 혼자 쓰다 보니, 자꾸 옛날 연애들, 특히 잠자리와 관련된 기억들이 떠오르더군요. 잠자리를 포함해 모든 면에서 좋은 연애는 자신감과 창작 욕구를 북돋는다고 생각합니다. …중간에 남편이 나를 보러 왔다 간 덕분에 나는 자신감과 자기애를 충전하고 일에 더 몰두할 수 있었습니다. 같은 입주자 몇몇이 그러더군요. 오늘 정말 멋져 보인다고요. 저는 그게 다 남편이 주고 간 에너지 덕분이라고 생각해요.

내 메일함은 다양한 배경을 가진 여성들이 보내온 이메일로 순식간에 꽉 찼다. 그들 중 대다수가 유독 특별했던—그저 그런 자극들 말고—오르가슴 뒤에 따라온 특별한 경험들을 언급했다. 그들은 힘과 활력이 넘치고 자신감과 자기애가 비상하며 세상이 반짝반짝 빛나는 것처럼 보였다고 했다.

이쯤에서 로라의 사연을 소개할까 한다. 그녀는 34세의 영국 여성으로, 행정비서로 일하고 있었다. "직장에서 만난 사람이 있었어요. 우리는 빠르게 가까워졌죠. 저에게는 순식간이었지만 그는 한동안 저를 주시하고 있었던 것 같았어요. 어쨌든 우리는 사귀게 되었고 잠자리가 너무 좋아서 저란 사람을 크게 바꾸어 놓았어요. 하루아침에 자신감이 충천하고 서 있는 자세나 걸음걸이도 더 당당해졌어요. 활력이 증가했느냐고요? 두 달 동안 매일 아침에 운동했는데 너무나 상쾌했어요. 저 자신을 더 사랑하게 되었고 그 상징으로 페디큐어도 시작했죠. 창의력이 상승했느냐고요? 매일 저녁에 기타를 연주하고 새 곡을 네 개나 배웠어요. 세상과의 유대감이요? 이 연애는 잠자고 있던 내 정신세계를 깨웠어요. 그 이후 저는 모든 것에 대해 적극적으로 생각하게 되었어요. 문제는, 우리가 헤어졌다는 거예요. 요즘 저는 자주 슬프고 그때가 그리워요. 조금 전에 말했던 모든 것이요. 부정적인 자아상과 자기 거부가 되살아나고 있어요. 자아가 이렇게 왔다 갔다 하다니 너무 이상하고 불편한 경험이에요." 그녀의 마지막 말은 제삼자인 나도 가슴 한구석이 시릴 정도였다. "다른 남자와도 자 봤어요. 하지만 옛날에 느꼈던 감정의 홍수는 다시 일어나지 않았어요."

로라는 다른 남자와도 오르가슴을 느끼긴 했다고 했다. 하물며 더 친밀한 상대와의 잠자리가 가지는 파급력은 어떨까. 나는 많은 여성이 이와 똑같은 생각을 하고 있다는 것을 발견했다. 심오한 성적 경험이 여성을 변화시키는 것은 오르가슴의 크기 때문이 아니다. 그보다는 오르가슴의 질이 훨씬 더 중요하다. 신체적 영역과 정신적 영역을 한데 뒤섞는 그런 오르가슴은 몹시 강렬해서 여성 안에 갇혀 있던 자신감과 창의력을 해방시킨다.

나는 설문지의 문항들을 또래의 잘 나가는 직장인인 내 친구 파트리스에게 똑같이 물어보았다. 우리는 교외에 있는 그녀의 집 뒷마당에 앉아 있었다. 정원은 우표 모델로 손색없을 정도로 잘 가꿔져 있었고 빨랫줄의 빨래는 햇볕에 기분 좋게 말라가고 있었다. 우리가 앉아 있는 작은 허브 텃밭 옆에서는 파트리스의 여섯 살짜리 아들이 놀고 있는 유리온실이 보였다. 지금 그녀는 완벽하게 평범한 40대 가정주부처럼 보였다. 그녀는 내가 사생활을 다 털어놓는 23년 지기였지만 이상하게도 나는 그동안 그녀에게 내 가설을 얘기한 적이 없었다. 그냥 그래야겠다는 생각이 전혀 들지 않았던 것이다. 내 설명이 끝나자 그녀는 다른 여성들이 그랬던 것처럼 나를 빤히 보며 놀라워했다.

"오, 맙소사." 그녀가 웃음을 터트리며 말했다.

"이런, 나오미! 아, 정말. 당연하지! 난 대부분의 섹스가 만족스럽고 꽤 괜찮은 오르가슴에 이르지만 네가 말하는 그런 일이 항상 일어나지는 않아. 그런데 어쩌다 한 번씩 섹스 후에 네가 말한, 음, 전기가 찌릿찌릿한 느낌이 들 때가 있어. 그럴 때는 회사에서도 일이 훨씬 잘 풀려. 무슨 초능력이라도 생긴 것 같지. 마라톤을 거든히 완주하거나 훌륭한 문학작품을 쓸 수도 있을 것 같아. 알프스를 정복하자는 욕심까지 든다니까!" 이제 그녀는 숨이 넘어가게 웃고 있었다. "그런데 말이야. 항상 그런 건 아니야. 그래서도 안 되고. 내 말은, 그런 일이 가끔만 일어나면 좋겠어. 매번 그런다면 다른 일은 다 내팽개치고 그것만 하려고 할 거야. 아니면 미친 천재가 되어 버리거나. 그게 일상이 되면 침대에서 나올 일이 없을 거야."

버자이너와 감정과 몸이 완벽한 삼위일체를 이루는, 그래서 부교감 신경계를 안정적이지만 강하게 활성화시키는 특별한 섹스는 정말로 여성의 행복감과 창의력과 자기애를 높일까?

앞서 만나본 로라는 이 자아의 변화를 "이상하고 불편한" 경험이라고 표현했었다. 스스로에게 느끼는 이런 당혹감은 많은 여성이 내게 보낸 이메일들에서도 반복해서 등장한다. 만약 성과 사랑의 밑바탕에 깔린 신경학과 생화학을 우리가 이해하지 못한다면, 여성으로서 우리의 자아는 스스로에게 "낯설고 불편"할 수밖에 없다.

우리에게 무슨 일이 일어난 걸까? 무대에서 절정에 이른 여배우에게는 무슨 일이 있었던 걸까? 실험실에서 새로운 깨달음을 얻은 여성 과학도와 문학작품을 쓰고 싶어졌다는 여성 사업가는 어떤 일을 겪었던 걸까?

도파민, 오피오이드, 옥시토신

나는 사랑하듯이 글을 써요⋯. 10월 12일의 그 토요일 밤 10시에 우리가 나눴던 입맞춤⋯. 얼마나 넓은 밀밭과 얼마나 많은 포도밭이 당신과 나 사이를 벌려 놓고 있는지! 나는 규범 따위가 싫어요⋯. 나는 느끼고 싶어요. 남들도 느끼게 해 주고 싶어요⋯.

—탐험가 이자벨 에버하트, 1902년

사랑을 나누는 내내 왠지 모를 감정 동요가 일어나는 것은 옥시토신과 오피오이드를 비롯해 여러 공범의 짓이지만 주범은 바로 도파민이다. 도파민은 여성의 뇌에 작용하는 궁극의 페미니스트적 화학물질인 까닭이다.

여성의 도파민 시스템이 딱 알맞게 활성화되면 집중력과 의욕이 높아지고 목표를 달성하고자 하는 추진력이 생긴다. 멋진 섹스에 대해 기대감이 충만해지기 때문이다. 이때 본인이 무엇에 흥분하는지 알고 있다면 일부러 그걸 생각하고 추구함으로써 도파민 자극 효과를 높일 수 있다. 이 모든 출발점에는 도파민이 있다. 더 좋은 섹스를 하기 위해 도파민 시스템을 활발하게 만들면 뇌의 에너지 용량이 늘어나 삶의 다른 영역에도 더 잘 집중하게 된다고 표현해도 무방하다.

단, 이 초능력은 보상에 의존적이다. 원하는 것을 얻어야만 계속 기대에 부응한다. 따라서 섹스를 두려워하거나 심지어 욕구는 일지만 발산하기를 거부한다면 도파민 시스템은 결국 섹스에 대한 기대치를 낮춰 버린다. 섹스 자체와 그 뒤에 이어지는 일상생활 면면에서 긍정적인 에너지를 얻을 기회를 영영 잃는 셈이다.

과학자들이 소위 활성화라 부르는 흥분을 잘 못 느끼는 사람은 기분이 가라앉고 무쾌감증에 걸리기 쉽다. 무쾌감증이란 말 그대로 쾌감이 없는 상태다. 이런 사람에게는 세상이 흑백영화처럼 느껴진다. 도파민 활성이 저조하면 매사에 열정이 없거나 성욕이 잘 일지 않는다.[1] 반면 도파민이 딱 적당하게 활동적일 때는 자신감이 넘치고 창의성이 샘솟고 말이 많아진다. 그런 사람들은 본인이 보고 느끼는 모든 것을 믿어 의심치 않는다.

도파민이 인간관계와 사회활동 측면에서 사람의 행동에 어떤 영향을 미치는지를 잘 보여 주는 도표가 있다.[2] 마르니아 로빈슨이 만든 이 도표를 보면 집중력과 의욕이 클수록 도파민 활성도 높다는 사실을 알 수 있다.

한편 명상가들이 '경외', '황홀' 혹은 '물아일체'라고 묘사하는 상태로 정신을 이끌어 주는 오피오이드는 오르가슴에 의해 분비가 촉진된다. 오피오이드 분비는 뇌 스캔으로 측정할 수도 있다. 간혹 수술 중 유체이탈이나 빈사 체험을 했다는 사람들이 죽어가면서도 더없이 행복하고 황홀했다고 회상하는 그때의 느낌 역시 실은 도파민과 오피오이드의 작품일 것이라는 견해가 많다.

여성의 자아가 느끼는 해방감, 더 큰 자유를 향한 갈망, 자기애에서 비롯된 그런 실천은 모든 페미니스트적 감성의 요체이자 탐구 주제다. 그런데 이들 모두 조금 전 사례와 비슷하게 오르가슴 직전에 급증하는 도파민과 오르가슴의 자극을 받은 뇌에 의해 강화되고 강조된다. 뇌의 변연계는 여성이 성적으로 흥분했을 때 뇌로 유입되고 절정에 이른 후 (혹은 오르가슴을 느끼는 데 실패한 후) 생성되는 호르몬의 흐름을 매개한다. 즉, 여성 생식기는 여성의 자존감, 해방, 자아실현, 나아가 여성 신비주의라고도 불리는 내적 상태가 화학 기전을 통해 표출되는 출구인 것이다.

이런 심리 상태가 화학물질에 의해 조정된다고 해서 여성의 자기애와 자유 혹은 희열에의 갈망이 죄다 가짜라는 뜻은 아니다. 사람들은 흔히 뇌의 화학물질에 인간의 심오한 진실이 담겨 있다는 사실을 잊어버린다. 나에게는 척추를 다치고 치료를 시작하기 전까지 짧은 공백 기간에 세상이 다치기 전보다 훨씬 단조롭고 따분하게 느껴졌던 경험이 있다. 이런 시각의 변화는 아마도 그때 몸 안에서 도파민과 오피오이드가 감소했기 때문일 것이다. 당시 도파민을 활성화시키는 골반 신경 중 하나가 얼어붙었다. 신경 가지 중 하나가 손상된 탓에 뇌에서 도파민과 옥시토신, 오피오이드의 활동이 평상시보다 저조해졌다. 음핵 자극으로도 어느 정도 호르몬 수치가 올라가긴 했지만 온전한 골반 신경망이 뇌에서 이 호르몬들의 수치를 높이던 최대 출력을 따라잡을 수는 없었다. 신경생리학적 관점에서, 이 회로가 제대로 작동하지 않다가 치유되는 드문 경험을 했던 장본인으로서 나는 여기에 중요한 함의가 있다고 생각한다. 바로, 세상이 달라 보이니 나 자신도 딴사람이 된다는 것이다.

앞서 언급했듯, 도파민이 부족한 여성은 성욕이 낮고 우울증의 성향을 보인다. 반면에 도파민 수치가 딱 알맞게 높은 여성은 당당하고 창의적이며 사교적이다. 자신만의 의견이 있고 확실한 선을 지킬 줄 알며 자기 일을 자랑스럽게 여긴다. 그런 여성은 자신이 만족스럽게 잘살고 있다고 느낀다. 지향하는 목표를 향해 꾸준히 노력하면서 맡은 일을 척척 해낸다. 타인과 깊이 공감하면서 건전하고 합리적인 판단을 내리며 현실을 직시할 줄 안다. 이 모두 업계의 판도를 좌지우지하고 세상을 바꾸는 요직을 감당할 인물이라면 반드시 갖춰야 한다고 모든 CEO가 입을 모으는 자질들이다.

성적으로 흥분했을 때마다 적절한 보상을 받는 일이 이어지면 삶 자체가 더 의미 있게 느껴지게 되고 인연의 실이 눈에 보이게 된다. 도파민이 제 일을 하는 덕분에 우리는 나의 존재와 행동이 타인의 반응과 어떻게 이어지는지를 깨닫게 된다. 캐나다 컨커디어 대학교의 짐 파우스 박사가 말했듯 "도파민은 '인과'의 화학물질"인 것이다.[3] 도파민 분비는 여러 가지 요인의 자극을 받아 활성화한다. 유산소 운동과 코카인과 같은 마약이 대표적이고 사교활동, 쇼핑, 도박, 좋은 오르가슴에 도달하는 섹스도 도파민 분비를 항진시킨다.

원인과 결과, 즉 자극 매개체와 욕구하는 결과 사이의 직접적인 관련성을 여성의 뇌가 인지하고 강화시켜 나가는 과정에 대해 여성학자들은 명백한 결론에 도달했다. 파우스 박사는 "뇌에서 도파민의 궁극적인 사명은 의사결정을 더 융통성 있게 내리게 하는 것이다. 도파민은 격동하는 사회에서 꼭 필요한 순간에 옳은 결정을 내리도록 돕는다"고 말한다. 즉, 도파민은 리더십과 자신감 구축에 관여하는 '결정자' 화학물질이다.[4]

도파민의 효과에 관한 책 《쾌락의 컴퍼스》를 쓴 데이비드 J. 린든과 같은 전문가들은 도파민이 자존감과 긍정적 자아 인식, 그리고 도전정신을 고취한다고 설명한다.[5]

인류학자이자 《왜 사람은 바람을 피우고 싶어 할까》의 저자인 헬렌 피셔 박사가 로맨틱한 사랑은 감정이 아니라고 보는 것도 같은 맥락이다. 피셔 박사에 따르면 로맨틱한 사랑은 뇌에 존재하는 동기부여 시스템, 즉 보상 시스템의 강력한 '욕구' 부분이다.[6] 이런 사랑은 관여하는 화학물질에 따라 세 단계로 나뉜다. 첫째는 안드로겐과 에스트로겐이 작용하는 욕정 단계, 둘째는 도파민과 노르에피네프린 수치는 높고 세로토닌 수치는 낮을 때 발동하는 끌림 단계(연애 초기에 감정 기복이 심한 건 다 이 단계 때문이다), 마지막은 옥시토신과 바소프레신이 활약하는 애착 단계다. 항상 그런 것은 아니지만, 이 감정조절 화학물질들 모두는 남성보다 여성에서 수치가 더 높을 수 있다.[7] 여성은 다중 오르가슴이 가능하기 때문이다. 신디 메스턴과 K. M. 매콜은 2005년에 발표한 에세이 《영화를 보고 성적 흥분이 일어난 여성의 도파민과 노르에피네프린 반응》에서 제대로 작동하는 도파민과 노르에피네프린이 여성의 강력한 성적 반응과 밀접한 연관성을 가진다고 언급했다. 두 사람에 따르면, "이 두 신경전달물질은 여성에게 섹스의 무대를 깔아 주는 역할"을 한다.[8]

프랑스 신경과학자 클로드 드 콩트레쾨르는 여러 가지 약물을 사용해 세로토닌과 도파민이 행동과 감정에 미치는 영향을 알아보는 실험을 했다. 실험 결과에 의하면 도파민과 세로토닌은 서로 정반대되는 작용을 한다. 우선, 뇌의 도파민 신경전달이 활성화되면 어떤 일이 일어날까? 그러면 마음이 분주해지고 자꾸 몸을 움직이고 싶어진다. 드 콩트레쾨르의 설명에 따르면 도파민은 의욕을 높이고 우유부단함을 걷어버린다. 자신감도 강화한다. 이 보고서에는 "도파민은 결단력을 높이고 행동을 부추김으로써 우울감을 해소한다. 도파민의 혈액순환 촉진 작용이 이런 효과에 기여하는 것으로 보인다"고도 적혀 있다. 하지만 드 콩트레쾨르가 경고하길, 도파민 활성화가 과하면 자신감이 자기망상으로 변질될 수 있다고 한다.[9]

바로 그래서, 세로토닌을 함께 이해할 필요가 있다.

남녀를 불문하고 수백만 현대인이 우울증을 치료하기 위해 선택적 세로토닌 재흡수 저해제(SSRI)를 처방받는다. 하지만 이들 중에는 여성의 수가 남성보다 월등히 많다. 그들은 SSRI가 성욕과 성적 쾌감을 말려버릴지도 모른다는 사실을 알고 있을까? SSRI를 복용해 세로토닌 수치가 높아지면 사람들은 포만감을 느낀다. 포만감은 좋은 기분이지만 동시에 다른 모든 의욕을 떨어뜨린다. 드 콩트레쾨르는 SSRI가 세로토닌 재흡수를 억제해 체내에 이 화학물질의 양이 많아지면 감정이 무뎌지고 성욕이 없어지며 늘 나른하고 소극적이어서 잘 움직이지 않는 사람이 된다는 사실을 연구를 통해 밝혀냈다.

이와 반대로, 세로토닌 수치가 낮을 때는 도파민 활성이 높아져 붙임

성과 적극성이 좋아지고 감정이 뚜렷해지며 성욕이 늘어난다고 한다.[10]

상반되는 이 두 정신 상태가 가진 정치적 의미는 분명하다.

내 분석으로는, 최근 연구들에서 증명된 효과들을 차치하고라도, 가부장적 사회는 성적으로 소신과 자기인식이 뚜렷한 여성 부류와 능력 있고 활동적인 성공한 여성 부류가 상당히 겹친다는 사실을 오래전부터 잘 알고 있었다.

이것이 내가 도파민을 궁극의 페미니스트적 화학물질이라고 부르는 이유다. 도파민 수치가 딱 적당하게 높은 여성은 자신을 거스르는 방향으로 가지 못한다. 그런 여성은 자기파괴를 용인하거나 자신을 조종하고 통제하려는 외력을 견디지 못한다.

도파민이 오르가슴을 준비할 때는 뇌에서 중대한 감정 변화가 일어난다. 이것은 수많은 신경과학과 진화생물학 연구를 통해서도 입증된 사실이다. 이 변화는 남녀가 서로 다른데 그 차이는 오르가슴 후에 뚜렷해진다. 남성은 오르가슴 후 도파민이 급감하고 섹스에 대한 관심을 한동안 잃는다. 그래서 다시 흥분할 수 있게 되기까지 휴식기가 필요하다. 그렇다면 여성도, 특히 한 번에 오르가슴을 여러 번 느끼는 여성의 경우에, 똑같이 도파민 수치가 떨어지고 프로락틴이 바통을 이어받아 증가할 때 '이제 됐다'는 반응을 보일까? 꼭 그렇지만은 않다. 여성이 오르가슴에 연달아 도달하면 도파민이 항진된 상태가 일정하게 유지된다. 최근 연구에 의하면, 사실상 모든 여성이 상황만 잘 맞아떨어진다면 오르가슴을 꽤 쉽게 느낄 수 있다고 한다.

이 차이가 왜 중요할까? 그것은 오르가슴을, 특히 아주 강렬하게, 경험한 여성은 도파민과 오피오이드를 더 받아들일 수 있음을 뜻하기 때문이다. 그런 여성은 어젯밤 잠자리를 같이한 남자는 물론이고 성적 즐거움을 모르는 다른 여성보다 훨씬 더 행복한 하루를 보내게 된다.

나는 파우스 박사에게 물었다. "여성이 오르가슴을 더 많이 느낄수록 오피오이드 분비가 더 자극되는 게 아닐까요?"

"그럴지도 몰라요." 그가 대답했다. "큰 오르가슴이 여러 번 오면 그때마다 오피오이드가 많아진다고 기대할 만하니까요."[11]

재미있는 점은 오르가슴이 여성 몸 안의 테스토스테론 수치도 높인다는 것이다. 이것은 멋진 섹스가 여성을 쇠고집으로 만드는 이유 중하나다. 과학저술가 메리 로치는 "테스토스테론은 여성의 성욕에 다른 무엇보다도 큰 영향을 주는 호르몬"이며 여성이 섹스를 더 원하게 만든다고 지적했다.[12] 즉, 섹스가 테스토스테론 수치를 높이고 그래서 성욕이 더 커지면 여성은 더욱 적극적으로 더 많은 섹스를 탐하게 된다. (이 연쇄반응은 의학계에서 검증된 사실이다. 가령, 아직 완전히 정착된 방법은 아니지만 여성 폐경기 치료제로 테스토스테론을 사용하면 여성의 자기주장과 성욕이 동반 상승한다.)[13] 예로부터 가부장제는 여성이 섹스를 자유롭게 즐기도록 놔두면 점점 음란하고 반항적으로 변할 거라는 두려움을 갖고 있었다. 그런데 그 막연한 우려가 생물학적으로 맞는 말이었던 것이다.

나는 한 성을 다른 성의 우위에 놓는 페미니즘에는 찬성하지 않는다. 따라서 여기서 나는 어떤 식으로도 가치 평가를 하고 싶지 않다. 더 나은 성별이란 건 없다. 단, 이론적으로 성관계를 하는 동안 도파민과 오피오이드를 활성화하는 능력이 어느 한 성별에서 더 클 수는 있다. 이 것은 그 사람의 뇌와 성격에 특별한 영향을 준다. 여기에는 너무나 명 료해서 무시할 수 없는 진실이 하나 존재한다. 자연은 두 성별을 확연 히 다르게 창조했다. 그리하여 여성에게는 생화학적 권력을 더 많이 하 사했다. 그리고 이 권력은 만족스러운 성적 활동을 통해서만 행사될 수 있다. (이것은 다 더한 총합이 0이 되는 제로섬 게임이 아니다. 남성도 나름의 방식으로 도파민의 혜택을 누릴 수 있다.)

좋은 소식은, 여성과 여성의 버자이너가 부당하게 혹은 모욕적으로 상처를 입은 상황이 아닌 한, 도파민은 여성을 자신감과 창의력이 넘치 고 적극적이며 행복한 사람으로 거듭나게 한다는 것이다. 어쩌면 남성 중심 사회가 껄끄러워할 정도로 말이다. 위축된 여성들이 목소리를 찾 도록 하려는 페미니즘의 노력은 끊임없이 계속되고 있다. 세로토닌은 여성의 입을 닫게 하고 도파민은 반대로 목소리를 내게 한다는 사실이 이런 활동의 맥을 관통한다.

도파민은 최신 과학 이론이 인정하는 집중력과 자주성의 화학물질이 다. 반면에 오피오이드는 황홀경, 장엄함, 숭고함의 감정을 선사한다. 방금 코로 코카인을 흡입한 사람을 본 적 있는가? 그들은 말 그대로 쉬 지 않고 떠들어댄다. 코카인이 뇌에서 도파민 분비를 촉진하기 때문이 다. 역사상 코카인을 남용한 최초의 인물은 존스홉킨스 병원에서 의사 로 근무하던 윌리엄 할스터드 박사였다. 코카인은 그를 자신감과 활기 가 넘치고 지칠 줄 모르는 천하무적으로 만들었다.

혹시 독자 여러분은 방금 사랑을 나눈 상대가 옆에서 기절해 자는 동안 미치도록 재잘거리고 싶은 충동이 들었던 때를 기억하는가? 그때 당신은 그저 얘기하고 싶었을 뿐이다. 말하고 싶은 게 너무나 많았던 것이다! 조사를 해 보면, 수다 욕구를 풀려고 옆에서 자는 남자를 깨운 적이 있다는 여성이 우리 예상보다 훨씬 많다. 당신은 여전히 같은 사람인데 당신도 그런 적이 있다면, 당신을 그렇게 만든 건 도파민이다. 우주 최강의 붙임성 소유자 도파민이 또 한 번의 오르가슴을 기대하며 재간을 부리는 것이다.

이제 더할 나위 없이 명백해진 우리의 논제를 다시 한번 정리하면 이렇다. 극진한 대접을 받은 건강한 버자이너는 **정기적으로** 도파민을 크게 활성화해 여성의 보상 시스템을 켜고, 옥시토신 수치를 높여서 유대감을 그리고 오피오이드 수치를 높여서 기쁨의 감정을 강화한다. 그럼으로써 버자이너는 창조하고 모험하고 소통하며 정복하고 초월하고자 하는 열망을 여성에게 불어넣는다. 또, 여성은 이론적으로 남성보다 오르가슴을 더 많이 느낄 수 있고 마찬가지로 이론적으로 사랑을 나눌 때 옥시토신을 더 많이 만들어내므로, 사랑과 애착과 애정을 점점 더 욕심낼 위험도 높다.

이쯤에서 소위 '포옹 호르몬'인 옥시토신을 좀 더 자세히 살펴볼까 한다. 옥시토신이 하는 기능은 사람들을 결속시켜 인간의 생존 확률을 높이는 것이다. 옥시토신은 사물들과 사람들의 관계를 더 잘 보이게 한다. 최근에 출산한 여성이 젖을 더 잘 나오게 하려고 코안에 뿌리는 리퀴드 트러스트(Liquid Trust)라는 제품이 있다. 데이비드 J. 린든 박사는 실험 참가자들에게 이 옥시토신 스프레이를 다른 용도로 사용하게 했다. 그러자 옥시토신을 흡입한 사람들은 낯선 이를 더 잘 믿었다. 심지어 그가 조금 전에 한 게임에서 자신의 뒤통수를 친 사람인데도 말이다. 이것은 사회적 위험을 기꺼이 감당할 수 있어야만 나오는 반응이다. 또 그들은 무형의 연결고리를 더 잘 감지해 타인의 감정 상태를 더 잘 추론해 냈다. 옥시토신은 실험 참가자들이 눈만 드러난 얼굴 사진을 보고 타인의 감정 상태를 정확하게 직관하도록 도운 것이다.[14]

한마디로 옥시토신은 여성을 정서적 초능력자로 만든다. 표면적으로 옥시토신이 하는 일은 자궁을 수축시키고 유즙 분비를 돕는 것이다. 그러나 진화론적으로 진짜 중요한 옥시토신의 역할은 가족의 유대감 강화다. 자녀와 배우자를 하나로 묶어 자녀가 독립할 나이가 될 때까지 양친 모두의 보호를 받으면서 성장할 확률을 극대화하는 것이다.[15] 실험동물의 옥시토신이나 도파민을 차단했을 때 어미가 제 새끼를 방관하는 것이 그 증거다. 또한, 옥시토신은 갈망을 줄인다.[16] 마약에 중독된 랫트에게 옥시토신을 투여했을 때 녀석들은 체내에 약이 부족한 상태에 더 쉽게 적응했고 금단 증상이 더 적었다.[17] 나브닛 마곤과 산제이 칼라는 논문 '옥시토신 오르가슴의 역사'에서 행복의 근원물질 후보에 순위를 매기자면 옥시토신과 그 수용체는 단연 세 손가락 안에 든다고 말했을 정도다.[18] 한편 옥시토신에는 진정 효과도 있다. 동요한 상태의 실험용 쥐들로 가득한 우리에 옥시토신을 투여한 한 마리를 넣어 주면 무리 전체가 조용해진다.[19] 또, 옥시토신은 성적 감수성을 높인다.[20] 버자이너부터 뇌까지 연결되는 신경 통로가 손상되었을 때 인생의 의미가 흐릿해진 기분이 드는 것은 우연이 아니다. 건강하고 사랑받는 버자이너는 삶의 의미 자체의 화학적 구성요소라고 표현해도 과언이 아닐 물질들을 뇌가 분비하게 만드는 중개인이나 다름없다.

버자이너는 중독자?

> 그달은 내내 너무나 행복했어요. 당신의 편지를 받는 게 얼마나 기쁜지…. 특별히 절실히 원한다고는 말하지 않을래요. 왜냐하면 바라지 않는 순간이 없으니까요. …당신을 만나기 전에는 나에게 사생활이 없었어요. 당신은 내게 상상할 수 있는 모든 기쁨을 주었어요. 이제는 그 무엇도 내게서 행복을 앗아가거나 내 눈앞에서 덜어낼 수 없어요. …나를 해방시켜 주었어요…. 당신에게 말할 수는 없어요. 그러면 당신이 나를 안을 거고 그러면 나의 모든 의지가 사라질 테니까요….
> ―이디스 훠턴이 모턴 풀러턴에게 보내는 편지 중에서 [21]

그렇다. 도파민은 자신감과 보상에 대한 기대 심리를 심어 주고 오피오이드는 중독적 행복감을 부채질한다. 또, 오르가슴에 이를 때 증가한다고 증명되었고 따라서 다중 오르가슴이 가능한 여성은 이론적으로 남성보다 더 많이 만들어 낸다고 추측되는 옥시토신은 유대와 애정과 신뢰를 쌓아 사랑을 더 나누고 싶게 만든다.

그렇다면, 실제로 섹스 중독자의 대부분은 남성임에도 불구하고, 많은 여성이 자신이 사랑에 중독된 것 같다고 생각하는 현상을 이것으로 설명할 수 있을까? 절정의 세기가 점점 더 강해지는 건 별로 걱정할 게 없다. 문제는 도파민과 오피오이드가 몸에서 빠져나가면 여성은 휴식기의 남성보다 훨씬 깊은 어둠으로 침잠하게 된다는 것이다. 이것은 일종의 금단 증상이다. 실제 아편 금단 증상과도 매우 흡사하다. 중독의 생화학은 애초에 오르막이 높았으면 내리막도 그만큼 가파른 게 이치라고 말한다. 그래서 여성은 신비주의에 남성보다 더 관대하고 육체적 사랑 중독자(기술적 용어인 섹스 중독과 구분하기 위해 이렇게 표현하기로 한다)가 될 위험이 더 높다. 모두 도파민이 관여하는 부분인 까닭이다. 옥시토신과 도파민을 더 많이 만들고 또 그만큼 크게 잃을수록 여성은 사랑 혹은 성적 상대에 더욱 의지하게 된다. 애석하게도 그런 사랑이 언제나 쌍방향인 것은 아니다.

———————————

나는 다시 과학자들에게 도움을 요청했다.

가장 먼저 문을 두드린 곳은 짐 파우스 박사의 연구실이었다. 박사는 여성의 성을 참신한 기법으로 연구하는 이 분야의 개척자다. 그는 여성의 오르가슴과 도파민 활성화 그리고 집중력과 자신감 향상이 모두 연결되어 있다고 인정한 전문가이기도 하다.

나는 이곳에서 파우스 박사 팀이 진행하는 특별한 실험 하나를 운 좋게 참관할 수 있었다. 암컷의 성적 쾌락이 교미 상대 선택에서 하는 역할을 증명하는 실험이었는데 이 놀라운 연구의 결과는 2012년 3월에 《성 행동 아카이브》에 수록될 예정이었다. 제목은 '성적 보상 경험이 어떻게 성욕과 성적 기호와 성적 행동과 연결되는가: 누가, 무엇이, 어디에서, 언제, 왜?'이다.[22]

파우스 박사는 근무 외 시간에는 편안한 티셔츠와 검은색 가죽 재킷을 걸치고 부츠를 신고 다니면서 에너지를 뿜어내는 동안의 과학자다.

몬트리올이라는 도시는 느긋하면서도 왠지 지적 호기심을 고양하는 느낌을 준다. 박사의 연구실은 이 도시의 외곽에 붉은색 벽돌 건물들이 단정하게 각 맞춰 안뜰을 둘러싼 형태의 컨커디어 대학교 캠퍼스에 자리잡고 있었다. 불이 환하게 밝혀진 그의 연구실에 들어서자 투명 플라스틱 우리 안에서 건강해 보이는 암수 랫트들이 줄지어 까치발을 하고 벽에 기대 서 있는 모습이 눈에 들어왔다. 박사는 나에게 팀원들을 소개해 주었다. 모두 박사보다 어리고 능력 있어 보였는데, 절반 이상이 여성이었다.

곧 박사는 하등동물에서조차도 암컷의 성적 쾌락이 교미 성향을 결정한다는 사실을 내 눈앞에서 증명해 보여 주었다. 쾌락을 갈구하는 질과 음핵과 자궁경부는 오래전부터 그렇게 손에 손잡고 진화의 춤을 추고 있었던 것이다.

박사팀의 한 여성 연구원이 순결한(즉, 성경험이 없는) 암컷 랫트 한 마리를 가볍게 들어 올렸다. 그러고는 녀석을 부드럽게 쓰다듬으면서 날록손을 투여하는 방법을 간단하게 설명했다. 이제 녀석은 인생의 중요한 통과의례를 그리 아름답지는 않게 치르게 될 터였다. 이미 상상했던 바였지만 조그만 녀석이 주사를 맞고 허둥대는 모습을 실제로 보니 약간 안쓰럽다는 생각이 들었다.

그렇게 순결한 암컷 랫트 한 무리에게는 성욕을 차단하는 날록손을 투여하고 대조군이 될 또 다른 무리에게는 맹물인 생리식염수를 투여했다. 이어서 두 무리 모두에게 배란 촉진 호르몬을 주입했다. 보통의 환경에서 정상적인 발정을 유도하기 위해서였다.

그런 다음에는 녀석들을 전용 우리에 넣었다. 플렉시 글라스 재질로 된 가운데 칸막이에 구멍 네 개를 내어 특별히 디자인한 것이었다. 이 문을 통해 암컷은 그녀들을 기다리는 수컷의 구역을 원하는 대로 넘나들 수 있다. 반면에 수컷은 덩치가 더 크기 때문에 반대쪽으로 넘어가지 못한다. 즉, 문지방을 넘을지 말지는 전적으로 암컷의 마음에 달려 있었다.

생리식염수를 투여한—즉, 성적 쾌락을 느낄 수 있는—대조군 암컷들은 교태를 있는 대로 떨고 수컷의 구역을 자꾸 들락거렸다. 그러면서 반복적으로 수컷의 관심을 끌려고 했다. (이곳에서 배운 건데, 암컷 랫트는 상대의 눈을 똑바로 마주 보며 머리를 공략하다가 갑자기 도망가 버리는 식으로 수컷에게 구애한다.) 녀석들은 수컷 주위에서 폴짝거리고 자신의 생식기를 내보이며 수컷이 그곳을 핥고 냄새를 맡게 유인했다. 특히 거침없는 한 암컷은 계속 수컷 한 놈의 등을 타려고 했다. 마침내 성공하자 녀석은 어깨로 올라가 수컷의 머리 위에 서려고까지 했다. 여기서 의심할 수 없는 특징 한 가지는 암컷의 행동이 점점 과감해진다는 것이었다. 이 대조군 암컷들은 수컷으로부터 원하는 것을 얻으면 더 집적거리고 점점 더 흥분했다. 녀석들에게 이 실험은 졸업 무도회와 같았다. 흥분과 유흥과 신체접촉이 무한대로 허락되는 특별한 날인 것이다.

반면에 날록손을 투여한 암컷들은 마치 입센[1]의 연극에 나오는 인물처럼 행동했다. 처음에는 수컷이 코를 대고 킁킁거리거나 몸을 건드리

---

1) [역주] 헨리크 입센. 노르웨이의 극작가로 그의 작품은 근대 사상과 여성 해방 운동에 불을 지폈다.

면 잠깐 상대하는 척은 했다. 하지만 몇 번 그러다가 그마저도 그만두
었다. 무반응이 너무나 확연해서 누구라도 그 순간을 감지할 수 있었
다. 녀석들은 더 이상 수컷의 방으로 넘어가지도 않고 머리를 건드리며
구애하지도 않았으며 수컷의 등을 올라타려고 하지도 않았다. 얼마 되
지 않아 녀석들은 모두 수컷이 접근할 수 없는 방 안 한구석을 멍하게
바라보기만 했다. 지금도 잊히지 않는 게, 수컷 한 마리가 자신에게는
너무 작은 입구에 머리를 억지로 끼워 넣고 암컷 한 마리의 꼬리를 입
으로 물어 끌어당기려고 죽을 힘을 다해 애쓰고 있는데도 말이다. 마침
내 암컷들은 여인들만의 안채에서 배를 깔고 누워 버렸다. 심지어는 수
컷 쪽을 쳐다보지도, 몸을 움직이려고 하지도 않았다. 녀석들은 몹시
무기력해 보였다. 성적 쾌락이 녀석들을 조금도 자극하는 것 같지 않았
다. 이 광경이 날 놀라게 한 건 이 암컷들이 섹스에 무관심했다는 점 때
문이 아니다. 녀석들은 사실상 그 무엇에도 흥미를 보이지 않았다. 녀석
들은 자신이 살고 있는 세계와 교감하지 못하고 있었다.

　변수를 하나 더한 다음 실험의 결과는 더욱 놀라웠다. 날록손을 똑같
이 투여하되 이번에는 수컷의 털에 레몬이나 아몬드 냄새를 추가로 묻
힌 실험이었다. 그런 다음 아직 처녀인 어린 암컷을 수컷 두 마리와 함
께 같은 공간에 있게 해 쓰리썸 상황을 연출했다. 이번에도 암컷에게
선택권을 준 것이다. 그런데, 전 단계에서 날록손을 투여받았던 암컷
랫트는 이제 성적 쾌감을 느낄 수 있음에도 옛날 그 냄새가 나는 수컷
을 피했다. 전에 만났던 그놈이 아닌데도 말이다. 이것은 암컷들이 나
쁜 성적 경험을 잊어버리지 않고 그 기억을 바탕으로 결정을 내린다는

증거였다. 파우스 박사의 설명에 의하면, 실험이 진행되는 동안 녀석들의 전전두엽 피질이 매우 왕성한 활동을 보였다고 한다. 이것은 하등 포유류조차도 성적 기억을 가지고 있으며 즐겁지 않은 나쁜 성 경험을 피하고 싶어 한다는 증거다. 실험 보고서 치고 굉장히 시적인 표현인데, 논문에서 박사는 성적 보상을 수반하는 특징, 행동, 감정, 교감의 일정한 형태 혹은 '사랑의 지도'가 형성되는 결정적인 시기가 개개인의 초기 성적 경험에 존재한다는 것이 이 실험이 시사하는 바라고 적고 있다.[23]

참관한 실험의 결과에 괜한 뿌듯함과 만족감을 느끼면서 나는 연구실을 나섰다. (날록손 투여군 무리도 다음에는 대조군이 되어 즐길 기회를 얻게 될 거라는 사실에 안도하는 마음도 함께였다.) 이날 자연은 내게 응답했다. 첫 번째 실험에서 기대에 부푼 수컷의 머리에 올라타며 성적 쾌락을 갈망한 대조군의 암컷들은, 파우스 박사가 진담 반 농담 반으로 사용한 표현대로, 어느 누구도 헤프다거나 숙녀답지 못하다고 비난하지 못할 환경에서 스스로 결정을 내렸다. 자연 혹은 진화가 지구상의 모든 포유류 암컷의 내면에 강렬한 성적 욕망을 얼마나 단단하게 심어 놓았는지. 나는 이 사실을 두 눈으로 직접 확인하자 이상하게도 해방감을 느꼈다.

제3의 성 중추

성은 인기 있는 연구 주제다. 그래서 여성의 흥분과 욕망과 감정에 관한 새로운 연구 자료들이 지금도 시시각각 쏟아져 나오고 있다.

나는 파우스 박사의 또 다른 최근 실험에서 재미있는 사실을 발견했다. 이 실험에 따르면 강요받지 않은 환경에서 암컷 랫트는 음핵만 자극하는 것보다는 음핵과 질과 자궁경부를 아우르는 종합적 자극을 병행한 협의된 삽입을 선호한다.

그런데 2012년에 발표된 배리 코미사룩 박사의 MRI 연구 결과를 보면 인간 여성도 이와 크게 다르지 않은 것으로 여겨진다. 여성의 질과 자궁경부는 남의 것을 원하도록 진화한 듯하다.

이 MRI 연구에 의하면 여성의 성기(음핵, 질, 자궁경부)가 자극을 받을 때 가까이에 있지만 엄연히 다른 대뇌피질 부위들이 활성화된다. 서로 다른 기능과 서로 다른 감정을 조절하는 곳들이다. 이 실험은 여성의 자궁경부에 세 번째 성 중추가 존재함을 첨단 과학기술을 활용해 분명하게 증명해 냈다는데 의의가 크다.[24] (1980년대에 베벌리 휘플이 일찌감치 제3의 성 중추의 존재를 예견하긴 했다.)

내가 보기에 여성에게 성 중추가 하나 더 있다는 설명은 완벽하게 이치에 맞는 것 같았다. 지금까지 알려진 오르가슴의 해부학에 따르면 존재하지 않는 것이긴 해도 나는 그것을 직접 체험했으니까 말이다. 또 다른 성 중추는 진화론적으로도 설득력이 있다. 음핵 오르가슴만도 진화론적으로 여러 가지 이점이 있지만 자궁경부에 압박이 가해질 때 극한의 즐거움을 추가로 얻는다면 삽입과 임신을 독려하는 효과가 있으므로 생식 면에서 매우 효율적이다. 또한 자궁경부 압박은 오르가슴이 더 많은 감정을 담게끔 만든다. 때때로 여성이 자궁경부를 관통하는 오르가슴을 느낀 후 울음을 터뜨리는 것이 그 증거다. 나와 얘기를 나눈 많은 여성이 연인의 몸이 주는 이 감각에 감정적으로 중독되었다고 고백했다.

코미사룩 박사 팀은 여성들에게 오르가슴의 점수를 주관적으로 매기도록 했더니 특정 부위 오르가슴이 더 높은 감정적 우선순위를 차지하는 것을 확인할 수 있었다.

이런 연구들은 자아에 관한 기존의 관념을 빠르게 갈아엎고 있다. 8세기 이후 서구 사회에서 자아는 자율성을 의미했다. 그러나 세상에서 가장 큰 권력을 지닌 여성이라도 질과 자궁경부는 그렇게 쉽게 독립을 선언하지 못한다. 질과 자궁경부는 진화론적으로 '남의 것'을 원하도록 발달했고 그리하여 여성의 뇌에 타인과의 교류라는 무거운 의무를 강제했다.

'남의 것'에 대한 갈망이 내장된 이 질과 자궁경부는 이성애자 여성이 남성과 상호의존하며 다양한 감정적·신체적 위험을 감수하고라도 기꺼이 성교하게끔 하는 진화의 보증수표와도 같다. 이 진화론적 장치는 여성이 개인의 자율성에 금이 가는 위험을 무릅쓰면서까지 내면에서 우러나오는 열망에 따라 타인과 복잡한 인간관계를 맺게끔 만든다. 그런 맥락에서 많은 여성이 혼자 바이브레이터를 쓰거나 자위할 때 상대가 사람일 때보다 감정적으로 덜 만족하는 것은 당연하다. 파우스 박사는 좋은 관계를 구축해 나가고자 하는 타자(他者)와 성적 자극을 연계하려는 욕구가 모든 여성의 본능일 거라고 말한다. 여전히 기분 좋긴 해도 실체 없는 자극에서 비롯된 쾌락은 그 수준이 온전한 타자가 주는 것에 크게 못 미친다.[25]

그런데 이게 원래 그런 거라면 어떨까? 헬렌 피셔 박사는 인간의 생물학과 성욕은 남녀가 서로에게 의존하고 한 팀으로 일할 때 각자 최상의 성과를 이루도록 진화했다고 주장한다. 성적 욕구와 성적 만족에는 사실 두 관점, 즉 남성의 더 큰 자율성과 여성의 더 큰 상호의존성 모두가 필요한 건 아닐까? 버자이너의 욕구가 남성의 생물학에만 근거한 편파적 세계관을 바로잡는 자연의 방식이라면?

2세대 페미니즘은 "남자 없는 여자는 자전거 없는 물고기와 같다"는 슬로건을 내걸었지만 이것은 잘못된 비유임이 틀림없다. 이성애자인 여성이 같이 잘 남자가 필요 없다고 말하는 것은 그녀를 진정한 페미니스트로 만들어 주지도, 다른 이성애자 여성들을 도와주지도 못한다고 나는 생각한다. 물론 아무 남자나 다 괜찮은 건 절대로 아니다. 내 남자를 찾는 그녀들의 열망을 우습게 보거나 그가 떠났을 때 슬픔에 빠진 그녀들을 비웃는 것은 여성을 모욕하는 짓이다. 이 역설에는 여성의 자율성과 상호의존성이 위태롭게 공존하고 있다. 이 묘한 패러독스를 인정하지 않고 거부해 버린다면 때때로 옆구리가 시려 견딜 수 없어지는 이유를 레즈비언이나 양성애자 여성 모두에게 이해시키기 어려워진다. 그런 이데올로기는 어떤 성적 성향을 가진 여성에게든 곁에 바이브레이터와 하겐다즈 한 통이 있는데도 여전히 뭔가가 허전한 이유를 설명해 주지 못한다.

질과 자궁경부가 가진 성적·감정적 욕구의 핵심에 있는 역설을 인정하기 위해서는 남성보다 여성은 자극적 화학물질들의 분비를 펌프질해 주는 상대와의 사랑과 섹스에 더 쉽게 중독된다는 사실을 받아들여야 할 것이다. 아직 주류 문화권의 언어로 번역되지 않은 다른 많은 신경생물학 연구들과 더불어, 대니얼 G. 에이멘 박사는 저서《사랑에 빠진 뇌》에서 오늘날 궁핍하거나 마조히즘적이라고 여겨지는 여성의 몇몇 행동이 사실은 오르가슴에 의한 여성 뇌의 변화에 자연의 진화기전이 작용한 결과라고 설명한다. 쉽게 해석하면, 여성에게 좋은 섹스는 남성과는 다른 방식으로 생화학적으로 중독적이어서 자극이 사라지면 여성은 불쾌해지고 그 자극을 되찾고 싶어 한다. 반대로 이기적이거나 산만한 파트너가 망쳐버린 나쁜 섹스 역시 남성과는 다른 방식으로 화학적으로도 심리적으로도 여성에게 해가 된다. 이것은 왜일까.

신경과학자 사이먼 르베이는《성적인 뇌》에서 남자든 여자든 오르가슴은 똑같이 중독적이라고 지적하며 모든 중독 기전의 바탕에는 도파민이 있다고 말했다. "포르노, 부(富), 권력, 도박, 충동구매, 비디오게임…. 도파민 수치를 높이는 모든 것에는 중독성이 있다." 중독적 흥분 상태는 신경계를 교란해, 흥분을 자꾸 갈구하는 것 외의 다른 선택권을 모두 박탈한다. 세상에는 수천 가지 화학물질이 있지만 도파민 수치를 높이는 것은 술, 코카인, 아편류, 마약류 정도뿐이다. 도파민 분비는 익숙한 행동이지만 평소보다 강도가 강할 때도 촉진된다. 사람들이 운동이나 포르노에 중독되는 게 바로 그래서다.[26]

하지만 우리는 포스트 페미니즘의 시대에 살고 있다. 포스트 페미니즘은 여성에게 그냥 "남자처럼 떡 치라"고 말한다. 그러는 게 해방의 상징이라면서. 더불어 젊은 여성에게는 자신감의 실천으로 '특별한 섹스파트너'를 한둘쯤 만들 것을 권장한다. 지금까지 남자들이 그래왔듯,

일을 치르고 나면 무심하게 훌훌 털고 침대에서 나와 버려도 좋은 그런 관계 말이다.

나는 무뚝뚝하게 싫으면 말라는 식의 이런 남성 중심 성 모델이 또 다른 불가능한 이상을 조장한다고 생각한다. 진정으로 원하는 것을 완전히 다른 틀에 억지로 구겨 맞추도록 강요하는 이런 접근은 여성으로 하여금 자학에 빠지도록 하는 것과 같다. 여성이 성적 중독 행동을 보이는 것 혹은 풀어 말하자면 자율신경계 궁합이 잘 맞는 사람에게 중독되는 것은 여성에게 내장된 신경계가 부리는 조화다. 모두가 대강 알고 있듯, 여성은 관심 가는 상대 혹은 새 연인의 훌륭한 성품이나 번쩍이는 이력서, 비슷한 배경, 공통 관심사 등을 얘기한다. 이런 초기 탐색전이 필수불가결한 과정이긴 하다. 그러나 진실은 이렇다. 만약 몸이 그 혹은 그녀에게 끌리지 않았다면 당신은 상대방이 다시 전화하든 말든 신경 쓰지 않는다. 상대방의 냄새나 맛이 좋았거나 손길이 특별하게 느껴졌어야 한다는 소리다. 반대로 상대가 당신의 자율신경계를 화들짝 깨워 도파민을 치솟게 만들고 당신을 오피오이드의 후광에 감싸이게 했다면 당신은 상대방의 연락을 기다리느라 내내 초조할 것이다. 나아가 상대방이 당신만의 개성적인 신경망을 딱 알맞게 활성화시키는 황금손의 소유자라면 그 혹은 그녀가 멀어졌을 때 당신은 곧 금단 증상에 시달리게 된다. 생생하고 고통스러운 진짜 금단 증상 말이다.

서로를 아끼고 배려하는 분위기에서 골반 신경계 전체를 아우르고 자율신경계까지 깊이 끌어들이는, 내가 강한 오르가슴이라고 부르는 좋은 섹스는 여성의 뇌를 본질적으로 마약과 다름없는 화학물질들에

취하게 만든다.

이 화학물질들의 홍수는 여성의 신경계를 최상의 상태로 준비시킨다. 갖가지 난관을 극복해 사랑을 차지하고, 극단적 행동도 불사하면서 사랑과 성적 쾌락을 추구하고, 온몸을 생리학적으로 하나로 화합시키기 위해서다. 여기에는 만에 하나 실연을 떨쳐내고 일어설 준비도 포함된다. 이별의 충격에서 벗어나기 위해선 초인간적인 노력과 희생이 필요하니까. 이렇게 취한 뇌에 넘쳐나는 화학물질 중에는 사랑하는 이를 향한 강박사고를 유발하는 호르몬과 양육 행동과 자기희생적 행동을 독려하는 호르몬도 있다. 이런 뇌의 항진은 비단 여성만의 얘기가 아니다. 넘치는 애착과 짝사랑의 고통은 남성도 여성과 똑같이 겪는 감정이다. 남성에게는 성교가 감정적·신체적으로 자위와 어떻게 다른지, 남성의 애착은 어떤 역할을 하는지, 남성의 성과 남성의 의식이 어떻게 연결되어 있는지는 책을 하나 새로 써도 될 정도다.

하지만 여성은 다중 오르가슴이 가능하다. 이 변수를 반영한다면 '뇌의 항진 상태'라는 방정식은 상당히 달라진다.

사포가 쓴 〈질투〉라는 제목의 시는 이렇게 전개된다. "내 심장은 가슴속에서 용기를 잃고 작아지네. …내 연약한 피부 아래 뜨겁게 끓어오르는 피는…. 내 눈에는 지금 아무것도 보이지 않네."[27] 또, 학계가 여성이라 추정하는 구약 아가서의 저자는 이렇게 읊조린다. "너희는 건포도로 내 힘을 돕고 / 사과로 나를 시원하게 하라 / 내가 사랑하므로 병이 생겼음이라 / …내가 밤에 침상에서 / 마음으로 사랑하는 자를 찾았노라 찾아도 / 찾아내지 못하였노라 / 이에 내가 일어나서 성안을 돌아다니며 / 마음에 사랑하는 자를 거리에서나 큰길에서나 찾으리라 하고 찾으나 / 만나지 못하였노라 / …그를 붙잡고 …놓지 아니하였노라 / …나의 동산에 불어서 향기를 날리라."[28]

디도는 연인 아에네스가 자신을 버리고 떠나자 비통에 빠지고[1], 샬럿 브론테의 소설 《제인 에어》에서 자그마한 체구의 가난한 가정교사 제인은 화염에 휩싸인 방에서 거의 죽을 뻔하면서까지 사랑하는 이를 구한다. 또, 조지 엘리엇의 소설 《플로스 강변의 물방앗간》의 주인공 매기 툴리버는 성적으로 강하게 매료된 남자와 함께 거센 강물에 휩쓸려 내려가면서 자신의 평판과 사회적 지위와 전통을 지켜야 한다는 의무감이 모두 함께 씻겨 사라지는 것을 목격한다. 그리고 이 책을 읽고 있는 당신. 당신은 굴욕적이게도 이메일의 읽지 않음 표시나 울리지 않는 전화에서 강박적으로 눈을 떼지 못한 적이 있을 것이다. 내가 그랬던 것처럼. 우리는 마조히스트일까? 쪼잔하고 한심하기 짝이 없는? 아니, 사실은 그 정반대다. 우리는 매우 강력한 힘에 지배당하고 있다. 이 힘은 아직 어느 누구도 실체를 완전하게 이해하지 못한 것이다. 나는 우리를 몰아가는 이 힘이 어떤 면에선 고귀한 것일지도 모른다고 생각한다.

여성의 사회적 지위의 근간에는 여성이 진정으로 자유로워지려면 자연이 어떻게 사랑과 유대와 친밀함 그리고 완벽한 상대와의 완벽한 성애에 집착하고 의존하게끔 여성을 설계했는지를 이해해야 한다는 역설이 자리하고 있다.

---

1) [역주] 오페라 〈디도와 아에네스〉

여성이 육체적 사랑의 노예가 될 가능성이 상존함을 인정해야 한다고 나는 생각한다. 무조건 금지하고 조롱하기보다는 그런 가능성의 여지를 남겨 두어야만 성애와 사랑 사이에서 여성이 어디쯤 있는지 이해하기 위한 노력을 시작할 수 있다. 여성이 사랑과 욕구의 딜레마와 씨름할 때 그녀는 논의의 대상이 아니라 주체가 된다. 그녀는 자기 자신과 정면으로 마주하고 서서 영원히 함께하고픈 사랑하는 이가 일깨워 준 자아의 일부를 깎아내지 않으면서 자율성을 되찾기 위해 고군분투한다.

애착과 자아 상실이라는 주제로 여성의 내면에서 벌어지는 자기 자신과의 힘겨루기는 남성의 여느 모험담만큼이나 격렬하고 벅차다. 여기서 지금 내가 말하고 있는 생물학적 반응은 정신분석과 문학을 통해 이미 오래전에 검증된 것이다. 최근의 과학은 수많은 문인들과 심리학자들이 탄탄하게 정립해 놓은 큰 틀에 새로운 시각과 설명을 약간 더했을 뿐이다.

미국에서 질을 가리키는 은어 중 내가 가장 좋아하는 것은 '포스(force)'다. 왜 하필 포스일까. 여성은 사랑과 섹스와 친밀감을 중요하게 여긴다. 친밀감과 육체적 사랑 따위, 더 나아가 그런 것들을 중시하는 여성을 하찮게 여기는 사람도 있다. 그러나 이는 자연이 신경망을 통해 섬세하고 초월적으로 얽혀 있는 여성 생식기와 뇌에 비장의 메커니즘을 숨겨놓았기 때문이다. 그리하여 남자들은 잘 모르는, 그러나 궁극적으로 남자들에게도 똑같이 중요한 진실을 여성들이 마주하도록 강제(force)하기 때문이다. 바로 유대, 사랑, 친밀함, 성애에의 욕구가 세상 그 어떤 욕구보다도 중대하고 강하다는 진실이다.

여성을 존중하지 않는 문화는 사랑과 성애에 대한 여성의 집착을 폄하하고 조롱한다. 하지만 여성이 연인에게 집착하는 것은 그녀가 자기 자신임을 포기했기 때문이 아니라 연인이 그녀가 자기 자신임을 생리학적으로 일깨워 주었기 때문이다.

그렇다면, 우리는 스스로를 자랑스러워하지 말아야 할 이유가 있을까?

아니, 자랑스럽게 여길 자격이 충분하다.

20세기의 옷을 입은 21세기 여성의 성

그들은 한바탕 웃다가 사랑을 나누고 다시 웃음을 터뜨렸다….
—낸시 밋퍼드,《사랑의 추구》

이 책을 준비하는 과정에서 예상치 못하게 깨달은 사실이 하나 있다. 우리는 늘 섹스를 말하지만 여성의 성에 관한 정보가 대부분 케케묵은 것이라는 점이다. 만약 여성의 성에 관한 최신 연구 소식을 편하게—적어도 지금보다는 쉽게—접할 수 있었다면, 여성들은 자신의 성적·감정적 반응을 훨씬 더 잘 이해하게 되었을 것이다. 그러면 성적으로 살아 있다는 느낌과 유대감도 훨씬 더 컸을 것이고 말이다. 많은 최신 연구들이 세상의 눈치를 보면서도 사랑받고자 하는 여성의 본능을 지지하고 여성의 자율신경계에 시동을 거는 일련의 행동이 남녀 모두를 위해 필요함을 직설한다. 앞으로 나는 이 행동들을 '여신 마중'이라고 부를 것이다.

리즈 톱은《질 사용 설명서》라는 제목의 책을 낸 성교육 전문가다. 나는 기회를 얻어 그녀와 인터뷰를 했다. (그 자리에서 그녀는 최첨단을 달리는 이 21세기에 소위 명문 학교에 다닌다는 고등학교 졸업반 여학생들이 외음부 그림을 보고 음핵이 어딘지 짚어내지 못했다는 충격적인 소식을 전해 주었다. 고등학교 3학년 남학생들도 사정은 다르지 않았다.) 그녀는 농담 반, 진담 반으로 전희 행동들 중 일부가 "여성에게는 필요하고 남성에게는 그렇지 않다"고 설명했다.[1] 호의의 표현일 뿐 반드시 필요한 것은 아니기 때문에 '꼬실 때만 잠깐 써먹고 오래 사귀면 그만두는 것'이라고 과소평가되기 일쑤인 이런 '사소한' 동작들은 사실 여성의 몸과 마음을 깨우는 데 필수적인 요소다. 이것은 최근의 연구들을 통해 증명된 사실이다. 이 사전 절차는 여성 오르가슴의 용량을 확연하게 키운다. 그뿐만 아니라 두 사람 사이를 더욱 공고하게 하고 심지어 여성의 정신 건강에도 매우 유익하다. 따라서 그러한 모든 동작과 감정 표현을 종합해 '여신 마중'이라 부를 만하다.

누군가는 물을지 모른다. 왜 사람들이 이 정보를 알지 못하냐고. 거기에는 여러 가지 사정이 있다. 첫째는 흔한 여성 잡지의 성 상담 코너에서 맛보기로 보여 주는 정도 말고는, 공공연하게 여성의 생식기와 그곳에서 벌어지는 일에 대한 글을 쓰거나 얘기를 하는 게 여전히 금기시된다는 점이다.

이 최신 정보가 주류 학설에 편입되지 못하고 있는 또 다른 이유는 정치 논리와 크게 배치된다는 데 있다. 여성 섹슈얼리티의 생물학을 설명하는 일에는 자칫 성-정치학을 축소시키거나 충돌할 위험이 뒤따른다. 여성의 동물적 본성을 사람들에게 이해시키고자 할 때 모든 여성을 동물로 매도하거나 남성보다 미개하다고 간주하는 뉘앙스를 풍기지 않기란 보통 어려운 일이 아니다.

문제는 최신 연구 자료를 보면 실제로 여성이 섹스에 관한 한 남성보다 어느 정도 더 동물적이라는 것이다. 이들 연구에 의하면, 잠자리에서 여성은 남성보다 더 신비주의자처럼 행동한다. 그러나, 모순되는 발언이긴 해도, 페미니스트로서 나는 여성 섹슈얼리티의 솔직한 동물적 측면과 신비주의적 측면이 여성의 이성과 지적 능력, 전문성을 조금도 깎아 먹지 않는다고 생각한다.

마지막으로, 여성들이 호소하는 다양한 성적 문제는 돈이 드는 약물 치료의 도움을 받지 않고 인간관계의 근본적 변화를 통해서도 해결할 수 있다는 사실 때문에 언론은 이 최신 정보를 잘 다루지 않는다. 이 해결책은 일반적인 이성애자 남성에게 일반적인 이성애자 여성과의 잠자리에서 보이는 행동 양식을 완전히 뜯어고치도록 요구한다. 따라서 목표 달성이 몹시 어렵다. 그런데도 여성의 성을 기삿거리로 다루는 대중매체의 최대 광고주 중 하나인 제약회사들은 이 얘기를 입에 올리는 것을 달가워하지 않는다. 세상의 모든 남성이 애무 스킬, 여성과 눈을 맞추는 법, 여성을 더 효율적으로 잡는 법, 여성의 다중 오르가슴을 골고루 유도하는 법을 깨우친다면 지갑을 열지 않을 테니까 말이다.

그럼에도 이 정보는 세상에 알려질 필요가 있다. 지금까지 통용되던 성 관념들은 호랑이 담배 피우던 시절의 것이기 때문이다. 여성의 성에 관한 현대 사회관념의 기틀이 된 연구 자료는 가장 최근 것이라야 1만여 건의 오르가슴 사례를 분석한 윌리엄 H. 마스터스와 버지니아 존슨의 고전 《인간의 성적 반응》(1966년)과 《인간의 성적 무능》(1970년)이나 여성 3500명의 사례를 조사하고 쓴 쉐어 하이트의 《하이트 보고서》

(1976년) 정도다. 앞서 언급했듯, 마스터스와 존슨은 남녀의 성적 반응은 근본적으로 비슷하다고 단언했다. 두 사람은 생리학적 측면에서 질 오르가슴과 음핵 오르가슴 간에 차이가 없다고도 했다.

마스터스와 존슨은 음경 삽입만으로도 여성에게 오르가슴에 이르는 자극을 충분히 줄 수 있다는 입장을 견지함으로써 페미니스트들의 반감을 샀다. 이 견해를 쉐어 하이트는 독자적 연구를 통해 재조사했는데, 여성의 3분의 2가량은 성관계에는 만족하지 못하면서 자위로는 오르가슴에 잘 이르는 반면 성관계만으로 늘 오르가슴을 느끼는 여성은 3분의 1에 불과하다는 분석 결과를 내놨다.[2] 질보다는 음핵의 중요성을 더 부각시키는 하이트의 연구나 비슷한 맥락인 앤 케트의《질 오르가슴의 신화》(1970년), 그리고 같은 2세대 페미니즘 저서들과 더불어, 성적 반응의 남녀 차이가 없다는 마스터스와 존슨의 주장은 오늘날 논의의 진전을 가로막고 있다. 그리하여, 일부 여성에게 다중 오르가슴이 가능하다는 사실을 제외하고 여성의 성은 남성의 그것과 거의 흡사하다는 전반적 인식이 아직도 팽배하다. 대부분의 사람들은 질이 음핵만큼 중요하지 않다고 여전히 믿고 있으며 여성을 겨냥한 성 상담 기사들은 앤 케트의 유명한 에세이에 나왔던 얘기만 계속 반복하며 질에는 신경 분포가 희박하다는 잘못된 정보를 심어 주느라 바쁘다. 또한, 남성이 기사도를 발휘해 여성의 예민한 부위들을 적당히 준비시켜 주는(즉, 짜증 나게도 사족이라는 의미를 내포한 '전희'라는 용어로 불리는 동작을 하는) 게 예의지만 본행사의 진행 속도는 남성의 성적 반응 주기에 맞춘다는 그릇된 공감대가 지배적이다.

하지만 이런 가정들은 모두 잘못된 것이다. 분명하게 밝혀진 바, 남성의 성과 여성의 성은 **확실히** 다르다. 또한 분명하게 밝혀지기를, 성적으로 여성의 음핵은 중요하고 질도 중요하고 회음부도 중요하고 G스팟도 중요하고 항문도 중요하다. 여성의 오르가슴이 모두 음핵을 통해 나온다는 마스터스와 존슨의 주장은 틀렸음을 최근 연구들은 말하고 있다. 검증된 최신 정보에 따르면, G스팟과 음핵은 단일 신경계의 일부분이며 우리가 직접 체험하고 코미사룩 박사의 MRI 연구로도 입증되었듯이 여성은 적어도 세 개 이상의 성 중추를 가지고 있다. 바로 음핵, 질, 자궁경부다. (코미사룩 박사는 유두가 네 번째 중추라고 덧붙인다.)

자궁경부의 성적 반응성을 증명한 최신 연구가 있다는 사실을 알았을 때 나는 깜짝 놀랐다. 어떤 언론매체를 통해서도 그런 소식을 들은 적이 없기 때문이다. (대신 책으로는 읽어 봤다. 아나이스 닌은 과학이 검증해 주길 기다리기 전에 《델타 오브 비너스》에서 이미 이렇게 적고 있다. "자궁의 뒷면에는 무언가가 침투해 주길 기다리는 살이 있다. 그곳은 안으로 굽어 있어서 흡입하기에 안성맞춤이다. 살로 된 내벽은 말미잘처럼 움직이면서 그를 빨아들이는 데 온통 집중했다. …그녀는 자궁이 굶주려 열려 있다는 것을 보여 주려는 듯 입을 벌렸다. 그는 끝까지 깊숙이 밀고 들어가 그녀가 수축하는 것을 느꼈다…"[3] 이것은 내가 주류 학계에서는 잉크 흔적도 보이지 않는 많은 중요한 과학 연구들을 찾아다니면서 실감한 거대한 정보 공백의 극히 일부분에 불과했다. 과학이 미지의 여섯번째 감각을 찾아냈다면, 모든 사람은 어딘가에 여분의 성 기관을 가지고 있다는 사실을 과학이 증명해 냈다면, 그건 당연히 저녁 뉴스 머리기삿감 아닌가?

최근 연구로 확인된 또 다른 중요한 사실 하나는 '음핵 대 질' 혹은 '마스터스와 존슨 대 하이트'라는 대결구조 자체가 애초에 잘못 설정되었다는 것이다. 오늘날에는 질 내벽에 있는 G스팟이 음핵 뿌리의 일부분이라는 견해가 우세하다. 더불어 이 모든 부위를 포함한 여성의 성 기관이 마스터스와 존슨의 실리적 견해나 《굿 하우스키핑》부터 《코스모》까지 각종 여성잡지의 성 상담 칼럼에 아직도 버젓이 등장하는 남성 중심의 목표지향적 성 모델이 묘사하는 것보다 훨씬 더 복잡하고 신비롭다는 과학적 증거가 점점 쌓여가고 있다.

명백하게 밝혀지기를, 여성은 여러 종류의 오르가슴을 느낄 수 있도록 설계되었다. 여성은 체력이 다했을 때를 제외하고는 오르가슴을 무한대로 즐길 수 있다. 여성의 성을 제대로 이해한다면 모든 단계를 여성의 속도에 맞춰 진행하는 게 맞다. 쉽지는 않겠지만 그러는 게 서로에게 유익하다. 적절한 대우를 받은 여성은 사정할 수 있고 오르가슴에 이른 모든 여성은 특별한 황홀경에 빠지기 때문이다. 또, 여성의 오르가슴은 남성보다 오래 지속된다. 여성의 흥분에는 기억이 관여하지만 남성은 그렇지 않다. 흥분하고 절정에 이르렀을 때 여성의 반응은 남성의 그것과 생화학적으로 많이 다르다. 여성의 성은 겉으로는 남자들과 별 차이가 없을지 몰라도 실제로는 많은 면에서 상당히 다르다.

어쩌면 세상이 이 최신 정보를 쉬쉬하는 이유 중 하나는 남성의 자아가 느끼는 불안감인지 모른다. 그래서 무의식적으로 검열해 쳐 내는 것일지도. 왜 신문들은 여성이 성적 만족을 모른다거나 현재의 성생활이 행복하지 않다거나 파트너의 관심과 특별한 유혹 행동이 절정의 순간에 그녀들의 자궁경부와 질에 흐르는 전율을 두 배 세 배로 배가시킨다는 내용의 기사를 보도하지 않을까? 어디가 어떻게 맘에 안 들어서? 언론이 이 주제에 관심 없는 척하는 것은 짐작하건대 이미 야근이 일상이고 만성피로에 절어 있는 남성들의 어깨에 성적 예술가가 되라는 새로운 임무까지 지우기 두려워서가 아닐까.

그러나 나는 이런 미적지근함이 대부분의 이성애자 남성이 연인의 진정한 행복을 얼마나 중요하게 생각하는지를 과소평가하는 태도라고 생각한다. 내 연인이 성적으로 생기 넘치고 즐거우면 나도 행복해지는 게 인지상정이니.

여성의 성적 불행이라는 돌림병

이쯤 되자 나는 여성에게 진정으로 필요한 것과 섹스가 여성에게 미치는 영향에 관한 우리의 오해가 오늘날 여성들을 얼마나 큰 고난의 구렁텅이에 빠뜨렸는지 점점 더 실감 나게 느끼기 시작했다. 소위 성적으로 깨인 자유 여성들의 세상이라는 서구 사회에서는 여성들 사이에 전염병이 돌고 있다. 심각한 성적 권태라는 돌림병이다. 집계에 의하면, 미국 여성 세 명 중 한 명은 확연한 성욕 감퇴를 호소하고 열 중 하나는 상태가 심각해서 병원 진단이 내려지기까지 한다고 한다. 실제로 이런 성욕 감퇴를 의학계에서는 '성욕감소장애(HSDD)'라 부른다. HSDD는 미국에서 보고되는 여성 성 기능 장애의 가장 흔한 유형이다.

이 질병은 《포스트그래주에이트 메디슨》에 실린 J. A. 사이먼의 2010년 논문 '여성의 성욕 저하는 심리적인 문제일까—성욕감소장애의 병태생리학과 진단, 치료법'에 자세히 기술되어 있다.

《정신장애의 진단과 통계분석 매뉴얼, 4판 개정본》에 따르면 여성의 성욕감소증후군은 '성적 환상과 사고, 욕구, 감수성, 성적 활동의 결핍 또는 부재가 지속되거나 재발함으로써 당사자와 주변 인물들에게 곤란을 초래하며 그 원인이 질병이나 약물이 아닌 상태'로 정의된다. …성 기능이 제대로 작동하려면 중추와 말초 모두에서 다양한 신경전달물질과 호르몬이 복잡하게 상호작용해야 하며 뇌의 억제 경로와 흥분 경로가 절묘하게 균형을 이루어야만 성욕이 발현될 수 있다. 예를 들어, 도파민과 에스트로겐, 프로게스테론, 테스토스테론은 흥분을 일으키고 세토로닌과 프로락틴은 억제를 유도한다. 따라서 성욕 감퇴는 흥분 활성의 감소, 억제 활성의 증가, 또는 둘 다에 의해 일어날 수 있다.[4]

이 몇 문장은 주관성을 완전히 배제한 절제된 과학적 해설의 전형이다. 여성의 성욕 감소가 기본적으로 신경전달물질과 호르몬의 단절 또는 불균형 탓이라고 말하면서 이 주제의 바탕에 깔린 복잡한 기전을 지지하지도 반대하지도 않는다. 그 기전이란 폐경, 약물, 논문 저자들이 지목한 기타 고정 인자들이 성욕 감소에 기여하는 것이 사실이지만, 보정과 개선이 가능한 다른 수많은 성 심리적 요소, 대인관계, 심지어는 무드 조명까지도 여성의 성욕 감퇴에 적지 않은 영향을 미친다는 것이다.

여성의 성욕은 쉽게 사그라졌다가도 금방 다시 살아난다. 하지만 여성 혼자 혹은 의사의 도움만 받아서는 복구가 쉽지 않다. 연인들과 남편들이 동참해야만 다시 불을 지필 수 있다.

연구에 의하면, 여성의 성욕 감소에는 생각보다 훨씬 다양한 인자들이 얽혀 있다고 한다. 섹스 관련 정보가 어느 때보다도 공공연하게 넘쳐나는 요즘 세상에 성적 불만족을 호소하는 여성이 이렇게 많은 것이 그래서다.

'섹스, 성, 세로토닌'이라는 주제로 열린 미국 정신의학회 심포지엄에서는 성욕 저하를 경험한 여성의 비율이 27~34%로, 13~17%인 남성 비율의 두 배가 넘는다고 보고되었다. 또, 오르가슴 장애를 앓는 여성은 15~28%, 즉 여섯 명 중 한 명 내지 세 명 중 한 명이었다. 이 숫자는 같은 문제를 호소하는 여성이 25% 정도였던 성 혁명의 절정기 1976년 이래로 40년 동안 꾸준한 증가 추세를 보이고 있다.[5]

시카고 대학교 에드워드 O. 라우만팀은 '전 국민 건강 및 생활 조사'를 실시하고 그 결과를 2009년에 발표했는데, 미국 여성의 43%가 일종의 성 기능 장애를 앓고 있었고 남성의 경우는 이 비율이 31%에 머물렀다."[6]

J. J. 워닉의 논문 '여성의 성욕감소장애(HSDD): 역학과 진단, 치료법' 역시 미국 성인 여성의 많게는 3분의 1이 HSDD를 앓고 있을 것이라고 지적한다. 이 논문에 의하면 여성 HSDD의 가장 특징적인 증상은 "성적 환상과 성적 욕구가 결핍되거나 부재하여 당사자와 주변 사람들에게

상당한 곤란을 안기는 것"이다.[7]

한편 더 최근인 2010년에 공개된 인디애나 대학교 연구에서도 재미있는 결과가 관찰되었다. 여성들에게 가장 최근 잠자리에서 오르가슴을 느꼈는지 물었을 때 응답자의 64%만이 그렇다고 대답했다. 이것은 36%인 열 명 중 거의 네 명은 그러지 못했다는 뜻이다. 반면에 잠자리에서 자신의 여성 파트너가 오르가슴에 도달했다고 말한 남성 응답자는 85%에 달했다. 남성이 생각한 여성의 절정 도달 성공률과 여성들이 직접 밝힌 성공률 사이의 이 격차는 남남 커플의 데이터를 제외하고 보정한 뒤에도 줄어들지 않았다.[8]

이렇게 많은 여성이 잠자리에 실망하는 탓에 커플의 성적 친밀감이 약해지는 걸까 아니면 반대로 약한 친밀감이 여성의 성욕에 찬물을 붓고 여성을 슬픔과 좌절에 빠지게 하는 걸까. 어느 쪽이 옳든 데이터가 입증하는 분명한 사실은 남녀 커플 다섯 쌍 중 한 쌍은 잠자리를 거의 갖지 않는다는 것이다.

이런 통계들을 보면 서양의 성 혁명이 망했다고 생각하지 않을 수가 없다. 결과적으로 여성에게 별 도움이 되지 않았기 때문이다.

성 혁명이 종결되고 페미니즘도 완숙기에 접어든 현대에 여성들은 원하는 색깔의 성생활을 마음껏 할 수 있고 일말의 수치심도 없이 나쁜 여자가 될 수 있다. 리모컨 버튼만 누르면 온갖 성적 판타지가 눈앞에서 펼쳐지고 마우스 클릭 한 번으로 성인용품이 다음날 집 앞으로 배달되는 세상이다. 그런데도 이 해방의 시대에 다섯 중 한 명 또는 셋 중 한 명 꼴로 평범한 여성들이 성욕 저하나 오르가슴 장애로 고민하고 상대방과의 유대감 결여를 호소한다. 버자이너와 여성의 의식이 복잡하게 연결되어 있음을 더 잘 알게 된 지금, 나는 많게는 3분의 1이나 되는 여성을 괴롭히는 게 무엇인지 비로소 알 것 같다. 그들은 성적 우울증, 아니 더 정확히 표현하면 버자이너 우울증을 앓고 있는 것이다.

참 이상하게도 섹스에 개방적인 것처럼 보이는 우리의 문화는 성적으로 불행한 여성의 비율이 이렇게 높은 것에 별 감흥이 없는 것 같다. 위기를 인식하고 타개해 나가자고 촉구하는 사회운동가 하나 없으니 말이다. 호주의 임상심리학자 베티나 아른트가 쓴 《섹스 다이어리》(2009년)라는 책이 있다. 높은 판매 부수를 기록 중인 이 책은 현대 여성의 성욕 감소 문제를 다룬다. 책 내용에 의하면 아내가 잠자리를 원하는 빈도가 남편들이 그러는 것보다 훨씬 낮은 커플이 흔하며 이 불균형이 이혼과 남자 쪽 불륜의 숨은 원인이 된다고 한다.

앞으로 자세히 살펴보겠지만, 사실상 모든 여성이 적절한 환경만 조성되면 오르가슴에 도달한다는 최신 연구 결과가 많이 나와 있다. 이렇게밖에 표현 못 해서 미안하지만, 이렇게 많은 여성이 성욕 결핍과 좌절, 의욕 상실로 고통받는 것이 혹시 남자들이 여자에 대해 잘못 배워서 자신이 뭘 하고 있는지 잘 모르기 때문 아닐까? 성 혁명이 끝난 지 한참인데도, 적지 않은 여성이 자신에게 무엇이 필요하고 자신이 무엇을 원하는지를 어떻게 찾고 어떻게 요구할지 모르는 것도 문제다.

남성이 버자이너란 무엇이고 여성의 성이란 무엇이며 이를 어떻게 섹스와 결부시킬 것인가를 정해놓은 서구 문화의 성 교본을 그대로 따른다면, 간절한 소망과 모든 선의가 무색하게도 그는 여성을 깨우기 위해 진정으로 필요한 게 무엇인지 모르는 채로 평생을 살게 될 가능성이 크다. 이 교본에서 최악은 질은 그저 성 기관의 하나이며 여성에게 섹스라는 행위는 남성이 느끼는 것과 똑같다고 남성들에게 가르친다는 것이다. 반면에 여성의 성적 반응은 마음과 몸이 정교하게 이어진 네트워크를 통해 발동된다는 내용은 남녀를 불문하고 어느 성교육에도 포함되어 있지 않다.

최근에 내가 배운 대로, 여성은 성적으로도 정서적으로도 완벽하게 건강해야만 더 열정을 갖게 되고 충분히 강한 오르가슴에 오른다. 따라서 현대 여성의 성적 불행과 욕구 결핍의 병적 상태는 우리가 뭔가를 단단히 놓치고 있다는 명백한 신호다. 우리는 최근의 연구들이 모두 한목소리로 우려한 여성의 성욕 감퇴를 고약한 질병의 징후로 봐야 한다. 여성의 성이 어떻게 작동하는지 아무도 제대로 파악하지 못하고 있다는 경고 신호로 말이다.

그런 의미에서 다음 단원부터는 인류 문명의 최근 2000년 역사에서 이 단절이 어떤 식으로 일어났는지, 이를 바로잡기 위해 이제부터 우리가 뭘 해야 하는지를 알아볼 것이다.

2부

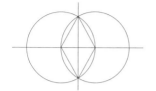

정복과 통제의 역사

6

상처 입은 버자이너

본인이 자초했다며 피해자에게 책임을 전가하는 행위는 필수다…. 희생제의 유효성은 세상의 모든 죄가 제물 탓이라는 망상에서 비롯되기 때문이다.
—페기 리브스 산데이, 《캠퍼스 성범죄》

버자이너의 만족스러운 성적 경험이 여성의 뇌에 기쁨의 감정과 창의력을 불러일으키듯 그 반대도 똑같이 성립한다. 상반된 두 반응이 같은 신경망을 매개해 일어나는 까닭이다. 인색하고 이기적인 파트너에 의해 버자이너가 상처를 입고 학대를 받는 것은 버자이너가 속한 신경망 전체가 무시당하는 것이나 다름없다. 그런 신경망은 자신감, 용기, 유대감, 기쁨과 같은 긍정적 감정의 씨앗인 화학물질들을 여성의 뇌에 채워 주지 못한다.

따라서 여성을 정복하고 억제하는 게 목표라면, 번거롭게 사람을 감금할 게 아니라 여성 스스로 자신을 억누르고, 행복과 자주성을 포기하고, 즐거움을 거부하고, 사랑의 힘을 불신하며, 인간의 유대가 하잘것없는 일이라고 생각하게끔 만드는 게 훨씬 효율적이다. 그러기 위한 최상의 표적이 바로 버자이너다.

골반 신경계가 얼마나 정교하게 여성의 정신과 감정까지 연결되는지를 생각하면 내가 만났던 각계각층의 특별한 여성들을 떠올리지 않을 수가 없다. 모두 정신과 육체를 잇는 회로에 심각한 상처를 입은 여성들이었다. 나는 지금도 그들의 얼굴이 눈앞에 어른거리고 그들이 했던 말, 사건 후 달라진 삶 얘기가 잊히지 않는다. 나는 우리가 이런 유형의 고통을 해석할 때 큰 그림을 보지 못하고 있는 건 아닐까 하는 생각이 들었다. 질의 질병, 충격, 부상 등 고통의 원인은 제각각이었지만 내가 만난 여성들에게는 문화나 나이를 막론하고 한 가지 공통점이 있었다. 그들은 모두 특정한 자세로 서 있거나 걸었고 비슷한 눈빛을 하고 있었다. 질에 구멍이 뚫린 상태를 말하는 이른바 질루로 힘들어하는 시에라리온 난민 캠프의 여성들, 스코틀랜드 에든버러에 있는 강간신고센터에 전화를 걸어 온 여성들, 그리고 맨해튼의 한 카페에서 만난 외음부통을 앓고 있다는 한 여성 등등 모두가 각자 본인의 얘기를 했지만 그들의 말이 내 귀에는 전부 "난 더러워요. 파손된 상품처럼요."라는 똑같은 고백으로 들렸다.

우리는 질 외상의 의미를 단순히 신체적인 것으로 과소평가하고 있었던 게 아닐까? 여성의 성적 쾌락을 오해했던 것처럼? 아니면 강간의 상처를 폭력 사건 후 외상 후 스트레스 장애(PTSD)[1] 반응과 똑같은 유형으로 취급함으로써 핵심을 놓치고 있었던 게 아닐까? 사실은 질 이상의 더 큰 무언가가 파괴된 것인데도 우리는 상황의 심각성을 감지하지 못했던 게 아닐까?

---

1) [역주] post-traumatic stress disorder

도파민과 옥시토신을 비롯해 통찰력과 자신감과 추진력을 높여 주는 여러 화학물질들이 뇌에서 충분히 만들어지려면 여성의 골반 신경이 완벽하게 정상적으로 작동해야만 한다. 그렇다면 질과 골반 신경이 다치거나 상처를 입으면 이 신경망도 실질적으로 망가져 뇌에서 이런 화학물질들이 합성되지 못할 거라는 추론도 가능하다. 만약 이게 사실이라면, 2000여 년 동안 여성의 질이 끊임없이 공격 대상이 되었던 이유가 바로 이것일까? 이게 의식적으로 전술로 활용되었을 리는 없다. 하지만 이것이 효과적인 전략이기에 그렇게 오랜 세월 동안 무의식적으로 성행해 온 건 아닐까? 무리의 절반에 해당하는 인간 집단을 억압하고 통제하는 것은 쉬운 일이 아닐 터다. 하지만 이 전략으로는 그게 가능했다면?

다시 말해, 우리의 아버지 조상들은 성적 권력을 가진 여성과 높은 삶의 질과 자신감 사이에 생물학적 연관성이 있음을 일찌감치 간파했다. 그렇다면 마찬가지로 그들은 성적 외상을 입은 여성과 소극적인 삶의 태도와 낮은 자존감 사이에도 생물학적 연관성이 있음을 본능적으로 알았던 게 아닐까.

내 경험으로, 강간신고센터에 오래 있으면 남자들은 다 괴물이라는 생각을 하게 된다. 왜 강간 사건은 모든 사회에서 끊이지 않을까.

전장에서는 집단 강간이 빈번하고 군인들은 그것을 전투의 일환으로 여긴다. 왜 그럴까.《성의 정치학》(1970년)에서 "강간은 남성 사디즘과 여성 혐오의 종합적 결과물"이라고 주장한 케이트 밀레트나《의지에 반하여: 남성, 여성, 그리고 강간》(1975년)에서 전쟁은 남성을 변태로 탈바꿈해 강간범으로 만든다고 주장한 수전 브라운밀러와 같은 몇몇 페미니스트는 이 논제에 대해 프로이트의 개인주의적 해석을 따른다. 이 견해는 모든 강간을 개인의 심리와 결부시킴으로써 남성은 모두 잠재적 사디스트라는 다소 충격적인 결론에 이르게 한다. 그런데 만약 일부 강간은 개인적인 게 아니라 도구주의적이고 체계적이라면?

2004년에 나는 시에라리온을 방문했다. 나라를 누더기로 만든 잔혹한 내전 과정에서 발생한 집단 성폭행 사건을 취재하기 위해서였다. 국제구조위원회(IRC)는 반군이 최근에 장악한 지역으로 우리 기자단을 데리고 갔다. 그곳에서 나는 수백 명의 강간 피해자 여성들을 만났다. 날을 따로 잡아서 강간범 수십 명과도 인터뷰했다. 바로 이때 나는 강간이 개인의 기능장애나 공격성, 도착 성향 때문이라는 서구의 이론은 전쟁 도구로서의 강간을 설명하지 못한다고 생각하게 되었다.

우리는 피해 여성들을 여러 차례에 걸쳐 만났는데, 한 번은 난민 캠프에서였다. 캠프는 허허벌판에 울타리만 두른 게 다인 조악한 단지였다. 나무 한 그루가 빈약한 그늘을 드리웠고 층고가 낮은 단순한 구조의 콘크리트 건물들이 맨땅 위에 무심하게 세워져 있었다. 최근에 내전 과정에서 강간을 당한 여성 수천 명이 그곳에 임시로 기거하고 있었다. 캠프는 몹시 으스스해서 연옥[1]을 연상케 했다. 여자들은 하나같이 느리게 움직이며 유령처럼 주변을 배회할 뿐이었다. 구호단체 직원 한둘과 경비 몇 명을 빼고는 성인 남자는 코빼기도 찾아볼 수 없었다.

그래도 그들은 엄청난 용기를 내주었다. 우리를 위해 짧은 공연을 선보인 것이다. 부족 전통춤을 섞어 감정을 극대화해 표현한 무용극이었

---

1) [역주] 영혼이 천국에 들어가기 전에 속죄하는 곳

는데, 강간범이 여성을 '공격'하는 내용이었다. 폭행 장면이 어찌나 생생한지 우리는 깜짝 놀랐다.

공연이 끝난 후 여성 의사는 기자단에게 그곳의 여성 몇 명을 소개해 주었다. "질 내벽이 찢어지거나 구멍이 뚫리는 것을 질루라고 합니다. 문제는 질이 방광이나 대장, 직장과 같은 다른 장기들과 이어져 있다는 거예요." 의사가 설명하는 동안 그녀들은 고통스러운 침묵 속에서 조용히 앉아 있었다. 그곳에서 질루는 매우 흔하다고 한다. 그런데 치료에 필요한 항생제가 부족한 탓에 감염된 상처가 곪아 악취가 나게 되고 남편들은 냄새나는 부인을 내쫓아 버린다. 질루로 고통받는 캠프의 여성 다수가 그런 사연으로 이곳에 오게 된 경우였다.

또 한 여성은, 사실 여성이라기보다는 열다섯 살짜리 소녀였는데, 라이베리아에서 납치된 뒤 성노예가 되어 반복적으로 성폭행을 당했다고 한다. (이 내전 중에 그녀와 비슷한 운명에 처한 10대 소녀가 15,000명이 넘었다.) 그녀는 기지를 발휘해 납치범을 속인 뒤 납치범과의 사이에서 낳은 한 살짜리 아기를 데리고 도망쳤다. 그러고는 덤불을 헤치고 야생마 사체를 먹어가며 국경을 넘어와서 그나마 안전한 IRC 캠프에 안착하게 된 것이었다.

그들에게는 절단이나 총상이나 광산 강제노역의 피해 여성들과는 다른 면이 있었다. 강간 피해자들은 하나같이 그날 일로 기를 쪽 빨린 듯한 분위기를 풍겼다. 그들은 부족과 가족에게 거부당하고 사막의 모래 언덕처럼 무리 지어 여기저기 떠돌았다. 모두 용기 있는 여성이었지만 그들의 영혼에는 거대한 구멍이 나 있었다. 내 눈에는 한 명 한 명 생명력이 꺼져가는 게 보였다. 유령 떼 같은 그들을 보면 묵시할 수 없을 정도였다. 조직적인 성질의 무언가가 특유의 방식으로 그들의 사회성, 호기심, 자율성에 강력한 타격을 가한 게 틀림없었다.

의사는 그들이 어떻게 상처를 입게 되었는지 아주 자세하게 설명해 주었다. 가해자들이 그녀들의 몸 안을 일부러 갈가리 찢은 것이다. 누군가는 총검 끝으로, 누군가는 뾰족하게 다듬은 막대기로, 누군가는 깨진 유리병으로, 누군가는 칼로. 이 수법으로 몸을 상한 여성은 수만 명에 달했다. 캠프의 의사는 이것이 어느 정신 나간 변태가 저지른 도착적 범죄의 결과가 아니라 내전 중 전투에서 입은 부상이라고 말했다.

도대체 왜 병사들은 뾰족한 물건으로 수천수만 여성의 질을 망가뜨릴까? 이 강간과 이 상처에 성적인 요소나 정신 역학적인 요인은 조금도 없었다. 골반 신경이 여성의 자신감, 창의력, 자주성과 연결되어 있다는 점을 고려하면, 그녀들의 생식기관은 지금도 병사들에 의해 반복해서 난도질당하고 있는 것이나 마찬가지였다.

아프리카를 비롯해 세계 곳곳에서 여성이 집단 갈등의 희생양이 되는 것은 어제오늘의 얘기가 아니다. 이런 잔혹 행위와 강간을 명령한 것은 시에라리온과 콩고민주공화국의 사령관들이었다. 우리가 IRC에서 인터뷰한 전직 병사들은 명령에 불복하면 자신이 죽기 때문에 어쩔 수 없었다고 말했다. 이런 명령이 어떻게 무장세력 수장의 입에서 나올 수 있었을까? 민간 속설 같은 뭔가 믿을 만한 근거라도 있었던 걸까? 다시 말해, 폭력을 경험한 여성은 더 쉽게 굴복한다는 조상들의 교훈 같은 게 있어서 여성의 골반 신경을 훼손하는 범죄에 부하들을 강제로 끌어들인 걸까?

　나중에 나는 전쟁 중에 강간을 당한 여성들을 돕는 일을 했던 관계자들도 인터뷰했는데, 그중에 지미 브리그스가 있다. 그는 강간과 폭력에 반대하는 국제기구 맨업(Man Up)을 설립한 인물로, 주요 범죄현장 중 하나인 콩고민주공화국을 특히 자주 방문했다(그는 전시에 강간으로 심신에 외상을 입은 여성들을 위해 애쓴 공로로 2011년에 GQ가 선정한 올해의 남성으로 뽑히기도 했다). 국제연합(UN)의 집계에 의하면 이 나라에서 최근 일어난 내전 동안 40만 명의 여성이 강간을 당했다고 한다.[1] 브리그스는 강간 피해자에 관한 책도 썼다. "폭력적 강간 피해자들에게는 뭔가 다른 게 있습니다." 그가 내게 말했다. "저는 이걸 좀 더 파볼 계획입니다. 다른 방식으로 심한 외상을 입은 여성들도 만나 봤는데 그들은 이렇지 않았거든요. 저는 이 유형의 외상이 다른 외상과 다르다는 것을 발견했습니다. 강간 피해자들의 눈동자를 보면 마치 빛이 꺼진 것 같아요."[2]

　우리는 다른 유형의 난민을 만나기 위해 또 다른 캠프를 찾아갔다. 콘크리트 벽이 파란색과 녹색으로 칠해진 방에는 유리가 없는 창을 통해 환한 빛이 비스듬히 누워 들어 왔고 대충 만들어진 칠판에는 영어 문장 몇 줄이 끄적여 있었다. 그곳에서 나는 시에라리온의 악명 높은 강간범 몇 명을 소개받았다. 고작해야 열두 살에서 열네 살 사이인 소년 병사들이었다. 그런 소년들이 IRC가 제공하는 안식처에서 교육을 받으며 교화된다고 했다. 그들의 눈동자에는 나름의 아픔이 드리워져 있었고 반바지는 다 해져 누더기 같았다. 약물과 공포로 찌든 육체는 제대로 자라지 못해 다들 몸집이 왜소했다. 납치당해 상처를 입고 그들을 향해 겨눠진 총구 앞에서 강간범이 되도록 강요받았다는 점에서는 그들도 피해자였다. 우리와 대화를 나누고 나서 밖으로 나가 먼지 구덩이 속에서 축구를 하며 노는 모습을 보면 영락없이 평범한 어린애에 불과했다. 앞서 우리가 다녀왔던 캠프의 여성들에게 그런 짓을 한 건 분명 그들의 병적인 도착 때문이 아니었다. 강간이 전술로 활용되는 전쟁터에서는 폭력적 강간이 개개인의 비뚤어진 성욕 탓이라는 프로이트의 가설이 통하지 않는 것이다.

극단적 페미니즘은 강간이 힘의 불균형을 증명하는 증거라고 보고 강간은 섹스가 아니라 권력의 문제라고 주장한다. 프로이트보다는 이 견해가 진실에 더 가깝긴 하다. 하지만 그래도 여전히 모자라는 부분이 있다. 그저 권력의 문제라면 꼭 섹스가 결부되어야 할 까닭이 뭐란 말인가. 여자를 그냥 때리고 협박하고 굶기고 가두는 걸로는 안 되나? 꼭 성적인 방식이 아니더라도 여성을 진압할 방법은 얼마든지 있는데 말이다.

그러나 여성을 심리적으로 산산조각내는 게 목표라면 버자이너를 폭행하는 것만큼 효율적인 방법이 또 없다. 그저 때리기만 하는 것보다 더 빨리, 더 철저하게 여성을 무너뜨릴 수 있다. 연약한 버자이너가 바로 자아의식의 중개자이기 때문이다. 그런 까닭에 버자이너가 입은 트라우마는 뇌 속 깊이 각인되어 여성의 몸과 마음 모두에 부정적인 영향을 미친다.

강간은 군대가 집단학살 전술을 펼 때 반드시 포함되는 표준절차다.

이 점을 잣대로 삼으면 사회에서든 전쟁터에서든 강간범 남성 다수가 개인의 변태적 성향 때문에 그 짓을 저지르는 게 아님을 이해할 수 있다. 이 맥락에서는 강간은 도구이다. 강간은 질을 상처 입혀 그 상흔을 여성의 뇌에 영구적으로 새김으로써 여성의 물리적·심리적 통제권을 모두 거머쥐려는 전략인 것이다.

이 점을 이해하면 여성의 버자이너가 어떻게 다루어지는가가 얼마나 중요한지를 깨닫게 된다. 그동안 강간은 성범죄나 폭력범죄로 분류되어 왔지만 사실은 사건 당시와 이후 여파 면에서 훨씬 더 심각한 강력 범죄다. 어느 정도 회복이 가능하긴 하지만 완치는 불가능하며 어느 피해자도 더 이상 사건 전과 같은 인생을 살 수 없다는 점을 기억해야 한다. 제대로 이해한다면 강간은 성폭력보다는 뇌 손상에 더 가깝다. 모든 강간범은 여성의 생식기관만 공격하는 게 아니라 여성의 뇌까지 망가뜨리는 것이다.

강간의 충격은 뇌에 고스란히 기억된다

내가 인터뷰했던 구호단체 직원, 마사지사, 의사들의 진술이나 최근의 외상 연구 자료들을 토대로 하면 강간은 여성의 뇌와 신체를 복잡하게 변화시켜 오랫동안 복구하지 못하게 만든다. 그런데 버자이너의 외상이 뇌까지 영향을 미치려면 시에라리온 여성들처럼 강간의 강도가 그렇게 극단적이어야 할까? 버크 리치먼드 박사의 연구는 그렇지 않다고 말한다.

리치먼드 박사는 이비인후과를 전공한 신경과 전문의다. 그는 위스콘신 대학교에서 만성 어지러움, 현기증, 귀가 울리는 이명 등의 신경계 관련 문제들을 연구한다. 그는 클리닉을 운영하며 환자도 보고 있는데, 환자 대부분이 여성이고 방금 말한 질환들 때문에 그를 찾는다. 그는 감각 장애에 관한 연구를 통해 성폭행과 아동 성적 학대가 여러 가지 방식으로 여성의 심신에 각인된다는 사실을 증명했다.

나는 박사를 2010년 여름에 만났다. 다 같이 아는 한 친구의 보트 위에서였다. 그의 세 자녀는 신이 났는지 갑판에서 저희끼리 와자지껄했다. 40대에 접어든 그는 짙은 머리칼에 차분한 표정을 하고 있었고 재치 있으면서도 진지한 성격이었다. 그가 말하길, 그가 진료한 균형감각에 이상이 있는 여성 환자들 중에 과거에 성폭행이나 성적 학대를 당했던 경우가 유독 많다고 했다. 그런 균형감각 이상은 몇 년이나 지속한다고 한다. 확보된 증거가 다소 빈약해서 인과관계를 확실히 못 박을 수는 없지만, 여성의 균형감각 이상 발생률과 성폭력 피해 경험 비율 사이에 상관관계가 있는 게 틀림없다고 그는 말했다. 통계학적으로 유의미하므로 더 자세히 연구할 가치가 충분하다면서 말이다. 그날 나는 강간이 문자 그대로 여성을 두 발로 똑바로 서지 못하게 만든다는 그의 설명에 너무나 몰두한 나머지 그와 두 시간이나 얘기를 나눴다. 눈부신 날씨와 저 멀리 보이는 절벽의 장관은 까맣게 잊은 채로.

그의 연구 결과는 우드헐 연구소에서 강연한 10년의 기간 동안 내가 깨우친 것이 옳았음을 확신시켜 주는 것이었다. 우드헐 연구소는 젊은 여성의 리더십을 양성하기 위해 나와 동료 몇 명이 공동 설립한 아카데

미다. 이곳에서 나는 젊은 여성들에게 대중을 상대로 하는 화법을 가르친다. 상상 속 무대 위의 1㎡ 공간에서 당당하게 서서 말하는 요령을 알려 주는 것이다. 그런데 간혹 말 그대로 두 발로 똑바로 서지 못하는 참가자들이 있었다. 그들은 아무리 노력해도 허리를 곧게 편 채로 안정적으로 서 있지 못하고 자꾸 좌우로 기우뚱거렸다.

그뿐만이 아니었다. 다른 사람들은 내가 어깨를 잡고 자세를 고쳐 주면 반사적으로 반대 방향으로 힘이 들어가는데 그들은 아무런 저항 없이 내 손길에 순종했다. 그들은 목소리도 달랐다. 후두의 긴장도가 높은 탓에 목소리 톤이 높아서 마치 어린애가 말하는 것처럼 들렸다. 하지만 공기 통로와 횡격막을 열어 주는 발성 훈련을 한 후에는 더 자연스럽고 권위 있게 느껴지는 음역으로 낮아졌다. 달라진 자신의 목소리에 그들은 하나같이 울음을 터뜨렸다.

이런 여성들은 한바탕 신나게 울고 나서 말하기 훈련을 성공적으로 마친 뒤에 놀라운 변화를 보여 주곤 했다. 새 목소리와 활짝 열린 발성 기관을 갖게 된 그들에게 생명력의 후광 같은 게 비추는 듯 보였다. 마치 이제서야 초점이 맞은 것처럼 말이다. 그런데 알고 보니 이런 증상들을 보인 여성은 유년기나 청소년기에 성적 학대나 성폭행을 당한 경우가 많았다. 그리고 이 증상들은 강연 참가자들 중 성과 무관한 다른 외상을 크게 입었던 여성들의 특징과 확연하게 달랐다.

그래서 리치먼드 박사가 자신의 연구 얘기를 했을 때 나는 정신을 빼앗길 수밖에 없었다. 그는 이 연구에서 밀었을 때 저항하지 못하는 여성 환자들은 성폭력 피해 경험이 있을 확률이 높았다고 했다.

그의 설명에 따르면, 그런 환자들은 스트레스를 받았을 때 몸이 흔들리거나 밀면 그대로 밀리는 '공포성-자세-흔들림' 때문에 그를 찾아온다고 한다. 또, 신체적으로는 아무 이상이 없는데 걸음이 비틀리는 '발작성 보행 장애' 증세를 보이는 여성도 있고 아무 이유 없이 어지러운 시각적 현기증을 호소하는 여성도 있다고 했다. 한편, 끊임없이 넘어지는 느낌이나 아침에 일어났을 때 나오는 구역질 등의 증상이 악몽 같은 옛날 일과 함께 시작된 사례도 빈번하다고 했다. "몸을 미는 검사에서 잘 넘어진 여성들에게 성폭력을 당한 적이 있냐고 물어보면 그렇다는 대답을 자주 듣습니다. 그런데 사실 이건 편향된 조사 방법이에요. 모든 환자에게 이 질문을 하는 게 아니거든요. 다시 말해, 증상을 보이지 않는 여성에게는 같은 걸 물어보지 않습니다. 그래도 증상이 있는 여성 환자에게 그런 질문을 하는 게 도움이 돼요. 결국 올바른 진단을 내릴 수 있으니까요."

"그러니까 성폭력 피해자는 문자 그대로 밀면 그대로 밀려 넘어진다는 말씀이세요?" 내가 물었다.

"그래요." 그가 대답했다. "그들에게 눈을 감고 그대로 서 있어 보라고 하면 몸이 흔들거리는 걸 볼 수 있습니다. 보통 사람들은 거의 미동이 없어요. 살짝 밀어도 잘 버티고요. 옆걸음질 치지도 넘어지지도 크게 기우뚱하지도 않죠. 그런데 이 여성들은 그래요. 가볍게 밀면 그대로 넘어지기 때문에 잡아 주어야 해요. 이 비정상적 신체 반응은 신체 기능 이상과는 아무 상관이 없습니다. 그들은 근력도 반사신경도 다른 신체 기능도 다 정상이에요. 그런 증상을 일으킬 만한 전정기관[1]이나 뇌 손상도 없고요. 신경계에 이상이 있다는 물리적인 증거는 하나도 찾을 수 없어요. 다만 그들의 몸이 마치 신경계에 문제가 있는 **것처럼** 반응하는 것뿐이에요."

박사는 설명을 이어갔다. "그런데 그들에게 버티라고 언질을 주면 그들은 제가 온 힘을 다해 밀어도 밀리지 않을 정도로 꼿꼿하게 서 있습니다." 나는 깜짝 놀랐다. 저항하라는 말을 들으면 몸이 다르게 반응한다니. "핵심은 **심신 협응**입니다."

"아직은 제 짐작일 뿐인데, 저는 제가 의사이자 저항을 허락하는 권력자 역할을 하는 거라고 생각해요. 저항해도 좋다는 허락을 받으면 균형감각이 짠! 하고 생기는 거예요. 같은 사람인데 버티라는 지시를 주지 않을 때는 밀면 그대로 넘어지고 말아요."

박사의 말을 한마디로 요약하면 피해 여성들은 **문자 그대로** 강간 때문에 '불안정해졌다'는 셈이 된다. 나는 이 현상이 뇌와 버자이너의 연결과 어떤 관련이 있을까 궁금해졌다. 버자이너 외상이 뇌에도 영향을 주었을까 아니면 기억이 강렬할 뿐 관련성은 전혀 없는 걸까?

"외상의 강도가 몹시 크면 온몸으로 표가 납니다. 제가 모든 환자에게 성폭력 경험을 물어본 건 아니지만 이런 패턴이 보일 때 그런 질문을 하면 예상했던 대답이 얼마나 자주 나오는지 신기할 정도예요. 저는 이게 상호작용하는 변수라고 봅니다. 물론 다른 요인들도 있을 수 있어요. 하지만 증상의 근원을 정확히 파악하기 위해서는 이 질문을 치료

---

1) [역주] 내이에 위치하며 몸의 균형을 담당하는 기관

과정에 포함시킬 필요가 있다고 생각합니다. 이런 여성들에게는 시간이 지날수록 비만부터 편두통, 정신장애까지 다양한 의학적 문제들이 복합적으로 생기게 돼요."

"성폭력 경험 때문에요?" 내가 물었다. "그렇습니다." 그가 대답했다. "원인이 하나라고 단정해서는 안 된다는 말을 하시려는 건 알겠어요. 하지만 성폭력이 여성의 몸에 미치는 영향이 분명한 연구거리라는 데는 동의하시는 것 같네요."

박사는 고개를 끄덕이며 설명을 이었다. "전환장애가 어떤 질환인지 정확히 아는 사람은 아직 아무도 없어요. 다만 심리적 원인에 의한 신체기능 이상이라고만 설명되고 있죠." 전환장애의 가장 흔한 유형은 건강염려증인데 한마디로 병에 걸렸다는 생각이 증상을 만들어내는 것이다. 전환장애를 가진 사람은 아무런 신체적 원인 없이 실제로 증상을 나타낸다. "이런 경우 겉보기에는 아무 문제 없어 보일지 몰라도 환자의 상태를 심각하게 받아들여야 해요. 안 좋은 기억의 조각이나 신경회로 이상 때문에 뇌가 정상적으로 작동하지 못해서 그런 증상이 나타나는 걸지도 몰라요."

"누군가에게 반복적으로 공격을 당한 사람은 전체적인 행동 반응이 그 공격에 맞춰서 발달합니다. 나중에는 무의식적으로 자아를 분리해 '어떤 사람이 누군가에게 맞고 있네. 그런데 그게 나는 아니야'라고 생각하게 되죠." 리치먼드 박사의 설명에 따르면 그렇게 학습된 반응은 죽을 때까지 없어지지 않을 수도 있다고 한다.

나는 그에게 시에라리온 여성들을 만난 얘기와 그들이 다친 후에 골반 신경에서 뇌로의 도파민 전달에 이상이 생겼을 거라는 내 가설을 들려주었다. 그러고는 성폭력을 당한 버자이너가 여성의 뇌에 실질적인 영향을 주는지, 만약 그렇다면 어떻게 그런지 알고 싶다고 말했다.

"제가 보기에는 외상 후에 뇌가 몸을 바꾼다고 말할 수 있을 것 같네요. 시에라리온 여성들의 경우처럼 일차적으로 손상되는 것은 신경망이지만 그 후에 전신에 이차적인 변화를 일으키는 것은 뇌예요. 서구 사회에서는 강도가 덜한 성적 외상을 입은 여성에서도 이런 현상을 목격할 수 있습니다. 행동 반응은 전신에서 일어나요. 폭행을 당하면 시력과 청력도 변하곤 하죠. 모든 신체기능은 서로 연결되어 있고 뇌는 새로운 반응을 끊임없이 학습하니까요.

나는 그의 설명을 압축해 말했다. "그러니까, 엄밀히 폭력적 행위는 없었더라도 여성에게 성적 외상은 물리적인 뇌 손상과 같다고 표현하는 게 정확하겠군요."

"맞습니다. 충분히 그렇게 말할 수 있죠." 그는 잠시 생각을 고른 뒤에 다시 입을 열었다. "한 환자가 있는데요. 어릴 때 성적 학대를 당한 여성이에요. 이제 성년이 된 그녀는 특정 소리를 극도로 싫어합니다. 이걸 청각 과민증이라고 하는데, 특정 소리가 들리면 자기도 모르게 감정적으로 반응해요. 누가 손톱으로 칠판을 긁는다고 상상해 보세요. 청각 과민증 환자들의 귀에는 딸깍거리는 소리, 음식을 씹는 소리 등이 참을 수 없을 정도로 거슬리게 들려요. 그런데 어른인 그녀를 괴롭히는 이 장애의 뿌리가 어릴 때 부친으로부터 받은 성적 학대에 있다는 게 제 추측입니다. 무의식의 한 구석이 아버지가 그런 소리들을 내던 걸 잊지 않고 있어서 그 소리를 기억에 연결시키는 거죠."

이 말에 나는 오랫동안 고민해 오던 궁금증을 그에게 털어놓았다. 강간 피해 여성들이 그 전에는 건강한 성생활을 했었고 사건 후 심리치료를 통해 정신력도 충분히 강화했는데 더 이상 옛날처럼 섹스를 즐기지 못하는 이유가 뭘까. 그녀를 응원하고 사랑하는 연인이 곁에 있는데도 말이다.

"성적 외상이 자율신경계를 교란한다는 설명이 제 궁금증의 답이 될 수 있을까요? 강간 피해 여성들이 잠자리에서 흥분과 오르가슴을 잘 느끼지 못하는 게 부분적으로라도 그 외상으로 인한 자율신경계의 실질적 변화 탓이라고 봐도 될까요?"

나는 질문을 쏟아냈다. "강간이나 성폭력이 자율신경계를 영구적으로 변화시키는 걸까요? 제가 조사한 바로는 그렇거든요. 이를 뒷받침하는 자료도 많아요. 그리고 이 변화에 특히 취약한 사람들이 있는 것 같아요. 남성들 중에도 PTSD를 더 잘 극복하는 사람이 있는 것처럼 여성도 성적 외상으로 입은 자율신경계 손상 측면에서 회복력의 편차가 있는 것 같아요. 하지만 어디에 중점을 두든, 다수의 사람들이 극단적인 경험을 똑같이 했을 때 취약한 집단은 그 여파가 더 커서 자율신경계에까지 영향을 미치는 건 확실해요." 비슷한 맥락의 최근 연구는 또 있다. 이 연구들에서는 성폭행이나 성적 학대를 당한 여성들의 뇌는 크기 변화나 해마 활성도 측면에서 비슷한 경험이 없는 여성의 뇌와 확연하게 다르고 코르티솔 수치에도 차이가 있는 것으로 확인되었다. 게다가 그런 차이는 어릴 때 그런 경험을 한 여성들에서 훨씬 더 컸다.[3]

다시 말해, 강간 또는 아동 성적 학대의 경험이 여성의 신체를 재구성한다고 볼 수 있다. 그리하여 바깥세상과의 소통 창구인 신경계가 그런 쪽으로 재편성되어 세상을 두려워하고 모든 자극에 과민하며 위험을 극도로 혐오하게 되는 것이다. 나아가, 해마가 변하는 탓에 단기기억 처리 능력이 나빠져 자존감까지 바닥을 치게 된다. 그렇게 딴사람이 되어 어쩌면 남은 평생을 그렇게 살아야만 할지도 모른다. 연구 데이터는 죄다 여성에게 편중되어 있지만 어쩌면 남성 피해자도 마찬가지일 수 있다.

리치먼드 박사는 성적 외상 후 장애 증상이 목소리로 나타난 사례를 소개했다. "아주 흥미로운 환자가 한 명 있어요. 이 여성은 말을 배우기도 전인 한 살 때 심한 학대를 받았는데 오랫동안 말을 한마디도 못 했어요. '표현언어 실어증'이었죠. 어른이 되었지만 스트레스에서 벗어나지 못해 신체의 행동 반응이 아기 때로 퇴행한 겁니다."[4]

이와 관련해, 성범죄 후에 최초 사건과는 아무 상관 없어 보이는 정신적 문제들이 나타난다는 대규모 연구 결과도 참고할 만하다. 로니 케어린 라빈이 이 연구를 보도한 《뉴욕타임스》 기사 '미국 여성 다섯 중거의 한 명이 성적 학대 경험이 있다고 응답해'에는 강간 사건 뒤에 다양한 건강 문제가 뒤따른다고 적혀 있다. 이 '전국 가정 성폭력 조사 연구'는 미국 사법연구원과 국방부의 지원을 받아 성인 16,507명을 대상으로 수행되었는데, 여성 응답자의 3분의 1이 성폭행, 폭력, 스토킹을 당한 적이 있다고 응답했다. 연구에서는 강간을 '성기를 강제로 삽입하는 행위, 약물이나 술을 먹인 후 성기를 강제로 삽입하려는 행위 또는 그러한 시도'로 정의하고 있다. 이 정의에 따르면 해마다 미국에서만 강간 또는 강간 시도의 여성 피해자 130만 명이 나오는 셈이다. (같은 조사에서 강간 가해 경험이 있다는 남성은 71명 중 한 명 꼴이었다.) 기사에는 "자신이 성폭력, 성폭행, 스토킹의 피해자라고 밝힌 여성의 대다수가 PSTD 증상을 호소했다"는 구절도 있었다.

성폭력 피해자들에게 발생하는 건강 문제는 또 있다. 이런 문제들은 궁극적으로 성폭력 때문이지만 겉으로는 전혀 상관없어 보인다. 성폭력을 당한 여성들은 천식, 당뇨병, 과민 대장 증후군, 두통, 만성 통증, 수면 장애, 활동 장애의 빈도가 상대적으로 높고 전반적 건강 상태가 더 나쁘며 심지어는 정신질환도 더 흔하다고 보고된다. 성폭력 경험과 각종 만성적 건강 문제가 무관하지 않다는 신호는 리사 제임스가 보고한 소규모 연구들에서도 감지된다. 비영리기구 '폭력 없는 미래'의 임원인 그녀는 단 한 번의 성폭력 경험만으로도 아무 상관없어 보이는 부분에서 건강이 나빠져 오래 갈 수 있다는 결론을 내리고 있다.[5]

강간은 항상 남성 개인의 성적 공격성이나 신경증이 기폭제가 되어 일어나는 걸까? 아니면 여성을 뼛속까지 개조해 다른 사람으로 만들기 위해 강간을 암묵적으로 용인하는 문화가 잔존하기 때문일까? 자아가 불안정해진 여성들이 소심하고 우유부단한 심성으로 평생을 살게 하려고? 그것도 아니면 둘 다 원인인 걸까?

나는 곧 탄트라 권위자인 마이크 루사다, 접골사 카트린 카컬스, 내 산부인과 주치의 코디 박사와 만날 약속을 잡았다. 유명한 마사지사 태미 린 켄트와의 인터뷰는 그녀의 책을 읽는 것으로 대신했다.[6] 그런데 그들이 공통적으로 한 얘기가 하나 있다. 바로 외상에 대한 반응으로 질 근육이 수축한다는 것이다. 코디 박사는 이것을 질 경련이라고 불렀고 루사다는 질 근육에 매듭이 생기는 것이라고 묘사했다. 한편 켄트는 그런 여성들은 질 근육 수축이 나머지 신체 부위의 불균형을 일으킨다고 저서에 적고 있다. 질 근육이 팽팽해진 여성들은 본인은 너무 긴장해서 그런 거라고 여기지만 알고 보면 성적 수치심을 갖고 있거나 과거에 더 나쁜 일을 겪었던 경우가 많다고 한다.

카트린 카컬스는 맨해튼에서 소문난 숙련된 접골사다. 주전공은 두개골 정골요법이지만 질 내부 운동요법을 통해 여성 환자들의 회복을 돕기도 한다. 그녀는 여성의 감정이 질의 민감도와 근육 긴장도에 영향을 주며, 감정을 다치면 질뿐만 아니라 다른 곳에도 병이 생길 수 있다고 확신한다. 그녀는 또한 많은 환자를 지켜본 경험상 질의 긴장이 풀리면 그녀들의 정신을 억누르고 있던 감정의 짐도 가벼워진다고 말한다. 덤으로 창의력과 성적 건강도 좋아지고 말이다. 한편, 대체의학 교양서 부문 베스트셀러인 《야생의 여성성》의 저자 태미 린 켄트는 치료 목적으로 질 마사지를 하는 전문 마사지사다. 미국에는 비슷한 신념을 가지고 그녀를 따르는 동종업계 종사자가 전국적으로 많이 있다. 그녀는 질의 구조가 각각 다른 감정과 연결되는 네 구역으로 나뉜다고 보고 해당하는 부위를 마사지하면 막힌 감정을 뚫어줄 수 있다고 믿는다.

내가 만난 많은 여성들 역시 다소 민망할 수도 있는 이런 비주류 치료법으로 감정 치유에 큰 효과를 봤다고 말했다. 정통 의료계에서는 최근까지만 해도 이런 치료법이 사이비라며 손가락질했다. 그러나 요즘에는 의학계와 과학계도 정골요법과 마사지의 효능을 점점 인정하는 분위기다. 뒤에서 더 자세히 얘기하겠지만, 스트레스와 외상 때문에 질의 기능에 이상이 생긴다고 지적한 최근 연구 논문 한 편이 그 본보기다.

나는 리치먼드 박사에게 말했다. "흔히 의사들은 성폭력 때문일 수 있는 증상을 보이는 여성들에게서 신체적 원인을 발견하지 못하면 히스테리나 괴짜라고 단정 지어 버리는 것 같은데요."

그가 대답했다. "그렇게 느끼는 여성이 많을 겁니다. 의사로부터 '다 당신 머릿속에서 벌어지는 일'이라는 소리를 듣는 게 달가울 사람은 아무도 없겠지요. 사람들이 정신과에 가는 걸 꺼리는 것도 같은 이유예요. 자신은 미치지 않았는데 증상 때문에 미친 사람으로 낙인찍힐까 봐요."

그는 설명을 이어갔다. "최근 급부상하는 신경-심리 면역학이라는 분야가 있는데요, 몸과 마음이 연결되어 있다는 게 증거를 토대로 기정 사실로 자리 잡고 있어요. 과학계는 이제 이 변화를 객관적으로 측정하는 장비까지 개발하고 있습니다. 뇌와 신체의 복잡한 상호작용 기전을 좀더 이해하고자 하는 것이지요. 즉 뇌가 기억을 저장하고 몸의 반응이 뒤따르는 신체기능의 일련의 과정을 알아내고자 하는 것입니다."

그는 인상적으로 말을 맺었다. "그러니까 '다 머릿속에서 벌어지는 일'이라는 말에 틀린 게 없어요. 신경계의 변화도 진짜고 다 뇌가 벌이는 일이라는 것도 진짜니까요."

이날 리치먼드 박사는 개인적인 추론이라고 선을 그었지만 사실은 이 내용 모두를 입증한 최신 연구들이 있다. 아직 부족하긴 하지만 짐작을 확신으로 바꿀 만한 증거가 꾸준히 쌓여가고 있다. 몸은 성폭행과 유년기에 입은 성적 외상을 기억한다. 당연히 질도 그렇다. 그리고 그런 기억은 온몸 구석구석을 근본적으로 변화시킨다. 치유가 가능하긴 하다. 하지만 전문적인 치료가 필요하다. 성폭행과 성적 학대는 교감신경계를 영구적으로 변화시킬 수 있다. 제대로 된 치료를 받지 못해 교감신경이 영구적으로 제대로 작동하지 않는 여성은 성적으로 흥분하지 못하며 본인의 의지와 상관없이 호흡과 심장박동, 혈압과 놀람 반응이 유별난 사람으로 평생을 살게 된다.

주목할 만한 연구가 한 건 있다. 2006년에 발표된 이 연구에 의하면 성적 학대로 인한 외상이 교감신경 조절을 교란해 교감신경이 늘 항진된 상태를 초래한다고 한다. 뿐만 아니라 외상을 얻은 여성들의 버자이너는 그렇지 않은 여성과 다르게 반응하게 된다. 운동할 때 혹은 에로물을 시청할 때에도 버자이너가 상황에 맞게 효율적으로 반응하지 못하고 질의 혈액순환도 원활하지 못하다.

이 연구를 수행한 텍사스 대학교 심리학과의 알렉산드라 렐리니와 신디 메스턴은 어릴 때 입은 성적 외상이 질의 심리학적 측면뿐만 아니라 생리학적 측면, 즉 성적 흥분 기능도 망가뜨리며 아주 오래전 사건인데도 현재까지 영향을 미친다는 것을 확인했다.[7] 두 사람이 한 실험의 내용은 이랬다. 우선 참가자들의 침에 들어 있는 코르티솔 농도를 측정한다. 그러고는 운동을 시켜 교감신경 반응을 활성화한 뒤에 에로 비디오를 보여 준다. 그런 다음 질의 박동을 측정한다. 대상 부위 혈관의 박동을 직접 측정하는 것은 그 부위의 혈액순환이 얼마나 활발한지를 정확하게 측정하기 위한 방법이다.

결과는 어땠을까. 두 사람은 성적 학대로 인한 외상 경험이 있는 군과 그런 경험이 없는 대조군 간에 질의 박동이 현저하게 다르다는 사실을 발견했다.

또, 리치먼드 박사가 언급했던 것처럼 이 연구에서도 성적 학대 피해 여성들은 교감신경계의 기본 활성도가 지나치게 높다는 걸 알아냈다.

이런 교감신경의 만성적 항진은 성인이 된 여성의 성생활에 부정적인 영향을 준다. 여성이 성적으로 흥분하려면 과하지 않고 적당한 교감신경계의 균형이 필수적이기 때문이다. 성적 학대를 받았던 여성의 교감신경계 활성 기저치가 정상보다 높다는 특징이 증명된 연구는 이것 말고도 많다.

한마디로 정리하면, 교감신경이 딱 알맞게 활동적인 여성은 쉽게 흥분한다. 그런데 성폭행이나 아동 성적 학대로 인한 외상이 이 교감신경의 균형을 깨뜨려 버린다. (이런 연구 보고서들은 다른 몇 가지 측면에서도 검토해 볼 만하다. 우선 피해 여성들은 운동할 때 신체의 반응이 대조군 여성들과 달랐다. 또, 두 집단은 체중도 현격한 차이가 났다. 피해 여성들은 몸무게가 대조군보다 평균 13kg 넘게 더 나갔다. 물론 다른 인자들의 영향도 있겠지만 일단 이 방향으로 더 자세히 파 볼 가치가 충분히 있다.)

이 주제로 연구 논문을 발표한 저자들은 두 가지 현실을 지적한다. 하나는 성적 외상이 여성의 대인관계에 미치는 영향을 분석한 연구가 많지 않다는 것이고 다른 하나는 그나마 수행된 연구도 생물학보다는 인지기능 측면에 치중되어 있다는 것이다. "PTSD가 여성의 사회성을 크게 떨어뜨린다는 사실이 꽤 잘 알려져 있는데도 어릴 때 성적 학대를 당한 후 PTSD가 남은 여성이 배우자와 겪게 되는 문제들을 해결할 치료법은 별로 개발되어 있지 않다…."[8] "이런 여성들의 성 기능 장애 치료법은 더더욱 부족하다."[9]

그들은 연구 결과에 다음과 같은 해석을 덧붙였다. "여러 연구에 의하면 성폭력 경험이 있는 여성들의 교감신경계는 기본 활성이 높아져 있다. 본디 교감신경계의 역할은 사람이 스트레스를 받았을 때 활성화하여 노르에피네프린과 같은 카테콜아민 계열 물질들을 분비하는 것이며 이런 물질들은 혈당 수치, 심장박동수, 혈압을 높인다…."[10] "이 스트레스가 외상과 무관한 것이라면 신체 상태는 곧 정상적으로 복귀한다. 그러나 외상이 남을 경우는 신체의 항상성이 균형을 이루지 못하고 종종 PTSD로 이어진다. 한 연구에서는 재향군인과 아동 학대 피해자를 추적 관찰한 결과, 여성 PTSD 환자 집단에서 교감신경계의 기본 활성이 건강한 대조군에 비해 더 높은 것으로 증명되었다."[11]

영화를 보면 전역한 군인들이 자동차 급발진 소리만 듣고도 몹시 놀라 터질 것 같은 심장을 부여잡고 숨을 잘 쉬지 못하는 장면이 종종 나온다. 그런데 성폭행과 성적 학대로 외상을 입은 피해자들도 이와 유사한 반응을 보인다. 모두 호흡과 심장박동과 혈압을 담당하는 신체 시스템이 장기적으로 제대로 조절되지 않아 나타나는 반응이다.

"여성 PTSD 환자들은 시상하부-뇌하수체-부신(HPA) 축에서도 이상이 발견된다. 그 결과로 부신피질호르몬(ACTH) 수치가 높아지고 코르티솔 수치가 낮아지며 글루코코르티코이드 수용체가 부족해진다. …코르티솔이 부족하면 교감신경계가 지나치게 항진된다. 이것은 에너지 과소비와 스트레스 자극에 대한 비정상적 반응이라는 현상으로 표출될 수 있다."[12] 이 반응은 리치먼드 박사가 말한 스트레스 반응 조절 이상 및 과잉과 다르지 않다. 그를 비롯한 여러 전문가가 교감신경계의 만성적 항진을 겉보기에는 성적 외상과 전혀 관련 없어 보이는 다양한 건강 문제와 연결 짓는다. 그런 건강 문제는 현기증, 운동조절 장애, 시력 이상부터 고혈압, 과도한 놀람 반응까지 실로 각양각색이다. 한마디로, 성적 외상은 여성의 뇌를 변화시켜 스트레스 반응을 조절하는 생리학 시스템을 망가뜨린다는 얘기다.

그렇다면 피해 여성들이 시간이 많이 지난 후에도 비정상적인 성적 반응을 보이는 현상을 어떻게 이것과 연결 지어 해석할 수 있을까. 연구자들은 다양한 생체 반응을 관장하는 교감신경이 여성의 성적 흥분 초기 단계에서도 중요한 역할을 한다고 설명한다.

그들은 성적 흥분을 독려하기에 알맞은 최적의 교감신경 활성 수준이 있으며 활성이 이 기준보다 너무 높거나 낮으면 관계 시 생리학적 반응이 적절하게 따라오지 못한다고 말한다. 그러면서 이 아이디어를 뒷받침하는 또 다른 증거로 메스턴 고잘카의 연구(1996a)를 추천한다. 이 연구자들이 반복해서 하는 얘기를 쉽게 풀이하면 이렇다. 여성이 잘 흥분하려면 균형 잡힌 교감신경 활성이 필수적이다. 놀라거나 겁을 먹거나 두려워하면 정상적인 반응은 나올 수 없다. 원래 누구나 사랑을 나누는 동안에는 교감신경 활성 수준이 올라간다. 그런데 기저치가 이미 높아져 있는 상태에서는 성관계가 교감신경 기능을 한쪽으로 확 기울게 하는 셈이어서 흥분을 더욱 어렵게 만든다. 연구자들은 이 기전을 과학의 언어로 이렇게 설명한다. "여성 PTSD 환자가 성관계를 맺을 때는 이미 높아져 있는 교감신경계 활성이 과하게 더 올라간다고 추측할 수 있다. …이는 생리학적인 성적 반응에 부정적인 영향을 줄 것이다. 이론적으로는 어릴 때 성적 학대를 당하고 PTSD를 앓는 여성들에서 성적 흥분 장애의 발생률이 높은 이유가 이것으로 설명될 수 있다."[13] 이 가설을 조사한 연구의 저자들은 이 추론이 사실이라고 결론 내렸다.

강간과 아동 성적 학대가 남긴 외상은 교감신경의 조절 이상을 초래한다. 그러면 버자이너가 물리적 불능 상태에 빠지거나 어떤 성적 자극에도 질에 따뜻한 피가 돌지 않는다. 사건이 아주 오래전 일이어서 다 잊힌 것 같은 현재에도 말이다. 즉, 발생 시점이 언제였는지는 중요하지 않다. 모든 성적 외상은 질의 기능과 혈액순환 장치를 실질적으로 망가뜨린다. 남성이라면 이 고장이 아마도 발기불능이나 발기 강도의 약화로 나타날 터다.

더 종합적으로 요약하면, 강간과 성폭력은 정밀한 신체 균형을 깨뜨린다. 이런 균형은 여성 몸의 스위치를 켜는 신체 기전의 요체다. 따라서 성적 외상의 후유증은 심리학적 후유증과는 별개로 생리학적으로도 여성의 성적 흥분 기능을 망가뜨린다고 볼 수 있다.

강간은 영구적인 신체 손상을 남길 수도 있는 고도의 강력범죄다. 그러나 사람들은, 심지어 그 짓을 저지르는 당사자조차도, 무기가 사용되거나 다른 신체적 상해, 멍 혹은 핏자국이 남지 않는다면 강간이 그저 '강제적인 성관계'에 불과하다고 생각한다. 그러나 최근 연구들은 데이트 성폭행을 비롯해 경범죄의 탈을 쓴 강간의 공포와 폭력성이 뇌와 온몸에 각인되어 피해자의 심신을 평생 괴롭힌다고 말한다. 코디 박사 역시 성폭행과 성적 학대가 나중에 여성의 신체적 통증 인지에 영향을 준다고 말한 바 있다. 또한, 오래전에 입은 성적 외상이 전혀 상관없는 것 같은 현재의 만성적 통증 감각을 심화시킨다는 최근의 분석 결과도 존재한다. 즉, 옛날에 성폭행이나 성적 학대를 당했던 사람은 훨씬 나중에 아무 관련 없어 보이는 다른 병을 앓게 되면 그 통증을 보통 사람들보다 훨씬 크게 느낀다는 얘기다. 코디 박사는 이 상관관계를 거의 확신하고 있어서 '강간이 곧 통증'이라고 말한다.

이 새로운 시각을 적극 수용한다면 말로만 다독이는 상담만으로는 부족하다. 우리는 더 다각적인 방식으로 강간 피해자들의 회복을 도와야 한다. 따라서 PTSD 전문가가 피해 여성들을 상담하거나 행동학과 신경학에 기반한 치료법을 표준 치료 지침에 포함시키는 것이 효과적인 방안일 수 있다. 현재 뉴욕 벨뷰 종합병원의 PSTD 클리닉에서 이 전략으로 뇌와 교감신경계를 다친 환자들의 회복을 돕는 것이 좋은 실례다. 더불어 피해자 측에서 가해자를 상대로 민사소송을 거는 추가 조치도 고려할 만하다. 장기적 건강 문제의 증거 자료와 스트레스 반응 검사 결과를 법정에 제출한다면 강간범이 민간에 끼치는 해악이 훨씬 심각함을 심판권자들이 인지하게 할 수 있다. 성적 외상과 그 신체적 후유증들은 분명 치료가 가능하다. 하지만 그 방법은 반드시 PTSD의 과학에 기반을 둔 것이어야 한다.

모든 논리와 증거들을 토대로 다시 한번 강조하지만 강간과 성폭력은 단순히 강제적인 성관계가 아니다. 이 특수 폭력과 그로 인해 생기는 외상은 뇌와 신체의 복합적 손상이며 일종의 거세와도 같다.

외음부통과 실존적 우울증

나는 난관에 부딪혔다. 책을 계속 써나가려면 대조군이 필요하다는 사실을 깨달았기 때문이다. 하지만 골반 신경계가 보낸 화학물질들이 제대로 전달되지 않으면 뇌에 어떤 일이 벌어지는지 알아보려고 멀쩡한 사람의 신경계와 성생활을 훼방하는 것은 비윤리적인 행위다. 실제로 그렇게 진행된 연구도 전혀 없고 말이다. 따라서 가장 합리적인 방법은 질병으로 인해 똑같은 부위가 손상된 여성과 강간 피해 여성을 관찰하고 비교하는 것이다. 이런 여성들도 자신감과 창의력과 세상과 교감하는 태도가 똑같이 달라질까? 그 답을 찾기 위해 나는 낸시 피시를 만났다. 그녀는 질 외상에 관해서라면 모르는 것이 없는 사람이다. 본인이 환자이기도 하면서 외음부통을 앓는 여성들을 상담하는 게 직업이기 때문이다. 외음부통이란 질의 통증을 말하는데 골반 신경계를 다쳤을 때 이런 증상이 나타난다. 피시는 데버라 코디 박사가 운영하는 산부인과 전문 병원의 치료사로, 외음부통 환자들의 모임을 이끌고 있으며 코디 박사와 함께《성교통 치유법》이라는 책을 내기도 했다.

외음부통은 잘 알려진 질환은 아니다. 하지만 낮은 인지도에 비해 발생률은 상당히 높아서, 코디와 피시의 연구에 따르면 미국 여성 전체의 16%가 살면서 언젠가는 이 병에 걸린다고 한다. (처음에는 나도 이 숫자를 의심했다. 하지만 《뉴스위크》 조사에 의하면 여성 스스로 보고한 성교통의 비율이 8%에서 23% 사이라고 하니 코디와 피시의 수치는 그 중간쯤 되는 믿을 만한 값이라고 볼 수 있다.)

어떤 여성이 외음부통을 앓는다고 하면 그것은 골반 신경계의 일부에 염증이나 자극이 생겼다는 뜻이다. 이런 상태에서 성관계를 하면 음문, 질, 심하면 음핵까지도 몹시 아프다. 내가 인터뷰한 외음부통 환자들은 상태가 나쁠 때는 영혼의 빛이 스러지고 병세가 호전되면 다시 밝게 빛나는 느낌이 든다고 말했다. 물론 이것은 과학적 관찰 결과가 아니라 개개인의 감상에 불과하긴 하다. 게다가 환자들이 병세가 심할 때 더 우울해하는 것은 당연하다. 그럼에도 나는 궁금했다. 그들이 우울해하는 것은 통증 자체 때문일까 아니면 정상적인 섹스를 할 수 없다는 데서 오는 절망감 때문일까? 혹시 이번에도 뇌와 버자이너를 양방향으로 잇는 신경망의 고장이 배후에 있는 건 아닐까?

꽃이 만발한 2011년 5월의 어느 날, 나는 피시를 집으로 초대해 테라스에서 얘기를 나눴다. 그녀는 얼마 전에 골반 신경 압박을 풀어 주는 수술을 받고 회복 중인 탓에 목소리에 힘이 없었다. 하지만 그녀는 친절하게도 젖 먹던 힘까지 짜내 목소리를 키워서 내 질문에 성심성의껏 답해 주었다.

컬럼비아 대학교를 졸업한 피시는 코디 박사와의 협업과 별개로 뉴저지주 버건 카운티에서 외음부통 환자를 전문으로 하는 개인 상담실을 운영하고 있다. "나이가 많든 적든, 미혼이든 기혼이든, 동성애자든 이성애자든 양성애자든 다양한 배경을 가진 여성이 저를 찾아와요. 하지만 분명한 건 외음부통이 엄연한 의학적 질환이고 심리적인 문제가 아니라는 것이죠." 이날 그녀는 환자들뿐만 아니라 본인의 얘기도 허심탄회하게 들려주었다.

그녀의 설명에 의하면, 외음부통은 골반 신경 차단의 또 다른 형태라고 한다. 감각이 없어지는 것과 정반대로 통증을 느낀다는 점만 다를 뿐이다. 나는 그녀에게 음부신경은 여성의 뇌에 행복감을 전달하는 통로이므로 버자이너가 여성의 자아 인식을 탄탄하게 한다는 내 가설을 설명했다.

"선생님의 경험에서 볼 때 이 가설이 일리가 있나요? 아니면 제가 완전히 착각한 건가요?" 내가 물었다.

"착각이라니요. 완전히 맞는 말이에요. 어떤 종류든 외음질에 문제가 생기면 그 사람의 자아감 자체가 영향을 받아요. 자아감이 생식기에 좌지우지된다는 말을 들으면 많은 여성이 미친 소리라고들 하죠. 저는 그들에게 전혀 미친 생각이 아니라고 말해 줘요. 외음질이 아프거나 불편한 것은 다른 신체 부위의 통증과 성격이 달라요. 아시다시피 좌골신경통이나 편두통은 아주 평범한 얘깃거리예요. 반면에 대부분의 여성이 외음질 통증을 입에 올리는 것은 부끄러워해요. 끔찍한 통증을 안고 하루하루를 보내야 하는데도 혼자 속으로만 끙끙대는 거예요."

"그동안은 외음부통의 원인이 심리적인 것이라고들 여겨왔죠." 내가 말했다.

그녀가 동의하며 말했다. "흔히 사람들은 이런 여성에게 다 마음먹기 나름이라고 말해요. 물론 불안과 우울증이 통증을 악화시킬 수는 있어요. 하지만 저는 이 통증의 근원이 심리적인 데 있는 사례를 한 번도 접해 본 적이 없어요. 다 물리적 고장 때문이었죠."[14]

그녀는 설명을 이어갔다. "의사들 대부분은 외음부통 환자들에게 뭐가 문제인지 감도 잡지 못해요. 외음부통 환자들은 제대로 된 진단을 받기까지 평균적으로 일곱 명의 의사를 거쳐 가요. 저는 자칭 이 분야의 최고 전문가라는 한 정신 나간 의사를 만난 적이 있는데요. 글쎄 내가 심한 비타민 D 결핍이라고 하더군요. 진찰도 제대로 하지 않고 말이에요! 골반 신경 얘기는 꺼내지도 않았어요. 제가 주 정부에 신고하긴 했지만 그 작자는 아직도 버젓이 활동하고 있어요."

나는 자아의식이 버자이너의 건강과 무관하지 않아 보이는 것이 사회적인 맥락에서 해석할 일인지 아니면 신경계가 부리는 마법인지 확실히 하고 싶었다. 다양한 문화와 경제적 배경을 가진 질 외상 환자들이 한결같이 자신이 망가진 물건 같다고 말하는 것을 들었기 때문이다.

나는 돌리지 않고 말했다. "선생님 환자들은 자신이 망가진 물건 같다는 말을 자주 하나요?"

"거의 전부 다 그래요. 다들 그렇게 말할 수밖에 없는 비슷한 심정인 거죠."

"제 생각엔 건강하고 온전한 버자이너가 견고한 자아 형성의 바탕이 되는 것 같아요. 제가 이상한가요?"

"아뇨, 전혀요. 발을 다친 사람은 의기소침해질 수는 있어요. 하지만 버자이너를 다치거나 그곳이 아플 때처럼 자존감이 깎이지는 않죠."

"선생님 환자들도 우울해하나요?" 내가 물었다. 신경학적으로 제대로 작동하지 못하는 버자이너가 뇌에 도파민을 전달하지 못하는 것이 원인일지도 모른다는 짐작에서였다.

"저를 찾는 모든 환자가 우울해해요. 모두가 우울증 환자예요."

"버자이너의 신경 손상이 우울증의 생리학적 원인일 수도 있다고 생각하세요?" 내가 질문했다.

"버자이너에 통증이 있을 때는 중추신경계 전체가 영향을 받아요. 자세히는 몰라도 생물학적으로 무슨 일이 벌어지고 있는 게 확실해요."

"환자들의 우울증 증세는 어떤가요?"

"이런 식이에요. '왜 나지? 내가 얼마나 성실하게 살아왔는데.'"

"실존적 우울증이군요."

"맞아요. 외음부통 때문에 인생이 산산조각 난 젊은 여성 환자들을 많이 봤어요. 통증은 한순간에 불어 닥쳐요. 1분 전만 해도 완전히 멀쩡했다가 갑자기 극심한 통증이 시작되죠."

그녀가 말을 이었다. "제가 아는 한 환자는 사업가였는데, 인도 출장이 잡혀 있던 바로 전날 끔찍한 음핵 통증이 발작처럼 시작되었어요. 음부신경에 염증이 생긴 거예요. 그래도 그녀는 비행기를 탔어요. 그리고는 죽을 것 같은 통증을 참고 회의를 간신히 마쳤어요. 호텔에 돌아가서는 다리 사이에 얼음찜질팩을 끼워 넣고 술을 마셨다고 하더라고요. 그때 남은 평생을 이렇게 살 바에야 차라리 자살하는 게 낫겠다는 생각이 들었대요. 제 환자 대부분이 그렇게 한 번쯤 자살을 생각해요."

"그러니까 선생님 말씀은…" 내가 그녀의 설명을 요약하며 다시 물었다. "비슷하게 심한 다른 신체 부위의 통증과는 다르다는 거군요. 버자이너 통증이 자살을 생각하게 할 만큼 특별한 다른 이유가 있을까요?"

"정상적인 성생활을 유지할 수 없다는 게 무엇보다도 결정적이죠. 믿을 수 없을 만큼 헌신적이고 멋진 배우자가 그녀 곁을 계속 지킬 때조차 말이에요."

"버자이너를 더 이상 건강하게 쓸 수 없다는 느낌은 어떤 걸까요?"

"그런 여성들은 본인이 온전한 자기 자신이 아니라고 느껴요."

"절단 환자와는 또 다른 것인가요?" 나는 표현을 바꿔가며 똑같은 질문을 재차 물었다. 다른 신체장애의 정신적 후유증과 버자이너 손상의 정신적 후유증을 확실하게 구분하고 싶었기 때문이다.

"그래요. 저는 외음부통 투병 중에 유방절제술까지 받았어요. 그런데 유방절제술은 외음부통에 비하면 아무것도 아니었죠. 외음부통 환자들은 자신에게 매력이 조금도 없어서 연인이 더 이상 자신을 만지고 싶어 하지 않을 거라고 생각해요. 저는 언젠가 남편에게 바람이라도 피는 게 어떠냐고 묻기까지 했어요. 그와 평범한 잠자리를 가질 수 없다는 게 너무 괴롭더라고요. 그런데 제 환자들 중 다수도 똑같은 말을 연인에게 한 적이 있대요. 환자들은 연인에게 버림받는 것을 두려워해요. 자신이 온전한 여자가 아니라고 느끼기 때문이죠."

나는 그녀에게 환자들에게 특별히 당부하고 싶은 메시지가 있냐고 물었다.

"여성들은 자신의 몸을 너무 몰라요. 제가 보기에는 모든 게 과학의 과실(過失)이에요." 그녀가 말했다. "과학은 분명히 이 부분을 놓치고 있어요. 사람들이 여성 몸의 생리학을 더 잘 알게 되면 그동안 이 분야를 억누르고 있던 오명도 걷힐 거예요.”

“현대과학이 여성의 음문과 질과 골반에 관한 정보를 적극적으로 알리지 않아서 여성들이 스스로를 잘 모른다는 말씀이세요?”

“맞아요.”

“그러니까 버자이너에 관한 한 과학은 아직도 중세에 머물러 있는 거군요. 여성도 마찬가지고요.”

“네. 버자이너의 의학과 과학 영역에서만큼은 우리는 아직 중세에 살고 있어요.”

내가 고백했다. “사실 저도 음부신경이란 게 있는지 몰랐어요.”

“말도 마세요. 제가 음부신경이라고 말하면 아무도 못 알아들어요. 심지어는 의료계 종사자들도 대다수는 제가 무슨 얘기를 하는지 이해하지 못해요. 여성들은 버자이너 얘기를 하는 것을 더 당당하게 생각해야 해요. 코디 박사를 처음 찾아온 환자들 중에 음부신경이 뭔지, 골반저근이 어디에 붙어 있는 것인지 아는 사람은 지금까지 한 명도 못 봤어요. 그러니 이 신체 부위들이 그들의 성생활에 영향을 끼친다는 것도 당연히 모르죠. 음순과 음핵이 뭔지 구분하지 못하는 여성도 많아요. 그런 여성에게 코디 박사는 항상 거울을 쥐여 줘요.”

내가 물었다. “외음부통 환자가 다 나아서 버자이너를 다시 정상적으로 사용할 수 있게 되면 어떻게 되나요?”

“그러려면 일단 시간이 오래 걸려요. 완치되더라도 여전히 몸을 사리는 환자가 많고요.” 피시는 그녀의 환자 일부는 충분히 회복된 후에도 성적으로 절단당한 느낌을 호소한다고 말했다. “불안한 거죠. 그런 환자들은 뭘 하더라도 조심하고 또 조심해요."

"질의 통증이나 외상 경험은 본체가 사라진 지 한참 후에도 심리적인 상처를 남긴다는 말씀인 거죠? 불안감과 과잉경계심과 자아의 일부가 잘려나간 느낌처럼 외상이 호전되어도 깨끗하게 잊기 어려운 감정들 말이에요." 이렇게 물으면서 나는 유령 집단 같았던 시에라리온 여성들을 다시 생각하고 있었다. 서구의 강간 피해 여성들도 떠올랐다. 지미 브리그스의 표현을 빌리자면 눈동자에서 원기가 빠져나간 채로 그럭저럭 연명하고 있는 여성들.

버자이너가 이를테면 절망에 빠진 여성들은 기대감, 열정, 창의력과 같은 감정도 무뎌질까?

내가 이렇게 묻자 피시는 확신에 찬 목소리로 대답했다. "그럼요. 모든 것, 정말로 모든 것에 시들해져요. 일도, 친구도, 연애도, 가족도 말이에요. 스스로에 대한 생각이 변하니까 세상을 향한 시선도 달라지는 거예요. 이런 환자들은 자신이 망가졌다고 생각하기 시작하고 그런 기분을 모든 주변 사람들에게 투영해요. 실제로 그들은 희망이 없고 모든게 덧없다고 말해요. 안타까운 일이죠."

"질을 다치고 나서 창의성이 없어졌다고 말하는 환자도 있나요? 선생님은 어떠셨어요?" 내가 물었다.

"제가 정말 안 좋았을 땐 모든 게 꽉 막힌 것 같았어요." 그녀의 어조가 슬퍼졌다. "아이들이나 친구들과 뭘 해도 식상하고 재미가 없었죠."

"그러다가 병세가 나으면 환자들이 창의력과 희망이 돌아왔다고들 말하나요?"

"음… 그렇다고 볼 수 있죠. 낫더라도 외상의 여파가 완벽하게 사라지지는 않아요. 하지만 자신감과 창의력이 되살아나는 건 분명해요. 회복 중인 여성은 점차 더 깊이 있게 숙고할 수 있게 돼요." 그녀가 생각하는 동안 잠시 침묵이 이어졌다. "희망, 창의력, 자신감…. 이 감정의 영향력은 엄청나게 크죠. 이 감정을 되찾은 여성들은 자신이 다시 온전한 사람이 되었다고 생각해요. 망가진 물건이 아니라요. 그런 여성은 겉으로 보기에도 더 활기차고 긍정적일까요?" 그녀는 내가 한 질문들에 살을 붙이듯 거의 혼잣말처럼 자문했다. 이건 그녀도 나도 아직 생각해 본 적이 없는 문제였다. 한참을 고민하던 그녀가 말했다. "네, 분명 그럴 거예요. 잠자리도 다시 가질 수 있을 거고 자신감도 돌아오죠. 자아 정체감이 다시 바로 서면 철학적 사고력도 다시 깊어져요. 아플 때는 별 볼 일 없어 보이던 것들이 이제는 다시 중요해지는 거예요. 그래서 무엇보다도 좋은 점은 가족과 친구들과의 유대감이 회복된다는 것이고요."

"반대로 버자이너를 다치면 가족과 친구들과의 유대감이 약해진다는 말씀이시네요?"

"네, 그래요."

"제가 정말 궁금한 건, 지금은 제가 약간의 과학적 힌트를 가지고 감만 잡은 것을 선생님께서는 임상 현장에서 직접 확인하셨는지예요."

"제 현장 경험에 의하면 말씀하신 모든 추론은 명명백백한 사실이에요." 그녀가 대답했다. "만성 통증 치료제 중에 선택적 세로토닌 재흡수 저해제(SSRI)라는 게 있어요. 통증이 있으면 세로토닌과 노르에피네프린의 수치가 변하는데요, 이 화학물질들이 정상적으로 기능하지 않으면 사람의 기분도 영향을 받아요. 그런데 질이나 외음부에 문제가 있을 때는 화학물질의 변화도 반드시 따라와요. 뇌의 화학물질 수치도 변하고요. 모든 게 다 연결되어 있어요. 버자이너에 통증이 있으면 말초신경을 타고 통증이 퍼지고 다시 중추신경계까지 옮겨갈 수 있어요. 몸과 마음을 잇는 악순환의 고리죠."

"확실히 뇌가 버자이너에 연결되어 있는 거네요." 나는 기뻤다. 내 빈약한 추론을 방금 그녀가 훨씬 믿음직한 과학적 논리를 바탕으로 증명해 준 셈이기 때문이었다.

"틀림없어요."

내가 말했다. "좀 다른 얘기를 해 볼게요. 음핵절제와 여성 할례를 통한 생식기 신경 절단 때문에 여성 인구 거의 전체가 외음질통을 앓는 나라들이 있어요. 선생님이 보시기에 이 나라들 여성 대부분이 정동장애나 무쾌감증과 우울증 증세를 보이는 현상이 이것 때문이라고 말할 수 있을까요?"

"안 그러는 게 더 이상한 상황 같은데요. 틀림없이 골반 신경이 영구적으로 망가졌을 거예요. 몸통 일부가 잘려나갔는데 마음이 멀쩡할 리가 없지 않겠어요? (여기서 피시는 은유적 표현을 썼다. 사실 신경은 없어지는 게 아니라 심하게 훼손되는 것이다.) 이것도 똑같아요. 절망적이고 암울하겠죠."

"이게 논리적으로 타당한 해석인가요?" 내가 물었다.

"그럼요, 매우 타당하죠."[15]

내가 말했다. "만약에 뇌와 버자이너가 연결되어 있음을 증명할 수 있다면 역사적으로 버자이너가 각종 치욕의 표적이 된 이유도 설명할 수 있을 거라는 게 제 생각이에요."

내가 음부신경과 동의어로 사용하고 있는 버자이너의 골반 신경은 전립선과 직장과 음경에서 끝나는 남성의 골반 신경과 달리 몹시 약하고 섬세하다. 그런 까닭에 분만과 회음절개술을 비롯해 기타 여러 가지 이유로 상처를 입고 염증이 생기기가 쉽다. 여성의 골반 신경계는 외부 환경에 노출되기 쉬운 반면에 보호막은 얇은 질 내막 하나뿐이라서 골반 신경을 누르는 나쁜 자세로 오래 앉아 있는 것만으로도 신경계가 영구적으로 망가질 수 있다. 실제로 코디 박사는 요가나 댄스 수업에서 스트레칭을 심하게 하다가 골반 신경이 심각하게 손상된 여성을 여럿 봤다고 했다.

여성의 골반 신경은 남성의 골반 신경보다 고의적 공격의 대상이 되고 상처를 입기도 훨씬 더 쉽다. 남성과 여성의 골반 해부학이 다르기 때문이다. 이에 비해 여성이 폭력적 강간으로 입는 피해와 똑같은 수준으로 남성의 골반 신경이 망가지려면 흉기가 말 그대로 회음부 살가죽을 뚫어야 한다.

남성이 골반 신경을 다치면 오피오이드 호르몬의 뇌 전달에 이상이 생길 것이다. 교도소 수감자들 사이에서는 이 부상이 비교적 흔하다. 교도소는 남성 성폭행이 만연한 곳이며 관리자들도 알고도 모른 체하는 실정이다. 재소자 특유의 수동적 성향도 한몫할 테고 말이다. 그러나 전반적으로 이런 유형의 부상은 남성의 경우 훨씬 드물다. 해부학적으로 보호가 유리한 골반구조 덕분이다.

골반 신경 손상이 여성의 뇌에 어떤 영향을 미치는지 사람들이 알게 되면 강간의 개념이 완전히 달라질 수 있을까? 나는 그렇다고 확신한다. 여성의 버자이너에 뭉툭한 물건이나 유리병이나 총검을 쑤셔 넣는 잔혹 행위는 수많은 전쟁에서 전술로 사용되고 있다. 집단 성폭행은 버자이너와 남자라면 전립선이 있어야 하는 자리를 갈기갈기 찢어놓는다. 이곳은 골반 신경 줄기의 종착지 셋 중 둘, 즉 버자이너와 항문 사이 지점에 해당한다. 또, 음핵을 잘라내 골반 신경 말단 하나를 영구적으로 못쓰게 만드는 여성 할례가 오랜 풍습인 문화도 있다.

지금까지 우리 사회는 이런 행위가 성범죄라고 여겨왔다. 하지만 이는 사실이 아니다. 버자이너를 망가뜨리는 것은 전략적 도구다.

버자이너를 맴도는 강간의 상흔

마이크 루사다는 전에 기업금융 전문가였다가 성 치유사로 전직한 멋진 남자다. 그는 여성의 성적 문제들을 치유하는 일을 한다. 치료사이자 탄트라 실천가로서 그는 오랜 훈련과 경험을 토대로 런던 초크팜에서 평판이 좋은 수련원을 운영하고 있다. 이곳에서 시선과 신체접촉을 조합한 탄트라 수행법과 요니 마사지를 통해 성적으로 치유되거나 호전된 여성이 수백 명이 넘는다. (요니는 버자이너를 뜻하는 힌두어다. 직역하면 '신성한 공간'이 된다.) 최근에는 루사다처럼 버자이너가 여성의 감정과 사고를 매개한다는 점을 바탕에 깔고 다양한 기법을 시도하는 치료사들이 점점 느는 추세다. 특히 루사다는 성공률이 꾸준하게 높아서 영국 국내는 물론이고 국제 의학계에서도 여성 성욕 결핍과 성 기능 장애 치료의 흐름을 바꾸고 있다. 루터 대학교의 배리 코미사룩 박사가 그의 치료법을 MRI로 모니터링하면서 분석하고 싶다고 그에게 연락했을 정도다.

중세 분위기가 나는 어느 작은 대학교 도서관 마당에서 나는 그에게 스카이프로 화상 전화를 걸었다. 요니에 관해 자문을 구하기에 그만큼 적격한 인물이 세상에 또 없었다.

내가 그를 처음 만난 건 일 년 전 런던의 한 신문사가 의뢰한 인터뷰 때문이었다. 그때의 주제는 요니 마사지 자체였고 오늘의 용건과는 다른 것이었다. 이제 나는 강간이 여성의 신체에 미치는 영향에 관한 그의 견해를 물어보고 싶었다. 이것은 리치먼드 박사가 내게 직접 말했었고 최근 연구 보고서들에도 수차례 언급된 바 있는 주제였다. 성적 외상은 버자이너 안에서 물리적으로 영원히 남을까? 그는 많은 여성의 버자이너를 다뤄 왔고 그의 손을 거쳐 간 여성 중 다수는 성적 외상을 입은 여성일 터였다. 나는 그가 어떻게 생각하고 있을지 몹시 궁금했다.

나는 잔디밭의 끝자락에 세워진 벽의 돌출부에 걸터앉았다. 때는 6월 초였다. 공기는 장미 향으로 진동했고 도서관으로 이어지는 자갈길은 흩날린 꽃잎으로 수놓아져 있었다. 한구석에는 육중한 나무의 가지에 아직 덜 익은 체리가 주렁주렁 매달려 있었다. 암홍색의 미국 품종이 아니라 셰익스피어의 작품에 흔히 나오는 연분홍색 영국 체리였다. 체리는 엘리자베스 1세 시대의 시에서 여성의 탐스러운 볼이나 입술을 묘사하거나 매혹적인 여성을 전체적으로 표현할 때 자주 사용되는 비유의 소재다.

아직 점심때도 되지 않았지만 이것이 이날 버자이너 대가와의 두 번째 만남이었다.

대가와의 첫 만남은 이날 아침 여기 오기 전 다른 도서관에서였다. 많은 학생들이 침묵 속에서 스윈번[1]이나 로런스[2]를 읽고 있었다. 나는 노트북 바탕화면에서 문서 하나를 열려다가 실수로 오디오 파일의 재생 버튼을 누르고 말았다. 미국의 탄트라 대가 찰스 뮤어와의 인터뷰를 녹음한 파일이었다. 뮤어는 1970년대에 여성 안에 신성한 장소가 있다는 개념을 미국 전체에 일깨웠다는 평을 듣는 인물이다. 엄숙하던 열람실 전체에 퀸즈 악센트가 묻어나는 그의 목소리가 쩌렁쩌렁하게 울려 퍼지기 시작했다. "1회 사정액에는 수조 개의 정자가 들어 있습니다. 보통 남성이 있는 힘껏 사정하면…" 사방에서 호기심 가득한 시선들이 내 쪽으로 일순간 집중되었다. 나는 정지 버튼을 찾아 터치패드를 미친 듯이 눌러댔지만 뮤어의 자신감 넘치는 목소리는 점점 커지기만 했다. "남성이 사정할 때마다…" 그런 사연으로 나는 노트북을 꼭 껴안고 빨개진 얼굴로 출구를 향해 돌진해 찰스 뮤어의 목소리를 건물 밖으로 끌어내야 했었다.

이제 컴퓨터에서는 루사다의 목소리가 흘러나왔다. 한결 부드러운 어조로 런던 악센트를 쓰는 그는 환자들의 몸에서 성적 외상이 만든 물리적 표식을 본 적이 있냐는 내 물음에 답하는 중이었다. 버자이너 외

---

1) [역주] 앨저넌 스윈번. 1800년대의 영국 시인 겸 평론가
2) [역주] D. H. 로런스. 1900년대의 영국 소설가 겸 비평가

상이 뇌와 신경계에 일종의 표식을 남긴다는 것은 리치먼드 박사를 비롯한 여러 전문가가 이미 증명한 사실이다. 이날 내가 확인하고 싶었던 것은 뇌와 버자이너를 양방향으로 잇는 되먹임 고리에서 외상의 기억이 버자이너에 물리적인 자국을 남기는가 하는 것이었다.

"제가 보기에는" 그가 대답했다. "이론적으로 완전히 말이 되는 것 같은데요."

이때 그는 부연하기 전에 한 가지를 분명히 했다. "저는 치료할 여성을 두 가지 층위에서 봅니다. 육신과 영혼이죠." 나는 이미 알고 있다고 그를 안심시켜 주었다.

이어서 그가 내놓은 설명의 요지는 한마디로 내 추측이 옳았다는 것이었다. 그는 성폭력 피해자와 일반 여성 사이에 진짜로 물리적인 차이가 있다고 했다. "둘이 어떻게 다르죠? 기전은 뭔가요?" 내가 물었다. "버자이너는 원래 쾌락이라는 기능에 맞게 디자인되었어요. 거기에 각자 삶의 경험이 따라오는 거죠. 질 조직이 쏟아져 들어오는 감정을 수용한다고 보면 됩니다. 경험이 쌓일수록 감정이 점점 농축되는데, 통증이 있을 때 특히 심해요. 통증이 과하면 결국 질 감각 마비로 발전하는데, 엄밀하게는 감각 둔화가 더 정확한 표현이고 빈도가 상당히 높아요."

나는 이 과정을 좀 더 차근차근 설명해 달라고 부탁했다. "요니 마사지를 할 때, 질 조직이 마비 수준에 이른 상태라면 마비에서 통증과 감정을 거쳐 쾌락까지 단계적으로 끌어올려야 치유를 완성할 수 있어요." 루사다는 또 정확하게 설명하기 힘들어하면서 과거에 성폭행이나 성적 학대를 당했던 여성들에게서 특별한 현상을 발견했다고도 했다.

그가 '적극적 단절'이라고 표현한 이 현상은 버자이너가 나머지 신체 부위들과의 연결을 애써서 끊어내는 것이다. 심지어 오르가슴에 도달했을 때도 말이다. (질 감각 둔화에 관한 루사다의 견해를 감수해 준 한 남성 의사는 질 조직이 한 종류의 세포로만 된 것이 아니며 어느 신체 장기든 여러 가지 세포가 모여 온전한 하나를 이룬다고 지적했다. 그러면서 예로 든 것이 입안 뒤쪽에 있는 인두다. 인두는 점액을 분비하는 예민한 세포들이 입안 빈 공간을 포위하고 있고 이 세포들 바로 밑층에는 강력한 수축근이 깔려 있어서 점막 표면, 척수, 뇌와 끊임없이 정보를 주고받는 구조로 되어 있다. 인두에서는 혈류량, 세포막 투과성, 체액과 페로몬 분비, 국지적으로 일어나는 기타 여러 가지 생물학적 반응 모두가 저희들끼리 혹은 중추신경계와 쉬지 않고 소통한다. 누구와 견주어도 뒤지지 않는 풍부한 임상경험을 가진 루사다가 이 장대한 교향곡에서 불협화음과 공백음을 단번에 잡아내는 건 당연하다고 나는 생각한다.)

나는 현대사회에서 버자이너의 감각 둔화가 얼마나 흔한지 물어보았다. "매우 흔합니다." 그가 대답했다. "깃털만 살짝 닿아도 오르가슴에 이르는 여성도 있긴 있어요. 하지만 현대 여성의 대부분은 마찰 강도가 상당히 높은 자극이 필요해요. 감도가 떨어진 거죠." 나는 여성 신경구조의 개인차가 워낙 커서 그런 게 아니겠냐고 조심스럽게 반박해 보았다. 그러나 그는 이런 감도 약화가 신경구조에 별다른 특이점이 없을 때도 발생할 수 있다고 단언했다. 또한 그에게 시술을 받고 버자이너의 감각이 좋아진 여성을 많이 본다고도 말했다. (여기서 말하는 시술은 명상이나 심상 훈련과 같은 수련과 치료 목적의 외음부 마사지를 일컫는다. 마사지 중에는 오르가슴에 도달할 수도 있다고 한다.) 루사다는 이론적으로는 모든 여성이 오르가슴에 도달할 수 있음을 증명한 연구들을 언급했다. 그러면서 그가 마주하는 많은 감각 마비 혹은 둔화 사례들이 여성이 살면서 축적해온 부정적 경험들의 결과일 거라고 말했다. 약하게는 성적 비하 발언부터 강하게는 성적 학대 같은 경험 말이다.

나는 그런 여성들이 자신의 상황을 어떻게 받아들이는지 궁금했다. 어느 정도 둔감한 건 비정상이 아니라고 생각할까? 아니면 루사다를 찾아가 감각이 둔해져서 몹시 걱정이라고 털어놓을까?

"그들은 감각을 '잘 느끼지 못한다'고 모호하게 말하지는 않아요. '오르가슴이 느껴지지 않는다'거나 '질 경련(성교 전이나 성교 동안 질 근육이 아플 정도로 저절로 수축하는 것)이 있다'거나 아니면 '섹스가 즐겁지 않다'고 말하죠."

나는 버자이너에 정서적 외상을 입은 여성들에게서 발견한 물리적 차이점을 더 구체적으로 말해 달라고 루사다에게 요청했다. "어떤 여성은 분비물이 적고요, 어떤 여성은 질 조직이 더 단단해요. 분만할 때의 당기는 느낌 말고 조직 자체가 묵직하고 팽팽한 느낌 있죠? 이런 여성의 질 내벽을 마사지하면 근육 매듭이 만져져요. 질 경련은, 제 경험상, 백이면 백 성적 외상 때문이에요."

나는 이야기의 맥락을 놓치지 않기 위해 온 정신을 집중했다. 루사다는 감정에 큰 상처를 낸 과거의 사건 탓에 많은, 어쩌면 대부분 여성의 질이 감각을 충분히 느끼지 못한다는 얘기를 하고 있었다.

나는 성폭력 피해 여성들을 직접 만나 봤기에 그들이 연인과의 정상적인 성관계를 원하는데도 쉽게 성공하지 못한다는 사실을 알고 있었다. 아무리 노력해도 자아의 의지와 성적 쾌락 사이를 가로막고 서 있는 난공불락의 장벽에 부딪혀 주저앉고 마는 것이다.

그녀들의 의식은 아름답고 헌신적인 사랑을 하고 있다. 하지만 몸은 여전히 섹스를 회피하고 거부한다. 그렇게 여러 해를 살아왔고 어쩌면 평생을 그렇게 살게 될 수도 있다. 나는 알고 싶었다. 이 정서적 장벽이 물리적인 장벽이기도 할까? 뻣뻣하고 옹이진 근육 형태의?

정서적인 버자이너 외상 때문에 물리적 자국이 생기고 이것이 치유되지 않고 남아 있다면 물리적 후유증이 영속하면서 한 사람의 삶과 인간관계를 계속 망가뜨릴 수밖에 없다. 성적 외상의 정의를 상식적인 이해 범위로 한정할 때, 어린 시절 성폭력과 성적 학대로 인한 질과 음핵의 감각 둔화 현상은 얼마나 자주 일어날까? 같은 질문을 루사다에게 했을 때 그는 이렇게 대답했다. "여성 인구의 25~35%는 본인이 기억하는 성적 외상의 경험을 가지고 있습니다." 내가 읽은 여러 논문에 보고된 것과 일치하는 숫자였다.

"그런 여성들의 반응은 흔히 버자이너 감도 저하로 나타나요. 외상 때문에 질 경련 수준으로 연결이 끊기는 거죠. 간혹 완전히 다르게 반응하는 여성도 있어요. 이 경우는 외상을 또렷이 기억함에도 온전한 오르가슴을 느끼죠. '난 섹스도 문제없어'라는 식이에요. 하지만 내가 요니 마사지로 그런 여성들의 버자이너를 자극하면 그들은 한두 번 절정에 이른 뒤에 엄청난 후회나 분노에 휩싸입니다. 신체가 울화와 통증을 은폐하는 데 오르가슴을 이용해 왔던 거예요."

나는 겁을 먹으면 근육이 수축한다는 상식적인 얘기 말고 이 현상의 진짜 생물학적 기전에 관한 답을 아직 얻지 못했기에 그에게 다시 질문했다. 이런 물리적 변화가 어떻게 그렇게 오래 지속될 수 있을까?

루사다는 자신도 스티븐 포지스 박사의 연구를 참고했다면서 그의 이론을 풀어 놓았다. "포지스 박사가 이 현상의 과학적 근거를 제시했습니다." 일리노이 대학교의 심리학 교수이자 뇌-신체 연구소의 소장으로 있는 포지스 박사는 이른바 '다중 미주신경 이론'이라는 외상 모형을 개발한 인물이다. 나는 관련 자료를 더 찾아보았다.

포지스 박사의 다중 미주신경 이론은 표정, 말, 행동을 포함한 감정 표현이 자율신경계의 발달과 연결되어 있다고 본다. 그의 주장에 따르면 인간의 뇌는 심장을 조절하는 신경과 얼굴을 조절하는 신경이 서로 이어지도록 진화했고 이 연결통로를 통해 물리적 감각이 표정과 목소리와 몸동작으로 드러나게 된다. 박사는 뇌의 위험감지 센서에 결함이 있으면 자율신경계 조절이 어떻게 변하는지 이해하는 게 중요하다고 여긴다. 그래서 그런 내용과 함께 이 센서가 감지하는 다양한 위험 상태(안전, 위험, 생명의 위협)의 원인 요소들을 치료에 어떻게 활용할 수 있는지를 치료사들에게 가르친다. 루사다 역시 이 전략을 사용한다고 했다. 목표는 환자 뇌의 센서가 '안전'하다고 인식하게 하는 것이다.[16]

만약 포지스 박사의 이론이 옳고 그가 제안한 치료법이 외상 치료에 효과적임이 현장 검증된다면, 성장기에 당한 성폭력이 성격 형성에 영향을 미친 여성이 17~23%나 된다는 뜻이 된다. 이런 여성들의 특징은 만성적 불안 상태로 한시도 평온하게 있지 못하고 다양한 형태의 무감각과 자기제어 장애 양상을 보이며 목소리가 죽어간다는 것이다. 이 모두 과거 경험 유무를 떠나서 현대 여성들에게서 흔히 볼 수 있는 성격적 특징인데, 하나같이 여성의 성적 자존감과 자신감을 깎아 먹는 요소들이다.

루사다는 인간은 삼중 뇌를 갖고 있다면서 설명을 이었다. 하나는 파충류의 뇌인 편도체다. 편도체에는 생존에 핵심적인 기능이 모여 있다. 두 번째는 포유류의 뇌다. 이곳은 감정을 담당한다. 마지막 세 번째는 신포유류의 뇌인 전두엽 피질이다. 전두엽은 여러 가지 능력이 있지만 무엇보다도 정교한 사회적 기능을 수행한다. 루사다가 말하길, 사람이 위협을 받으면 가장 오래된 뇌인 편도체가 가장 먼저 발동한다고 한다. '싸우기 혹은 도망치기' 반응이 바로 편도체가 위협을 감지했을 때 일어나는 반응이다. 그런데 포지스 박사는 여기에 두 가지를 더한다. 하나는 '얼음' 반응인데, 피식자가 미동도 없이 가만히 있으면 포식자는 사냥감이 이미 죽은 것으로 여기고 그냥 가 버린다는 것이다. 다른 하나는 '화해' 반응으로, 말하자면 네가 좋아하는 걸 해 줄 테니 날 죽이지 말아 달라고 제안하는 것이다.

루사다는 외상의 경우는 이 반응들 말고 하나가 더 있다고 말한다. 호랑이에게 팔을 물렸다고 상상해 보자. 어떻게 해도 빠져나올 방도가 없다면 이 몸이 내 몸이 아니라고 생각하는 수밖에 없다. 이것이 바로 '분리' 반응이다.

이 분리 반응을 외상 연구자들은 오래전부터 인정해 왔다. 외상 환자들, 특히 아동 성적 학대 피해자들 다수가 사건이 한창 벌어지는 동안 이런 분리 반응을 경험한다. 내가 강간신고센터에서 자원봉사하면서 만난 많은 여성들은 그날 일을 남 얘기하듯이 너무나 담담하게 설명하곤 했다. 이런 태도는 어릴 적에 당한 사건일 때 특히 두드러졌는데 그들은 마치 유체이탈한 사람 같았다. 아이들은 폭행의 순간에 육신을 떠나 버리는 방법을 그냥 터득하는 것이다.

내가 제대로 해석했다면, 외상을 입은 버자이너는 공포에 질려 꼼짝도 못 하는 얼음 반응을 일으킨다. 또한 그런 여성은 범죄현장, 즉 심리적으로 버자이너를 자신과 떨어뜨려 버리는 분리 반응을 함께 나타낸다. 루사다가 말했다. "의사는 그저 질 경련 증상이 있다고만 말해 주겠죠. 하지만 몸에게 어떻게 하라고 지시하는 것은 뇌예요. 뇌가 버자이너에 안전하지 않다는 메시지를 보냈기 때문에 그런 증상이 나타나는 겁니다." 루사다의 이 지적은 버자이너의 수축과 관련하여 좀 더 구체적이긴 하지만 리치먼드 박사가 전에 말했던 내용과 일맥상통한다.

"저는 외상의 여러 단계에 있는 여성들과 일을 합니다. 그곳에 외상을 입은 여성이 스스로를 마음에 가두고 육체와 분리했다면 질에 감각 마비가 왔거나 질이 항상 긴장 상태에 있을 확률이 높아요. 저희는 우선 이런 질 조직을 전체적으로 마사지해 줍니다. 그런 다음에는 질의 압점을 눌러 줘요. 질 경련 환자는 이 지점에서 '연축'이 나타날 수 있어요. 간혹 '으악! 아파요!'라고 외치기도 하고요. 그리고 그때부터 강렬한 신호가 돌아옵니다. 막힌 곳이 순간 뻥 뚫리는 거죠. 이렇게 몸이

'얼음' 단계에서 '싸우기 혹은 도망치기' 단계로 경계수위를 낮추면 감각 마비가 통증 혹은 위장 오르가슴으로 바뀌어요. 여기서 조금 더 진행하면 소리를 지를 정도로 분노에 휩싸이거나 외상이 재현되죠. 단, 이번에는 결과가 다릅니다. 환자들은 전과 달리 '그 망할 손 좀 당장 치워요!'라고 소리 지르며 있는 힘껏 저항해요. 옛 기억이 홍수처럼 밀려오기도 하고요. 어쨌든 그들은 이번에는 맞서 싸우기와 도망치기 중 전자 쪽을 선택하죠. 간혹 무의식적으로 발길질을 하는 사람도 있어요. 여기까지 오면 다음은 화해 반응으로 옮겨갑니다. 마침내 사람들과 교제할 수 있게 되는 거예요. 그렇게 해서 결국은 진한 스킨십에도 다시는 겁에 질리지 않는 경지에 이릅니다. 포지스 박사도 상처 입은 신경계가 인간관계에 엄청난 영향을 미친다고 말했죠. 사람이 공포를 마주하면 신경계 역시 위협 상황으로 인식하고 반응해요. 이건 과학적으로 검증된 사실이에요. 그래서 저는 환자들과 교감하면서 최대한 부드럽고 섬세한 동작으로 마사지해 그들을 치유하려고 노력합니다."

나는 그가 보기에 버자이너의 외상이 우울증 위험을 높이는 것 같냐고 물었다.

루사다가 대답했다. "네. 우울증은 억압된 분노예요. 성적 외상을 입은 여성은 맞서 싸우기 반응이 억눌려서 분노를 겉으로 드러내지 못해요." 그는 자기 고객 중에 우울증 치료제를 복용한 적이 있는 환자가 10% 정도 된다고 말했다. 반면에 2005~2006년에 미국 질병통제센터(CDC)가 우울증으로 병원을 방문한 외래 환자를 대상으로 집계한 수치는 5.4%였다.

"그럼 완치되고 나면 성생활이 어떻게 달라지나요? 질 역시 물리적으로 변하나요?" 내가 물었다.

루사다가 대답했다. "치유된 여성에게는 또렷한 변화가 있어요. 질의 느낌부터 전과 확연하게 달라지는데, 조직이 덜 뻣뻣하죠. 또 그들은 전보다 오르가슴을 더 잘 느끼거나 태어나서 처음으로 느끼기도 해요. 연인과의 친밀감도 깊어지고요."

나는 그에게 시간을 내주어 고맙다는 인사를 건넸다. 이날 우리는 인간의 상심과 통증에 관한 얘기를 나눴다. 대화에 등장한 여성들을 생각하면 세상은 깊은 절망으로 가득하다는 착각이 든다. 그러나 그런 세상에도 희망은 있다. 마치 환영처럼 희미하게 깜빡이는 빛줄기가 있다. 이 빛줄기는 찬란한 생명의 에너지가 다가오고 있음을 예고하는 것만 같다. 늦은 오후, 짙은 구름에 가려진 태양처럼 말이다.

루사다는 자신이 하는 일이 영혼을 함께 치유하는 것임을 강조하며 맺음말을 했다. "탄트라에서 이것은 영적인 작업입니다. 단순히 요니를 응시하는 것만으로도 깨달음을 얻을 수 있어요. 탄트라에는 남성이 요니를 만지지 않고 가만히 보기만 하는 의식이 있어요. 저는 이 의식을 자주 합니다. 그러다 질에서 신적 존재의 형상을 본 경험도 있고요. 성모 마리아의 이미지가 갑자기 보였죠." 그는 자신이 가톨릭 신자였던 적도 없고 그렇게 종교적인 사람도 아니라고 말했다. 그런데도 그 이미지는 무언가 원형적인 모성의 기운을 내포하는 것 같았다고 한다. "탄트라의 관점에서 요니는 단순히 신성한 장소만이 아니에요. 여신이 내리는 자리죠."[17]

그가 설명한 이미지는 그야말로 원형(둥근 모양)이었다. 불현듯 내 머릿속에 짧은 기억이 떠올랐다. 요전 날 아침, 옥스퍼드 대학교의 도서관에서 고서를 관리하는 일을 하는 제임스 윌러비 박사가 내게 특별한 채색 필사본을 보여 준 일이 있었다. 말하자면 앵글로-노르만 버전의 성 요한 묵시록이었는데 영국 귀족 조앤 드 보훈이 소장하던 것이라고 했다.[18] 14세기에 만들어진 이 보물의 감정가는 백만 파운드 정도였다. 그림은 보고 있으면 눈물이 날 정도로 사랑스러웠고 가까이 들여다보면 양피지의 모낭까지 다 보일 정도로 보존 상태가 좋았다. 나는 그 전에도 다른 곳에서 윌러비 박사가 만돌라[1]라고 부른 틀 안에 어린양이 그려진 양피지 그림을 몇 점 본 적이 있었다. 그런데 이 그림 속 왕관을 쓴 성모의 배경에도 빛나는 만돌라가 있었다. 창백한 피부에 볼이 장밋빛으로 물든 성모는 자비롭게 양팔을 벌린 모습이었다. 성모를 감싸 안은 만돌라는 위아래로 길쭉한 타원형이었고 사방으로 성스러운 무지개색 후광이 퍼져 나갔다.

나는 입술을 꽉 깨물어 가며 그림에 대해 자세히 물어보는 것을 삼갔다. 이 아몬드 모양 만돌라의 기원을 물어보면 분명히 여성성을 상징하는 원형이라는 답이 돌아올 터였기 때문이다. 오색찬란한 후광은 모성의 원초적 에너지를 의미하는 게 틀림없었다.

이 도형은 다른 미술작품들에도 자주 등장한다. 전형적인 두루마리 불화들을 보면 불교의 성인들이 양옆은 볼록하고 위아래로 뾰족해지는 아몬드 모양 틀에 둘러싸여 무지갯빛 후광을 내뿜는 모습을 흔히 볼 수

---

1) [역주] mandorla, 아몬드 모양을 뜻하는 이탈리아어. 성인의 전신을 에워싸는 신광을 가리킨다

있다. 또, 멕시코의 과달루페 성모가 농부인 후안 디에고에게 강림한 장면을 그린 16세기 작품들에서도 성모는 완전히 똑같지는 않지만 매우 흡사한 만돌라 형상 안에서 우아한 자태를 뽐낸다.

나는 궁금해서 만돌라가 어디서 온 건지 조사해 봤다. 그런데 이게 사실은 기독교가 생기기도 전 그리스 시대부터 버자이너를 상징하는 기호였다고 한다. 그럼에도 기독교는 이 기호를 애용했다. 초기 기독교 작품 중에는 예수를 원형 또는 타원형의 후광에 휩싸인 갓난아기로 묘사한 그림이 많다. 여기서 후광은 성모의 자궁을 의미한다. 예수는 인간이면서 신이므로 만돌라는 천국과 지상이 하나 됨을 암시하는 것이기도 하다. 말하자면 만돌라가 두 세상을 잇는 관문인 셈이다. 중세로 접어들면 만돌라가 교회 건축의 기하학에서 핵심적 요소로 빠지지 않았다. 만돌라를 수용한 것은 기독교만이 아니었다. 힌두교 문화에서는 요니를 만돌라 기호와 동일시한다. 요니를 입구 혹은 두 원이 겹치는 구역으로 보는 것이다.[19]

이 기호는 오늘날에도 여기저기서 쉽게 볼 수 있다. 사람들이 자신의 종교적 정체성을 드러내는 상징으로 차 유리에 붙이고 다니는 스티커가 대표적이다. 언제부턴가 기독교도들은 세로로 긴 이 기호를 옆으로 눕혀놓고 물고기라고 불러왔다. 그래서인지 이것이 원래 자궁의 상징이자 거룩한 여성성의 표식이었다는 걸 아는 사람은 많지 않다.

루사다와 내가 대화를 마칠 때쯤엔 벌써 해가 저물고 있었다. 스카이프 연결을 종료하고 고개를 드니 햇살이 옅어져 있었고 하얀 구름이 교내 예배당 지붕의 뾰족한 윤곽선 위에 걸쳐 있는 게 보였다. 흡사 성 위에 세워진 또 다른 성 같았다. 양피지 위에 얇은 붓으로 그린 것 같은 구름 속에서 흠 하나 없는 무지갯빛 후광에 둘러싸인 어린양 혹은 성모 마리아가 당장이라도 나타날 것 같은 기분이 들었다. 천국을 땅의 것들에게 설명해 주려고 내려온 듯 말이다.

신성한 버자이너

"세상의 꼭대기에서 아비를 낳았다. 바다 한가운데가 내 자궁이었다. 이로 말미암아 나는 온 세상에 존재하게 되었고 나의 위업이 저 하늘에 가 닿았다." …때때로 근원 혹은 고향이라 일컬어지는 여신의 자궁(요니)은 창조의 원천이며… 바로 여기서 우주가 탄생한다.
—데바닷타 칼리, 《여신 예찬》

　버자이너의 역사를 제대로 설명하려면 책 한두 권으로는 턱없이 부족하다. 지역을 서방으로만 한정하더라도 말이다. 따라서 지금부터 내가 하려는 이야기는 모두 개괄적인 것에 불과함을 밝혀 둔다. 그중에서도 문화적 의미나 현상이 급변한 시점들 위주로 얘기를 풀어나가려 한다.
　태초에 버자이너는 신성한 것이었다. 농경을 시작하며 한 곳에 정착한 원시 인류는 동굴 벽에 여성 생식기를 연상시키는 기호를 새겼다. 여성의 생식기를 묘사한 선사시대 유물도 많이 발견된다. 아마도 다산을 상징하는 것일 중부유럽의 비너스상과 같은 이런 조각상들을 보면 하나같이 외음부가 크게 과장되어 있다. 그들이 신성한 여성 버자이너를 이렇게 묘사한 의도가 무엇인지 정확하게 알 수는 없다. 하지만 《성

배와 칼》을 쓴 리안 아이슬러를 비롯한 여러 페미니즘 역사학자들은
이 유물들이 원시 모계사회를 상징한다고 믿는다.[1] 예술에 눈을 뜬 인
류가 최초로 만든 작품이 버자이너를 강조한 형상이라는 것은 그만큼
여성의 성과 수태 능력을 신성하게 여겼다는 증거다. 기원전 25,000년
에서 15,000년경 유럽에는 돌이나 상아로 만든 비너스 조각상이 흔했
다. 하나같이 외음부를 과장해 다산을 강조한 형상이었다. 이집트에서
출토된 점토 조각품들도 이와 크게 다르지 않았다. 20세기 초에 미노스
문명을 발견한 아서 에반스는 곳곳에서 다산을 상징하는 유물들이 흔
히 발견된다고 지적하면서, 소아시아 대부분과 인근 지역들 모두가 불
리는 이름은 다를지라도 실체는 똑같은 어머니 신을 숭배했으므로 이
것이 거의 전 세계적인 문화였다고 말한다.[2] 한편 《여성 세계사》를 쓴
로절린드 마일스와 같은 역사학자들은 선사시대의 암흑에서 막 벗어나
태동한 인류 원시문명에서 신은 여자였다는 견해를 밝히고 있다.[3]
　역사가 기록으로 남겨지기 시작한 후부터는 거의 모든 고대 문명에
성의 여신이 있었다. 수메르 창조 신화 《길가메시》에는 이난나가 등장
하고 고대 메소포타미아 문명은 여러 가지 버전의 아스다롯을 숭배했
으며 기원전 6세기의 이집트는 아스다롯 신앙에서 파생한 아스타르테
여신을 믿었다. 이런 흐름은 그 유명한 그리스와 로마 신화까지 이어졌
다. 대략 5000년 전 지금의 이라크 지역에서는 수메르인들이 이난나의
외음부를 천국의 배에 비유하며 꿀이 흐르는 여신의 무릎을 칭송하는
노래를 만들어 불렀고 여신의 자궁에서 비롯된 풍요로움을 기뻐했다.
수메르인들은 모든 땅의 소산을 여신과 직결시켰다. 양배추를 여신의

음모에 빗댈 정도였다.[4] 그들에게 이난나의 버자이너는 신비하고 성스러운 곳이었다. "이난나가 사과나무에 등을 기대었다 / 이난나의 외음부는 보기에 참으로 경이로웠다 / 외음부의 아름다움에 흡족해진 이난나가 기뻐 손뼉을 치며 말했다 / '나, 천국의 여왕이 지혜의 신을 만날 것이다.'"[5]

수메르 신앙에서 하이라이트는 목자의 신 타무즈와 이난나가 성스러운 혼인을 하는 부분이다. 전해 내려오는 기록에 의하면 두 신은 이난나가 다리를 넓게 벌려 타무즈를 받아들임으로써 성스러운 결합을 한다.[6] 숭배자들은 자궁을 상징하는 화병을 예물로 바친다. 이 시대의 성서를 보면 다음과 같은 구절이 있다. "이난나 여신이 세욕을 하고 삼나무 유를 뿌렸다 / 왕이 이난나의 신성한 무릎에 다가갔다 / 왕은 여신이 만든 아름다운 삼각형 안으로 들어갔다 / 신랑과 신부가 몸을 눕히자 타무즈의 몸이 이난나의 아름다운 유방에 포개졌다." 이 장면은 이난나의 신성한 버자이너가 지혜 탐구와 이어지는 것을 암시한다. 종합하면 어느 고대 문명이든 모든 여신이 성교를 동반한 성스러운 혼인을 통해 남성 배우자를 맞이하는 식으로 이야기가 전개된다.

자연과 미와 쾌락의 여신 카데시는 아스타르테 원형의 또 다른 형태다. 이 이집트 여신의 초상화를 보면 사자 뒤쪽에 초승달이 그려진 두건을 쓴 벌거벗은 여인이 서 있다. 보통은 오른손에 뱀이나 파피루스 줄기를 들고 있는데 이것은 남성의 음경을 뜻한다. 한편 왼손에는 연꽃이 들려 있다. 연꽃은 버자이너의 상징이다. 상징적 의미의 뱀은 여신 그림의 단골 소재다. 미노스 문명 역시 여신을 가슴을 드러낸 채 양손에 뱀을 한 마리씩 들고 있는 모습으로 그린다. 이브가 뱀의 꼬임에 넘어가 원죄를 짓고 수치심을 알게 되었다는 얘기는 나중에 히브리인들이 뱀을 든 여신의 이미지를 부정적으로 재해석한 결과이다.

성의 여신 아스타르테/아스다롯을 숭배하는 문화는 비옥한 초승달 지대[1] 전체에서 번성했다. 이 시기에 사람들에게 아스타르테는 생식과 번영을 가져다주는 숭고한 존재이자 우주의 지혜 그 자체였다. 그러다 수메르 신앙에서 가부장적인 성격의 유대교가 갈라져 나오면서 여신 숭배의 모든 면이 점차 부정적으로 변질되었고 결국은 남성화된 유일신 신앙이 대세를 이루게 되었다.[7] 그러면서 유일신 주의는 여신 신앙의 여사제 시스템에 철퇴를 가했다. 여신 숭배 문화에서 여사제들은 날을 받아서 남성 숭배자들과 교접했다. 사회 질서를 유지하고 여신의 축복을 내리기 위해서였다. 이런 숭배자들의 행위는 고결한 봉사로 간주되었고 어느 누구도 그들에게 매춘부라며 손가락질하지 않았다. 이 시대 유적들을 보면 여사제와 숭배자가 이 종교의식을 치르는 장면이 새겨진 것을 어렵지 않게 찾아볼 수 있다.

하지만 히브리인들은 이스라엘 민족을 현혹하는 이런 식의 숭배 관습을 혐오했고 이 종교와 성 봉사대라는 전통을 타파하기 위해 정치적으로 투쟁했다. 이런 적대감은 여성의 무절제한 성, 특히 매음을 강력하게 비판한 모세오경에서 분명하게 드러난다. 그렇게 히브리인들은 한때 신성한 연합이라 여겨졌던 종교의식을 고약한 폐습이라며 몰아냈다.

유럽에 기독교가 전파되기 전에는 신성(神聖)의 은유로서 고귀한 버

---

1) [역주] 지중해부터 이란에 이르는 초승달 모양의 농경문화 발상지

자이너와 여성의 성을 받드는 문화가 융성했다. 기독교가 들어오기 전과 직후의 아일랜드에서 사람들은 건물 외벽에 실라나기그 형상을 새겨 장식하곤 했다. 실라나기그는 켈트 신화에 나오는 성스러운 마녀로서, 흔히 다리를 벌리고 손을 음순 모양으로 벌린 나체의 여인으로 그려진다.[8] 몇몇 건축사학자들은 오늘날 남아 있는 중세유럽 교회들의 입구에서도 버자이너를 신성시한 고대 전통의 흔적을 찾아볼 수 있다고 말한다. (그 말은 사실이었다. 언젠가 나는 스코틀랜드 아이오나 섬에서 평화로운 유적지를 천천히 둘러보던 중에 아주 오래된 수녀원 건물을 지나게 되었다. 입구에 서서 돌로 된 외벽을 올려다보는데 큼지막한 음순 모양이 아름답게 새겨진 것이 눈에 들어왔다. 건물 주위를 한 바퀴 다 돌았지만 장식이라곤 이것뿐이었다.)

하지만 성의 여신이 항상 상냥하고 밝기만 한 것은 아니었다. 여전히 거부할 수 없는 매력을 지니긴 했지만 그들은 때때로 어둡고 파괴적인 면모도 보여 주었다. 모든 문화에는 인류학자들이 '바기나 덴타타(vagina dentata)'라고 부르는 전설이 있다. 직역하면 이빨을 가진 질이라는 뜻이다. 그리스 시인 헤시오도스는 서사시집 《신의 계보》에서 자궁 안에 있던 크로노스 신이 아버지 우라노스의 성기를 자르려 했다고 적고 있다. 힌두 신화에서는 여신 파르바티의 모습을 한 악마 아디가 버자이너에 이빨을 숨기고 있다고 말한다. 심리학자 에리히 노이만은 《위대한 어머니 여신》에서 북미 신화에도 바기나 덴타타의 모티프가 있다면서 북미 인디언들은 어머니 신의 버자이너에 고기를 먹는 물고기가 산다고 믿는다고 적고 있다.[9] 비슷하게 이누이트의 신화에서는 여성의 질이 있는 곳이 개 머리처럼 생겼다고 묘사한다. 원형의 버자이너가 이빨 달린 입으로 (보통은 남성들에 의해) 묘사되는 이 범문화적인 현상은 동서고금을 막론하고 무시무시한 어머니 신에게 먹혀 소멸할까 두려워하는 남성의 불안감을 반영한다. 지그문트 프로이트는 이 상징을 소재로 《성욕 이론에 관한 세 편의 에세이》라는 책을 쓰기도 했다.[10] 그러나 나는 바기나 덴타타라는 이미지에 버자이너를 향한 개인적인 반감이 담겨 있지는 않다고 믿는다. 이것은 단지 여성의 생명 창조 능력을 경외하는 쪽의 반대편에서 균형을 맞추기 위해 불가피하게 발생한 또 다른 원형적 이미지일 뿐이다. 생산의 이면에는 파괴가 있고 자궁과 산도는 이 세상의 존재가 되기 위한 관문이며 그러한 탄생은 언젠가 죽음으로 귀결된다는 사실을 상기할 때, 바기나 덴타타는 여신이 가진 어두운 이면으로 이해할 수 있다.

버자이너의 추락

여성의 지위가 피지배자로 확실하게 강등된 것은 그리스가 도시국가로 발전하면서부터다. 그래도 여성의 육체적 사랑과 욕망을 다룬 그리스 작품들에 막강한 힘과 성적 매력을 소유한 고대 여신들이 여전히 등장하긴 한다. 몇몇 고대 여신의 상징성이 고전 시대에 여전히 남아 있었기 때문이다. 가령 오비디우스의 《변신 이야기》를 보면 카드모스는 뱀으로 변신하고 아레투사는 샘으로 변신한다. 여기서 뱀은 남성의 음경을 상징하고 샘은 여성의 외음부를 의미한다. 여신 숭배 문화에 부합하는 강한 버자이너의 상징성을 진하게 함축한 이야기 속 인물은 또 있다. 바로 여신 바우보다. 그녀는 치마를 들어 아랫도리를 드러냄으로써 사랑하는 딸 페르세포네를 잃어버리고 실의에 빠진 데메테르를 웃게 만들었다. 딸을 잃은 슬픔에 메마름의 저주를 땅 위에 내렸던 데메테르. 그녀의 웃음은 세상에 풍요를 되찾아 준다.

왜 고대 문명에서 고전 시대로 오면서 여성의 지위가 추락하게 되었는지는 어느 역사학자도 정확하게 설명하지 못한다. 플라톤(기원전 427~347년) 시대에는 남성과 소년의 결합이 가장 완벽한 성적 조합이라고 여겼다. 아내들은 후손을 낳기 위한 부속품에 불과했다. 당시 그리스에서 여성이 성적 쾌락을 즐기는 것은 첩 혹은 창녀나 하는 짓이었다. 정숙한 부인은 결혼이라는 족쇄에 묶여 합법적으로 안채에 가택 연금되었다. 물론 레스보스의 여류시인 사포처럼 특출한 인물이 있긴 했다. 사포는 여성 에로티시즘을 찬양하며 여성의 흥분과 오르가슴을 소재로 한 낭만 시를 많이 남겨서 서양의 운문문학에 지대한 영향을 미쳤다.

고전 시대에는 여성의 성적 욕망의 성격도 더욱 모호하고 껄끄러운 것으로 변했다. 히포크라테스(기원전 460~370년경)는 '씨앗을 내보내' 생명을 잉태하려면 남녀 모두 절정에 도달해야 한다고 믿었지만 더 후대의 아리스토텔레스(기원전 384~322년)는 여성은 흥분할 필요가 없다고 주장했다.

토머스 래커의 번역에 따르면 로마의 의사 갈레노스(서기 129~200년경)는 버자이너가 안팎이 바뀐 음경이라고 생각했다. "여성은 …뒤집혀 흠이 생긴 남성이다. 가진 장기는 똑같지만 다 잘못된 위치에 존재한다."[11] 그 후 갈레노스의 영향력은 그가 재조명된 중세 이후 수 세기나 지속되었다. (갈레노스는 여성에게 건강을 위해 자위를 하라고 권장하기도 했다.) 또, 고전 시대 그리스에서는 자궁이 몸 안에서 떠돌아다닌다는 게 상식으로 여겨졌다. 그래서 여성이 예민해지거나 병에 걸리면 모든 탓을 이 떠돌이 자궁에 돌렸다. 그리고 이 관념은 로마에 그대로 계승되었다. 히스테리(hysteria)라는 단어의 접두어 hyster는 자궁을 뜻하는 그리스어에서 온 것이다.

유대교와 기독교의 버자이너: 수치심의 시작

여성은 실수로 결함이 생긴 남성이다.
—토마스 아퀴나스, 《신학대전》

히브리 성서는 비옥한 초승달 지대에서 성행했던 다신주의 사제들의 매음 관습을 강력하게 비난하지만 정작 성기를 직접 언급하지는 않는다. 대신 여성의 성적 욕망을 완곡어법으로 표현하는 구절이 여럿 있다. 아가서의 저자는 여성의 흥분과 오르가슴을 여러 곳에서 은근하게 암시한다. 히브리 전통은 몸과 마음을 따로 놓는 시각에 찬동하지 않았으며 결혼의 틀 안에서는 섹스가 여전히 신성하다고 봤다. 바빌론 포로기 이후 시대에는 독실한 남편은 직업에 따라 아내를 적어도 일주일에 한 번 이상 만족시켜야 한다는 규범이 율법으로 정해져 있었다.

그러다 서기 1세기에 그리스의 영향을 받은 유대인 바오로가 지중해 인근에 터를 잡은 유대계 기독교 사회와 이교 기독교 사회에 몸과 마음이 서로 대립한다는 그리스 사상을 전파한다. 이 사상은 향후 2,000년 동안 전 지역에서 엄청난 영향력을 발휘했다. 이 시기 바오로의 서신들을 보면 성은 수치스러운 것이며 심지어 부부 사이라도 절제하지 않는 여성은 비난받아 마땅하다는 어조가 진하게 묻어난다. 유럽에서 기독교가 부흥하고 신성로마제국이 위세를 떨쳐 가면서 그의 가르침은 기독교 교리가 되었고 기독교는 서구 문화 자체가 되었다.

교부와 혐오스러운 버자이너

어느덧 서방은 버자이너를 혐오스러운 것으로 치부하고 여성의 성을 지옥을 부르는 치명적 미끼로 묘사하는 이데올로기의 세상이 되었다. 이 이데올로기는 바오로를 선봉으로 그를 계승한 교부들[1]의 든든한 지원에 힘입어 400년 동안 승승장구했다. 히브리 성서가 여성을 결혼의 틀에 가두고 여성의 성을 맹비난한다는 것은 유명한 얘기다. 예를 들어 히브리 사회에서는 간음한 친딸을 돌로 쳐 죽일 수 있었다. 히브리 성서는 남성의 부정(不貞)과 과도한 욕정 역시 호되게 꾸짖었다. 그래도 부부 사이에서는 남녀의 성이 축복이었다. 다만 레위기와 미쉬나[2]에 따르면 부부 사이라도 월경 기간의 버자이너는 불결했다. 그래서 월경을 하는 여성은 잠자리를 삼가고 목욕재계하며 자중해야 했다. 또한 미쉬나의 가르침에 따르면 월경이 끝난 여성은 천 조각으로 질의 오목한 곳과 접힌 곳을 닦았을 때 혈흔이 묻어나지 않아야 다시 잠자리를 가질

---

1) [역주] 敎父 초기 기독교에서 성직자 혹은 종교적으로 존경할 만한 인물
2) [역주] 유태교의 성서 교육서

수 있었다.[12,13]

그러나 바오로 사후 400년 동안 버자이너가 결혼이라는 울타리 안에서도 불결하며 여성이 숫처녀일 때 가장 이상적이라는 관념이 북아프리카를 중심으로 자리를 잡는다. 이 시기의 교부들은 철저한 금녀의 공간에서 극단적 금욕주의를 실천하며 다양한 방법으로 육신을 학대했다. 특히 그들은 성적 대상으로서 여성의 육체를 혹평하는 것을 최고의 미덕으로 여겼다. 바오로는 고린도전서 7장에서 이렇게 말하고 있다. "남자가 여자를 가까이 아니함이 좋으나 …만일 절제할 수 없거든 결혼하라. 정욕이 불같이 타는 것보다 결혼하는 것이 나으니라." 그런데 터툴리아누스는 한술 더 떠서, 성교의 쓸모는 자식을 낳는 것뿐이며 모든 여성을 난잡한 악의 구렁텅이로 남성을 현혹하는 요부로 매도했다.[14] 그에게 버자이너는 하수구 위에 지어진 사원 혹은 악마의 문이었다. 그가 가진 강한 적개심은 그가 남긴 글에서도 분명하게 드러난다. "너희가 모두 이브인 것을 너희는 아느냐. 너희가 여자로 태어나 나이가 찬 것이 죄이니, 평생 속죄하며 사는 것이 주께서 내리신 마땅한 형벌일지라. 너희는 악마의 문이며 선악과로 이끄는 인도자다. 너희는 신법을 어긴 최초의 죄인이다. …그 죄의 삯은 사망이나 너희 죄로 사람의 아들[1])이 죽어야 했도다. 그러고도 너희가 떳떳할 수 있느냐."[15]

이 시기에는 여성의 처녀성이 곧 순결하고 좋은 것이라는 공식이 사회의식에 너무나 깊게 새겨졌다. 그 탓에 그동안 우리는 이 인과관계가 근거 있는 것인지 검증해 볼 생각조차 하지 않았다. 순결한 처녀성을

---

1) [역주] 예수 그리스도

강조하는 기독교적 관념은 아주 오래된 것 같지만 사실 상당히 최근에 나온 것이다. 성서를 연구하는 학자들은 성모의 처녀성이라는 이데올로기가 교회가 임의로 갖다 붙인 설정이라는 데 의견을 같이한다. 실제로 신약 원본에는 예수를 잉태했을 때 마리아가 처녀였다는 언급이 없다. 따라서 예수에게 이미 손위 형제자매가 여럿 있었을지도 모르는 일이다. 더불어 오늘날 우리가 믿어 의심치 않는 성모의 처녀성이 정작 칼케돈 공의회에 의해 공식적으로 받아들여진 것은 신약이 말하는 그 사건이 일어난 지 무려 500년가량 뒤인 서기 451년의 일이었다.[16]

중세로 넘어오면 버자이너가 사회에서 어떻게 인식되었는지를 알려주는 단서를 거의 찾아볼 수 없다. 그나마 남아 있는 것은 의학서뿐이다. 하지만 분명한 것은 교부들의 꾸준한 훼방에도 서방에서는 여성이 생식에 성공하려면 성적으로 만족해야 한다는 인식이 여전했다는 사실이다. 이 1,500년 동안에는 여성의 성적 불만족이 질병과 정신적 고통의 원인이라고 여겨졌다. 그래서 히포크라테스 시대에는 의사가 여성 환자를 생식기 마사지로 치료했고 산파에게 이 임무를 맡기기도 했다. 히스테리 환자에게 오르가슴에 이르게 하는 생식기 마사지를 처방하는 의료 관행은 영국 튜더 왕조와 스튜어트 왕조 시대까지 이어졌다.

앞서 등장했던 고대 그리스의 갈레노스는 여성의 생식기가 남성의 것을 뒤집은 것이라는 이론을 만들었다. 고대 그리스인들이 여성도 사정을 해야 임신이 된다고 믿었던 것도 같은 맥락이다. 그때는 자궁이 몸 안에서 떠돌아다닌다고 여겨졌기 때문에 사람들은 여성의 정자가 몸 밖으로 배출되지 못하면 자궁에 남아 온몸을 오염시키고 더러운 증기를 뇌로 올려보낸다고 믿었다.[17] 이 가설은 중세에 갈레노스의 명성이 다시 높아지면서 함께 주목을 받게 되었다.

사실 중세에는 버자이너를 은근히 아끼는 태도와 드러내놓고 경멸하는 태도가 혼재했다. 중세 후기의 민담과 야화에는 버자이너를 향한 애정을 속되게 표현한 이야기가 많다. 제프리 초서가 14세기 말에 쓴 《캔터베리 이야기》의 〈바스 여장부〉 편과 〈방앗간 주인〉 편을 보면 'queynte'라는 단어가 나온다. 예를 들어 〈방앗간 주인〉 이야기에는 "슬그머니 그녀의 은밀한 곳(queynte)을 만지며 말했다"는 구절이 있다.[18] 1830년에는 queynte를 '컨트'[1]라고 발음했다. 초서가 《캔터베리 이야기》에서 컨트라는 단어를 사용한 의도는 외설스러운 비어로서가 아니라 그 시대의 평민들이 명랑하고 쾌활하게 흔히 쓰는 상용어로서였다.

중세는 정중한 사랑을 추구하면서도 한편에서는 갖가지 버자이너 고문 방법이 개발된 이상한 시대였다. 예를 들어 중세 초기의 발명품 중에 정조대라는 것이 있다. 정조대는 13세기까지 널리 사용되었는데 장신구라기보다는 신체를 무식하게 옥죄는 쇠사슬에 가까웠다. 먼저 벨트를 골반에 두른 다음, 뒤쪽에 달린 띠 두 개와 앞쪽에 달린 띠 하나를 두 다리 사이에 연결하고 자물쇠로 고정한다. 남편들은 여행을 가거나 전쟁에 나가야 할 때 아내의 아랫도리를 문자 그대로 잠가놓고 열쇠를 가져가 버렸다. 그런 아내들은 정조대 때문에 불륜은커녕 위생 관리도 제대로 하지 못하고 쇳조각에 살이 쓸리는 고통을 참아야 했다. 정조대가 공공연한 가정폭력의 도구였던 것이다.

---

1) [역주] cunt, 여성의 성기

14세기와 15세기를 아우르는 중세 말기에는 마녀사냥 열풍이 유럽 전역에 휘몰아쳤다. 마녀사냥은 갖가지 공포를 자아내는 방법으로 여성의 성을 억압했다. 성적 매력이 넘치거나 지나치게 자유분방한 여성은 심문관들과 동네 사람들에 의해 마녀로 고발당하곤 했다. 고문의 형태도 성을 표적으로 한 것이 대부분이었다. '고뇌의 배'라 불린 쇠로 된 중세 고문 기구가 있다. 이 기구는 남녀공용이었는데, 나사를 돌리면 접혀 있던 배 모양 부분이 점점 벌어지는 방식이었다. 남자를 고문할 때는 이 배 모양 부분을 입에 넣었다. 하지만 사용 목적이 마녀를 고문하거나 낙태를 유도하는 것일 때는 삽입 부위가 여성의 질이었다. 15세기부터 17세기까지 마녀사냥이 벌어지는 동안 유럽에서 여성의 질은 마녀의 표식 혹은 악마의 표식을 찾기 위한 타깃이 되었다. 또한 마녀 심문관들은 모든 이교도 여성의 질은 훼손되어 몹쓸 것이라고 간주했다.[19]

그러다 유럽에 르네상스가 찾아온다. 이 시대에는 해부학의 발달에 힘입어 음핵이 재발견되었다. 여성의 정력은 화수분과 같아서 남성을 압도한다는 시각이 대세를 이루었다. 또, 여성이 임신하려면 절정에 도달해야 한다는 생각은 이전 시대들과 마찬가지였다.

체스터 대학교의 영문학 박사 엠마 리스는 엘리자베스 1세 시대에는 입술과 음순을 뜻하는 단어를 일부러 숨기는 게 문학 풍조였다고 주장한다. 엘리자베스 1세 시대와 빅토리아 시대의 버자이너는 그녀가 주목하는 연구 주제 중 하나다. 박사는 '정조대'와 '수다쟁이 마스크'의 유사성을 설명하면서 엘리자베스 1세 시대의 청중은 여성의 입과 아랫도리를 동급의 단속 대상으로 봤다고 말한다. 박사의 설명에 따르면 정조대가 여성의 외음부를 단단하게 막았듯 쇠와 가죽으로 된 수다쟁이 마스크는 여성의 머리를 누르고 입에 재갈을 물려 수다와 항변을 원천 봉쇄했다.[20]

언어의 연금술사 셰익스피어는 버자이너를 암시하는 속어 수십 개를 만들었다. 《오셀로》의 '암흑'이나 《리어왕》의 '배'가 대표적이다. 리스 박사는 셰익스피어 작품에 나오는 버자이너 암시어들을 죄다 찾아봤다고 했다. 《타이터스 앤드로니커스》의 '어두컴컴하고 역겨운 피를 먹는 구멍'이라는 구절도 그중 하나다. 이 잔혹 비극에서 여주인공 라비니아는 강간을 당하고 강간범에 의해 혀가 잘린다. 박사는 입술과 음순의 훼손이라는 두 이미지가 서로 중첩되며 라비니아가 침묵 강요와 성적 통제라는 행위를 통해 이중으로 모욕을 당한 셈이라고 해석한다.[21]

르네상스 시대에는 여체를 일종의 지형도로 간주하고 버자이너를 유황천 혹은 자연의 샘으로 보는 수사법 역시 보편적으로 사용되었다. 그중에서도 셰익스피어의 《비너스와 아도니스》는 버자이너를 풍경에 유쾌하게 빗댄 작품 중 하나다.

나는 동산이 될 터이니 그대는 내 사슴이 되어
산과 계곡에서 마음껏 먹어 주오
내 입술을 탐해 주오
언덕이 메마르면 밑으로 내려오시오.
그곳에 즐거운 샘이 있으니[22]

또 《리어왕》에서 코딜리어가 아버지와 대립하는 부분을 리스 박사는 엘리자베스 1세 시대에는 '없음 혹은 아무것도 아닌 것(nothing)'이 버자이너를 암시하는 속어였다는 점을 바탕에 깔고 해석한다. 박사가 설명하길, 셰익스피어는 그의 작품들에서 버자이너로 다양하게 말장난을 했다고 한다. 여성이 남성과 다르고 여성의 성을 다루기 힘들며 여성의 육체와 언사가 병들고 오염되었음을 은유적으로 표현하기 위해서였다. 이것은 당시의 사회 관념을 그대로 반영한다.

> 코딜리어: (방백) 코딜리어는 뭐라고 하지? 사랑하고 침묵할 뿐.
>   …없습니다(nothing), 아바마마.
> 리어: 없다니?
> 코딜리어: 없습니다.
> 리어: 없으면 아무것도 없느니라. 다시 말해 보아라.
> 코딜리어: 저의 가슴을 혀끝에 얹을 수 없으니 불행할 따름이옵니
>   다. 자식 된 도리로 폐하를 사랑합니다. 그 이상도 이하도 아
>   닙니다.[23] (《리어왕》, 열린책들)

리스 박사는 이 시대에 버자이너가 카오스와 불가능의 표상이었다고 본다. 그러면서 영국 중부에서는 할 수 없음을 뜻하는 'can't'와 여성의 성기를 뜻하는 'cunt'의 발음이 같다는 점을 단서로 든다. 리스 박사의 해설에 따르면, 황야로 뛰쳐나가기 전에 '0(nothing)에서는 0만 나올 뿐이지'라고 말하는 리어 왕의 강경한 태도는 아무것도 아닌 것에게 중요

한 것(something)이 되라고 무리하게 강요한다(1막 4장). 그럼에도 이 비극의 바탕에 가장 짙게 깔린 전제는 무(無)에서 유(有)가 창조될 수 있다는 것이다. 버자이너가 단순히 무의 상징이라면 그곳에서 아기가 태어나는 것은 어떻게 설명할 것인가. 또한, 바보 광대가 리어왕에게 '그러나 지금은 숫자도 덧붙지 않은 0에 불과하잖아'(1막 4장)라고 말하는 부분에서 0은 버자이너를 상징하는 기호로 읽을 수 있으며 동시에 리어왕이 느끼는 무력감을 표현하는 것으로도 볼 수 있다.[24] 리어왕은 극심한 분노를 딸의 생식기관을 저주하는 폭언으로 표출한다.

> 그녀의 자궁에 불임을 가져다주소서
> 그녀의 생식기관들을 다 말려 버리시고
> 그녀의 천한 몸뚱이에서 어미 된 기쁨을 맛보게 할 자식이
> 태어나지 않게 하소서(1막 4장)

이 대목에서 리어왕은 버자이너를 지옥과 동일시한다. "허리띠 아래는… 지옥이고 어둠이야… 악취를 풍기고…"

> 가랑이 사이로 정숙한 척 얼굴을 감추는
> 저 교태에 찬 여인을 보아라.
> 정숙한 척하며 음담패설을 못마땅해하는구나….
> 저자들은 윗도리만 여자일 뿐
> 허리 아래로부터는 반인반수 괴물이지.

허리띠 윗부분은 신들의 차지, 그 아래는 악마의 것이지.

그곳이 지옥이고 어둠이야.

타오르고 이글거리며 악취를 풍기고 파괴적인 유황 불구덩이지.

퉤, 퉤, 퉤! 욱, 냄새! 용한 약제사여, 내 생각을 향기롭게 할 사향

1온스만 주게나.[25](4막 6장)

근세에 버자이너는 사람들의 내면 심리를 보여 주는 문화적 지표로서 인식되기 시작했다. 버자이너에 끌리면서도 불편해하는 사람들의 모순적인 감정을 반영한다는 점에서다. 그리하여 이 무렵부터 서방에서는 버자이너가 여성의 실존적 부재를 내포하며 때로는 천국을, 때로는 지옥을, 또 때로는 아무것도 아닌 것을 뜻하는 상징으로 널리 사용되었다.

동시대의 다른 여러 서정시들과 마찬가지로 《리어왕》에 등장하는 버자이너의 비유에는 모순되는 두 가지 관점이 공존한다. 셰익스피어의 이 작품은 여성의 생식기와 성을 사악하고 불결하다고 여긴 바오로 시대 기독교적 관점이 엘리자베스 1세 시대의 문화에 여전히 뿌리 깊이 스며 있음을 보여 준다. 그와 동시에 또 한편에서는 여성 생식기관을 자연주의적으로 찬미하는 더 오래된 고전 문화 풍조가 건재함을 이 작품을 통해 확인할 수 있다. 그래서 리스 박사는 셰익스피어뿐만 아니라 르네상스 시대를 전반적으로 이해하기 위해서는 먼저 버자이너의 상징성을 정확하게 알아야 한다고 말한다. 셰익스피어의 시대에는 여성의 음부를 직접적으로 가리키는 단어는 모두 외설적 언어로 여겨졌다. 그

런 이유로 당시의 극작가들은 그런 단어들을 그대로 쓰지는 못하고 누구나 유추 가능한 노골적인 은어들로 대체하곤 했다. 《햄릿》의 3막 2장에는 오필리아의 음부를 암시하는 내용이 있다. 리스 박사는 엘리자베스 1세 시대에 무릎이라는 영어단어는 말 그대로 무릎이라는 뜻일 수도 있었지만 버자이너를 가리키는 암호이기도 했다고 지적한다. 더불어 'nothing' 역시 버자이너의 은어라는 점을 함께 기억하며 아래 발췌문을 읽어 보자.

> 햄릿: (오필리아 발 앞에 누우며) 아가씨, 무릎 사이로 들어가도 될까요?
> 오필리아: 안 됩니다, 왕자님.
> 햄릿: 무릎 위에 머리를 얹겠단 뜻이오.
> 오필리아: 예, 왕자님.
> 햄릿: 내가 엉큼한 뜻(country matter)을 품었다고 생각했소?
> 오필리아: 전 아무 생각(nothing) 않습니다, 왕자님.
> 햄릿: 처녀 다리 가운데로 들어간다는 건 즐거운 생각이오.
> 오필리아: 어째서요, 왕자님?
> 햄릿: 빈집(nothing)이니까.
> 오필리아: 명랑하십니다, 왕자님.
> 햄릿: 누가, 내가?
> 오필리아: 예, 왕자님.[26] (《햄릿》, 민음사)

이 시대의 청중에게 'country matter'는 짐승의 성적 행동을 뜻했다. 무슨 생각을 하냐는 햄릿의 이어지는 질문에 오필리아는 아무 생각 않는다고 대답했는데, 그녀는 정말로 아무 생각도 하고 있지 않았다. 즉, 그녀의 사고가 좋게 말하면 중립적이고 솔직히 말하면 수동적이라는 뜻이다. 이에 햄릿은 처녀 다리 가운데로 들어간다는 건 즐거운 생각이라며 제 생각을 밀어붙인다. 빈집, 즉 여성의 외음부는 그 자체로 매력적인 대상이지만 몸의 주인인 여성이 자신의 빈집에 대해 아무것도 모르거나 아무 경험도 없을 때 그 매력은 배가된다. 오필리아가 처녀 다리 가운데로 들어간다는 게 어째서 즐거운 생각이냐고 반문한 것의 진짜 의도는 여성에게 성적으로 바람직한 상태가 무엇인지를 묻는 것이다. 여기에 햄릿이 빈 집이기 때문이라고 답한 것은 버자이너, 특히 한 번도 남자의 손을 타지 않은 순진한 숫처녀의 그곳만큼 매력적이고 탐나는 목적지가 없음을 말하는 것이다. 여기서 셰익스피어는 이중 투영 기법을 영리하게 구사해 여성의 뇌와 버자이너가 이어져 있다는 당대의 믿음을 반영한다. 그는 지적으로 순진한 젊은 여자보다 더 매력적인 것은 없으며 성 경험이 없는 처녀성(nothing)만큼 버자이너(nothing)에 어울리는 것이 또 없음을 짧은 말장난 안에 모두 녹여내고 있다. 이 이중 언어유희를 전혀 이해하지 못하는 듯한 오필리아의 모습은 위와 아래 모두, 즉 지적으로도 성적으로도 깨끗한 여성을 매력적이라고 본 시대상을 정확하게 드러낸다.

리어왕에게 버자이너는 유황 불구덩이였고 시인 존 던에게는 축복의 땅이었다. 존 던은 〈엘레지 XIX: 침대로 향하는 여인에게〉에서 버자이너를 보석이 가득 묻힌 자연의 보고로 묘사한다. 그러면서 여인의 육체

를 처음으로 탐할 때의 기쁨을 비옥한 신대륙을 발견했을 때의 기쁨에
비유했다.

> 방랑하는 내 손길이 지나가게 해 주오,
> 앞으로, 뒤로, 사이로, 위로, 아래로
> 오, 나의 아메리카, 나의 신대륙이여!
> 오직 나 한 사람만을 위한 나의 왕국,
> 보석이 묻힌 나의 영토여!
> 당신을 이렇게 발견하다니 내게 얼마나 큰 축복인지!
> 우리가 결합하는 것은 자유로워지기 위해서요.
> 내 손이 닿은 곳에 나의 봉인이 남을 것이오.[27]

'한 사람만을 위한 나의 왕국'에 담긴 성적 의미는 명확하다. 또한
'내 손이 닿은 곳에 내 봉인이 남을 것'이라는 구절은 이 시에서 버자이
너를 은근하게 암시하는 또 다른 부분이다. 영국과 스페인이 신대륙을
개척하고 남근을 찔러 넣듯 국기를 꽂아 자국의 영토임을 선언한 것처
럼 이 시에서 여체도 정복의 대상으로 묘사되긴 한다. 하지만 이 정복
은 양자가 서로 사랑하는 축제 분위기에서 이루어진다. 이 시에서 남성
은 여인의 버자이너를 소중하게 어루만진다. 게다가 엘리자베스 1세
시대에 인장 반지를 밀랍에 찍어 눌러 개인의 표식을 남겼던 사실을 생
각하면 "나의 봉인"이라는 구절에 나타난 시인의 에로틱한 감상은 더
더욱 의미심장해진다. 인장을 찍어 자신의 소유임을 주장하는 것 자체

도 탁월한 은유인데, 시인은 인장 무늬가 잘 찍히려면 먼저 밀랍을 덥혀 살짝 녹여야 한다는 점까지 계산한 것이다.

이렇듯 버자이너가 천국이냐 지옥이냐 사이에서 팽팽하게 이어진 긴장감은 때마침 르네상스 시대에 추진력을 얻은 해부학의 역사에 그대로 반영되었다. 해부학적 장기로서의 음핵이 수백 년 동안 잊혔다 주목받기를 반복한 것이 그 증거다. 이것은 역사학자 토머스 래커도 지적한 바 있고 나 역시 전작 《여성성의 은밀한 투쟁》에서 다루었던 내용이다. 서양 해부학의 역사상 위치와 기능을 두고 이렇게 오랫동안 과소평가를 받고 때때로 완전히 무시되기까지 했던 인체 장기는 오로지 음핵뿐이다. 가령 췌장이나 음낭은 한 번 발견되어 기능이 밝혀진 뒤에는 늘 당연히 그곳에서 제 할 일을 하는 어엿한 장기였다. 다른 모든 장기들은 의학 지식이 지난 400년 동안 꾸준하게 발전하기만 했지, 음핵처럼 멸시와 비하의 시련을 겪지 않았다.

음핵의 존재와 기능을 둘러싼 이 지적 방황은 서구 문화의 양면성을 잘 보여 준다. 서구 문화는 음핵이 여성의 성적 흥분을 유도할 뿐만 아니라 여성에게 용기와 자신감을 북돋아 준다는 사실을 알고 있었다. 마지막으로 한번 더 강조하지만, 음핵의 존재와 역할을 둘러싼 양면성은 여성을 대하는 당시 사회의 양면적 태도를 반영한다고 볼 수 있다. 뇌와 버자이너가 별개가 아니므로 음핵은 여성에게도 개인의 의지와 자유에의 갈망이 있음을 증명하는 열쇠가 될 수 있었던 것이다.

음핵은 1559년부터 발견과 실종 그리고 재발견을 지루하게 반복했다. 1559년에 레날두스 콜럼버스는 음핵을 '여성의 희열이 발원하는 자리'라고 칭하며 이렇게 적고 있다. "그곳을 만지면 마치 남근처럼 약간 단단해지면서 길쭉해진다. …이 돌출 부위와 그 역할을 알아본 이가 아직 없으므로, 이것의 발견자인 내게 허락된다면 나는 이것을 비너스의 사랑이라 명명할 것이다." 그러면서 그는 그곳에 음경을 대고 세게 비비거나 손가락으로 건드리기만 해도 정액이 바람보다 빠르게 뿜어져 나오며, 이 돌기가 주는 쾌락이 없다면 여성은 성교의 기쁨을 느끼지도 태아를 수태하지도 못할 것이라고 부연했다. 100여 년 뒤인 1671년에는 산파인 제인 샤프에 의해 음핵이 재발견되었다. 샤프는 음핵이 "음경과 마찬가지로 똑바로 섰다가 주저앉으며 여성이 성교를 통해 희열을 느끼게 한다"는 기록을 남겼다.[28] 한편 윌리엄 쿠퍼는 1697년에 낸 의학 교재 《인체 해부학》에서 최초로 음핵을 하나의 독립된 장기로 인정했다. 더불어 래커는 17세기에 프랑스어로 집필한 또 다른 저서에서 "창조주가 남성의 음경 귀두 대신으로 여성에게 관능과 초월적 감성을 위한 자리로 마련해 준 것이 음핵"이라고 정의했다.[29]

그러나 망각과 재발견이 돌고 도는 음핵의 수난사는 아직 끝난 게 아니었다. 이 시기 뒤에는 역사상 가장 오랜 또 다른 망각기가 기다리고 있었다.

빅토리아 시대, 의학 연구와
예속 대상으로서의 버자이너

전에는 매우 잦았던 흥분 상태가 수술 후 완전히 사라졌다. …1865년 1월 6일
에 수술 상처가 완전하게 치유되었고 환자의 상태도 양호했다. …환자는 더 이
상 성적 흥분으로 고통을 겪지 않았다.
―산부인과 의사 구스타프 브라운, '질 경련 치료를 위한 음핵과 소음순 절제
술' (1865년)

서양에서 버자이너는 고대의 신성성은 완전히 박탈당한 채 과학 탐
구의 대상일 뿐인 부끄러운 성 기관으로 인식된다. 소위 현대적이라는
이 개념의 기원은 19세기로 거슬러 올라간다. 미셸 푸코가 《성의 역사》
에서 지적했듯 19세기는 의학의 틀 안에서 성을 통제한 시대였다.[1] 이
시대에 버자이너는 유례없이 전문화된 의학적 방식으로 관리와 감시를
받았다. 그리고 그런 시각이 200년의 세월이 흐른 오늘날까지 거의 그
대로 이어지고 있다.

산업화와 교육 수준 향상은 참정권을 거머쥔 시끄러운 여성 계층을
양산했다. 사회는 규모가 점점 커지는 이 집단을 억압해야 했고 그러기
위해 갖가지 새로운 예속 수단을 고안해 냈다. 여성이 자신의 몸과 성

적 반응에 눈을 뜨지 못하도록 있는 힘껏 막으면서 여성에게 열정이 없는 상태를 권장했다. 그리고 이를 위해 갖가지 수단이 총동원되었다. 신문 논평, 의사용 지침서, 결혼 가이드, 그리고 의료 분과로서 산부인과의 등장이 바로 그것이다.

이 시대에는 음핵이 부도덕성의 원천이라는 관념이 널리 퍼졌다. 그래서 사람들은 어린 소녀가 불온한 소설을 읽으면 욕망의 고삐가 풀려 날뛰게 된다고 여겼다. 또, 성욕, 특히 음핵의 느낌이 없는 여성이 바람직한 여성이며 나쁜 여성은 성욕 때문에 스스로를 망친다고들 믿었다.[2] 따라서 이 시기에 오르가슴을 되찾아 주는 치료법이 폭발적으로 등장한 것은 모순적이다. 허나 여성이 사회적 지위를 훼손하지 않고도 이런 치료를 받을 수 있었던 것은 의사의 손을 거치는 일이었기에 가능했다. 의사들은 신경질환을 자궁 마사지로 치료한다며 광고를 하고 높은 지위의 귀부인들을 진료실 소파에 눕혀놓고 자위하는 법을 가르침으로써 떼돈을 벌었다. 고객이 얼마나 많았는지 일일이 응대하기에 체력이 달린 몇몇 의사는 여성의 막힌 신경을 전기 자극으로 뚫어 주는 자위 기계를 개발할 정도였다. 이 용도의 남근 모양 전자제품들이 다양하게 출시되어 미사여구로 포장한 광고에 힘입어 절찬리에 판매되었다.[3]

바로 이 시점부터 서구 사회에는 버자이너를 좋은 것과 나쁜 것으로 양분하는 사고방식이 깊숙이 고착되었다. 좋은 버자이너는 사회와 국가로부터 보호받을 것이지만 나쁜 버자이너는 엄한 징벌을 받아 마땅했다. 더불어 현대인의 유별난 불안증이 시작된 것도 바로 이 시기다. 좋은 혹은 존경받을 만한 버자이너는 사회적 보호를 받을 자격이 있지만 나쁜 버자이너는 음탕하여 품위를 스스로 포기했으므로 어떤 형벌을 받아도 할 말이 없다는 것이었다. 빅토리아 시대 중반에 오면 공공장소에서든 사적인 자리에서든 버자이너를 언급해도 되는 유일한 주제는 단 하나, 존경받을 만한 여성의 버자이너에 관한 의학적 담론과 나쁜 여성의 버자이너를 겨냥한 포르노 또는 처벌법이었다.

버자이너와 여성의 성적 쾌락을 향한 이 시대의 불안증이 사회의 모든 면면에 얼마나 짙게 물들었는지는 아무리 강조해도 지나치지 않다. 결국 이 불안감은 오늘날까지 계승되어 지금 이 순간 우리들에게도 영향을 미치고 있다.

그래도 19세기 중반까지는 여성의 성욕이 인간의 본질 중 하나로 여겨졌었다. 여성의 성을 딱히 찬미하지는 않더라도 적어도 억지로 떼어내지는 않았던 것이다. 그러나 이 시각은 1857년경에 완전히 그리고 영구적으로 바뀌어 버린다. 1857년은 영국에서 음란물출판법이 최초로 제정된 해다. 그 전에는 석판 인쇄물부터 종이책까지 버자이너를 경박하지만 유쾌하게 다룬 간행물들이 아주 흔했다. 존 클레랜드가 1748년에 쓴 《패니 힐》 같은 18세기의 에로틱 고전소설이 대표적인 예다. 하지만 빅토리아 시대가 이중성을 띠기 시작하면서, 버자이너는 의학연구의 대상인 좋은 버자이너와 음탕한 나쁜 버자이너 두 종류로 나뉘었다. 빅토리아 시대의 성(性) 이데올로기는 음담패설을 거부했다. 이전 세기에는 모두가 버자이너와 음핵을 입에 올리는 데 거리낌이 없었던 반면 이 시대에는 되도록 말을 삼가고 기껏해야 애매한 표현으로 애정을 드러내는 정도였다. 새 시대에 등장한 산부인과라는 새로운 의학

장르는 의학의 테두리를 벗어난 여성의 자위는 입에 올리지도 못할 수치스럽고 불명예스러운 짓이라며 관심도, 일언반구 언급도 허용하지 않았다. 또, 여성이 성관계 중에 쾌락을 느끼는 것을 엽기적이고 상상도 못 할 최악의 수치라며 깎아내렸다.

이것은 어쩌면 도파민과 버자이너와 뇌의 삼각관계를 감지한 인간의 무의식이 문화적으로 표출된 현상일지도 모른다. 이 시대에 중산층 여성들은 여권 보장과 사회 진출을 위해 부단히 애썼고 상당한 성과를 거뒀다. 그들은 폭력을 휘두르는 남편과 이혼할 권리를 얻기 위해 로비활동을 벌였고(기혼여성의 재산보호법, 1857년), 매춘 여성을 강제 소집해 야만적인 자궁경부 검사를 받게 하는 관행에 반대했으며(전염병 예방법, 1864년, 1866년, 1869년), 결혼 후에 소득과 유산의 재량권을 빼앗기지 않기 위해 투쟁했다(기혼여성의 재산보호법, 1870년). 또, 결혼 후에도 본인의 재산과 자녀 양육권을 여성이 갖게 하는 법안 개정을 강력하게 지지했다(기혼여성의 재산보호법, 1882년). 19세기 말, 옥스퍼드와 케임브리지에 여자대학교가 세워지고 여성의 사회활동 범위가 넓어진 것 역시 다 그들의 공이다. 도파민과 버자이너와 뇌의 연결고리를 바탕에 깔고 돌이켜 생각하면, 신교육을 받은 중산층 여성들이 자꾸 뭔가를 요구하지 못하게 하려는 이데올로기가 의식하지 못하는 사이에 생겨나는 게 당연할지도 모른다. 기득권층에게는 여성들이 버자이너를 제대로 이해하지 못하도록 혼신의 힘을 다해 막는 동시에 외음부를 만지는 상상만 해도 혹독한 벌을 주는 사회적 장치가 필요했다. 안 그러면 원래 제멋대로인 도파민이 더욱 활개를 칠 테니까 말이다.

자위가 다양한 중병을 일으키고 자위 중독자는 결국 미치게 된다는 19세기 의학계와 사회 명사들의 주장은 남녀 모두에게 해당하는 것이었다. 그러나 여성의 자위에 대해서만 유독 반발이 심했다. 여성의 자위를 근절해야 한다는 빅토리아 시대의 집착은 여성 계몽에 대한 두려움과 무관하지 않다. 이런 심리는 종종 독서를 통해 현혹되는 소녀 혹은 여성의 이미지로 연결된다. (참고로 17세기와 18세기에는 여성의 독서와 여성의 자위가 서로 관련 있다고 생각하지 않았다.) 빅토리아 시대 이전의 서양에서는 배웠다는 여성일지라도 대부분 교육 수준이 낮고 개인 재산이 없었다. 따라서 여성이 자위하건 말건 누구도 개의치 않았다. 그러므로 여성의 자위를 위험한 것으로 보는 19세기의 집착은 여성 해방을 위협으로 느낀 기존 가부장제의 두려움이 표출된 현상일 것이다. 이는 여성이 법률 제정을 통해 권리를 하나씩 찾아간 시대상과 정확하게 맞물린다.

　산부인과 의사 윌리엄 액턴은 1875년 논문 '생식기관의 기능과 장애'에서 자위를 "병을 부르는 습관성 실금"이라고 정의했다. 그러면서 그는 "대다수의 여성은 (그들에게는 다행히도) 어떤 종류든 성적 감각에 크게 휩싸이지 않는다"고 언급했다. 또한 그는 "일반적으로 정숙한 여성은 스스로를 성적으로 만족시키는 행위에 대한 욕구가 거의 없다. 남편의 손길에는 순응하지만 주된 목적은 남편을 만족시키는 것이다. … 어느 기혼여성도 정부(情婦)가 되기를 원하지는 않는다"고 생각했다.[4]

　오늘날 여성들은 자신의 성이 자신의 나머지 성격과 별개라고 생각한다. 그래서 일부 여성은 성적 욕망이 엄마로서 아내로서 근로자로서 마땅히 기대되는 역할과 동떨어져 있다는 생각에 항상 불편한 마음으로 잠자리에 임한다. 그러나 이런 생각은 진리가 아니며 그리 오래된 관념도 아니다. 유럽과 미국의 문화비평이 여성의 참정권 획득이라는 사건에 화들짝 놀라 여성의 성을 남성 산부인과 의사라는 새로운 직업군의 관할로 배정하면서 고안해 낸 선동 도구일 뿐이다. 이 관념이 처음 등장한 것은 160년 전에 불과하므로 우리가 이 이중적 관념에 영원히 갇혔다고 단정하기에는 아직 이르다.

빅토리아 시대는 여성의 외음부를 의학적으로 다루는 기존의 방식을 통째로 갈아엎었다. 이에 따라 중산층 여성의 건강은 이제 산파가 아니라 남성 의사의 관할로 넘어가게 되었다. 남성 의사들은 자기들만의 단체를 조직해 산파들의 활동 영역을 계속 좁혀갔다. 그들의 노하우를 참고하고 자연분만을 지지하긴 했지만 남성 의사가 세운 외음부와 자궁 관리 모델은 피땀을 쥐어짜 내는 영웅 의학[1] 혹은 성마른 의료 폭력에 가까웠다.

미국에서는 남성 주도적 산부인과학이 에브라임 맥도웰, W. H. 바이퍼드, J. 매리언 심스에 의해 크게 확장되었다. 심스는 방광과 질에 샛길이 생기는 방광질루의 복구 기술을 완성했다. 하지만 이 업적은 많은 여성을 실험 대상으로 희생시켜 얻은 성과였다. 외과시술에 마취제도 쓰지 않고 말이다. 산부인과학의 주도권을 남성이 쥔 것은 영국도 마찬가지였다. 수천 년 동안 수많은 여성 산파들의 노력으로 우직하게 성장해 온 이 의료 분과를 이제는 로버트 로슨 타이트와 윌리엄 타일러 스

---

1) [역주] heroic medicine, 피와 땀을 억지로 빼내 병을 낫게 한다는 극단적인 치료법. 18세기에 유럽과 미국에서 유행했다.

미스 등으로 대표되는 남성 의사들이 이끌게 되었다. 이런 남성 독식 체제는 최초의 여성 산부인과 의사 헬렌 퍼트넘이 미국 로드 아일랜드에 병원을 개업한 1890년대 후반까지 이어졌다. 세대가 두 번 바뀌는 이 세월 동안 미국과 영국의 남성 의사들은 임산부를 섬세하게 배려하는 전통 조산술을 자신들의 입맛대로 완전히 뜯어고쳤다. 그 일환으로 그들은 누워서 분만하는 기법을 도입했다. 순산에 도움이 되도록 산파가 내내 산모 곁에 붙어서 자세를 자주 바꾸어 주던 옛날 방식과 달리 이 분만법은 의사에게만 편했다. 게다가 산도에서 태아가 중력을 거슬러 올라가야 하고 여성의 외음부와 산도가 더 심하게 망가진다는 문제가 있었다. 이것은 현대식 의학이 시작된 서양 이외에서는 사용된 적이 없는 기법이었다. 병원에서 분만할 만큼 경제적 여유가 있었던 중산층 여성들은 최신 의료기술 때문에 오히려 새로운 유형의 부상을 당하고 돌아가는 경우가 많았다. 이 시대의 남성 산부인과 의사들이 새롭게 개발한 방식 중에는 자궁경부 검사를 커튼을 치거나 천을 덮고 하는 것도 있었다. 남성 의사는 질이나 자궁경부를 직접 들여다보는 것이 금지되었고 오로지 촉감에만 의지해 모든 걸 파악해야 했다. 19세기 서양 산부인과학의 마지막 특징은 질을 합법적으로 심판하고 폄하하는 의학적 담론이 한층 정교해졌다는 것이다. 여성의 금욕을 권장한 윌리엄 액턴의 논문은 8차 개정본까지 나오며 무려 20년 동안 재쇄를 거듭했고, 역사학자 칼 데글러는 이 논문을 여성의 성을 다룬 것 중 "영어권 국가들에서 가장 널리 인용된 서적"이라 말했다.[5]

여론은 19세기 내내 여성의 역할을 생식과 관련된 쪽으로만 계속 몰아갔다. 그래서 자궁이 여성의 기분과 지능에 부정적인 영향을 준다는 시각이 퍼져갔다. 또한, 산부인과 의사들은 논문에서 교육을 많이 받은 여성의 심신이 쇠약한 것이 월경 때문이라는 논리를 펼쳤다. 그에 따라 19세기 후반에 이르면 교육이 여성의 성 신경계를 변화시키고 남성과 동등한 교육을 주장하는 소위 신여성들을 불임으로 만들거나 누구도 결혼하려고 하지 않을 털북숭이로 만든다는 인식이 팽배했다.

역사학자 엠마 올라프슨 헬러스타인, 레슬리 파커 흄, 캐런 M. 오펜이 쓴 공저 《빅토리아 시대의 여성》에는 이런 구절이 있다. "남녀 차별의 이데올로기는 19세기에 새로운 것이 아니지만 (프랑스, 미국, 영국의) 문화가 이 분리를 전례 없이 고집하는 방식은 집착에 가까웠다. … 빅토리아 시대의 문화가 부과한 역할을 조금이라도 거부하는 여성은 당대 사람들에게 정치혁명가나 무정부주의자 따위로 비쳐지거나 위험분자로 간주되었다."[6] 당시의 안정하고 질서정연한 사회에서 여성의 성은 테러리즘 혹은 무정부주의만큼이나 심각한 위협이었다고 이 책의 저자들은 분석한다. "당시 사회는 젊은 여성에게 교육의 기회를 주었지만 여성 지식인은 원치 않았고 여성이 (결혼이라는 제도 안에서 후손 생산이라는 목적에 한하여) 성 경험을 갖길 원하긴 했지만 성을 즐길 줄 아는 사람이 되기를 원치는 않았다."[7]

남성 중심적 산부인과학의 잔인한 횡포는 1860년대부터 1890년대까지 극에 달했다. 악행으로 손가락질받는 자위를 끊지 못하는 여성에게 음핵 절제술이 치료법으로 사용되기 시작한 것도 바로 이 시기다. 음핵 절제술은 아이작 베이커 브라운이 1858년에 영국에 처음 소개했고 브라운 역시 10여 년 동안 직접 환자들에게 이 시술을 했다.[8] 말대꾸가 많고 사납던 소녀들이 브라운 박사의 병원에서 수술을 받으면 완전히 다른 사람인 듯 순한 양이 되어 가족에게 돌아가는 모습을 보고 많은 이가 그에게 한 수 배우려고 줄을 섰다. 소녀들이 이렇게 온순해진 건 정신적 외상과 신경 절단 때문이었음이 분명할 텐데 말이다.

그뿐만 아니다. 자위하면 음핵을 잘라 버리겠다는 협박까지 가지는 않더라도, 온갖 교과서, 도덕 지침서, 대중잡지마다 자위는 나쁜 짓이라는 경고의 메시지들로 가득했다. 메시지의 요지는 대개 음란 소설에 현혹되어 자위하는 여성은 나른하고 무기력한 몸동작, 창백한 피부, 충혈된 눈 그리고 전반적으로 수상하고 불만스러운 태도로 금방 알아볼 수 있다는 것이었다. 같은 맥락으로 자위는 소녀들을 타락시키고 악과 도덕적 방종에 물들게 하므로 딸들을 잘 살피고 엄하게 단속해야만 가정교육을 제대로 하는 부모로 인정을 받았다.

제프리 무사예프 마송의 연구가 이 시대상을 잘 증명한다. 그는 1865년부터 1900년까지 유럽에서 발행된 의학잡지 300종을 조사했다. 그런 뒤 "소위 전문적이고 믿을 만하다는 학술지들이 전부 여성의 삶, 특히 여성의 성생활을 통제할 수 있는 위치에 있는 남성이 여성의 성적 자아를 비틀어 억누르며 심지어 파괴하는 데 권력을 어떻게 남용했는지를 잘 보여 준다"는 결론을 내렸다.[9]

자신의 몸에 대한 여성의 무지는 여성의 성을 곱지 않게 바라보는 사회 분위기와 시너지 효과를 내어 끔찍한 결과를 종종 낳았다. 프랑스 의사 데메트리우스 알렉상드르 잠바코는 한 젊은 여성 환자의 사례를 들고 있다. 그가 기록한 바에 따르면 악행, 즉 자위를 저지른 것으로 의심되는 이 환자가 거기서 헤어나지 못하는 것 같다고 판단했다. 그래서 그는 치료 전략을 바꾸어 환자를 더 가혹하게 다룰 필요가 있다고 결정했다. 이를 위해 그가 사용한 체벌 방법은 채찍질이었다.[10] 또한, 파리의 외과 의사 앨프리드 풀레는 1880년에 《이물을 제거하기 위한 외과적 시술에 관한 논문》 2권을 발표하고 여성 환자의 버자이너에서 나온 잡동사니들을 이물 목록에 올렸다. 그러면서 영국과 미국에서 보고된 유사 사례들을 함께 수록했다. 풀레는 환자의 자궁, 요도, 질에서 실타래, 바늘 케이스, 머릿기름 상자, 머리핀, 빗, 페서리 같은 것들을 꺼내야 했다고 한다. 풀레의 주장은 악과 광기에 지배당한 여성들이 자위하기 위해 이 물건들을 사용했다는 것이었다.

그중에서 그가 들려준 한 28세 여성 환자의 사례가 특히 흥미롭다. 그녀는 나무로 된 머리빗 손잡이로 자위를 하고 있었다고 한다. 그러다 누군가가 갑자기 방으로 들어오는 바람에 그녀는 벌떡 일어나 아무 일도 없었던 듯 꼿꼿하게 앉았다. 빗 손잡이는 아래에 꽂힌 채였다. 그렇게 앉아 있는 동안 빗이 질 후벽을 뚫고 복강까지 밀려 들어갔다. 그녀는 수치스러웠다. 정숙한 숙녀가 자위한다는 건 상상할 수도 없는 일이었기 때문이다. 그래서 그녀는 이 일을 8개월 동안 숨겼다. 그러는 동안 빗 손잡이는 창자에까지 구멍을 내 버렸다. 통증이 참을 수 없을 정도로 심해진 그녀는 마침내 의사를 찾아가 사정을 설명하고 수술로 나무토막을 빼냈다. 하지만 결국 나흘 뒤 복막염으로 세상을 떠났다는 얘기다.

풀레는 질 천공 환자 열에 아홉이 자위하는 동안 뾰족한 물건이 질을 찔러서 그렇게 된 경우라고 설명했다. 그러나 현대 의학자들의 생각은 다르다. 자위가 그런 사태를 만들 가능성은 희박하며 그보다는, 요즘 사람들에게는 다소 섬뜩하게 느껴질 텐데, 낙태하기 위해 뾰족한 것으로 질을 찔러댄 바람에 그런 상처가 났을 거라고 전문가들은 말한다. 캐럴 그론먼은 저서 《색정의 역사》에서 다른 신체 증상들까지 꼼꼼하게 살폈다면 성적 학대나 낙태 시도 등 다른 설명이 가능했을 것이라는 주장을 펼친다. 그럼에도 대다수의 의사들은 이런 여성들을 피해자가 아니라 요부라고 단정했다는 것이다. 그론먼은 그들이 자신이 보고 싶은 것만 봤다고 일침을 가한다. 그녀의 해석대로라면 풀레는 여성을 피해자나 사면초가에 빠진 구제 대상으로 보지 않고 자위라는 음탕한 악습을 고치지 못해 부상을 자초한 죄인으로 여겼다. 이는 무엇보다도 학대와 낙태와 자위의 흔적에 구분을 두지 않은 당시 의료계의 전반적 분위기 탓이 컸다.[11]

예일 대학교의 역사학자 신시아 러셋에 따르면, 19세기에는 당시 유행하던 옷차림 때문에 자궁탈출증이 매우 흔했다고 한다. 1840년대부터 1910년대까지 모든 숙녀는 고래 뼈로 된 코르셋을 단단하게 조여 입었다. 코르셋 혹은 거들 하면 우리는 탄성섬유나 고무를 떠올리지만 고래 뼈는 잘 구부러지지 않는다. 상상할 수 있듯, 당시의 코르셋은 여성의 허리를 단단하게 압박했고 그럼으로써 소장, 자궁, 방광 등 복부와 골반의 장기들을 강제로 밀어 내렸다. 여성들은 코르셋을 입고 있는 한 고래 뼈가 온 하체를 짓누르는 압력을 견뎌야 했다. 코르셋 착용의 의무는 임신 중에도 예외가 아니었다. 특히 임신 후반에는 엄청난 압력이 안 그래도 팽창된 자궁과 골반저를 사정없이 내리눌렀다. 그래서 이런 여성들에게는 페서리가 필요했다. 페서리는 요즘의 삽입형 피임기구와 비슷하게 생긴 금속물체인데, 자궁탈출증 여성의 손상된 골반저에 넣어놓으면 자궁과 이웃 장기들이 질관으로 빠져나오지 않도록 받쳐 주는 역할을 했다. 진실을 누구보다도 잘 아는 여성 언론인들은 여성들을 기형으로 만들면서까지 억지스러운 예의범절을 고집해서는 안 된다며 논평과 소설과 시 등을 통해 복식의 변화를 사회에 열렬히 주창했다. 그들이 말하는 기형은 육체적인 것과 심리적인 것 모두를 의미했다. 당대 패션은 여성의 자궁과 골반저를 파괴하고 있었다.

빅토리아 시대에는 질과 자궁의 손상이 매우 흔했고 그로 인해 건강이 나빠진 여성이 많았다. 브론테부터 조지 엘리엇, 엘리자베스 개스켈, 엘리자베스 배럿 브라우닝까지 이 시대의 위대한 여성 문인들이 작품을 통해서나마 심신의 자유를 꿈꾼 것은 결코 우연이 아니다.

국가와 나쁜 버자이너

1857년, 영국에서 전염병 예방법이 최초 제정되어 1864년에 확대 시행되었다. 이 조치는 매춘부로 의심되는 여성들을 소집할 수 있는 권한을 정부에 부여했다. 정부는 그들을 시설에 모아 놓고 강제로 생식기 검사를 받게 했다. 명목은 매독과 임질을 비롯한 성병의 전파를 막는 것이었다.

전염병 예방법은 여성의 집단의식에 보통 사람들이 생각하는 것보다 훨씬 더 큰 구속력을 발휘했다. 영국 전역에서 창녀라는 의심을 받은 여성들이 남성 첩보원들에게 체포되어 끌려갔다. 가장 만만한 표적은 군부대 근처에 사는 여성들이었다. 빅토리아 시대에는 매춘부라는 직업의 정의가 모호했던 탓에 옷차림이나 눈빛, 행동거지만 보고 판단하는 경우가 비일비재했다. 따라서 무고한 사람을 남편이 아닌 남자들에게 몸을 막 굴리는 여자라고 오해하는 일이 다반사였다. 납치된 여성들은 인도적 절차도 없이 시설에 감금되었다. 시설은 병원이라기보다는 감옥에 가까웠다. 그래서 사람들은 그런 시설을 병원 감옥이라고 불렀다. 그곳에서 여성들은 팔다리를 결박당한 채 생판 모르는 남자 의사들에 의해 검사를 받았다. 그런 다음에는 마찬가지로 의지에 반해 의학적 치료가 이루어졌다. 길게는 8개월까지 그곳에 갇혀 있어도 불법이 아니었으며 그동안은 가족과 만나는 것도 일터에 나가는 것도 허락되지 않았다.[12]

영국 정부는 방탕해 보이는 여자들을 잡아 들여 구금하는 이 프로그램을 확대해 나가기로 했다. 이 정책을 도시에서 도시로 전수해 런던까지 동참시킨다는 계획이었다. 영국 역사학자 A. N. 윌슨이 《빅토리아 시대》에서 지적했듯 정부가 주도한 이 납치극의 규모와 당시 여성들이 느낀 공포의 무게는 실무자들조차 프로그램 확대를 반대했다는 사실로도 잘 드러난다. 그들이 반대한 것은 만약 체포 사례 수가 다른 지역에서도 비슷할 경우 여성을 가둬두는 데에만 대형 종합병원 크기의 시설이 수도에 열두 개 더 필요하다는 분석에서였다.[13]

이 시기에 앵글로아메리칸 여성들이 느낀 공포가 그들의 의식에 또렷하게 각인되어 부지불식간에 대물림되고 있다고 나는 확신한다.

왜 오늘날 여성들은 성범죄의 피해자가 되었을 때 신고를 하면 과거에 행실이 어땠느냐에 따라 처우가 달라질 거라고 믿을까. 도대체 왜 본인이 피해자인데도 만약 사건 조사를 받을 때 옛날에 좀 놀았다는 사실을 인정한다면 사람들이 손가락질할까 봐 걱정해야 할까. 수사부터 기소와 판결까지 전 과정을 통틀어 성범죄 피해 여성이 순결하거나 순진하다는 이미지로 비춰질 때 기소확정 성공률이 더 높은 이유는 무엇일까. 여성의 성격은 사건 자체와 직접적인 연관성이 전혀 없는데도 말이다. 왜 현대 여성들은 성적 욕구에 솔직해지는 게 손해 보는 짓이라고 여기는 걸까. 도대체 왜.

다행히 전염병 예방법의 폭주는 페미니즘의 선조 격인 조지핀 버틀러의 열정적 활동 덕분에 저지된다. 그녀는 방탕과 배신이라는 죄목으로 감금된 여성들이 사실은 무고한 학대 피해자라고 주장했고 이 설득이 먹힌 것이다.

이 거물 페미니스트가 거둔 최초의 정치적 승리를 되짚어보면 오늘날 페미니즘과 여성의 전반적 사회운동이 거의 반사적으로 그들 자신을 무고한 피해자라는 틀 안에 가두고 일어난다는 것이 놀랍지 않다. 이런 성향은 특히 사안이 성 관련 문제일 때 더욱 두드러진다. 안타깝게도 19세기의 페미니즘에는 여성들을 구하기 위해 더 보편적으로 설득력 있는 전략을 짤 여유가 없었다. 그런 까닭에 이 승리는 양날의 칼이 되었다. 페미니스트들은 스스로를 야만적인 포식자 남성에게 당할 수밖에 없었던 무력한 여성이라는 이미지에 가둠으로써 사회적 공감과 지위와 법적 승리를 쟁취했다. 그러나 단언컨대 이것은 그릇된 진술이다. 이러한 진술 방향에 부합하는 상황도 많이 있긴 했다. 하지만 그런 동정표도 여성의 성적 본능에 대한 공감까지 불러일으키지는 못했다.

그런 의미에서 오늘날 우리는 이 200년 전 과거의 그림자 속에서 살고 있다. 줄리안 어산지는 2011년에 성폭행 혐의로 기소를 당해 세상을 시끄럽게 만들었다. 전에도 관계를 맺은 적이 있던 여성이 다음번에는 동의 없이 강제로 당했다고 주장한 사건이었다. 이때 나는 이 사건에 대해 논평을 냈는데, 몇몇 페미니스트가 동족의 배신자라며 나를 공격했다. 오늘날 대다수 데이트 폭력 사건의 근본적 문제는 남녀의 행위가 암묵적인 분위기에서 이루어진다는 데 있다. 여자가 이건 원하고 저건 원하지 않는데 말로 분명하게 밝히지를 않는 것이다. 여성들이 "네가 자초했다"는 오명을 쓸까 두려워하지 않고도 자신의 성적 욕구를 떳떳하게 말할 수 있는 세상이 되어야 한다. 그래야만 강간범들을 진정으로 처벌할 수 있다.

항거

19세기는 여성 생식기에 대한 억압이 극렬했던 시대였지만 한편에서는 억압을 이겨내려는 반대 움직임도 활발했다. 빅토리아 시대의 여성들은 여성의 자아와 성 그리고 버자이너를 완곡하게나마 긍정적으로 대변하는 문학과 미술을 지지했고 여성의 성적 본능에 관한 진실을 예술을 통해 말하고 싶어 했다. 종종 이러한 탐험적 과정에서 그들의 심상을 묘사하기 위해 고도의 은유가 사용되었다.

가령 조지 엘리엇의 《플로스 강변의 물방앗간》을 보면 우울하고 외로운 생활을 하던 매기 툴리버는 부모 몰래 구혼자 필립 웨이컴에 이끌려 붉은 계곡으로 간다. 이 장면에서 여성의 성적 욕망은 더 큰 세상을 배우고 힘을 얻고 싶어 하는 열망과 연결된다.

> 어린 시절 매기는 붉은 계곡이라 불리는 그곳을 매우 두려워했다. 구덩이에서 도둑과 맹수가 튀어나올 것만 같아서였다. …그러나 이제 그곳은 그녀에게 매우 매력적으로 보였다. 습관적으로 땅바닥만 바라보는 그녀에게 폐허가 된 땅과 뭔가를 닮은 바위들, 그리고 깊게 팬 골짜기는 특이한 매력을 지니고 있었다. …6월 이맘 때면 찔레꽃이 한창이었다. 그녀가 자기 마음대로 다녀도 좋게 된 첫날, 다른 곳들을 제쳐두고 붉은 계곡으로 간 데에는 그것도 또 하나의 이유가 되었다. 그녀는 정말 산책을 좋아했다. 그래서 금욕 생활을 하기로 마음먹은 이래, 때로 그녀는 산책을 너무 자주 하지 말아야겠다고 생각하기도 했다. (《플로스 강변의 물방앗간》, 민음사)

엘리엇은 '산책'을 "얼굴의 홍조를 되찾게 하는" 매우 즐거운 활동으로 묘사했다. 매기는 붉은 계곡에 몰래 오는 것이 "탄로 날까 두려운 일을 하는 것이어서 정신적인 문제를 가져오지 않을까" 고민한다. 이것은 19세기에 여성의 자위를 암시할 때 종종 사용되는 표현이었다. 이때

"바람결에 종소리가 실려 오듯 달콤한 음악과 같은 목소리"가 그녀에게 속삭인다.[14] 여기서 달콤한 음악과 같이 흐르는 것은 바로 여성의 욕망과 자아 인식이다. 즉, 소설 속 이 장면은 비슷한 다른 많은 장면에서처럼 여성의 예술적 상상력, 성적 본능의 세계, 외음부 감각의 각성이 모두 하나임을 암시한다.

신비로운 구멍, 예쁜 상자, 보석함 등도 19세기 중반 여류작가의 소설들에서 모두가 아는 은유의 도구로 흔히 사용된 소재다. 리스 박사는 '빅토리아 시대의 버자이너'에서 브론테의 소설들을 집중 분석했다. 그중에서 《빌레트》는 조용한 성격의 평범한 가정교사 루시 스노가 벨기에의 한 학교에서 연적들을 물리치고 사랑을 쟁취하는 이야기다. 리스 박사는 소설 곳곳에서 브론테가 여성의 버자이너를 묘사하려고 사용한 은유들에 주목했다.[15]

소설 초반에는 루시를 맘에 들어 한 존 선생이 그녀에게 뜨거운 연서를 보내고 루시는 이 편지들을 아무도 몰래 배나무 아래에 묻는다. 그녀는 독백한다. "나는 담쟁이를 옆으로 밀치고 구멍을 찾아냈다. 구멍은 유리병을 넣기에 충분한 크기였다. 나는 유리병을 깊숙이 밀어 넣었다. ⋯나는 그곳에 보물만 숨기는 게 아니라 슬픔도 함께 묻을 작정이었다."(《빌레트》, 현대문화) 리스 박사는 루시가 마치 풀레의 환자가 그랬던 것처럼 내면의 열망을 감춰야 했기에 강박적으로 물건들을 상자, 옷장, 책상서랍에 숨겼다고 분석했다.

나중에 루시는 자신의 진짜 짝이 폴 선생임을 깨닫는다. 그래서 그녀는 그에게 "내내 무릎 위에 올려놓고 있던" 상자를 건네주며 자신의 마음을 넌지시 알린다. "나는 뚜껑이 열려 있는 책상에서 작은 상자를 꺼내 그의 손에 쥐여 주었다. '오늘 아침 이걸 무릎 위에 올려놓고 기다리고 있었답니다. 선생님이 조금 더 인내심 있게 기다리셨다면 그리고 제가 좀 더 차분하고 현명했더라면 아침에 드렸을 거예요.' 폴 선생은 상자를 바라보았다. 밝고 선명한 색깔과 하늘색 테두리 장식이 마음에 드는 모양이었다. 나는 상자를 열어 보라고 말했다."

당시에는 사회규범 때문에 은유와 풍자로 포장하지 않고는 이런 장면을 연출하기가 불가능했다. 그런 시대 상황을 감안하면 여성이 가진 성적 주인의식을 이보다 더 또렷하게 표현하기는 힘들 것이다.

19세기 중반에는 정기간행물 《미생물(The Germ)》이 반짝 출간되었다. 1850년에 라파엘 전파 형제회[1]에서 내놓은 이 잡지에는 버자이너를 그린 것이 분명한 도해가 실렸다. 크리스티나 로세티의 오빠인 단테이 로세티 역시 이 암시가 생생하게 드러나는 그림을 그리는 것으로 유명했다. 그의 그림들은 언뜻 보면 평범한 식물 같아 보였지만 사실 뜯어보면 여성 외음부의 생김새와 딱 들어맞았다. 반신 초상화 〈축복받은 베아트리체〉에는 한 손에 석류를 든 여인이 등장한다. 석류는 껍질이 양쪽으로 벌려져 음순과 똑같은 모양을 하고 있다. 음순을 상징하는 석류는 여성의 성적 본능을 다룬 여동생의 작품 《요괴 시장》을 소재로 한 목판화에도 등장한다.[16] 라파엘 전파 형제회가 스스로를 사회적 비주류라 선언한 만큼 잡지에 실린 그림들에 숨겨진 버자이너 메타포를 찾아보는 것은 신나는 일이 아닐 수 없다. 그들은 여성의 성을 억압하

---

1) [역주] Pre-Raphaelite Brotherhood, 1848년 런던에서 결성. 당시 왕립 미술원에서 최고 존경의 대상이었던 라파엘로와 미켈란젤로의 이상화된 미술을 비판했다.

는 19세기의 사회 분위기에서 버자이너를 떠받들고 표출하는 그림을 그리는 것으로써 더 큰 사회적 해방과 예술 표현의 자유를 부르짖었던 것이다.

1860년대에 영국 여성들 사이에서는 관능 소설이라는 장르 소설 붐이 일었다. 디킨스의 작품처럼 남성이 쓴 빅토리아 시대 고전들에는 수동적이고 순종적인 여성만 등장하지만, 관능 소설의 여자 주인공은 모두 자기주장이 뚜렷하고 단호했다. 이 소설들은 여성의 뜨거운 본능을 감각적으로 묘사한 구절로 가득했다. 당연히 주류 문화는 관능 소설을 여성들에게 심각한 위협이 되는 불온물로 간주했다. 어린 소녀나 젊은 여성을 성적으로 흥분시킨다는 이유에서였다. 그래서 여성이 소설, 특히 묘사가 더 노골적인 프랑스 소설을 읽는다는 것은 자위와 거의 동급으로 도덕적 한계선을 넘어버리는 것으로 비쳤다. 실제로도 여성이 관능 소설을 읽는 것과 자위하는 것을 하나로 싸잡아 말하는 경우가 많았다.

유미주의적 버자이너

1880년대와 1890년대에 접어들면서는 유미주의[1]가 아방가르드 운동[2]을 견인하면서 유미주의적 버자이너가 출현했다. 삽화가 오브리 비어즐리는 오스카 와일드의 민담과 연극들을 소재로 삽화를 제작할 때 버자이너 모티프를 사용했다. 여성의 치명적 성욕을 다룬 높은 수위의 연극 〈살로메〉(1892년)도 이 삽화집의 소재 중 하나였다. (이 시기

---

1) [역주] 아름다움을 예술의 최고 가치로 보는 예술사조
2) [역주] 20세기 초에 출현한 개성과 자유를 추구하는 전위예술

에는 버자이너가 가끔 공포의 대상으로도 표현되었다. 오스카 와일드의 냄새가 나지만 저자 미상인 1893년의 소설 《텔레니》에서는 버자이너가 어떨 때는 아름답지만 또 어떨 때는 유독하고 기괴하기까지 한 존재로 묘사된다.)

특히 1890년대에는 유럽과 미국을 중심으로 여성의 교육과 사회 참여가 현저하게 활성화되면서 버자이너가 그림으로 많이 표현되었다. 처음에는 공작새 깃털 모티프와 파피루스 모티프가 등장했고 이는 곧이어 아르누보 스타일[1]과 아르데코 스타일[2]의 역삼각형 모티프로 진화했다. 공작새 깃털은 늘 똑바로 선 형태로 그려졌는데, 깃털 한가운데의 뒤집힌 하트 혹은 열린 외음부처럼 생긴 무늬가 잘 보이게 하기 위해서였다.

1880년대와 1890년대는 유럽과 미국에 문화적 격동기였다. 유미주의와 바로 그 뒤를 이은 퇴폐주의는 기존의 사회적·문화적 통념을 갈아엎거나 이의를 제기하며 소용돌이를 일으켰다. 케이트 쇼팽, 올리브 슈라이너, 조지 에저턴과 같은 신여성 작가들은 여성의 성욕에 관한 솔직한 글을 쓰기 시작했다. 이에 따라 신여성상이 성적으로 해방된 존재를 상징한다는 면에서 큰 위협이라고 인식되면서 공론장에서 뜨거운 감자로 떠올랐다.

여성들의 눈과 귀를 가리던 두꺼운 장막은 20세기가 가까워져 올수록 성 과학 학자들에 의해서도 조금씩 걷혀갔다. 1886년에《성적 정신

---

1) [역주] 주로 자연물에서 발상을 얻어 자유롭게 표현한 예술 양식. 기능성이 부족하고 형식주의에 치중한 탓에 오래 가지 못했다
2) [역주] 기하학적 형태로 대표되는 1920~1930년대 장식미술

병질》이라는 책을 낸 리하르트 폰 크라프트에빙도 그중 한 사람이다. 그는 여성의 과도한 성욕을 님포마니아, 즉 여성 색정증의 범주에 놓았다. 그러면서 교육을 잘 받은 여성일수록 성욕이 낮을 거라고 주장하며 만약 그렇지 않았다면 온 세상이 매음굴이 되었을 것이라고 말했다.[17] 해브록 엘리스는 한층 더 급진적인 학자였다. 저서로는 1889년에 발표한《성 심리 연구》가 있다.

프로이트가 본 버자이너

지그문트 프로이트의 정신분석학은 여성의 성을 새롭게 해석해 다시 한번 재조명되게 했다. 당시 빅토리아 시대를 계승한 보수주의자들은 여전히 질을 생식을 위한 기계장치쯤으로 여기고 음핵과 자궁은 받은 교육이 아까울 정도로 여성에게 악을 심어 미쳐 날뛰게 만든다고 믿고 있었다. 그러나 프로이트는 정신역학의 맥락에서 버자이너를 재정의했다.《성욕 이론에 관한 세 편의 에세이》(1905년)에서 그는 음핵과 질의 대립구조 개념을 소개한다. 1970년대에 널리 퍼져 오늘날에도 자주 언급되는 개념이다. 이 개념에 대해 프로이트는 이렇게 적고 있다. "어떻게 소녀가 여인으로 변해가는지를 이해하기 위해서는 음핵 감도의 변천사를 추적 관찰해야 한다."[18] 프로이트가 등장하기 전에는 선하고 악하고를 떠나서 음핵과 질이 같은 생식기관의 두 부분이라는 인식이 보편적이었다. 하지만 여성의 발달 과정에서 둘은 일종의 대결 관계에 있으며 여성 오르가슴은 도덕적으로 더 나은 것과 더 나쁜 것으로 나뉜다는 개념이 프로이트에 의해 널리 확산되었다. 그의 기준으로는 성숙한 여성은 질 오르가슴 위주로 느끼고 미숙한 여성에게는 음핵 오르가슴이 더 컸다. 이 개념은 20세기 중반 즈음 프로이트와 그의 제자들에 의해 대세로 자리하면서 우리 할머니와 어머니 세대의 많은 여성들을 자괴감에 빠지게 했다.

프로이트는 페니스 선망[1]에 관한 논문에서 질이 아주 어릴 때 거세당한 흔적이라는 견해를 펼쳤다. 같은 맥락으로 그는 질을 오이디푸스적 사이코드라마를 잉태하는 어두운 모체라 지칭하기도 했다. 그리하여 여성이 거세당한 질 때문에 남성을 신경증 수준으로 갈구하는 것이라는 개념이 프로이트 사후, 20세기 전반을 지배했다.

한편에서는 의료계와 심리학계를 중심으로 질과 음핵에 정치적, 심리·역학적 의미가 담겨 있다는 견해가 대두되었다. 1926년 저서 《여성의 불감증》에서 빌헬름 스테켈스는 '성의 투쟁'이라는 제목으로 한 단원을 할애해 페미니즘이 여성의 성욕을 어떻게 부인하는지를 해설했다. 그는 그가 '여성의 성 불감증'이라고 부른 현상의 바탕에 남성보다 우위에 서려는 현대 여성의 욕구가 깔려 있다고 믿었다. 그는 또 여성의 감정적·정신적 욕구가 성적 반응의 감도로 나타난다고도 여겼다. 따라서 여성이 절정에 도달하기에 앞서 남성이 여성에게 정신적으로 받아들여져야 하며 신여성으로 대우받지 못한 현대 여성은 절정에 이를 수 없다는 논리였다. 이것을 그는 '노라의 명제'[2]라 부르면서 이 요

---

1) [역주] 어린 여자아이가 자신에게 없는 남근을 갖고 싶어 하는 심리
2) [역주] 헨리크 입센의 문제작 《인형의 집》에서 순종적 아내였던 노라는 어떤 사건을 계기로 독립적 인간으로 변모해간다.

건이 충족될 때 여성의 성욕을 가두고 있던 모든 빗장이 풀린다고 적고 있다.[19] 20세기에도 여전히 여성의 성 감각 장애가 남성의 매력 부족이나 기술 미숙이 아니라 여성의 불안정한 감정 상태 탓이라고 여겨졌다니 입을 다물 수가 없다.

하지만 프로이트를 비롯한 당대 많은 학자들이 이렇게 체계적인 이론을 세운 것은 아니나 다를까 질과 음핵을 통제하고 때때로 질책하기 위해서였다. 19세기와 다른 점은 이번에는 선봉에 선 것이 의학이 아니라 정신분석학이라는 것이었다. 그럼에도 버자이너에게 씌워진 굴레를 풀어내려는 노력은 1차 세계대전 이후 화가, 무용가, 가수를 중심으로 여성 예술가들에 의해 계속되었다.

모더니즘: 버자이너의 해방

친애하는 백발의 재닛에게… 꽃다발 감사해요. 기쁜 마음을 어떻게 표현해야
할지 모르겠어요. 너무 황홀해서 이 기쁨을 말로 다 설명할 수 없다는 게 슬플
정도예요….
—돌리 와일드가 재닛 플래너에게 보내는 편지 중에서

19세기 말까지 여성 문인들은 여성의 성욕이라는 논제를 수면 위로
끌어올리려고 무던히 애썼지만 별 성과를 거두지 못했다. 빅토리아 시
대의 여성들은 여성 성욕과 버자이너를 은어와 암시로만 에둘러 얘기
했다. 그러나 현대 여성들은 경계를 허물고 새 출발 하기를 너무나 강
렬히 원했기에 버자이너를 더 직설적으로 입에 올리기 시작했다.

그리하여 20세기의 문을 연 첫 20~30년 동안 여성의 성을 말할 권리
를 되찾자는 여성해방 대항문화가 본격적으로 싹을 틔웠다. 모더니즘
사회에서 여성들은 정치, 사회, 예술을 말할 때 그들의 성을 떳떳하게
거론했다. 1890년대부터 1920년대까지 결혼생활 지침서 역할을 한 문
학작품의 저자들은 이제 섹스를 자식을 낳기 위한 행위 이상의 것으로
다루기 시작했다. 그들은 남성의 성적 이기심을 꾸짖고 여성을 즐겁게
해 줄 수 있는 기술을 자세히 설명해 주었다. 특히 시어도어 판 더 펠더

는 그의 베스트셀러 《이상적인 결혼》(1926년)에서 섹스의 기초를 몰라 벌어지는 부부간 불화를 한탄하면서 무조건 침묵하는 빅토리아 시대의 문화코드를 비판했다. 이 작품이 선풍적인 인기를 얻은 것은 무엇보다도 그가 쿤닐링구스[1]를 자세히 언급하고 이 '생식기 입맞춤'을 효과적으로 실행하는 요령을 독자들에게 알려 주었기 때문이었다.[1]

거트루드 스타인은 1912년에 시집 《텐더 버튼스》를 발표했다. 여기서 텐더 버튼, 즉 부드러운 단추는 음핵을 의미한다.[2] 특히 유명한 구절 '장미는 장미이고 장미이고 장미다(a rose is a rose is a rose)'를 소리 내어 읽어 보면 문법적으로 맞는 단문일 때보다 훨씬 에로틱하게 들리는 것을 알 수 있다. 이 산문시 전체에서 장미는 점차 고조되는 성적 긴장감, 엄밀히는 다중 오르가슴을 암시한다. 낭독할 때 생기는 소리의 리듬은 흡사 점점 가빠지는 숨소리를 닮았고 큰 폭의 억양 변화는 여성이 점점 흥분하는 과정을 연상시킨다. 사포가 〈가느다란 불꽃〉을 쓴 그리스 시대 이래로 많은 여류 시인들이 의도한 바 그대로다.

생각하고 생각하고 생각하니 장미는 장미이고 장미이고 장미다
생각하고 생각하니 여기저기에 저기 여기에
여기저기에 앎의 순간이 있으니 준비가 되면 기꺼이 다시 올 것이다
반드시 다시 올 것이다

스타인이 버자이너를 장미에 빗댄 시는 이것만이 아니다. 〈붉은 장

---

1) [역주] cunnilingus, 남성이 입으로 여성의 외음부를 애무하는 행위

미들〉을 보면 이런 구절이 나온다. '차갑고 붉은 장미여 분홍의 구멍이여, 팔려나가 이제는 미지근해진 쪼그라든 구멍이여.'[3]

조세핀 베이커는 파리 나이트클럽을 주름잡던 미국 태생의 흑인 무용수였다. 그녀는 1925년에 가짜 바나나들로 만든 짧은 치마를 입고 춤을 췄다. 위트 넘치는 성적 자신감의 표현이었다. "그녀의 것" 하나가 "남들의 것" 몇 개보다 낫다는 걸 암시했다. 그녀의 눈부신 자기중심적 페르소나는 여성의 성을 이국적 향수를 지닌 뭔가 "다른 것"으로 강하게 인식시키면서 섹슈얼리티의 새로운 아이콘이 되었다. 그녀는 색기를 부끄러워하는 시늉조차 하지 않고 자신의 육체와 쾌락을 당당하게 표현했다. 한편 1900년대에 활약한 현대무용 안무가 로이 풀러(Loie Fuller)는 얇은 실크천을 활용한 창의적 안무로 런던과 파리에서 센세이션을 일으켰다. 그녀의 춤은 당대에 여성의 욕망을 표현한다고 해석되었다. 풀러 자신은 한가운데 서서 몸을 비틀기만 하는 가운데 무대를 꽉 채울 만큼 넓은 옷자락이 쉴 새 없이 물결치고 접혔다 펴지고 소용돌이치게 하는 기법 때문이었다. 문학사학자 론다 거렐릭의 기록에 의하면 당대 사람들은 풀러의 춤을 "출산과도 같은 지극히 여성적인 격렬함으로 시작해 꽃과 같은 핏빛 상처로 마무리된다"고 묘사했다고 한다. "그녀가 피를 연상시키는 붉은 조명 아래서 빙빙 돌 때면 마치 그 공간만 저절로 불이 붙는 것처럼 보였다. 이윽고 여성성을 거칠게 끄집어내는 순간, 찢어진 질처럼 피가 철철 흐르는 거대한 붉은 꽃이 그녀를 둘러싼 온 공간에 피어났다."[4]

화가인 조지아 오키프는 1910년대에 위스콘신의 한 시골에서 농장을 하는 가족을 떠나 맨해튼에서 보헤미안의 삶을 시작했다. 그녀는 연인인 앨프리드 스티글리츠를 위해 종종 누드모델이 되어 주었고, 촉촉하게 묘사된 기하학적 나체 사진에 충격받아 어찌할 줄 모르는 대중과 예술 평론가들의 반응을 즐겼다. 1920년대 초부터는 버자이너의 미학 프로젝트로 불리는 그녀의 꽃 그림이 세간의 주목을 받기 시작했다. 그녀가 미국의 남성 근대주의자들과 그리니치 빌리지의 신세대 예술가들 사이에서 자유로운 영혼의 "뮤즈"로 유명세를 타던 그 무렵이었다. 그녀의 행보는 여성의 성적 해방에 관심이 컸던 서브컬처의 성향과 잘 맞아떨어졌다. 성별을 막론하고 많은 예술 평론가들이 그녀의 작품을 두고 혹평과 호평을 쏟아냈다. 어떤 이들은 그 전에는 누구도 감히 겉으로 드러내지 못했던 여성의 성에 관한 진실을 그녀의 그림이 말하고 있다고 해석했다. 오키프의 전기작가 헌터 드로호조프스카-필립이 정작 오키프 본인은 작품의 성적 함의를 부인했다고 못 박았는데도 말이다. 드로호조프스카-필립에 따르면 오키프는 여성 생식기를 연상케 하는 작품의 이미지를 오히려 멀리했다고 한다. 이미 그쪽으로 고정된 자신의 캐릭터 탓에 예술가로서의 진정성이 가려질까 우려했기 때문이었다.[5]

시인 에드나 세인트빈센트 밀레이 역시 1920년대의 대표적인 보헤미안 중 한 사람이다. 마찬가지로 그리니치 빌리지의 비주류였던 그녀는 여성의 성적 해방을 옹호하는 예술가를 자임했다. 그녀는 초월주의와 여성 해방 운동의 선봉에 섰다. 사실 이 운동이 처음 시작된 것은 월트 휘트먼이 약 60년 전인 1855년에 문제작이 된 시집 《풀잎》을 발표하면서부터다. 휘트먼의 혁명적인 시각은 이후 월터 페이터부터 오스카 와일드까지 여러 남성 작가들에 의해 계승되었다. 여성 주자로서 밀레이는 1922년에 시집 《엉겅퀴에 열린 무화과》를 발표했다. 여기에 수록된 4행시 〈첫 번째 무화과〉를 한번 읽어 보자.

양쪽에서 나의 촛불이 타오른다
밤새 살아남지는 못하겠지만
아, 나의 적이여, 아, 나의 벗이여
이 얼마나 사랑스러운 불빛인가 [6]

시에서 바람의 위협을 받는 촛불로 묘사된 대담하고 열정적인 아웃사이더 여성은 주체적으로 결정을 내리고 어떤 실수도 후회하지 않는다. 경험 자체에 큰 가치를 두는 까닭이다. 이 이미지는 여성을 방탕과 배신의 무력한 피해자로만 봤던 빅토리아 시대 소설들의 고루한 시각과 극명한 대비를 이룬다. 시의 여성 화자는 오로지 성적 욕망에 충실하기 위해 사회적 역할과 정체성과 삶 전체를 기꺼이 내던지려 한다. 70년 전, 여성의 열정이 겹겹의 은유와 비유에 포장되어 감추어졌던 엘리자베스 배럿 브라우닝의 조신한 소네트에 비하면 매우 노골적인 표현이다.

이런 새로운 예술 사조는 미술과 건축에서도 예외가 아니어서, 버자이너 모티프가 여기저기서 다시금 등장했다. 고대 파피루스 문서에서 영감을 받은 뒤집힌 삼각형의 반복적 패턴이 아르데코 양식으로 부활했는데, 이 양식의 기원은 여성의 외음부를 묘사한 원시 시각예술까지 거슬러 올라간다. 이 이미지들은 건물 장식, 벽지, 가정용품, 광고 포스터 등 각종 분야에 차용되었다. 이렇듯 1910년대와 1920년대에는 선대의 사회적 관습에 저항하는 신여성 계층이 대두되었고 건축, 영화, 가구 디자인에 이집트 양식의 바람이 불어 외음부를 암시하는 기하학적 삼각형 패턴들이 크게 유행했다.

그릇된 의학적 지식을 토대로 도덕군자처럼 구는 판 더 펠더식의 태도는 이제 한물간 방식이 되었다. 그 대신 보다 설득력 있고 훨씬 정확한 정보가 사회에 대거 유입되었다. 이와 발맞춘 기술의 발전은 여성이 보다 주체적으로 사랑을 나눌 수 있게 해 주었다. 1920년대에는 실패율이 적은 피임법이 널리 보급되었다. 1921년에 마리 스토프스는 런던에 최초의 가족계획 클리닉을 열었다. 마거릿 생어가 맨해튼에 병원을 개업한 것도 바로 이즈음이었다.[7] 더불어 이제는 여성에게 일상적인 섹스가 훨씬 덜 위험해졌다. 무엇보다도 고무 가공기술의 향상으로 콘돔과 자궁에 삽입하는 피임장치가 더 좋아지고 흔해진 덕분이었다. 스토프스가 낸 저서 《결혼 후의 사랑》은 1920년대에 베스트셀러에 올랐다. 이제 여성들은 검열 없이 모두에게 공개된 정확한 정보에 근거해 여성 섹슈얼리티의 개론과 각론을 자유롭게 배울 수 있었다. 이것은 서양사에서 유례가 없던 일이었다.

그러나 일부 남성 근대주의자는 이런 급격한 분위기 전환을 마뜩잖게 여겼다. 성과 창의력이 서로 무관하지 않다는 생각은 그들도 마찬가지였다. 하지만 그들이 관심을 두는 것은 오로지 남성의 성과 남성의 창의력이었다. 에즈라 파운드가 레미 드 구르몽의 《사랑의 자연철학》

1922년 판을 번역한 후 펴낸 역자 후기가 대표적인 예다. 마이클 H. 휘트워스는 2011년에 옥스퍼드 대학교에서 한 '모더니즘과 성'이라는 제목의 강의에서 이 책의 한 대목을 인용했는데, 여기에 이런 시각이 잘 반영되어 있다. 파운드는 창의력은 섹시한 것이지만 남성의 전유물이라고 봤다. "기원을 되짚어보면 뇌는 원래 정액이 되었어야 할 다량의 체액이 갇혀 굳은 것이며 …남근 숭배의 상징성에 그런 흔적이 남아 있다. 남성은 남근 혹은 정액으로 충만한 올곧음(head-on)인 반면 여성은 혼돈이다. …나 개인적으로도 런던의 수동적인 여성들에게 신사상을 소개할 때 마치 성교를 하는 것 같은 짜릿한 기분을 느꼈다."[8]

이와 유사하게 헨리 밀러는 모든 실체의 기반이 "자궁"이라 했다. "시간의 자궁 속으로 모든 것이 회귀할 때 혼돈이 다시 찾아온다. 혼돈이야말로 실체를 적어 나갈 수 있는 진실의 빈 종이다. … 당신의 자궁 속으로 진격해 들어갈 때 나는 살아 있음을 느낀다. 자궁의 종이 위에 현실을 써내려 갈 때…"[9] 이와 같이 남성 근대주의자들이 우주의 외음부를 소유하면서 그들의 생각을 퍼뜨릴 때는 외음부와 자궁이 옳고 좋은 것으로 묘사했다. 반면에 주도권을 쥐려는 주체가 자기 의지를 가진 여성이라면 똑같은 외음부와 자궁이 별 볼 일 없는 것으로 비춰졌다. 가령 《북회귀선》(1961년)에서 밀러는 창의적인 여성을 일부러 '계집'이라 부르며 성적 농락거리로 비하한다. 그는 슈만을 연주하는 엘사를 '멍청한 남자보다는 나은 정도로 악기를 제법 잘 다루는 계집'이라고 평했다. 또 외국에서 활동하는 여성 화가들을 두고는 '빈약한 재능과 두둑한 지갑을 가지고 어깨에 화구 상자를 맨 돈 많은 미국 계집"으로

비꼬기도 했다.[10]

휘트워스 박사의 지적에 따르면 남성 근대주의자들의 입장은 '여성성은 잠수함, 남성성은 육지'[11]라는 표어를 통해 한눈에 파악된다. 파운드와 밀러가 남성성을 확고한 신념의 역동적 이미지로 표현한 것과 대조적으로, 여성 작가들의 작품이 축축하고 흐물흐물하며 부들부들 떨리는 버자이너를 연상케 하는 **부정적인 느낌의** 은유로 가득하다고 T. S. 엘리엇과 파운드는 해석했다. 예를 들어 엘리엇은 심상주의 시인 에이미 로웰의 작품을 두고 전체적으로 축 늘어진다면서 문학계에서 이런 심상주의가 너무 멀리 갔다고 지적했다. 또, 문학비평가 콘래드 에이컨은 추천사에서 미나 로이 시의 '미세한 떨림'은 무시해 버리고 엘리엇과 스티브스 시의 '남성적 운율'을 느끼라고 독자들에게 권장했다.[12]

그런 까닭에 남성 근대주의자들이 여성의 성이나 여성의 외음부를 소재로 쓴 글을 보면 프로이트식의 이원론이 잘 드러난다. 사뮈엘 베케트는 '우주의 위대한 회색 외음부'라며 오싹한 경외감을 드러냈고 D. H. 로런스는 맬러즈의 유혹에 채털리 부인이 반응하는 장면에서 여성이 절정에 도달하면 초월 상태에 이를 수 있다는 점에 놀라워하는 감상을 적었다. 그러면서도 로런스의 《채털리 부인의 연인》(1928년)에 나오는 또 다른 장면을 보면 신여성의 음핵을 맹금류의 부리로 묘사하며 여성의 저항에 짜증을 낸다. 한편 이 시대에는 음핵에 대한 남성의 불안한 반응과 버자이너의 관능성을 찬미하는 반응 사이를 새로운 시각이 비집고 들어오기 시작했다. 이 틈새를 처음 공략한 사람은 헨리 밀러였다. 그는 버자이너를 무시해도 욕해도 좋은 속된 '구멍'으로 간주했다.

여성의 성기를 과소평가한다는 점은 공통적이었지만 과거 터툴리아누스가 말한 죄악으로 이끄는 지옥의 구덩이와는 또 다른 개념으로 버자이너가 원래 별 볼 일 없어서 중요하지 않은 저속한 신체 부위라고 본 것이다.

로런스의 작품에서도 음핵 흥분 장면은 종종 위험한 것으로 묘사되며 사회를 위협하는 지나치게 잘난 신여성이나 페미니즘과 연계된다. 《사랑에 빠진 여인들》(1920년)에서 루퍼트는 신여성 허마이어니를 공격한다. "당신은 순전한 감각과 당신이 말하는 그 '열정'으로만 가득한 삶을 원한다고 하지요. 하지만 당신의 열정은 거짓이오. 그건 열정이 아니라 당신의 의지일 따름이오. …당신에겐 진정한 몸, 삶의 어둡고 관능적인 몸뚱이란 게 없기 때문이오. …혹시 누군가 당신의 두개골을 부수고 자발적이고 열정적인, 진정으로 관능적인 여성을 꺼내볼 수 있을지는 모르지. 사실 당신이 원하는 건 포르노그래피요. 거울에 비친 자신을 …지켜보고 싶은 거요. 관념의 유희일 뿐이란 말이오."[13] 해방된 신여성은 남성 근대주의자들에게 경계의 대상이었다. 성적 욕망을 거부하지 않더라도 말이다.

근대주의의 분열: 초월주의인가 단순한 살점인가

버자이너는 초월주의의 원천일까 아니면 단순한 살점일까. 이 이원론의 결론은 오늘날에도 내려지지 않고 있다. 1940년대부터 후자의 해석이 우세를 띠고 있긴 하나. 일시적인 현상이기만을 바랄 뿐이지만 말이다.

헨리 밀러의 연인이자 동시대인이었던 아나이스 닌은 여성 근대주의자들의 성적 초월주의 전통을 계승해 1940년대에 버자이너의 상상력을 극대화한 인물이다. 그녀에게 버자이너는 여성 자체였다. 몸 주인과 별개가 아니라 여성의 의지와 감수성의 표출이며 그 자체로 아낌을 받고 소중히 다루어져야 할 대상이었다. 닌은 당대 최초로 영국 문학의 규범에 바로 맞서 여성의 목소리를 내기 시작했다. 생계를 위해 단가가 더 비쌌던 에로틱 소설을 쓰면서부터였다. 1940년대에 완성되었지만 사후 1978년에야 출판된 단편집 《델타 오브 비너스》가 있다. 여기서 닌은 여성의 에로스를 여성의 의식과 자주 연결하며 여성 내면에 숨겨진 성적 본능의 모든 면을 꼼꼼하게 탐색했다. 수록된 작품들을 읽어 보면 그녀가 여신 마중(이 부분은 마지막 단원에서 더 자세히 다루기로 한다)의 과정들, 즉 눈을 맞추고 쓰다듬고 칭찬하고 긴장을 풀어 주고 점액 분비를 촉진하는 등 모든 사전 작업들을 얼마나 섬세하게 묘사했는지 잘 알 수 있다. 이는 밀러를 비롯해 닌과 동시대를 살았던 남성 작가들의 무뚝뚝한 방식과 확실히 차별화된다.

그중에서 〈마틸드〉는 약물 중독자 마르티네스와 사랑에 빠진 한 여성의 성적 모험을 담은 단편이다. 이 작품에서 마틸드는 "마르티네스가 꽃봉오리 같은 섹스의 문을 여는 방식을 추억했다. 그의 혀는 그녀의 음모부터 엉덩이까지 유려하게 활강하다 척추 끝 움푹 들어간 곳에 이르렀다. 이 부분에 도착하면 그의 손가락과 혀는 다시 몸의 곡선을 따라 아래로 내려갔고 봉긋하게 솟은 두 둔덕 사이로 미끄러져 사라졌다." 마틸드는 자신이 마르티네스에게 어떻게 보일지 궁금해한다. 그래서 거울 앞에 앉아 다리를 활짝 벌려 본다. "눈 앞에 펼쳐진 광경은 황홀했다. 피부에는 결점 하나 없었으며 외음부가 장미처럼 피어 있었다. 진액이 나오는 나무의 잎 같다고 그녀는 생각했다. 손가락으로 누르면 찐득거리는 액체가 흘러나와 특유의 향기를 내면서 조개껍데기를 촉촉하게 적시는 것이다. 그녀는 짭조름한 꿀주머니를 몸 안에 숨기고 태어난 바다의 비너스였다. 그녀 몸의 가장 은밀한 안쪽에 숨겨진 꿀주머니는 오로지 애무로만 꺼낼 수 있었다."[14]

마틸드는 거울 앞에서 자세를 바꾸며 또 생각한다. "그녀는 자기의 그곳을 다른 방향에서 볼 수 있었다. …다른 한 손을 두 다리 사이로 가져갔다. …그 손으로 그녀는 그곳을 앞뒤로 살살 문질렀다. …점점 흥분해 오르가슴에 가까워가자 발작할 때의 자세가 되었다. 두 손이 분주하게 움직이고 꿀물이 두 다리 사이에서 반짝이며 흐르는 거울 속의 자신을 보면서 그녀는 잘 익은 열매를 따려고 나뭇가지를 반복적으로 끌어당기는 것 같다고 생각했다."

닌이 버자이너를 다루는 섬세하고 정중한 방식은 밀러의 방식과 대척점에 있다. 밀러는 버자이너를 오늘날에도 인기 높은 포르노의 틀 안에 가두며 버자이너를, 그리고 나아가 여성 자체를 모독한다. 그럼으로써 버자이너를 여성의 나머지 부분과 떼어내려고 한다. 이 시각은 오늘날 우리에게 너무나 익숙하지만 사실 역사는 그리 오래된 것이 아니다. 밀러는 10대 남학생들이 돌려보는 야한 책으로 여러 세대에 걸쳐 인기를 구가한 《북회귀선》을 통해 이 관념을 구상했다. 창녀 제르멘느의 그곳을 묘사한 유명한 구절이 바로 그것이다.

그녀는 느긋하게 내게로 다가와 자신의 음부를 애정 어린 손길로 문지르기 시작했다. 그녀는 두 손으로 음부를 톡톡 때렸고, 어루만졌으며, 가볍게 두드렸다. 그 순간의 그녀의 멋진 모습과 그녀의 음부를 내 코 앞에 들이대던 그 특별한 방식은 아직도 잊을 수 없다. 그녀는 자신의 음부가 엄청난 비용을 치르고 손에 넣은, 본래 그녀의 것이 아니었던 어떤 물건인 듯, 또는 그 가치가 시간이 갈수록 높아져 지금은 그녀에게 세상에서 가장 귀중한 것이 되어버린 물건인 듯 그것에 관해 이야기했다. 그녀의 말은 그 물건에 특별한 방향이 스며들게 했다. 그것은 더 이상 단순히 그녀 혼자만의 신체 부위가 아니라, 보석이며, 마술이며, 힘을 지닌 보물이며, 신이 내려준 선물이었다. 그녀가 그것을 몇 푼의 돈에 거래를 한다고 해서 그 가치가 감소되는 것은 아니었다. 다리를 활짝 벌리고 침대에 몸을 던진 그녀는 음부를 두 손으로 감싼 채로 살살 어루만지면서 쉰 듯하기도 하고 갈라진 듯하기도 한 목소리로, 이건 멋져요, 아름다워요, 보물이에요, 귀여운 보물이에요 하고 계속해서 중얼거렸다. 그리고 실제로 그것은 좋았다, 그녀의 그 귀여운 음부는! …그리고 다시 한번 그녀의 크고 무성한 음부는 꽃을 피웠고 마술을 부렸다. 그것은 내게도 하나의 독립된 존재가 되어가고 있었다. 제르멘느가 있었고 그녀의 장미 숲이 있었다. 나는 그 두 가지를 따로따로 좋아했고 그 둘을 함께 좋아했다. …

남자! 그것이 그녀가 간절히 원한 것이었다. 그녀를 간질이고, 황홀감에 몸부림치게 하고, 그녀로 하여금 결합된 느낌과 생명의 느낌을 느끼며 자신의 무성한 음부를 양손으로 쥐고 기쁜 듯이, 자랑스럽게 뽐내며 주무르게 해 줄 수 있는, 다리 사이에 뭔가를 갖고 있는 남자를. 자신의 양손으로 잡을 수 있는, 아래쪽에 있는 그것만이 그녀가 삶이라는 것을 경험하는 유일한 장소였다. …그 음료들의 뜨거움은 그녀를 관통하여, 그녀의 다리 가랑이 사이의, 모든 여자들이 뜨거워져야 할 곳에서 뜨거워졌고, 다시 그것은 남자의 다리 사이를 뜨겁게 달구었다. 그녀가 양다리를 벌리고 드러누워 신음 소리를 낼 때면 …그것은 좋았으며 적절한 감정의 표출이었다.[15] (《북회귀선》, 문학세계사)

여기서 내가 하려는 얘기는 어느 서술 방식이 더 야한지가 아니다. 어떤 여성은 닌의 글에 흥분하고 또 어떤 여성은 밀러의 말솜씨에 푹 빠진다. 물론 둘 다 좋아하거나 둘 다에 무감각한 여성도 있다. 요지는, 버자이너의 의미를 해석하는 문화적 시각이 다양하다는 사실이다. 다만 제르멘느의 음부를 바라보는 소설 속 화자는 당대 남성 근대주의자들의 시각을 대표한다. 제르멘느는 강한 성적 욕망의 소유자이지만 돈을 받고 몸을 팔 때와 자발적으로 허락할 때가 별 차이 없이 그려진다. 소설에서 그녀는 성 중추를 빼고는 모든 곳이 죽어 있다. 그녀는 활기차게 살아가는 여성이며 그런 그녀를 암시하는 "장미 덤불", "보물"과 같은 강렬한 은유가 곳곳에 등장하지만 음부와 동떨어져서는 아무것도 아니며 남성 화자와의 관계를 떠나서는 존재가치조차도 없다. 그녀의 버자이너는 자신과는 괴리된 물건일 뿐, 그 여인의 또 다른 차원과 결합된 일부분으로 인정받지 못하고 있다. 제르멘느의 버자이너는 닌이 "초월주의로의 관문"이라 우아하게 표현한 버자이너가 아니다.

버자이너 블루스

20세기 초로 접어들면 새로운 분야에서 또 다른 태동이 목격되었다. 이전 세기말에 탄생한 초기 피아노 재즈가 1920년대와 1930년대에 흑인 재즈와 블루스로 꽃피운 것이다. 이 음악 장르의 열풍은 미국 전역을 휩쓸고 영국과 서유럽까지 뻗어 나갔다. 래그타임[1], 재즈, 블루스는 새 세상과 자유의 상징이었다. 신선한 리듬에 맞춰 추는 즉흥적 춤은 새로운 아방가르드 운동의 표상이었고 계급 차별이 없는 평등한 사회, 전통의 거부, 성적 자유를 상징했다. 이제 백인 지배계층은 흑인들의 목소리와 노래 그리고 음악을 전에 없던 새로운 형식으로 듣게 되었다.

래그타임에서 발전한 재즈와 블루스는 버자이너와 여성의 성에 관한 담론에도 노골성을 허용했다. 블루스의 가사는 미국 흑인들이 사용하는 버자이너의 은어들로 가득했다. 덕분에 이 시대의 사람들은 가정집 응접실이나 사교모임 같은 곳에서도 버자이너와 여성의 성욕을 보다 솔직하게 얘기할 수 있었다. 이런 은어들은 보통 은유적인 표현이 많았다. 음핵은 울려야 하는 종이었고 질은 뜨겁게 달아오른 프라이팬 혹은

---

1) [역주] 1890년대 중반에 시작된 피아노 중심의 초기 흑인 재즈 형태

치대 줘야 하는 버터 교반기 혹은 소시지를 기다리는 소시지 빵이었다. 공공장소에서 여성의 성을 입에 올리는 것이 여전히 금기시되었던 보헤미아[1]를 제외하면, 대부분의 백인 중산층이 이제 중의적 단어로 가득한 이 노래들을 마음껏 부르고 즐길 수 있었다. 평판에 금이 갈까 불안에 떨던 마음의 짐을 훌훌 떨쳐내고 말이다.

백인 사회로 흑인 블루스가 유입된 현상은 매우 중요한 의미가 있다. 블루스가 그리는 버자이너는 그동안 서양을 지배해 온 전통의 틀과는 크게 달랐기 때문이다. 블루스는 당시 산부인과 의사들이 그랬던 것과 달리 버자이너를 수많은 신체 장기의 하나로 취급하지 않았다. 프로이트처럼 여성의 성적 반응을 심리 분석해 더 나은 것과 더 나쁜 것으로 가름하지도 않았다. 프로이트의 거세불안 이론이나 로런스와 같은 근대주의자들의 사상과 반대로, 블루스는 버자이너를 두려워하지 않았다. 남녀를 불문하고 블루스 가수들은 노래를 통해 여성의 성욕을 강렬하고 꾸준하며 긍정적인, 때로는 매우 유쾌한 것으로 묘사했다. 남성의 성욕이 종종 희화되듯 말이다. 더불어 성적 희열과 큰 만족감이 당연시되었다. 블루스가 말하는 버자이너는 수치심의 원천이 아니었다. 버자이너를 가리키는 은어 중에 신경증과 조금이라도 관련된 것은 없었다. 블루스 속의 버자이너는 '찢어진 틈'이나 '아무것도 아닌 것' 혹은 수치심과 질병의 근원으로 묘사되는 법이 결코 없었다. 블루스에서 버자이너는 늘 맛있고 매력적이며 즐거운 무언가였다. 그래서 오랜 블루스 가사들을 살펴보면 젤리, 젤리 빵, 설탕, 사탕, 해산물 요리, 프라이팬, 버

---

1) [역주] 체코의 서부 지역

터 교반기, 종, 소시지 빵, 그릇 등이 자주 등장하는 것을 알 수 있다. 블루스에서 여성은 버자이너를 가졌다는 이유만으로 죄인 취급 받지 않았고 정상적인 성욕과 버자이너를 향한 애정을 소유한 온전한 인격체로 그려졌다. 흑인 여성의 성은 400년 넘게 학대당하고 상품화되었지만 그럼에도 어쩌면 그래서 더욱 노래 가사는 여성의 성이 여성 본인의 소유물임을 강조했다. 빅토리아 시대 백인 여성 작가의 소설들이나 소위 '방탕과 배신' 시나리오에서는 성적으로 당하기만 하는 수동적인 여성이 모범적인 여성이었고 여성의 성욕이 긍정적으로 그려지는 법이 없었다. 그러나 블루스에서는 대부분의 곡이 여성의 성욕을 주제로 쓰였다. 블루스에서 여성은 때때로 실연의 상처로 아파하긴 해도 절대로 성적 피해자가 아니었다.

남성 작사가들은 여성을 자신의 '그것'에 완전한 통제권을 가진 일종의 예술가로 묘사했고 노래 속에서 남성 관찰자는 여성의 성적 기술과 권력을 찬미하곤 했다. 블루스에서 남성 음유시인은 자신의 버자이너에 대한 최고 관리자로서의 여성의 역할을 칭송했다. 그들에게서 여성 혐오자의 태도를 발견하긴 어렵다. 이런 남성들은 오히려 여성 숭배자에 가까우며 여성을 사랑하는 마음에서 그런 가사들이 나왔을 것이라고 나는 생각한다. 그만큼 블루스의 가사는 여성을 예찬하는 것이 많다.

1920년대부터 1940년대를 주름잡은 여성 블루스 가수들의 노래에는 버자이너의 은어로 가득하다. 릴 존슨은 〈내 버튼을 눌러 줘〉에서 의욕만 앞설 뿐 음핵을 찾지 못하는 연인을 두고 신세를 한탄하는 노래를 불렀다:

내 남자는 자기가 멋진 남자라고 생각하지
내가 말했어 "내게 맡겨, 자기야. 당신은 몰라
그걸 어디다 넣어야 하는지
그걸 어디다 넣어야 하는지
내 버튼을 눌러 줘, 내 종을 울려 줘!"
이리와, 자기야. 재미있게 놀아 보자
당신의 소시지를 내 빵에 끼워 줘
내가 그걸 가질 수 있게. 그거, 그거 말이야
내 버튼을 눌러 줘, 내 종을 울려 줘!
내 남자가 밖에서 비를 맞으며 추위에 떨고 있네
열쇠는 있지만 구멍을 찾지 못해
그가 말하지 "그게 어디 있지? 그거, 그거 말이야.
버튼을 눌렀는데 종이 울리지 않잖아!"
[독백] "이 멍청한 남자야! 이리 와서 버튼에 기름칠해! 녹이 슬었
잖아!"
이제 말해 봐, 뭐가 문젠지
점화 플러그를 꽂아 보려 했지만 다 닳아 버렸네
이젠 쓸모가 없어
그거, 그거 말이야
계속 버튼을 눌렀는데 종이 울리지 않아
씨근거리지만 말고 내 얘기 좀 들어 봐, 자기야

밤새 노력했지만 한 일이 하나도 없어
뭐가 문제야? 그거, 그거 말이야
계속 버튼을 눌렀는데 종이 울리지 않아
꿇은 무릎 사이에서 내 얘기 좀 들어 봐, 자기야
내 부탁을 들어줄 착한 남자가 필요해
그걸 가져와
그거, 그거 말이야
내 버튼을 눌러 줘, 내 종을 울려 줘.[16]

또, 1936년에 발표한 곡인 〈동네에서 가장 뜨거운 이쁜이〉에서 릴 존슨은 여성의 강렬한 열망을 일상적이고 친숙한 소재인 음식에 빗대어 표현했다. 여기서 버자이너는 우유, 밀죽, 혹은 비스킷 등이고 여성의 성욕은 불을 때야 할 화덕이다. 이 곡에서 존슨은 잘생기고 몸도 좋으면서 매일 아침 일부러 일찍 일어나 화덕에 불을 넣어 온기를 지필 만큼 부지런한 남자가 최고의 연인이라고 말한다. 이 가상의 연인은 아침마다 그녀를 위해 우유를 데우고 밀죽을 쑤고 비스킷을 굽는다. 그녀는 연인의 큰 키와 힘을 찬찬히 곱씹으며 그가 대포알 같다고 생각한다. 그녀는 이 모든 면이 그녀가 그를 곁에 두고 싶어 하는 이유라고 말한다. 그럼으로써 그녀는 자신이 동네 최고의 인기녀임을 자랑한다. 더불어 이 곡에서 반복해 등장하는 성적 상호교감의 은유는 양자 모두에게 대등한 이득이 돌아가는 호혜주의가 만족스러운 성적 경험과 여성의 성적 쾌감 표출 방식에 얼마나 중요한지를 강조하는 것이기도 하다.

전설적 여가수 멤피스 미니가 1936년에 〈내 수탉을 보셨다면〉에서 성적 쾌감 상실을 비통해한 것도 같은 맥락이다.

내 수탉을 보셨다면 집으로 돌려보내 줘요
내 수탉을 보셨다면 집으로 돌려보내 줘요
바구니에 달걀이 없네요, 이히, 수탉이 떠나 버렸으니까.[17]

이렇게 멤피스 미니가 빈 바구니를 한탄하는 노래로 히트를 친 이듬해, 베시 스미스는 〈내 그릇에 설탕이 좀 필요해〉를 발표해 주목을 받았다. 그녀는 설탕과 빵에 끼울 소시지와 손가락을 움직여 줄 연인과 '뱀처럼 생긴 것'과 그릇에 넣을 무언가가 필요하다고 노래했다:

혼자 있기도 우울해하기도 지쳤어
고민을 털어놓을 착한 남자가 있었으면
내 남자가 없으니 세상이 다 잘못 돌아가는 것 같아
내 그릇에 설탕이 좀 필요해
내 빵에 끼울 소시지가 필요해
약간의 사랑이면 족한데, 아, 너무 나빠
너무 웃기면서 또 너무 슬퍼
내 밑바닥을 덥혀 줄 난방이 필요해
어쩌면 내가 고칠 수 있을 거야, 다 잘 될 수 있게
뭐가 문제야, 이 뻣뻣한 남자야. 이리 와서 내 영혼을 구해 줘

내 그릇에 설탕이 좀 필요하니까

빌어먹을

내 그릇에 설탕이 좀 필요해

내 그릇에 설탕이 좀 필요해

내 빵에 끼울 소시지가 필요해

당신 달라지겠다며

손가락을 움직여 내 그릇에 무언가를 넣어 줘

내 밑바닥을 덥혀 줄 난방이 필요해

어쩌면 내가 고칠 수 있을 거야, 다 잘 될 수 있게

[독백] 그 무릎 치워! 네가 어디를 조준하는지 안 보이잖아!

그 아래는 어두워

뱀처럼 보이네

이리 와서 내 그릇에 무언가를 넣어 줘!

바보짓 그만하고 내 그릇에 무언가를 넣어 줘![18]

보 카터는 이런 여성들의 주장에 나름대로 항변하는 노래를 불렀다. 그러나 그의 블루스는 방탕과 배신의 테마를 고수한 남존여비의 빅토리아 시대 시각과 달리 음경과 버자이너를 한 쌍으로 보고 평등을 노래했다. 카터의 노래에서 이 한 쌍은 서로가 서로를 필요로 하며 공조하는 최고의 파트너였다. 블루스의 성 철학은 어느 한 성별이 다른 성별의 우위에 있지 않으며 애정과 육체적 욕구가 쌍방성을 띤다고 봤다. 〈과일 바구니의 바나나〉에서 카터는 빵을 굽는 데 그의 새 프라이팬을

써 달라고 여성에게 간청한다. 또 그는 자신의 바나나를 그녀의 과일 바구니에 넣게 해 주면 그저 그것으로 족하다고 맹세한다. 대등한 한 쌍을 암시하는 은유는 이 밖에도 여럿 등장한다. 모두 한쪽만 있을 때는 제구실을 못 하고 함께 있어야만 완전체가 되는 소재들이다. 가령, 카터는 자신을 빨래판에 그리고 연인을 빨래통에 빗대면서 둘이 하나가 되어야만 '문지를 수 있다'라고 말한다. 빨래판이 없는 빨래통은 쓸모가 없으니 당연한 소리다. 비슷한 은유는 계속 이어진다. 카터는 자신이 버터를 만드는 교반기라고 노래한다. 물론 교반기의 주인은 그의 연인이다. 이 노래에는 이렇게 저속하지만 사랑스러운 표현이 가득하다. 카터가 바늘이면 연인은 옷감이고 둘은 '느낌이 올 때까지' 바느질을 쉬지 않는다. 줄지어 이어지는 사물 한 쌍의 묘사들은 어느 한쪽도 짝꿍이 없으면 안 된다는 호혜적 관계를 줄기차게 지지하면서 섹스에서도 양자의 교감이 필수적임을 강조한다. 카터는 연인에게는 고기가, 그에게는 칼이 있는데 그녀가 허락해 줘서 '고기를 자를 때 그의 인생이 풀린다'라며 노래를 끝맺는다.

또 다른 블루스 가수 블루 루는 제목부터 낯뜨거운 〈내 다리를 느끼지 말아요〉를 1938년에 발표했다. 내용이 지나치게 끈적한 데다 여성의 관점에서 본 성욕이 너무 노골적으로 드러나 있어서 당시에 금지곡으로 지정되었던 곡이다.

내 다리를 느끼지 말아요, 내 다리를 느끼지 말아요
당신이 내 다리를 느낀다면 내 허벅지도 느끼겠죠

내 허벅지가 느껴진다면 더 위로 올라오게 될 거예요

그러니 내 허벅지를 느끼지 말아요

신사인 척하지 말아요, 신사인 척하지 말아요

당신이 신사인 척한다면 날 들뜨게 하겠죠

날 들뜨게 하고 나서 당신은 거짓말을 할 거예요

그러니 날 들뜨게 하지 말아요

당신은 내게 정중하겠다고 말했죠

하지만 당신이 무슨 생각을 하는지 다 알아요

계속 술을 마시다 보면 정신줄을 놓을 거예요

그러면 결국 잘 구워진 칠면조 고기를 달라고 하겠죠

내 다리를 느끼지 말아요, 내 다리를 느끼지 말아요 [후렴]

내 다리를 느끼지 말아요, 당신도 이유를 알잖아요

당신이 내 허벅지를 느끼게 두지 않을 거예요

그래요, 당신이 더 위로 올라오게 될 거니까요 [후렴] [19]

몇몇 여성 음악가들은 더욱 선정적인 곡을 계속 내놨다. 1936년에
나온 조지아 화이트의 〈거기에 계속 앉아 있을게〉가 대표적인 예다. 이
곡은 의자를 모티프로 삼아 여성의 자긍심과 성적 자존감을 유머를 섞
어 드러낸다. 다행히도 이 의자 모티프는 검열을 통과했다. 노래의 화
자는 의자를 팔려는 생각이 있지만 반드시 제값을 받으려고 하는 여성
이다. 그녀는 의자를 팔 수 없다면 그냥 자신이 거기에 계속 앉아 있겠
다고 말한다. 따라서 청자는 의자를 간절히 원한다면 반드시 정당한 값

을 지불하고 사야 한다. 노래의 화자는 구매자의 욕망 따위는 신경 쓰지 않고 의자를 쉽게 포기하지 않을 것이라고 단호하게 선언하며 빈틈을 주지 않는다. 그러면서도 구매자에게 가까이 다가가 의자가 얼마나 가치 있는지를 열정적으로 피력한다. 화자는 의자의 아랫부분이 얼마나 사랑스러운지 허세를 부린다. 그러고는 이 정도 품질의 물건은 그만한 돈을 주고 살 가치가 충분하다고 말하면서 절대로 후회하지 않을 거라고 약속한다. 화자는 그냥 하는 말이 아니라 진심이라고 강조한다. 주의할 점은 여기서 돈과 의자를 교환하는 것을 성매매로 해석해서는 안 된다는 것이다. 이 은유에 내포된 진의는 화이트가 자신의 성을 매우 가치 있게 생각한다는 것이다. 그런 까닭에 싸구려로 내팽개치지 않겠다는 말을 하려는 것이다.

이런 의지는 4년 뒤 루스 브라운의 곡에서 훨씬 더 분명하게 드러난다.

나는 중고 가구점을 운영하지
가격도 괜찮은 것 같아
그런데 어느 날 좀생이 하나가 들어왔어
그는 이 의자를 사고 싶어 했지
하지만 그러지 못했어. 너무 비싸다지 뭐야
난 그의 눈을 똑바로 들여다봤어
그러고는 말했어
팔리지 않는다면 난 그 위에 계속 앉아 있을 거라고
그냥 버리지는 않을 거라고

그러니 자기야, 이걸 정말 원한다면 반드시 사야 할 거야

진심이야

물건이 정말 괜찮아, 볼래?

집에 두면 매일 밤 당신을 기다릴 거야

한두 번 썼을 뿐, 아직 매끈하고 튼튼해

동네에서 이보다 멋진 다리들을 구경해 본 적이 없을 걸

등받이는 또 어떻고? 옆 동네에도 이런 건 없을 거야

이렇게 편안하다니

잘 닳지도 금이 가지도 않아

이런 괜찮은 물건을 또 어디서 찾을 수 있겠어?

멋지고 안락하고 잘 빠졌고 매끈하지

자기야, 이런 명품에 이 가격이면 싼 거야

이 아래를 좀 봐

보기 좋지 않아?

내가 보장하는데 엄청 튼튼해

어떤 무게나 어떤 크기도 견디지

이게 팔리지 않는다면…[20]

흑인들의 블루스는 미국 대중음악사에 지대한 영향을 미쳤다. 따지고 보면 로큰롤과 힙합도 블루스가 낳았다고 할 수 있다. 그러나 여성의 성욕을 찬미하는 것을 당연시하던 재기 넘치고 직설적인 블루스의 가사는 신세대 음악에 계승되지 못했다. 1950년대에 백인 프로듀서들

이 백인 청중을 위해 흑인의 음악을 재포장하는 과정에서 블루스의 본래 정신을 싹 빼냈기 때문이다. 나아가 그다음 세대의 록과 힙합은 성을 노래하는 기조를 자체적으로 확립했다. 그런 연유로 블루스가 지향하던 여성 친화적인 전통은 영원히 사라지고 말았다.

버자이너의 재정의: 2세대 페미니즘의 자가당착

베티 프리단이 1963년 저서 《여성의 신비》에서 언급했듯 세계대전 이후는 퇴행의 시대였다.[21] 미국에서는 프로이트 심리분석이 다시 유행했다. 특히 백인 중산층 여성들은 성숙과 적응을 강조하는(즉, 음핵을 무시하는) 프로이트식 모델에 맞게 다시 가정적이고 조신한 여자가 되기 위해 고군분투해야 했다. 그럼에도 새로운 바람은 불어왔다. 1965년에 피임약이 등장하고 이른바 성 혁명이 시작되면서부터다.

1976년에 쉐어 하이트는 《하이트 보고서》[22]를 발표했다. 이 책은 기존 사상, 특히 프로이트의 이론에 정면으로 맞서는 급진적 시각을 가지고 있었다. 하이트는 사회가 강요하는 모범 답안을 고집하는 게 아니라 여성의 성적 경험을 여성 본인의 입을 통해 직접 듣고 있는 그대로를 받아들였다. 그럼으로써 하이트는 여성의 3분의 2는 음경 삽입만으로는 오르가슴에 이르지 못한다는 사실을 발견했다. 프로이트파나 캐런 호니와 같은 신(新) 프로이트파의 글을 읽고 오르가슴에 도달하지 못하는 것이 자신이 성숙하지 못해서라며 자괴감에 빠졌던 수백만의 여성에게 이것은 구원의 빛과 같았다.

하이트는 음핵 자극이 필요한 여성과 그렇지 않은 여성을 구분해 언급했다. 이것은 정치적 대립으로까지 확대되었다. 이 논쟁은 아직도 합의점에 도달하지 못하고 있지만 우리는 이해해야 한다. 내가 첫 단원에서 강조했듯, 음핵과 질을 비롯해 사실상 여성의 모든 성 중추가 복잡다단한 신경망을 통해 하나로 연결되어 있다는 사실을 말이다. 더불어 최근 연구에 의하면 G스팟이 음핵 신경구조의 일부인 것이 거의 확실하다.

그러나 1970년대에 많은 페미니스트 평론가들은 프로이트파와 날선 공방을 벌이는 과정에서 음핵을 질의 대항마로 내세웠다. 예를 들어 앤 케트는 《질 오르가슴의 신화》(1970년)에서 음핵보다는 질의 편을 드는 프로이트의 주장에 강력하게 반박했다. 음핵의 위상을 올리고자 한 이런 2세대 페미니즘의 전략은 질의 쾌감만 옹호하는 것이 가부장주의자들의 사악한 음모에 휘말리는 것이라는 인식을 심어 주었다. 그들은 프로이트파가 질이 진정한 여성성의 요체이며 음핵은 없어도 그만인 부속물에 불과하다고 설득하려 한다고 주장했다. 여성들이 여기에 넘어간다면 남성에게 계속 의존하면서 마음껏 게을러도 좋다는 백지 위임장을 주는 것이며 음핵의 보살핌을 받을 권리를 포기하게끔 세뇌되는 것이라면서.

쉐어 하이트의 1976년 저서가 끄집어낸 음핵을 재조명하는 시각은 알렉스 컴포트의 《조이 오브 섹스》(1972년)가 힘을 보태며 동시대 여성들에게 확실히 각인되었다. 이 이미지 쇄신을 통해 앞으로 펼쳐진 30년의 세월 동안 질은 음핵에게 일인자 자리를 내어 주고 문화적으로 완만한 내리막길을 걷게 되었다. 1981년에 베벌리 휘플이 G스팟을 재발견하면서 명예 회복을 하긴 하지만, 그렇게 1970년대부터 질은 뭔가 고루하고 전업주부스러운 것으로 전락해 갔다. (21세기에 포르노의 영향으로 여성의 사정에 관심이 쏠리면서 질이 다시 부상하긴 한다.) 이 극단적 분리 개념은 여성의 성 기관을 서로 다른 문화적 성격을 띤 두 부분으로 갈라놓았다. 사실은 모두 하나의 신경계 일부인데 말이다. 이 30년 동안 음핵은 질보다 멋진 것으로 인식되었고 여성들은 보다 총체적인 성적 개체로서 완성될 기회를 다시 한번 놓치게 되었다. 만약 신체 부위들에도 인격이 있다면 음핵은 미니스커트를 즐겨 입는 빛나는 글로리아 스타이넘이었고 질은 촌스러운 헤어스타일에 우스꽝스러운 옷을 입은 매러벨 모건이었다. 시대 역행적이지만 베스트셀러가 된 모건의 저서 《사랑받는 아내》(1970년)와 딱 어울리게 말이다.

곧 2세대 페미니즘은 중산층 여성에게 음핵의 위치, 오르가슴에 골고루 이르게 하는 방법, 자위하는 방법 등을 가르치는 프로그램에 착수했다. 일례로 페미니스트이자 성교육 전문가인 베티 도드슨은 "여성들이 자신의 음부의 아름다움을 감상할 줄 알게 하고 자위 기술로 다양한 오르가슴을 경험하게 하는" 워크숍을 1973년부터 꾸준히 개최했다.[23] 강연의 목표는 어중간하게 흥분한 여성이 자위로 오르가슴에 도달하는 방법을 가르치는 것이었고 결과는 대성공이었다. 도드슨의 설명은 이해하기 쉽고 부담스럽지 않았다. 주요 언론과 여성잡지들에 기사가 대문짝만하게 실릴 정도였다. 덕분에 이제 여성들은 거울 앞에서 다리를 벌리고 앉아 자신의 그곳을 바라보는 것을 더 이상 부끄러워하지 않게 되었다.

1970년대는 페미니즘이 질과 음순과 음핵이라는 버자이너 삼종세트에 주목한 시대이기도 했다. 거침없는 어조의 《거세당한 여성》(1970년)을 통해 국제적 명성을 얻은 저메인 그리어는 버자이너와 여성 해방의 상관관계를 본능적으로 이해하고 있었다. 또 다른 저서 《미친 여자의 속옷》(1986년)에서 그녀는 한 챕터를 할애해 질 폄하의 정치학을 얘기했다. 이 글은 원래 1970년에 '여성 성욕의 정치학'이라는 제목으로 정기간행물 《썩(Suck)》에 실렸던 것인데 이 에세이의 주제를 한마디로 요약하면 '여자들이여, 자신의 보지를 사랑하라'였다.[24]

타인의 잣대를 거부하는 이 시대 페미니즘의 단호한 태도는 문학에도 그대로 반영되었다. 에리카 종의 소설 《비행공포》(1973년)에는 그 유명한 표현 '지퍼 터지는 섹스'가 등장한다. 이것은 감정적으로 조금도 얽히지 않은 완전한 타자 간 본능에 충실한 찰나의 섹스를 뜻한다. 해방된 여성의 판타지를 압축한 이 말은 훗날 그녀의 묘비명으로 새겨지기도 했다. 소설에서 여주인공 이사도라 윙은 버자이너의 각성을 창의력의 각성과 동일시한다. 그러면서 자신이 남성들의 수동적인 주변인이 아니라 자기 삶의 주체임을 선언한다. 이 소설은 14개국에서 출판되어 화제를 일으켰다. 이 책이 유명해진 것은 무엇보다도 여성이 성적으로 각성하면서 심리적·예술적으로도 발전해가는 모험담을 그린 최초의 여성 성장소설이었기 때문이다. 무미건조하고 무뚝뚝한 이사도라의 남편은 그녀의 안에 잠재된 모험가이자 작가로서의 본능을 깨우지 못한다. 그래서 결국 그녀가 더 열정적인 연인을 찾아 떠나게 만든다.

새로운 세계에 깊이 심취한 이사도라가 욕조에 누워 자신의 금빛 음모에 대해 생각하는 마지막 장면은 버자이너가 상상력과 이어져 있음을 생생한 비유를 통해 분명하게 보여 준다. "큰 욕조에 가득 받은 물에 몸을 맡긴 나는 전과 다르고 생소한 뭔가를 느꼈다. …나는 내 몸을 내려다봤다. 몸은 그대로였다. 두 허벅지가 만든 분홍빛 V자 골짜기에 곱슬곱슬한 음모가 삼각형 모양으로 나 있었고 탐폰의 끈은 헤밍웨이의 소설에 나오는 영웅처럼 물속에서 낚시질하고 있었다. 아랫배는 백옥처럼 하얬고 젖가슴은 반만 물위에 드러나 있었다. …이 멋진 몸뚱이는 내 것이었다. 나는 이걸 잘 간직하기로 했다. 나는 내 자신을 끌어안았다. 잃어버리고 싶지 않았다. …무슨 일이 일어나든 나는 살아남을 것임을 잘 알고 있었다. 무엇보다도 계속해서…"[25] 자유와 창조의 세상에 갓 눈뜬 이사도라는 자신의 몸과 자신의 음부를 생각한다. 그러면서 창의적 작업을 멈추지 않을 것임을 재차 다짐한다. 이 장면은 두 가지 중요한 사실을 암시한다. 하나는 성적 각성이 창조적인 동시에 육체적이라는 것이고 나머지 하나는 창의력의 각성이 관능적인 동시에 지적이라는 것이다.

시각예술 부문에서 활약한 페미니스트로는 대표적으로 주디 시카고가 있다. 그녀는 1974년에 〈디너 파티〉라는 제목으로 순회전시를 개최했다. 신화 속 여성과 여러 시대 실존 인물 39인의 외음부를 그려 넣은 접시를 삼각형 모양의 식탁에 올려놓은 조형미술 전시회였다. 여기서 삼각형은 여성성의 원형 혹은 여성의 외음부를 상징했다. 작가는 나비 모양 음문이 여성의 창의력을 의미한다고 설명했다. 외음부 모양을 각

양각색으로 그린 것은 각 주인공의 개성과 업적을 고스란히 드러내려
는 작가의 의도였다. 1979년에는 전시된 작품들의 사진을 엮은 사진집
도 나왔다. 이 전시와 사진집은 당시 사회에 엄청난 충격을 안겨 주며
평단을 시끌벅적하게 만들었다. 아직 이성보단 감에 더 의존한 것이긴
해도 메리 울스턴크래프트나 에밀리 디킨슨 등의 버자이너를 상상해
그린 이 그림들은 버자이너와 창의력이 별개가 아니라는 사실을 어느
글보다도 명료하게 세상에 보여 주는 것이었다.

따라서 1970년대는 버자이너에게도 나쁘지 않은 10년이었다고 볼
수 있다. 그 중요성이 쾌락의 요체로서 피상화되긴 했어도 말이다. 이
런 사회 분위기는 여성들에게 긍정적인 결과를 가져왔다. 1970년대 후
반, 잡지 《레드북》이 진행한 설문조사에서는 여성 응답자의 70%가 결
혼 후 성생활에 만족한다고 답했고 90%는 항상 혹은 적어도 절반 이상
섹스에서 주도적 역할을 한다고 응답했다. 또, 잠자리에서 자주 오르가
슴에 도달한다는 여성이 64%였고 그런 여성 대부분은 종종 자신이 분
위기를 리드하고 요구사항을 상대방에게 분명하게 전달하는 것으로 조
사되었다. (참고로, 뒤이은 이른바 성 혁명과 포르노그래피의 시대에는
오르가슴에 도달하는 여성의 집계 수가 이상하게도 더 올라가지 않았
다. 게다가 잠자리에서 본인이 원하는 바를 파트너에게 솔직하게 말한
다는 여성의 수는 오히려 줄어들었다.)[26]

음문과 질의 위상을 되찾자는 페미니즘 운동은 문학과 예술에만 국
한된 것이 아니었다. 시장도 이 분위기에 강하게 공명했다. 바이브 프
로덕션과 같은 영상 콘텐츠 제작사들은 여성 소비자들이 성에 솔직해

졌다는 문화의 흐름을 읽고 여성을 위한 즉, 속도가 느리고 감정 표현의 비중이 높으며 더 로맨틱한 포르노 비디오를 만들었다. 하지만 여성도 전통적 포르노를 보며 자위하는 데 길들여진 바람에 이 장르는 얼마 못 가 사장되었다. 한편 뉴욕이나 샌프란시스코 같은 대도시에서는 화려한 인테리어의 대형 섹스 토이 전문점이 속속 문을 열었다. (그런 브랜드 중 하나인 베이브랜드의 브루클린 지점 점장은 G스팟을 자극하고 여성의 사정을 돕기 위한 신제품 디자인이 꾸준히 나오고 있고 그런 물건은 들어오자마자 날개 돋친 듯 팔려 나간다고 말했다. 인기의 비결을 묻자 그녀는 포르노가 여성의 사정을 집중적으로 마케팅한 탓에 더욱더 많은 여성이 G스팟 자극을 원하게 되었기 때문이라고 대답했다.)

하지만 여성의 목소리와 상상력이 똑같이 커진 시기이긴 해도 20세기 말과 20세기 초 사이에는 분명한 차이가 있다. 로이 풀러와 에드나 세인트빈센트 밀레이, 조지아 오키프, 이디스 휘턴은 여성의 성욕에 관한 진실을 말하고자 글을 쓰고 그림을 그리고 춤을 췄다. 그들의 작품에서 성욕은 초월과 영감, 그리고 인생의 다른 영역들에서 느끼는 기쁨과 별개가 아니었다. 그들의 작품 속 여성의 성은 삶의 모든 면을 아우르는 더 광범위하고 충만한 초월성과 창의성을 의미했다. 그러나 1970년대 후반의 여성 해방 운동은 상당히 기계적이었다. 영혼은 쏙 빠져 있고 심하게 말하면 다소 천박하기까지 하다. 이 시대의 목소리는 떨림의 대상과 방식만 얘기한다. 이는 모두 마스터스와 존슨으로 대표되는 의학적 담론과 포르노 산업의 성행 탓이라고 나는 생각한다. 전자는 남녀의 성을 그저 살덩어리라는 틀에 한정시켰고 후자는 때가 맞물려 같은 시기에 일어난 성 혁명을 왜곡시켰다.

　사회학자 스티븐 사이드먼은 1960년대와 1970년대가 성의 개념에 '재미' 요소가 더해지기 시작한 시기라고 말한다. 섹스는 이제 짜릿하기만 한 게 아니라 재미있는 일상생활이 되었다. 이런 관점 변화는 특히 성생활 매뉴얼 베스트셀러들에서 두드러졌다.[27] 데이비드 루번의 《당신이 알고 싶은 섹스에 관한 모든 것》(1969년), 알렉스 컴포트의 《조이 오브 섹스》, M의 《관능적인 남자》(1971년) 등이 대표적인 예다. 이 책들은 하나같이 양자합의하에 하는 섹스를 어른들의 놀이로 묘사했다. 이에 따르면 채찍질, 공격 행동, 페티시를 포함해 모든 플레이 방식이 정상이며 얼마나 과격하든 어떤 판타지이든 존중받을 가치가 있었다. 르네상스 시대가 말하던 천국과 지옥의 문이나 빅토리아 시대가 강조하던 진중한 의무에 비하면 이것은 매우 파격적인 변화였고 성의 미학을 중시하는 초월주의와도 상당히 동떨어져 있다. "이 성 윤리를 우리는 자유주의라고 부를 수 있을 것"이라는 사이드먼의 한마디에 절로 고개를 끄덕이게 된다.

　그렇다. 이것이 오늘날 우리의 성 윤리다. 재미있는 것에는 아무 잘못이 없다. 하지만 이 윤리가 섹스의 목적을 어디에다 두는지를 생각하면 성이 친밀감 형성과 의식 개혁의 매개체로서의 역할을 제대로 수행할 수 있는지 고민에 빠지게 된다. 또한 섹스는 놀이이므로 뭐든지 가능하다는 논리가 과연 옳은가를 반추하지 않을 수 없다. 연인이 있는 사람이 포르노에 빠져도 괜찮을까? 스트립쇼 클럽이나 성인 채팅방에 들락날락하는 건? 쓰리섬을 즐기거나 두 사람의 판타지에 제삼자를 끌어들여도 상관없을까? 성 자유주의의 관점에서 신성한 성과 속된 성을 구분 짓는 기준은 무엇일까?

섹스를 놀이로 보는 자유주의의 딜레마는 앞으로 우리가 짊어지고 가야 할 무거운 짐이다. 성 자유주의는 엄밀히 말해 참된 성 해방이 아니다. 사이드먼은 《조이 오브 섹스》와 같은 매뉴얼이 독자들에게 어떤 판타지도 부인하지 말라고 부추긴다고 해석한다. 가령 "성은 금지된 소망과 두려움을 탐색하기에 가장 이상적인 주제다. …자신의 판타지에서 눈을 돌리지 말고 파트너의 판타지를 두려워하지도 말아야 한다. 그냥 꿈을 꾸는 것뿐이니까"라고 말하는 대목에서 그런 의도가 분명하게 드러난다.

사이드먼이 분석하기로는, 이 성 지침서들은 잠자리에서의 어떤 행동도 개인의 실제 인격을 보여 주는 게 아니라며 독자를 안심시킨다. 월트 휘트먼과 오스카 와일드에서 시작되어 프리드리히 니체를 거치면서 변질되어 계승된 이 이데올로기는 감각적인 모든 것이 그 자체로 좋은 것이라고 주장한다. 성 이데올로기의 이러한 권력에의 의지는 전후 서방 세계를 점령한 요란한 소비지상주의 풍조와 완벽하게 맞아떨어진다. 무의식적 욕망에 일말의 책임감도 죄책감도 가질 필요가 없기 때문에 어떤 무의식을 끌어내든 무조건 "오케이"라는 프로이트의 이론도 힘을 보탰다. 그리하여 섹스와 버자이너는 포르노가 그린 틀 안에 꼼짝없이 갇히게 되었다. 이제 사람들은 이 사고방식이 많은 성 이데올로기 중 하나임을 이해하지 못하고 섹스는 원래 그런 것이었다고 굳게 믿게 되었다. 그리하여 새 세대와 또 그다음 세대는 남녀 할 것 없이 포르노

그래피에 마음을 너무 활짝 열었고 포르노의 도덕 불감증과 산만함과 선입견이 인간 내면에 깊이 자리하게 되었다.

그 모든 소망과 뜨거운 친밀함과 때때로 후회가 그림자처럼 함께하는데도 내가 좋아하는 사람과 침대에서 하는 행위가 정말로 그저 찰나의 꿈일 뿐일까? 결과에 신경 쓰지 않는 섹스와 판타지라는 이 세계관은 그 후 30년 동안 묵직한 고심거리를 인류에게 던져 주었다.

버자이너를 재정의하고자 한 1970년대의 페미니즘은 상업적 포르노의 홍수, 자유주의식 성생활 매뉴얼, 사회학자들의 성 분석이론에 의해 앞뒤 맥락이 다 잘려나가고 껍데기만 남았다. (1970년대 초에 인기 높았던 《플레이보이》의 핑크색 중간삽입 화보가 대표적인 예다. 반으로 접힌 화보 사진을 펼치는 것은 다리를 벌리고 소음순을 보여 주는 행위를 상징했다.) 과거 근대주의와 블루스는 여성의 성을 질척하게 다루면서도 속세를 초월하는 깊은 울림을 주고 육체적 쾌락을 뛰어넘는 황홀경을 추구했지만 그 맥이 끊긴 뒤 1970년대 성 혁명이 말하는 버자이너는 쭉정이 같은 포르노의 테두리에서 벗어나지 못했다.

여성 섹슈얼리티의 담론에 건강한 활기를 더했던 그리어와 종의 노력은 안타깝게도 허사로 돌아간 셈이었다. 그렇게 1980년대는 다시 어둠으로 뒤덮였다. 설상가상으로 1985년에 안드레아 드워킨은 《인터코스》를 펴내며 버자이너가 본질적으로 성폭력의 표적이라고 못 박았다. 비관주의 색채가 진한 이 책에서 드워킨은 모든 이성 간 섹스는 남성의 지배와 여성의 굴복으로 정의된다고 주장하고 있다. "사회는 단 한 번의 혹은 여러 번의 성교를 위해 만들어진 소규모 사교 집단들로 구성되어 있다. 그 사회 단위는 그야말로 좆같이 돌아간다. 순전히 남성 우위를 보호하는 구조로 되어 있다. …필연 남자의 음경은 법과 경외감과 권력의 비호를 받는다. 성교 시 이에 대한 반란은 버자이너에 대한 음경의 성적 승리를 전제로 하는 성 계급 구조의 종말을 뜻한다."[28]

과거 1930년대와 1940년대의 대중음악은 지배와 복종보다는 상호 의존과 협력을 상징하는 바나나와 과일바구니, 바늘과 옷감, 소시지와 소시지 빵, 교반기와 버터를 노래했다. 그러나 이렇게 활기 넘치던 블루스는 1980년대 이후 자취를 감춰 버렸다. 드워킨의 시각에서 음경 삽입은 근본적인 폭력 행위였다. 그래서 그녀는 여성이 자유 의지로 삽입을 원하는 것이 불가능하다고 믿었다. 여성이 삽입을 원한다면 그것은 지배자가 정한 규범을 스스로 내면화시킨 가짜 자의식 탓이었다. 역설적이지만, 나름 여성을 옹호한다는 드워킨의 주장은 엘리자베스 1세 시대에 여성 혐오주의자들이 여성을 흠집 난 하자품으로 천대하던 것과 조금도 다를 바 없었다. 그녀의 책에서 버자이너의 위상은 엘리자베스 시대의 수준으로 수직 추락해 버렸다. 지배라는 생득권을 가진 남성을 기다리는 상처 난 구멍으로서 말이다.[29]

1980년대와 1990년대에 다른 종류의 옹호론도 나오긴 했다. 1993년에 조아니 블랭크는 여러 여성의 음부를 근접 촬영한 컬러사진을 모아 사진집《피멀리아》을 발간했다. 사진의 모델 중에는 유명인도 여럿 있었다. 이 책을 낸 출판사의 이름이 '다운데어 프레스'라는 점도 예사롭지 않다. 이 사진집은 사회운동가 티 커린이 버자이너를 주제로

1973년에 냈던 그림책의 연장선상에 있다고 볼 수 있다. 두 여성 작가 모두 책을 통해 버자이너의 다채로운 이미지를 사회에 인식시키고자 했다. 남과 다른 음순과 외음부의 모양새를 창피해하는 여성이 너무 많다는 생각에서였다. 이브 엔슬러가 1996년에 선보인 연극 〈버자이너 모놀로그〉역시 사회에 큰 경각심을 불러일으켰다. 실제 여성들의 사연을 바탕으로 극본이 쓰인 이 연극은 여전히 금기시되는 여성 성욕과 강간이라는 논제를 양지로 끌어냈다는 평을 받았다. 또, 잉가 무쇼는 1998년에 《버자이너 독립 선언》을 펴내고 여성 생식기를 가리키는 단어의 의미를 부정적인 것에서 힘의 상징으로 바꾸고자 노력했다.

그렇다면 현재는 어떨까. 요즘 세상에도 각자 전공 분야에서 많은 페미니스트 음악가, 화가, 작가들이 활발히 활동하고 있다. 그들은 버자이너를 그림으로 그리고 사진을 찍고 글과 노래로 옹호하며 학계의 구색에 맞춰 논제화한다. 그들이 이메일로 내게 알려 온 활약상은 정신이 번쩍 들 정도였다. 토론토의 한 뜨개질 동호회는 털실로 외음부 모양을 만듦으로써 여성의 자율권을 피력한다. 덴마크의 한 여성 예술가는 자전거 짐칸에 버자이너를 형상화한 1.8m짜리 석고상을 싣고 코펜하겐을 일주한다고 했다. 젊은 페미니즘 웹사이트 Feministing.com은 '난 내 버자이너를 사랑해'라는 제목으로 글을 연재하고 있다. 더 나아가 또 다른 페미니즘 웹사이트 Vulvavelvet.com은 어떤 여성도 그곳을 어색해하지 않도록 회원들에게 자신의 버자이너 사진을 올리도록 독려한다. 이 사이트에 올라온 음순의 생김새가 얼마나 다채로운지. 그동안 당연시해 왔던 정상과 비정상의 경계가 완전히 허물어지고 의학의 편협함과 포르노의 섬뜩한 단순함이 한심하게 느껴질 정도다. 사이트 개설자들이 원하는 바는 티 커린과 조아니 블랭크의 의도와 조금도 다르지 않다. 음순이 어떤 모양이든, 대칭이든 비대칭이든 모두 정상임을 여성들이 인정하도록 유도하는 것이다. (Vulvavelvet.com은 만족스러운 자위 요령을 알려 주는 도우미 역할도 하고 있다. 비교적 잘 알려진 채소를 이용하는 방법뿐만 아니라 세탁기 위에 앉아서 하거나 샤워기 머리를 활용하는 것 등 발상도 참 창의적이다. 하지만 '집에서 따라 해 보세요!'라는 발랄한 어조는 성인 월간지 《펜트하우스》의 도발적 사설보다는 주부를 타깃으로 한 여성잡지가 알려 주는 알뜰 살림 팁의 어조에 더 가깝다.)

다행히도 시대정신은 아직 살아 있는 듯 보인다. 모든 문화권에서 각계각층의 여성 저명인사들이 버자이너의 지위를 복원하기 위한 운동에 동참하고 싶어 한다. 더 재미있거나 더 상냥하거나 더 교양 있는 새로운 방식의 이 사회운동은 아직 걸음마 단계다.

모두 동기는 좋다. 이 점에는 의심의 여지가 없을 것이다. 그러나 과연 버자이너를 복원하는 것만으로 충분한 걸까?

3부

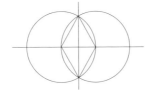

누가 질을
질이라 했을까

세계 최악의 단어

"씹이 뭐예요?" 그녀가 물었다.

"그건 바로 그대 자신을 말하는 거라오. 당신은 동물이지만 다른 거슬 훨씬 많이 지닌 존재이지 안쏘. 그러치 안쏘? 성교 행위만 하는 게 아니잔쏘! 씹이란 것! 그건 바로 그대의 아름다움을 말하는 거시라오, 아가씨!"

—D. H. 로런스, 《채털리 부인의 연인》(민음사)

여성의 자기멸시는 자신이 씹이라는 것을 인식한 데서 나온다.

—케이트 밀레트, 《성의 정치학》

버자이너와 뇌는 별개가 아니고 버자이너의 해방은 곧 여성의 정신과 영혼의 해방이다. 이 점을 이해한다면 버자이너와 관련된 단어가 왜 그냥 단어 이상인지를 짐작할 수 있을 것이다. 인간의 정신과 육체는 정교하게 얽혀 있다. 따라서 버자이너를 가리키는 단어들은 철학자 존 오스틴이 사회 통제의 수단으로 정의한 '수행적 발화(performative utterances)'에 해당한다. 이 용어는 오스틴의 1960년 저서 《말의 힘》에서 처음 소개되었는데, 일단 말로 내뱉으면 현실 세계에서 실현되는 것을 말한다. 판사가 피고인에게 "유죄"를 선고하거나 신랑이 목사님에게 "네"라고 말하는 순간 실체 없던 말이 현실이 되는 것처럼 말이다.[1]

버자이너와 관련된 단어는 특별한 분위기를 조성해 여성의 몸에 직접적인 영향을 미친다. 그래서 여성이 좋든 나쁘든 어떤 의도가 숨겨진 말을 들으면 여성의 몸이 그쪽으로 변화한다. 여성의 자율신경계가 말에 반응하기 때문에 버자이너에 관한 언어는 버자이너의 반응을 실질적으로 돕거나 해칠 수 있다. 자율신경계가 질 조직의 상태와 혈액순환과 점액 분비 등 여성의 성적 흥분 기능과 직접적으로 연결되어 있다는 것은 최신 연구들을 통해 입증된 사실이다. 따라서 언어폭력이나 칭찬의 말은 여성의 성 기능을 변화시킨다. 뒤에서 다시 자세히 설명할 텐데, 또 다른 최신 연구 한 건에 의하면 스트레스가 심한 환경 역시 질 조직에 부정적인 영향을 준다고 한다. 이 이른바 나쁜 스트레스는 오르가슴에 걸림돌 역할을 하고 여성의 자신감과 창의력 등 긍정적 요소들을 갉아먹는다.

남성들은 장난이라고 얼렁뚱땅 넘기면서 버자이너를 겨냥하거나 강간의 위협을 내포한 말짓거리를 한다. 여성들은 이런 유의 언어폭력이 좋지 않은 것임을 몸으로 먼저 알아챈다. 이런 강한 촉의 바탕에 깔린 과학을 알고 있는 사람은 거의 없다. 그럼에도 대부분 여성의 몸은 이런 언어 공격에 강하게 반응한다.

성적인 언어폭력의 사례는 주변에서 쉽게 찾아볼 수 있다. 〈노스 컨츄리〉는 클라라 빙엄과 로라 리디 갠슬러가 공동저술한 2002년 원작 소설 《집단소송》을 바탕으로 제작된 영화다. 이 영화는 미국 펜실베이니아의 한 탄광촌에서 있었던 실화를 그리고 있는데, 이 사건은 직장 내 집단 성희롱에 대해 여성 노동자들이 법정에서 회사를 상대로 승소

판정을 이끌어낸 미국 내 최초의 사례로 회자된다. 영화에서 어느 날 여성 광부들은 탈의실 벽면에 스프레이 페인트로 '씹'이라는 단어가 큼지막하게 쓰여 있는 것을 발견한다. 2012년 2월 옥스퍼드 대학교에서 화제가 된 사건도 성질이 같다. 한 동아리가 PC게임을 만들었는데, 내용인즉 남학생들이 거의 헐벗은 여학생을 여우사냥을 하듯 잡으러 다니는 것이었다. (영국의 전통 여우사냥에서는 말을 탄 사냥꾼이 한 무리의 사냥개들을 앞세워 여우를 추격하고 잡힌 여우는 개들이 물어뜯어 죽이게 놔둔다.) 또, 2012년 영국의 한 대학교 인터넷 유머 게시판에는 처벌로 이어진 강간 사건이 별로 없다는 사실을 두고 "확률이 좋다"거나 "누가 내 콜라에 거시기 털을 집어넣었어?"라는 식으로 대꾸하는 농담들이 올라왔다. 1991년에 클래런스 토머스[1]의 청문회에서는 아니타 힐[2]이 그에게 부적절한 요구를 받았다고 주장했지만 그는 부인했고 그걸로 끝이었다. 만약 혐의가 사실이라면 클래런스가 요구한 내용은 그녀를 매우 불편하게 만들었을 게 분명하다. 여성 코미디언 로잔느 바는 여성이 그들의 영역으로 넘어왔다고 느꼈을 때 남성 방송작가들이 보인 태도를 지적했다. 그녀는 작가실에 들어가면 3분도 지나지 않아 구린내 나는 성차별 농담을 들어야 했기 때문에 그곳에 가는 게 싫었다고 한다. 직장에서 남성들은 여성이 환영받지 못하는 존재임을 보여 주기 위해 버자이너를 표적으로 삼거나 모욕하는 단어와 그림을 종종 활용한다. 펼치면 벌어진 다리가 나오는 접힌 사진이 전형적인 예다. 아니면 나체에 여성 동료의 얼굴을 오려 붙인 사진을 눈에 띄는 곳

1) [역주] Clarence Thomas, 미국 연방 대법원 대법관
2) [역주] Anita Hill, 법학 교수. 정부 소위원회에서 토머스와 함께 일했다.

에 놔두기도 한다.

물론 이런 종류의 괴롭힘은 문화적·심리적 환경이 받쳐 주기에 가능하다. 그러나 이런 괴롭힘이 여성에게 엄청난 스트레스를 준다는 사실을 모두가 반드시 알아야 한다. 이런 행동을 하는 남성의 심리는 뻔하다. 보통 그들은 개인적 악감정 없이 전략적으로 그런 행동을 한다. 본인도 의식하지 못하면서 직관적으로 여성에게 압력을 행사하는 것이다. 이런 관행은 집단기억에 각인되어 체계적으로 더 많은 여성에게 나쁜 신경심리학적 스트레스를 주고 심신을 상하게 만든다.

2010년, 예일 대학교에서는 '그 밤을 되찾자'는 슬로건의 행사가 열렸다. 원래 이 행사는 여학생들이 행진하면서 성폭력에 항의하기 위한 모임이었다. 그런데 한 무리의 남학생이 시위대를 향해 '싫다는 좋다를, 좋다는 항문 섹스를 뜻한다'라는 구호를 외치기 시작했다.[2] 이에 몇몇 여학생이 이런 행위를 묵인함으로써 불평등한 교육 환경을 조성했다며 학교를 고소했다. 윤리적으로 그들은 옳게 처신했다. 신경생리학적으로도 그들의 반응은 마땅하고 자연스러웠다. 대부분의 여성은 이런 유의 슬로건을 외치는 남성 동료 집단을 마주했을 때 본능적으로 살짝 당황하게 된다. 어떤 면에서 저 사람들이 잠재적 강간범일 수도 있다는 메시지를 본능적으로 감지하는 것이다. 그냥 무시하고 넘어갈 수도 있으련만 여성들은 이런 유치한 말들을 가볍게 넘기지 못한다. 그 뒤에 도사리고 있는 더 큰 위험을 감지하기 때문이다. 그런 위험은 착각이 아니라 분명하게 실존한다. 게다가 위협의 범위는 성폭력 자체를 넘어선다. 여성이 이런 식의 스트레스를 정기적으로 받으면 몸의 신경

생리학 네트워크가 억눌려서 삶의 활력과 자신감을 잃고 내가 나 자신의 주인이라고 느끼지 못하게 된다는 점에서다.

학교에서든 일터에서든 버자이너는 너무나 자주 공격과 조롱의 표적이 된다. 접점이 없는 엘리트 집단과 육체 노동자 계층 모두가 이런 단순무식한 전략을 똑같이 쓰는 이유는 뭘까?

그것은 버자이너 공격이 여성에게 실질적 상처를 주는 데 다른 어떤 언어폭력보다도 효과적이기 때문이다. 앞서 버크 리치먼드 박사는 육체와 정신이 연결되어 있는 까닭에 성적 외상으로 인한 감각기능의 손상이 생각보다 오래간다는 사실을 지적한 바 있다. 더 최근의 연구들에서는 나쁜 성적 스트레스가 감각계 이외의 다른 여러 신체기관도 장기적으로 손상시킨다는 사실이 속속 드러나고 있다. 한 연구팀은 여성들로부터 관찰된 의학적으로 새로운 패턴을 반영하여 이를 '다중 이상조절'이라고 따로 명명하기도 했다.

분만실에서든 학교나 일터에서든 여성의 몸은 나쁜 스트레스에 똑같이 반응한다. 장소는 중요하지 않다. 여성의 뇌가 주변 환경이 안전하지 않다고 느끼면 스트레스 반응이 일어나 똑같은 신체기관들의 기능을 정지시킨다. 어떤 신호가 여성의 성욕에 불을 붙일지 아니면 찬물을 끼얹을지를 결정하는 열쇠는 항상 여성의 뇌가 주목하는 단 하나의 대명제가 쥐고 있다. 바로 이곳이 안전한가 하는 것이다.

유익하고 생산적인 결과를 얻기 위해서는 이완 반응이 필수적이다. 그런데 성적 위협이 상존하는 장소에 매일 가야 하는 여성은 그 장소를 벗어나서도 늘 바짝 얼어있기 쉽다. 나쁜 스트레스의 장기적 영향이 누적된 탓이다. 만성적 스트레스는 여성의 가족계획에도 영향을 미친다. 스트레스는 여성이 양질의 잠자리를 갖지 못하게 방해할 뿐만 아니라 효율적인 분만과 양육에도 걸림돌이 된다. 지속적인 언어폭력으로 버자이너가 만신창이가 되면 여성의 심장박동, 혈압, 혈액순환 등 다른 여러 신체 기능에도 이상이 생긴다. 성적 위협으로 인한 스트레스는 혈액에 다량의 코르티솔이 방출되게 하는데 코르티솔 수치 상승은 복부 비만 축적을 불러오고 이는 다시 당뇨병과 심혈관계 문제의 위험을 높인다. 비슷한 이치로 나쁜 성적 스트레스는 심장질환과 뇌졸중의 위험 인자로도 작용한다.

지속적인 성적 스트레스는 여성의 삶 전체를 삐걱대게 할 공산이 크다. 이런 여성은 교실이나 사무실에서는 물론이고 자기 침대에서조차 긴장의 끈을 완전히 놓지 못한다. 이 만성 긴장 상태는 도파민 분비를 억제해 뇌에서 유익한 화학물질들이 분비되지 못하게 한다. 모두 자신감, 창의력, 집중력 등을 북돋워 주기 때문에 한창 공부나 업무에 매진해야 하는 사람들에게 누구보다도 절실하게 필요한 물질들이다. 이 역학관계를 이해한다면 예전에는 생각 없이 내뱉던 "거시기나 조져 버려"라는 말이 한층 묵직하게 들릴 것이다.

윤하나 교수가 이끄는 한국 연구진은 2005년 《인터내셔널 저널 오브 임포턴스 리서치》에 게재된 논문 '스트레스가 암컷 랫트의 성 기능에 미치는 영향'에서 이런 결론을 내렸다. "만성적인 신체적 스트레스는 성호르몬, 내분비 인자, 신경전달물질의 복잡한 변화가 관여하는 것으로 짐작되는 기전을 통해 암컷 랫트의 교미 행동을 변화시킨다."[3] 연구진은 스트레스를 받는 많은 여성이 성욕 감퇴, 흥분 불능, 오르가슴 불능 등의 성 기능 장애를 경험한다고 지적하며 다음과 같은 시사점을 던졌다. "그러나 여성이 장기적으로 스트레스에 노출될 때 음핵과 질이 어떻게 변하는지에 관한 연구는 아직 수행된 바 없다. 성적 반응을 조절하는 대뇌피질이 일으킨 심리적 현상에 불과한 걸까? 아니면 실제로 질과 음핵과 기타 성 기관들이 변해서 흥분과 오르가슴이 어려워지는 걸까?"

스트레스가 수컷 랫트의 성생활을 어떻게 변화시키는지 관찰한 연구는 전에도 많이 있었다. 하지만 이 연구는 나쁜 스트레스가 암컷 랫트의 성적 행동에 미치는 영향을 최초로 조사했다. 그럼으로써 여성이 흥분하려면 먼저 긴장을 풀어야 하는 이유를 설명해 주는 명백한 증거를 찾았다는 면에서 큰 의미가 있다. 연구에 따르면 산화질소(NO)와 산화질소 합성효소(NOS, nitric oxide synthase)가 질과 음핵의 혈액순환에 중요한 역할을 한다고 한다. 질 평활근을 이완시키고 질 조직을 부풀어 오르게 해 절정의 순간과 그 전의 중간 단계들을 준비하는 것이다. 그런데 여성이 나쁜 스트레스에 짓눌리면 이 화학물질들이 억제된다.

"연구의 목적은 물리적 스트레스가 성 기능에 어떤 영향을 주는지 조사하는 것이었다. 이를 위해 우리는 성 행동, 혈중 호르몬 농도, 질 조직 내 신경 뉴런 NOS(nNOS, neuronal NOS)와 내피 NOS(eNOS, endothelial NOS)의 농도가 어떻게 달라지는지 측정했다. nNOS와 eNOS는 모두 평활근 이완과 혈류량 증가를 유도해 성적 흥분에 중요한 역할을 하는 인자들이다." 논문 저자들은 연구의 배경을 이렇게 설명한다.[4]

연구진은 발정기 암컷 랫트 63마리를 동수의 세 군으로 나눴다. 그러고는 모든 개체의 질 점막을 살짝 긁어 조직 검체를 채취했다. 그런 다음 수컷 랫트와 합사시킨 후 암컷의 행동을 관찰했다. 모든 관찰 과정은 비디오카메라로 녹화되었고 연구의 내용을 자세히 모르는 한 관찰자가 점수를 매기고 결과를 분석했다. 연구진은 랫트가 교미를 원할 때 하는 의사표현인 척추전만 자세, 즉 등을 활처럼 휘고 앞발을 들어 모으는 자세를 관찰·기록해 암컷 랫트의 감수성 정도를 평가했다. 발로 차고 밀어내고 도망가거나 등으로 구르는 방어 행동은 거부 반응으로 분류했다.

윤하나 교수팀을 비롯해 과학자들은 암컷이 분위기를 타게 하기 위해서는 수컷과 달리 과학적으로 더 복잡한 정신과 육체의 복합작용이 필요함을 거듭 목격하고 있다. 포유류 서열 꼴찌를 차지하는 최하등 동물조차도 말이다. "일반적으로 여성이 성적으로 반응하려면 정신과 육체가 남성의 경우보다 훨씬 더 복잡한 기전으로 상호작용해야 한다. 따라서 정신적 스트레스와 신체적 스트레스가 성적 반응에 미치는 파급력이 남성보다 여성에서 더 클 수밖에 없다. …우리는 만성적인 신체적 스트레스가 여성의 성 기능에 영향을 준다는 가설을 세우고 만성 스트레스로 인한 병태생리학적 변화를 평가하고자 했다. 또한 이런 변화가 흥분과 오르가슴을 어떻게 어렵게 만드는지도 조사했다."[5]

연구의 결과는 연구진이 예상했던 그대로였다. 스트레스에 찌든 암컷 랫트는 잠자리 짝꿍에게 불친절했고 사랑을 나누고 싶어 하지 않았다. 논문에 의하면 스트레스를 받은 암컷 랫트는 "수컷 파트너에 대한 감수성이 매우 낮았고" 눈에 띄는 "공격성"과 "분노 행동"을 보였다고 한다. 이 연구에서 스트레스는 암컷의 성적 흥분을 방해하고 생식기 혈류량을 감소시켰다.

여러 동물 모델 연구에서 밝혀졌듯 정신적 스트레스와 신체적 스트레스는 혈중 카테콜아민 수치를 높인다. 그 결과로 혈관이 수축하면 혈류량이 감소하고 성 기능에 이상이 생긴다. …스트레스는 혈중 카테콜아민 증가로 직결되기 때문에 …스트레스가 있을 때는 생식기관으로 가는 혈액량이 감소한다고 논리적으로 추측할 수 있다. …카테콜아민 수치의 간접적 지표로서 노르에피네프린을 측정한 결과, 스트레스 군에서는 수치가 높아지고 회복 군에서는 낮아진 것으로 확인되었다. 이 연구 결과는 스트레스가 암컷 생식기의 혈액순환에 영향을 미친다는 가설이 옳음을 간접적으로 뒷받침한다.[6]

연구진이 짐작한 대로, 스트레스는 암컷 랫트의 성호르몬 균형을 깨뜨리고 여성의 성적 흥분에 필수적인 버자이너의 준비운동, 즉 신경 물질 전달, 평활근 이완, 혈류량 증가를 방해한다. "스트레스 군에서 에스트라디올 수치가 유의미하게 감소했다. 성호르몬이 남녀의 성적 반응에 중요한 역할을 한다는 것은 이미 잘 알려진 사실이다. …우리는 본 연구에서 질의 nNOS 발현량과 eNOS 발현량이 대조군에 비해 스트레스 군에서 더 적다는 것을 확인했다. …따라서 nNOS와 eNOS가 감소한 탓에 질 조직이 성적 자극을 받아도 신경 물질 전달, 평활근 이완, 혈액순환 활성화가 충분히 일어나지 못하는 것으로 추측할 수 있다. 이 생리학적 변화는 흥분 장애와 오르가슴 장애라는 임상적 증상으로까지 표출된다."[7]

연구진은 나쁜 스트레스가 암컷 랫트의 성호르몬 수치를 낮추고 흥분을 어렵게 만들 뿐만 아니라 생리학적 수준의 변화가 장기화하면 질 조직 자체가 변한다는 것을 발견했다. 이것은 꼬장꼬장하게 굴면서 수컷을 거부하던 스트레스 군의 암컷 랫트와 스트레스 없이 친절하던 대조군의 암컷 랫트를 안락사시켜 질 조직 검체를 채취해 분석한 결과를 통해 증명된 사실이다. 조직 검체는 떼어내자마자 액체 질소에 넣어 꽁꽁 얼려 분석할 때까지 보관해 두었다고 한다. 조직 분석 결과, 랫트 질의 성 기능에 생리학적으로 측정 가능한 수준의 변화가 있었다. 이를 토대로 연구진은 스트레스로 인한 질 조직의 변화가 시간이 흐를수록 점점 심해질 거라고까지 예측했다. "이러한 비정상적 호르몬 변화가 오랫동안 지속되면 질 조직의 이차적 변화가 일어날 수 있다."

그런데 이 예측은 마이크 루사다와 카트린 카컬스를 비롯한 유수의 버자이너 치료사들이 일찍이 깨우친 통찰과 일맥상통한다. 그들은 환자들을 직접 겪은 경험을 바탕으로 나쁜 스트레스가 질 조직에 분명한 영향을 준다고 확언했었다.

다른 점이 있다면 이들은 질 조직의 변화를 과학의 눈으로 뜯어보지는 않았다는 것이다. 반면에 과학자들은 가설을 세우고 증거를 찾아 입증했다. "이 연구에서는 암컷 랫트에게 가해진 신체적 스트레스가 호르몬 수치와 질 NOS 발현량의 변화를 유도하고 행동도 눈에 띄게 변화 시켰다. 우리는 이것이 다요인적 반응의 결과라고 판단한다." 즉, 스트 레스 때문에 신경 내분비계의 작용이 달라져 성 기능과 관련된 질의 이 차적인 변화가 나타났을 것이라는 소리다. "만성적으로 스트레스에 노 출된 암컷 랫트는 달라진 성 행동을 보였다. 본 연구진은 이런 개체들 에서는 성호르몬과 카테콜아민의 혈중 수치와 질 조직의 NOS 발현량이 변한 것이 다요인적 반응의 일부일 것이라고 분석한다."[8]

어려운 해설은 다 치우고, 이 연구 결과를 요약하면 이렇다. 스트레 스는 암컷 랫트를 고통받게 한다. 이때 암컷 포유동물의 뇌에 쾌락 호 르몬을 보내는 막중한 임무를 띤 질도 고통을 받는다.

무심한 성차별적 언어가 넘쳐나는 세상에 갇혀 있다는 사실을 깨닫 는 순간 여성은 일종의 공황 상태를 경험한다. 여성은 그런 환경 한가 운데에 있을 때, 제삼자가 되어 밖에서 목격할 때, 자녀나 친구들과 교 감하고자 할 때, 잠자리에서 남편이나 연인에게 다가갈 때, 혹은 이젤 이나 일기장을 펼쳤을 때 그런 말들이 비수가 되어 반복해서 자신을 찌 를 것임을 직감한다. 그리고 그런 촉은 늘 적중한다.

남성과 여성의 골반 신경은 구조적으로 서로 다르다. 그래서 다리를 벌린 자세가 여성의 경우 물리적으로 더 취약하다. 게다가 남성은 기본 적으로 체격이 더 크고 힘이 더 세다. 그런 까닭에 남성의 성적 반응은 여성과 달리 안전에 둔감하다. 반면에 버자이너는 여성의 안전 상태를 예민하게 감지한다. 그래서 안전하다고 생각될 때만 혈관을 확장해 피를 돌린다. 반대로 위험하다고 느낄 때는 혈관이 수축한다. 이런 반응은 여성의 의식이 미처 경고등을 켜기도 전에 일어나곤 한다. 따라서 학교나 직장에서 누군가 여성의 성을 계속 말로 공격한다면 이는 여성의 몸에 그녀가 안전하지 않다는 신호를 보내는 것과 같다. 매일 반복되는 이런 나쁜 스트레스는 여성의 심장박동수를 높이고 아드레날린을 펌프질해 혈액에 카테콜아민이 넘쳐흐르게 만든다. 즉, 이런 언어폭력은 실제로 여성이 업무나 학업에 집중하지 못하게 한다.

미국에는 연방법 제9조(Title IX)라는 법안이 있다. 골자는 적대적 업무 환경의 조성을 금지하는 것이다. 말이나 사물을 이용한 성적 모욕과 협박에 직면한 여성은 무딘 남성 동료들과 달리 임무에 대한 집중력이 현저하게 떨어진다. 이것은 성과 차이로 귀결될 수밖에 없어 여성에게 실질적인 불이익을 초래한다. 오로지 뇌와 신체가 얽힌 방식 때문에 말이다. 그런 면에서 이 역시 '수행적 발화'에 해당한다고 볼 수 있다. 말이 현실을 만드는 것이다.

현대의 신경과학 연구에 의하면 반복적인 정신적 외상과 언어폭력은 폭언에 더 예민해지도록 뇌의 신경얼기를 다시 짠다고 한다. 여성을 성적으로 비하하는 언사를 들은 대뇌 편도체는 이 말을 성폭력이나 다른 종류의 위험과 동등하게 인식한다. 따라서 악담과 더불어 폭력을 예상케 하는 위협적인 말은 뇌를 상하게 한다. 이런 뇌의 구조조정은 여성의 성을 타격하는 말들의 죄질이 나쁘다고 평가되는 또 다른 이유다. 버자이너를 공격하는 말은 여성의 뇌에 몹시 부정적인 영향을 주지만 사회적으로 묵인되고 있다. 여성들이 이런 말을 한 번도 듣지 않고 살

수 있다면 어떤 위협에도 지금보다 대담할 수 있을 것이다. 혹자는 이 논리를 보다 정략적으로 달리 표현한다. 버자이너를 말로 욕보여 여성을 못살게 굴지 않는다면 여성의 뇌가 겁을 덜 먹을 것이라고 말이다.

버자이너를 깎아내리는 말들 중에 가장 폭력적이고 가장 모욕적인 것은 뭘까? 바로 씹이다. 케이트 밀레트는 《매춘 보고서》에서 "여성이 받는 치욕은 결국 고스란히 본인의 몫일 수밖에 없는 성과 관련하여 본인에게 수치심을 불러일으킨다는 게 문제다. …이 상징성은 알파벳 네 개로 된 한 단어로 함축된다. 대부분은 뒈져라(fuck)를 가장 먼저 떠올리겠지만 정답은 씹(cunt)이다. 여성의 자기멸시는 자신이 씹이라는 것을 인식하는 데서 나온다"고 기술하고 있다.[9] 씹이라는 단어가 욕 중에 상욕이 된 기원은 언어학자 매슈 헌트의 박사학위 논문을 통해 추적해 볼 수 있다. 헌트는 결론 부분에서 "'씹'이라는 단어와 이 단어가 가리키는 신체장기를 검열한다는 것은 질 그 자체에 대해 두려움과 혐오를 드러내는 것"이라고 종합했다.[10] 이 말도 맞지만 내 생각에는 이것이 여성이 힘을 갖는 것을 두려워하는 심리의 표출이 아닐까도 싶다. 그곳에 내재한 잠재력을 억누르는 이름을 붙이면 여성이 자신감과 창의력의 화학물질들을 분출시킬 일도 최대한 막을 수 있을 테니 말이다.

헌트의 논문에 따르면, 적어도 서양에서는, 언어학적으로 질에 '세상에서 가장 나쁜 것'이라는 의미가 담겨 있다고 한다. 비교신화학자 린 홀든은 서양에서 질은 마치 보이지 않는 사물인 양 언급조차 금기시되곤 한다고 지적한다. "'씹'은 아마도 영어에서 가장 모욕적이고 검열이 심한 욕설일 것이다."[11] 그러면서 몇몇 여성 페미니스트 작가들의 한줄

평을 그 증거로 들었다. 루스 와인립은 2004년에 "모든 욕설 가운데 가장 공격적인 것은 단연컨대 씹"이라고 말했다. 또, 언론인 조이 윌리엄스는 씹을 "모든 언어를 통틀어 가장 무례한 단어"라고 말했다. 평론가 닉 페라리는 씹이 세계 최악의 단어라며 "괴괴망측하다. 섬뜩하고 상스럽기 짝이 없다"고 혹평했다.[12] 호주 감옥에 그려진 그래피티를 연구한 논문에서 재클린 Z. 윌슨은 씹이 호주 영어의 품격을 가장 크게 해치는 단어이며 다른 영어권 나라 대부분도 아마 마찬가지일 것이라고 분석했다. 새라 웨스틀랜드는 씹을 "영어단어 중 가장 모욕적인 표현", "가장 저속하고 더러운 단어", "최악의 비방어", "인간이 입에 담을 수 있는 가장 끔찍한 말"이라며 단호하게 못 박았다.[13] 한편 크리스티나 콜드웰은 2011년 논문 'C로 시작하는 비속어의 권력'에서 씹을 "저질 중에서도 최악의 저질인 단어"라고 정의했다.[14]

이제 감이 좀 잡히는가? 오늘날 '씹'은 악 중에서도 최악으로 간주된다. 하지만 처음부터 그랬던 건 아니었다. cunt의 어원을 되짚어보면 버자이너와 마찬가지로 문맥에 따라 그때그때 달라져서 중립적 어조를 띠기도 하고 최상과 최악의 양극단 사이를 왔다 갔다 한 것을 알 수 있다. 언어학자 에릭 파트리지에 따르면 접두사 cu에는 '여성성의 본질'이라는 의미가 담겨 있다고 한다. 파트리지는 구전되는 선사시대의 원시 인도유럽어에서 cu와 koo가 여성과 다산 혹은 그 관련 개념들을 표현하는 기본 음절이었다고 설명한다.[15] 또 다른 언어학자 토머스 손은 원시 인도유럽어 cu는 히브리어의 cus, 아랍어의 cush, kush, khunt, 노스트레이트어의 kuni, 아일랜드어의 cuint와 어원을 공유한다고 설명한다.

coo와 cou가 오늘날 버자이너의 은어로 쓰이는 것도 이런 고대어와의 음성학적 유사성에서 비롯된 것이다.[16]

이 어원은 '담을 두른 공간'을 뜻하는 인도유럽어 gud와도 연결된다. 참고로 gud는 쿠쿠테니 문화[1] 혹은 자궁 모양의 로마 양식 화병도 가리킨다. 때때로 cu는 지식을 뜻하기도 한다. 손의 설명에 따르면 '앎' 혹은 '인지'를 뜻하는 can과 ken 모두 이 coo와 무관하지 않다고 한다. 어원학적으로 성과 지식은 연관성이 밀접해 보인다. ken이 '앎'과 '출산' 모두를 뜻하는 것만 봐도 그렇다. ken은 고대영어 cyn 및 중세영어 kuni와 연결되며 단어 안에 버자이너가 함축되어 있다. 비슷한 맥락으로, kin은 모계 혈연을 뜻하는 단어지만 갈라진 틈이나 오목한 부분, 무엇보다도 여신의 생식기 입구라는 의미도 있다고 한다.[17] 한편 역사학자 고든 래트레이 타일러는 여성성과 지식의 언어학적 관련성에 큰 관심을 가진다. 그가 조사한 바에 따르면 어원으로서 cu는 조개껍질(cowrie)부터 암소(cow)까지 셀 수 없이 많은 단어에 들어 있다. 또, 어원 cun의 파생어는 크게 두 갈래로 갈라지는데 모성을 강조하는 쪽과 지식을 부각시키는 쪽이다. cunt와 cunning(잔꾀가 많은, 교활한)이 여기에 해당한다.[18] 인도에는 컨티데비(Cunti-Devi)라는 여신이 있다. 여신의 이름을 보면 cunt의 파생어가 원래는 큰 존경을 표할 때도 쓰이는 단어였음을 짐작할 수 있다. 또, cunt의 또 다른 파생어 퀘펜트(quefen-t)는 이집트의 파라오 프타호텝이 여신과 대화할 때 쓰던 말이었다. 아주 초창기의 옥스퍼드 영어사전을 검색해 보면 cunt는 런던의 한 거리 이름을 의미하

---

1) [역주] 루마니아의 신석기 문명

는 단어라고 나온다. 1230년경, 런던의 서더크 지구에는 창녀들이 호객행위를 하던 그로페컨트레인(Gropecuntelane)이라는 길이 있었다.[19]

많은 cunt 관련 단어들이 원래 물과 연결되는 의미를 갖고 있었다는 점도 재미있다. 가령 cundy는 지하수로를 뜻하며 cuniculus는 통로를 뜻하는 말로 고대 로마에서 배수시설을 이렇게 일컬었다. (물론 쿤닐링구스 역시 cuni와 관련된 단어 중 하나다.) 한편 산스크리트어 cushi/kunthi에는 도랑과 질이라는 두 가지 뜻이 있었다. 그러나 cunt의 긍정적이거나 중립적인 메아리는 오늘날까지 이어지지 못했다. 그리스어와 라틴어까지만 해도 남성 중심적이긴 해도 중립적 색채를 유지하고 있었는데 말이다. 예를 들어 그리스어 vulva는 '기반'을, 라틴어 vagina는 '싸개'를 뜻했고 라틴어 labia는 '입술'을 의미했다. (단, 라틴어 pudendum에는 수치심이라는 뜻이 있었다.) 버자이너를 향한 노골적인 멸시와 혐오가 서양 언어문화를 지배하게 된 건 빅토리아 시대에 들어서다. 이 19세기에 부정적인 의미의 속어들이 다양하게 만들어지면서 버자이너에는 "나쁜 것들 중에서도 가장 나쁜 것"이라는 주홍글씨가 박히게 되었다. 어느 시대에나 버자이너를 부정적으로 가리키는 단어는 늘 있었다. 하지만 언어에 혐오의 감정이 담긴 것은 최근의 일이다.

씹(cunt)이라는 단어에 역겹고 멍청하고 불쾌하다는 그림자가 따라붙거나 여성이 그냥 씹으로 폄하되는 것을 목격할 때 우리는 몸서리를 치게 된다. 사람들은 그런 말을 그냥 무시하라고들 한다. 하지만 그런 말이 성폭력 행위 자체와 다르지 않다고 여길 만한 타당한 이유가 있다. 성적 폭언에는 힘이 있어서 다중 이상조절을 초래해 여성을 생리학적 불능(can't) 상태에 빠지게 하는 것이다.

나는 우리가 버자이너를 얘기할 때 언어가 여성의 뇌에 얼마나 큰 영향을 미치는지를 직접 체험한 사람이다. 이 책의 출판 계약서에 막 서명했을 때 나는 행복에 겨워서 머릿속이 취재 계획과 아이디어들로 가득했다. 한편으로 괜히 사회적 금기를 건드려 일만 키우는 게 아닐까 걱정이 들긴 했다. 바로 그때 한 친구가 축하의 의미로 파티를 열어 주겠다고 제안했다. 편의상 여기서는 그 친구를 앨런이라고 해두겠다. 그는 팽팽한 긴장이 감도는 상황을 만들어놓고 즐기는 악취미와 더불어 수준 높은 유머 감각을 소유한 사업가다. 파티 소문은 마냥 편하지만은 않은 기대감 속에 널리 퍼져 나갔다.

앨런은 파스타 파티를 열 거라고 말했다. 손님들이 버자이너 모양의 파스타를 직접 만들면서 놀게 한다는 것이다. 나는 신선하고 재미있는 기획이라고 생각했다. 꼭 내 편을 드는 건 아니더라도 책의 주제와도 관련 있으니 괜찮을 것 같았다.

그러나 파티 장소에 도착했을 때 나는 저 멀리 주방 쪽에서 뭔가 불길한 기운을 감지했다. 앨런은 군중에게 둘러싸인 채로 그곳에 있었다. 나는 괜스레 떨리는 마음으로 그에게 다가갔다.

걸어가면서 파스타 메이커가 놓인 테이블을 지났는데, 사람들이 조그만 외음부 모양으로 반죽을 빚고 있었다. 반죽들은 심지어 사랑스러워 보였다. 진짜 외음부처럼 반죽 모양도 제각각이었다. 마치 만든 사람의 개인적 경험과 생각을 보여 주는 것 같았다. 남녀가 어우러진 이 테이블 주변에서는 일종의 정중함과 축하의 마음마저 느껴졌다. 반죽에 사랑이 담겨 있다는 착각이 들 정도였다. 길쭉하기도 하고 오동통하기도 한, 꽃이나 깃털과도 닮은 밀가루 모형들은 나름대로 정교하고 사실적이었다. 사랑스러운 허여멀건 덩어리들은 푸른빛 이탈리아산 도자기 접시에 소담스럽게 놓여 있었다.

그때 앨런이 날 발견하고 다가와 웃으며 말했다. "난 이걸 '컨티니'[1]라고 부르겠어." 이 말에 나는 심장이 쪼그라드는 것을 느꼈다. 순간 주변에 있던 여자 손님 몇몇의 얼굴에도 긴장감이 스쳐 지나갔다. 온몸으로 신나 하거나 상냥한 미소를 짓고 있던 남자 손님들은 어색한 무표정이 되었다. 새롭고 고무적인 분위기를 기대했던 나의 바람은 파티가 본격화되기도 전에 허물어져 버렸다.

지글지글하는 소리가 들려 나는 주방 쪽을 쳐다봤다. 소리는 급식소에서나 볼 법한 거대한 냄비 속의 초대형 소시지 수십 개에서 나는 것이었다. 그때 딱 촉이 왔다. 이런, 소시지와 컨티니라니. 이제 이곳에 남자든 여자든 순수하게 즐겁기만 한 사람은 한 명도 없다는 게 눈에 들어왔다. 아파트의 공기는 점점 더 팽팽해져 갔다. 여성이 모욕을 당하고도 그냥 넘어가라거나 농담이었다는 변명을 들을 때 덮쳐오는 것과 똑같은 긴장감이었다. 내 가슴은 점점 더 죄어왔다.

화룡점정은 누군가가 마지막 저녁 메뉴를 공개했을 때였다. 스토브 뒤쪽에서 두툼한 연어가 만찬의 시작을 기다리고 있었다. 이제 나는 이 개그를 완벽하게 이해했다. 여자는 생선 비린내가 난다는 것이구나. 친구라는 사람이 이걸 장난거리로 생각하다니 나는 큰 실망감에 얼굴이

---

1) [역주] 파스타면의 이름이 대부분 ~ini 혹은 ~i로 끝난다는 점을 이용한 말장난. 우리 말로는 썹할면 정도로 해석된다.

붉어졌다. 그러자 몸도 불편해졌다.

하지만 그날 밤을 잊지 못하는 가장 큰 이유는 따로 있다. 무성의한 저질 농지거리 정도는 혼자서도 충분히 처리할 수 있다. 그러나 이 '컨티니' 파티가 있은 뒤 무려 6개월 동안 나는 한 글자도 진도를 나가지 못했다. 그때까지 글 길이 이렇게 꽉 막힌 적은 단 한 번도 없었다. 마치 가서는 안 될 곳에 간 벌을 온몸과 마음으로 받는 느낌이었다.

여성에게 성적 스트레스가 몸의 이상으로 직결된다는 것은 과학적으로 입증된 사실이다. 그 점을 아는 지금의 나는 눈앞에서 벌어진 코미디 쇼와 그날 음식 냄새로 각인된 모욕감과 움직이지 않던 내 손가락이 어떻게 연결되어 있는지 너무나 잘 안다. 하지만 그때의 나는 글이 써지지 않는 이유를 전혀 짐작하지 못했다.

'건방진 여성'에게는 머릿속이 아니라 생식기를 벌하는 것은 신생 민주주의 국가나 완숙한 민주주의 선진국 할 것 없이 대부분의 사회에서 보편적인 테마다. 일례로 한때 영국의 식민지였던 이집트에서 이 시나리오가 재현된 일이 있었다. 아랍의 봄이 전개된 2011년과 2012년에는 많은 여성이 민주화 운동에 주도적인 역할을 하고 타흐리르 광장에서 벌어진 시위에서 앞줄에 섰다. 그리고 이런 '버릇없는' 여성들에게 정부가 내린 형벌은 강제로 생식기 검사를 받게 하는 것이었다.

당시 시위에 참여했던 25살의 젊은 여성 사미라 이브라힘은 2011년에 군부정권을 상대로 소송을 제기했다. 고소 이유는 타흐리르 광장에서 시위대를 체포할 때 생식기 검사를 강제한 것이 반인권적 행위라는 것이었다. 인권단체들은 실제 피해자들을 상대로 실태조사를 한 뒤 군

부정권이 시위 참가자들을 구금하는 과정에서 이 부당 조치가 전국에서 조직적으로 이루어졌다고 보고했다. 이브라힘과 여성 동지들이 겪은 시련은 그녀가 YouTube에 올린 동영상을 보면 자세히 알 수 있다. 영상에서 그녀는 어떤 식으로 구타와 전기고문을 당하고 매춘이라는 누명을 썼는지 구체적으로 진술하고 있다. (1864년부터 여러 차례 개정된 영국 전염병 예방법을 떠올리게 하는 대목이다.) 그런 다음에는 군복을 입은 한 남자가 수십 명의 낯선 사람들이 지켜보는 가운데 일명 처녀성 검사를 강제로 실시했다고 한다. 이에 대해 군 대변인은 알자지라 방송사 뉴스에서 이렇게 항변했다. "우리는 추후에 그들이 성적 학대나 강간을 당했다고 주장하는 걸 원치 않았다. 그래서 그들이 처음부터 처녀가 아니었음을 증명하려고 했을 뿐이다."

"풀려났을 때 나는 몸과 마음과 감정이 모두 망가져 있었다"는 이브라힘의 진술을 생각하면 얼마나 비루한 변명인가.[20]

어쩌면 그게 의도의 핵심이었지 않을까? 자율신경계가 얼마나 정교한 시스템이며 버자이너와 뇌가, 그리고 성을 타격하는 정신적 외상과 그 생리학적 결과가 어떻게 연결되어 있는지를 곰곰이 생각해 보면 말이다. 아마도 그건 무작위적인 야만성이 아니라 전략적 탄압 기술이었던 게 아닐까? 혁명 자체는 물론이고 혁명의 조짐까지 초장부터 뿌리 뽑아 버리려는?

서방 국가 대부분에서는 여성 생식기를 물리적으로 공격하거나 강제로 검사하는 것이 불법이다. 그래서인지 여성이 사회에 어떤 요구를 했을 때 여성의 버자이너가 말로 위협받는 경우가 드물지 않다. (최근에 미국에서는 낙태를 원하는 여성에게 침습적인 초음파 검사를 의무화하는 법안을 상정함으로써 물리적인 버자이너 폭력 행위를 정부 차원에서 은근슬쩍 허용하려는 움직임이 있긴 하다.)

그럼에도 많은 여성이 성을 공격당한 경험을 용기 있게 이야기한다. 바네사 소프와 리처드 로저스는 여성 언론인들이 끊임없이 성폭행의 위협을 받는 실태를 조사해 영국 일간지 《옵서버》에 보고했다. 《가톨릭 보이스》에서 블로그를 운영하는 캐럴라인 패로는 성폭행하겠다는 내용의 협박성 이메일을 하루에 다섯 통 이상 받는다고 한다. 그녀는 이름을 걸고 자기 생각을 당당하게 밝힌 데 따르는 당연한 대가라고 생각한다고 했다. 더욱이 사이트에 올린 사진이 적들에게 그녀를 제1 희생양으로 삼게 했을 거라며 한 안티팬이 보낸 이메일을 공개했다. 이메일에는 "원하는 걸 얻게 되는 날에 너는 비명을 지르게 될 거야, 쌍년아"라고 적혀 있는데 이건 매우 예의 바른 편이라고 한다. 한편 《가디언》의 기고가이자 소설가인 린다 그랜트와 여성 인문 저술가 너태샤 월터는 발표하는 글마다 성적 폭언이 쏟아지는 탓에 온라인에는 더 이상 글을 자주 올리지 않는다고 말했다. 《뉴 스테이트맨》의 기자 헬렌 루이스-헤이스텔리는 성폭행 위협을 영국 여성 작가들이 받는 온라인 괴롭힘의 가장 흔한 형태로 파악하고 있다. "인터넷에 글을 쓰는 사람이라면 누구나 과격한 안티팬이 따르는 게 당연하다고들 말하지만 (여성 언론인들의 실제 사례를 토대로) 여기서 주목할 것은 가해자들의 범행 수법이다. 그들이 강간하겠다는 협박을 한다는 게 문제다." "성폭력의 위협은 그 자체로 실체적 공격이다"라는 묵직한 한마디로 《옵서버》의 기사는 끝을 맺는다.[21] 그리고 과학은 이 말이 분명한 사실임을 뒷받침한다.

성적 협박은 창의력의 샘을 말려 버린다. 공포는 긴장 상태를 조성하는데 창의력이 발동하기 위해서는 정반대인 이완 반응이 자율신경계를 매개해 일어나야 하기 때문이다. 그래서 여성이 성적으로 모욕을 받았을 때는 창의력이 요구되는 일들을 잘 해내지 못한다. 무의식의 영역에 있는 창의력의 샘은 편안하게 집중할 수 있는 환경에서만 물꼬가 열린다. 잠자리는 물론이고 육아, 독서, 예술 활동, 비평과 토론 등 모든 활동이 그런 분위기에서만 성공적으로 완수될 수 있다. 지적 창의력이 폭발할 수 있는 최적의 신체 조건을 형성하기 위해서는 여성의 성이 존중을 받아야 한다. 반면 여성의 성을 모욕하고 위협하는 행위는 정반대의 효과를 낸다.

웃을 수 없는 농담

Q: 보지와 씹의 차이는?
A: 보지는 달콤하고 촉촉하며 따뜻하고 재미있고 쓸모 있는 것이다. 씹은 보지
가 있는 곳이다.

—jokes4us.com, '버자이너 개그'

버자이너를 이해하면 할수록 나는 더더욱 예민해져 갔다. 버자이너
가 정서적 환경에 이렇게 민감하게 감응하고 버자이너의 행복이 창조
적·지적 활동에 이렇게 중요한데 우리 사회는 멀쩡한 사람들까지 죄다
버자이너를 까는 언행을 당연시하고 있다. 그러니 어찌 까탈스러워지
지 않을 수 있겠는가. 2011년 봄에 나는 영국으로 날아가 리치먼드 박
사, 낸시 피시, 마이크 루사다와 직접 얘기를 나눴다. 연구 논문도 한두
편 찾아본 게 아니었다. 스트레스가 질에 미치는 영향에 관한 윤하나
박사의 논문과 신경계 반응의 기저치를 높이는 성적 트라우마의 위력
에 관한 렐리니와 메스턴의 논문은 여러 번 정독했다. 그 밖에 성적 외
상이 다중 이상조절과 만성 통증을 유발하는 기전에 관한 최신 자료들
을 틈나는 대로 조사했다. 그러고 나니 버자이너가 얼마나 감성적인지
그리고 여성의 정서적·지적 영역과 어떻게 연결되어 있는지 더 깊이

이해가 되었다. 이제 나는 강간의 의미를 반복해서 재정의하고 강간의 파급력을 다각적으로 헤아리고 있었다.

특히 중세풍의 아름다운 대학교 교정에서 스카이프를 통한 루사다와의 인터뷰가 나에게 상당히 큰 영향을 끼쳤다. 이날 이후 어떤 면에서 다른 사람이 된 셈이었으니까 말이다. 그해 6월 나는 뉴욕으로 돌아왔지만 뭔가 자유로워지고 시야가 넓어졌다는 생소한 느낌이 함께했다. 남자로서 루사다에게 설레거나 한 건 전혀 아니었다. 그때 나는 다른 남자와 사랑에 빠져 있었다. 그러나 여성의 아픔을 진지하게 주시하고 여성의 성적 해방에 헌신적으로 힘쓰는 루사다의 태도에는 뭔가가 있었다. 그는 언젠가 이 논제에 관해 남녀가 의견일치를 볼 날이 올 수도 있겠구나 하는 희망을 품게 했다. 성적 외상이 여성의 몸과 마음을 잠가 버린다고 그가 얘기했을 때 오히려 내 안에서는 잠겨 있던 문 하나가 딸깍 열렸다. 나는 다행히 성범죄를 당한 적이 없지만 성희롱의 대상이 되거나 겁나는 상황에 맞닥트린 경험은 있다. 다른 모든 여성들이 그렇듯 나도 여성과 여성의 생식기를 업신여기는 문화에서 살고 있기 때문이다. 그래서였을 것이다. 희망의 불씨가 되살아나는 와중에도 오묘한 불안감이 엄습해 온 것은.

어느 날 밤, 나는 요트에서 약속된 친목 모임에 참석하기 위해 배터리파크 근처의 부두로 향했다. 딱 한 해 전에 리치먼드 박사와 처음 만났던 바로 그 요트였다. 늦봄의 밤공기는 상쾌했다. 그날의 손님 중에는 나 말고 젊은 여자 둘이 더 있었다. 남자는 세 명으로 모두 여자들보다 손위인 내 친구였다. 여자들은 내 친구들과 사귀는 사이가 아니었지만 곧 그렇게 될 가능성도 없지 않았다. 우리는 농익은 달빛을 받으며 배를 몰아 컴컴한 허드슨강 한복판으로 나갔다. 그때의 기분을 지금도 기억한다. 나는 새로 태어난 듯 몸이 가볍고 머릿속엔 새로운 아이디어가 흘러넘치면서도 이상하게 무방비 상태처럼 느껴졌다.

우리는 도시의 불빛을 따라가며 천천히 항해했다. 맨해튼은 반짝이는 조명의 협곡 같았다. 펑퍼짐한 구름을 허리에 두른 달이 네온 불빛을 내리쬐는 밤이었다. 나는 내 친구(편의상 트레버라 부르겠다)와 수다를 떨었다. 그는 친절하고 자상한 남자로, 사랑스러운 아내와 함께 세 자녀를 둔 건실한 뉴욕 시민이었다. 또 다른 친구 알렉스는 그날 로프 담당이었다. 나는 트레버에게 요즘에 무슨 책을 읽냐고 물었다.

"전쟁 소설." 그가 대답했다. "요즘 소설은 더 이상 못 읽겠어. 대부분이 여자만을 위한 책 같아. 그래서 좀처럼 손에 잡히지가 않더라고. 이건 내 책이 아니다, 나는 전쟁 얘기가 좋다고 인정할 수밖에 없었지. 난 전투, 병법, 섹스 얘기가 재미있어."

이 말에 요트의 조종대를 잡고 있던 스티븐이 말했다. "보통 전쟁 얘기에 섹스는 안 나오지 않나."

"강간이 있잖아." 트레버와 알렉스가 동시에 키득거렸다.

다시 한번 강조하지만 트레버와 알렉스는 모두 신사였다. 게다가 내 뇌의 일부분은 순간적으로 이렇게 다짐하고 있었다. "이건 그냥 농담이야, 그러니까 잊어버려"라고. 그러나 영국에서의 일 때문에 나는 그럴 수 없었다. 영국에서 나는 모든 남성이 신성한 여성성을 존중하고 나아가 여신으로 받드는 꿈 같은 세상을 엿보고 돌아왔다. 그리고 부정적인 언어가 여성을 파괴하는 위력도 이제는 알았다. 그런 까닭에 이번에는 여성과 강간과 버자이너를 가볍게 여기는 우스갯소리를 그냥 넘길 수가 없었다. 말이 칼날이 되어 날 난도질하는 것처럼 느껴졌다. 무언가 큰 덩어리가 목에 걸린 것 같아서 나는 양해를 구하고 실내로 들어갔다.

나는 간이침대에 누웠다. 파도의 박자에 맞춰 출렁이는 침대 위에서 나는 어두컴컴한 강을 바라보다 눈을 감았다. 그러자 몸에 통증이 다시 느껴졌다. 말이 언월도처럼 내리꽂혀 내 몸의 에너지장을 갈기갈기 찢어내는 것 같았다. 같은 상황에서 모른 체하거나 맞서 언쟁하곤 했던 예전에는 한 번도 감지하지 못한 통증이었다. 내 생각에는 내가 '골반의 감정'을 바로 느끼는 것 같았다. 그래서 말의 폭력성이 매섭게 다가온 것이었다. 악의는 없었겠지만 그 무성의함이 더 아팠다. 부주의한 언사는 어떤 면에서 더 큰 상처를 준다. 나 자신이 예전에 그랬던 것처럼 무감각하게 던지는 "그저 농담"일 뿐인 언사가 여성에게는 큰 상처를 안기는 거다.

나는 심호흡을 했다. 그때 당혹스러운 일이 일어났다. 감은 두 눈에서 눈물이 새어 나와 뺨을 타고 흐르기 시작한 것이다. 흐느끼는 울음은 아니고 그냥 감정이 북받쳐 나오는 눈물이었다. 나는 미동도 하지 않고 가만히 누워서 뺨과 목을 적시는 눈물이 하염없이 흘러내리게 내버려 두었다. 그렇게 나는 15분인가 20분쯤을 누워 있었다. 그러면서 갑판 위의 젊은 여자들을 생각했다. 아까 그 말을 똑같이 듣고 몸과 마음이 아주 미묘하게 경직되고 멀어졌을 그들을. 그들이 안쓰러웠다.

버자이너에 적대적인 언어에 내포된 공격성은 여성의 몸에 스트레스 반응을 일으키는 것을 넘어 그런 문화관념을 여성의 몸과 뇌에 영구적으로 새긴다. 미시건 대학교의 심리학자 리처드 E. 니스벳이 《생각의 지도》에서 설명했듯, 서로 다른 문화에서 매일의 경험이 축적되어 형성된 사람들의 인식은 뇌 신경구조에서부터 차이를 나타내게 된다. 예를 들어, 서양인은 특정 대상에 집중해 인식하는 경향이 있다. 반면에 동양인은 보다 넓은 시야로 대상을 큰 맥락의 일부로서 파악한다.

마찬가지로 여성이 자신의 버자이너를 문화적으로 어떻게 받아들이느냐에 따라 뇌도 달라진다.[1] 여성이 버자이너를 깊게 팬 상처나 좁고 긴 틈에 빗대는 말을 평생 들으며 산다면 그런 관념이 뇌의 신경망에 박히게 된다. 반대로 버자이너가 옥문(玉門)이라고들 말하는 사회에서는 여성의 뇌도 그런 인식을 당연시하도록 변한다.

중국 한나라(기원전 206년~서기 220년)나 1500년 전 인도 혹은 13세기 일본에서는 버자이너가 신국의 가장 신성한 사원에 있는 가장 신성한 장소로 그려졌다. 그래서 당시 여성들의 뇌도 버자이너를 그렇게 인식했다. 반면에 마녀사냥이 유행했던 중세 유럽에서는 버자이너를 악마의 놀이터 혹은 지옥문이라며 철저하게 배척했고 그에 따라 이 문화에 살던 유럽 여성들은 존재 자체가 수치라는 무형의 울타리에 스스로를 가두어야 했다. 엘리자베스 1세 시대의 영국 문화는 질을 구멍으로 여겼고 당시 많은 여성들이 자신이 공허하고 쓸모없는 존재라고 여겼다. 또, 프로이트 이후의 유럽 일부와 미국에서는 버자이너의 반응을 여성으로서의 완성도를 가늠하는 지표로 삼은 탓에 많은 여성들이 열등감에 시달렸다. 오늘날 서양에서는 버자이너를 오르가슴 공장쯤으로 여기고 무슨 스포츠 경기인 양 경쟁을 부추긴다. 그런 문화에서는 여성들이 불가능한 한계에 계속해서 도전해야 한다는 압박감에서 벗어나지 못할 것이다. 현대의 포르노 산업이 그렇듯 대중문화가 한 여성의 버자이너를 수천만 개의 구멍 중 하나에 불과하다고 여긴다면 여성은 자신의 성적 자아가 그 자체로 중요하고 신성한 게 아니라 흔해 빠진 일회용품에 불과하다고 생각하게 될 것이다.

추측에서 그냥 하는 말이 아니다. 이런 인식은 신경 시냅스의 기본 구성요소로서 확고하게 자리를 잡는다. 반복되는 환경 자극에 반응해 여성의 뇌가 물리적으로 변하는 것이다.

그런 환경 자극은 여성의 자신감과 긍정적 마음가짐에도 영향을 준다. 강연에서 나는 여성 청중들에게 태어나서 가장 처음 들었던 버자이너 관련 단어가 뭐냐고 종종 묻는다. 그러면 그들은 보통 열 네다섯 살 때를 기억하는데 공사현장이나 길거리를 지나가다가 그 말을 들었다고 한다. 그 순간 나는 강당의 공기가 경직되는 것을 느낄 수 있다. 800명의 여성이 모두 막 여자 티가 나기 시작할 무렵 "네 거기를 핥게 해 줘"라거나 "내게도 네 거기 좀 나눠 줘"라는 말을 처음 들었던 순간을 떠올리고 있는 것이다. (아시아계 여성 여럿은 "(눈처럼) 쭉 째진 보지"라는 모욕까지 받았다고 한다.) 나는 그들에게 그때 기분이 어땠냐고 물어본다. "그런 말들이 '내가 이렇게 창피하고 상스러운 존재인가?'라는 생각이 들게 했나요?" 무거운 긴장감이 강당 안을 여전히 맴도는 가운데 나는 그들에게 다른 문화권에서 버자이너를 지칭하는 단어들을 읽어 준다. 가령 한나라와 명나라 연애시의 단골 소재인 '금련화', '향기나는 그늘', '지상낙원의 입구', '고귀한 진주' 같은 것들이다. 도교의 표현은 매우 시적이다. 《사랑의 기술》과 같은 도교 경전에서 버자이너는 '천국의 문', '붉은 구슬', '숨겨진 궁전', '옥문', '옥빛 문', '신비한 계곡', '신비한 문', '보물' 등으로 지칭된다.[2]

탄트라 경전의 표현력은 더 가관이다. 탄트라에서는 버자이너를 유형에 따라 세분하는데 모든 범주의 정의가 굉장히 우호적이다. 먼저 치트리니 요니는 둥글고 부드러우며 윤활액이 금방 나오고 음모가 적은 버자이너를 말한다. 이런 활동적인 여성의 분비액은 매우 뜨겁고 꿀처럼 달콤한 맛과 향이 난다고 한다. 두 번째로 하스티니 요니는 크고 깊으며 음핵 자극을 더 즐긴다. 다음 파드미니 요니는 주광성 개화식물처럼 햇볕을 받기를 좋아하고 강한 손의 애무를 원한다. 이런 여성의 분비액에서는 갓 피어난 연꽃 향기가 난다고 한다. 마지막으로 여성을 요정이나 소라고둥에 비유하는 샨키니 요니는 늘 촉촉하고 음모가 많으며 입과 혀를 이용한 애무를 좋아한다.[3] 대부분의 서양 종교와 반대로 힌두교에는 버자이너와 정신이 연결되어 있음을 분명하게 보여 주는 종교화가 많다. 힌두교에서 '지혜의 연꽃'을 버자이너의 동의어로 여기는 것에도 같은 맥락이 숨어 있다.

"늘 이런다면 어떨까요?" 나는 청중에게 묻는다. "버자이너가 지혜의 원천이며 향기롭고 소중한 보물이라는 말만 듣고 산다면 성적 의미에서 여자로서 자신이 어떻게 느껴질까요?" 모두가 여성의 성을 경외하고 찬미하는 환경에서 여성은 자연스럽게 성적으로 자유로워진다.

그뿐만 아니라 활짝 피어난 창의력과 통찰력을 십분 발휘해 더 좋은 세상을 만드는 데 크게 기여한다.

나는 강연 중간에 가끔 명대의 장편소설 《금병매(金瓶梅)》의 한 부분을 낭독한다.[4] 매우 에로틱하다는 면에서는 비슷하지만 그 성격은 한대의 사상과 조금 다르다. 한 왕조에서 여성의 성은 우주의 조화를 유지하는 원동력이었다. 한나라 사람들은 남성이 여성을 기쁘게 하는 방법을 통달함으로써만 내적·외적 능력을 함양할 수 있다고 믿었다. 더할 나위 없이 만족스러운 관계를 마친 여성의 은밀한 내면에서만 나오는 강력한 음기를 받아 보양한다는 것이다. 사랑의 기술을 설명하고 여성의 음부를 찬양하는 한나라 시조까지 낭독을 마치고 고개를 들면 청중의 얼굴이 하나같이 붉게 달아오른 모습을 볼 수 있다. 간혹 어떤 여성은 저도 모르게 손뼉을 치기도 한다.

이렇게 우호적인 쪽으로 여성의 성을 생각할 때는 후텁지근한 공기 같은 게 차오르는 것이 확실히 느껴진다. 행동까지 변화시킬 만큼 벅찬 기운이다. 내 강연을 듣고 있는 현대 여성들이 버자이너를 오늘날과는 정반대의 시각에서 바라보는 다른 시대와 다른 장소로 상상 속의 여행을 다녀오면 강당의 공기가 확연하게 달라진다. 그들의 걸음걸이는 훨씬 가뿐하고 활기차다. 뭔가 굉장히 멋진 비밀을 간직한 사람들처럼 말이다. 그런 기분에서는 뭐든지 해낼 수 있을 것만 같다.

언어의 힘은 강력하다. 언어는 성적인 면뿐만 아니라 지적 영역 전체를 각성시킬 수 있다. 이 힘에 대해 버지니아 울프는 이렇게 말했다. "사람이 잘 먹지 못하면 제대로 생각하고 제대로 사랑하고 제대로 잘 수 없다. 소고기와 말린 자두로는 척추 속에 있는 등불이 켜지지 않는다."[5] 여기서 울프가 하고자 한 말은 육체와 상상력이 상호의존적이라는 것이다. 그리고 그녀의 생각은 옳았다.

작금의 서양에서 여체(女體)가 성적 상상력으로 확장되는 것은 보잘것없는 불쏘시개를 가지고 스스로 발화하는 것과 같다. '버자이너'는 발음하기 편한 단어가 아니다. ㅂ에서는 거슬리게 바람 새는 소리가 나고 ㅈ은 맥이 없게 들린다. 이런 특징은 '버자이너'를 반(反) 에로틱한 단어로 만든다. 서양에서 버자이너가 어떻게 인식되는지 생각해 보라. 아니면 인터넷 검색을 해도 좋다. 그러면 '생식기 헤르페스 감염'이나 '질 분비물'처럼 정이 뚝뚝 떨어지는 의학용어들이 스크린을 도배할 것이다. 그나마 봐줄 만한 게 '질 긴장도'와 같은 건강 관련 단어이고 가장 보기 싫은 말은 포르노와 관련된 것들이다. 이처럼 존재의 본질을 설명하는 언어들이 경계심만 가득하고 적대적인 의학용어나 조잡한 비속어 쪽으로만 쏠려 있는 상황에서 여성이 스스로를 신비하고 복잡다단한 인격체로 인지하는 것은 사실상 불가능하다.

독자 여러분이 여성이라면 스스로 한번 실험해 볼 것을 권한다. 아나이스 닌과 헨리 밀러의 발췌문을 다시 읽어 보라. 그런 다음 글을 읽고 나서 마음속에서 어떤 일이 일어나는지 주시해 보라. 미리 경고하자면 약간 스트레스를 받을 수도 있다. 닌을 읽을 때와 밀러를 읽을 때 근육의 긴장도와 심장박동이 서로 다른가? 아니면 아무 차이가 없는가? 질의 박동이 어떤지 느낄 수 있다면 이것도 감지해 보라. 숨은 편하고 고른가? 전체적으로 마음이 편안한가 아니면 불안한가?

이 책을 준비하면서 자료들을 읽는 동안 나는 버자이너가 어떻게 기술되어 있는지에 따라 내 체력과 기분도 달라지는 것을 실감했다. 가령 아침에 닌의 글을 읽은 날에는 세상이 유독 빛나 보였다. 그러다 오후에 똑같은 장소에서 밀러를 읽고 나면 날씨가 좋았음에도 몸에 힘이 없고 이상하게 목욕을 하고 싶었다.

우리는 여성 근대주의자들이 말하는 꿀과 조개껍데기에서 얼마나 멀어졌을까. 현대 비속어를 종합한 웹사이트인 Onlineslangdictionary.com의 검색창에 버자이너를 치면 '도끼로 찍힌 상처', '열린 상처', '부상병'과 같은 결과가 뜬다.[6] 또, Yahoo.com에 "버자이너의 비속어는?"이라고 물으면 '구멍', '깊게 팬 상처', '벤 상처', '좁고 긴 틈' 등을 답으로 내놓는다.

아래는 남녀 모두 들어갈 수 있는 한 인터넷 갤러리에서 버자이너의 비속어를 주제로 이루어진 대화를 재구성한 것이다. 여기서 핵심은 버자이너에 **적대적인** 비속어를 물어본 게 아니었다는 것이다. 이 갤러리는 가장 큰 웹사이트 중 하나였고 누구나 대화에 참여할 수 있었다. 요점만 파악하기 쉽도록 나는 모든 대화를 최대한 간략하게 편집했다. 언어가 얼마나 폭력성과 조롱에 치중해 있는지 주목해 보자.

앤디: 질의 은어가 워낙 많아서 한곳에 모으는 게 좋을 것 같다. 내가 가장 좋아하는 두 단어는 '골짜기'와 '구렁'이다. '골짜기'가 좋은 이유는 여기저기 붙여서 흥분 단계를 정확하게 설명할 수 있기 때문이다. "골짜기에 거품이 인다"처럼 말이다.

'구렁'은 "구렁의 히터 눈금이 6에 가 있다"와 같이 응용할 수
있다.

[…]

데이비드: '고기 조각'

조이: '반만 먹은 스테이크 샌드위치', '내장을 발라낸 토끼', '해
산물 타코', '소금에 절이고 화이트소스를 바른 소고기 조각',
…'모터', '덤불', '주머니'

루이스: '정육점 쓰레기통'

스티브: 'V자 모양 구멍'

스티븐: '자지집', '빠구리통', '보지', '번데기싸개'

애나_[몇 안 되는 여자 회원 중 한 명. 부루퉁해서 끼어들며]: 헐,
'구렁'

조시_[바로 앞 댓글의 은근한 항의 조에도 아랑곳하지 않고]: '거
품 먹은 소고기'

킨: '복슬복슬한 조개', '마주 웃어 주는 간식'

스티브: '자지주머니'

대니얼: 모두 다 아는 '덤불', '참치 샌드위치', '생선 모둠', '되너
케밥', '송어 주머니'. 그 밖에 '궁둥이 진액'과 관련된 표현이
더 있을 듯.

앤디: '낮잠 자는 과일박쥐'는 거시기가 크고 넓은 여자에게 쓸 수
있을 것임. '분홍색 벨벳 소시지 지갑', '보지'

스티브: '보지'. 영화 〈엘리자베스〉에 나온 '여왕님'도 멋진 듯.

앤드류: 지저분한 거시기에 어울리는 '옆구리 터진 케밥'. 그래도
　　'보지', '궁둥이골짜기', '가랑이골'처럼 구관이 명관이라고
　　생각함. '복슬복슬한 생선파이'도 나쁘지 않음.
앤디: 아직 안 나온 것 같은데, '정글' (아니, '정글 숲'이었던가?)
　　"정글 좀 보여 줘, 자기야"
대니얼: 아, 깜빡할 뻔함. '하수관'

　대부분의 여성은 이런 말들을 스쳐 듣거나 생각하는 것만으로도 얼마나 불쾌한 경험인지 잘 알 것이다. (그나마 위의 목록은 여성들이 받을 충격을 감안해 '똥꼬 짝꿍'이나 '수염 난 굴'과 같은 몇몇 표현을 뺀 것이다.)

　젊은 남성들이 사용하는 버자이너 은어 중에 '정육점 쓰레기통'과 같이 유독 고기와 관련된 것이 많다는 점은 새삼 충격이다. 이는 죽은 가축의 몸뚱이가 가공 과정에서 막 다뤄지는 모습을 연상케 한다. 정육점 쓰레기통은 아무짝에도 쓸모가 없는 잡부위를 모아 버리는 곳이다. 또, '옆구리 터진 케밥', '소시지 지갑', '분홍색 타코', '거품 먹은 소고기'는 대량생산되는 저질 가공식품의 이미지와 연결된다. 어느 것도 고급스러운 표현이라고는 할 수 없다. 하지만 '씹'만큼 심각한 사회적 의미를 담고 있지 않다는 것도 사실이다. 어떤 면에서는 기분 나쁘지만 어떤 면에서는 웃기기도 한 이 말들이 가리키는 것은 별로 섹시하지 않은 살덩어리 딱 그뿐이다. 또 다른 웹사이트들에서 나는 고기와 아무 관련 없고 폭력성을 띠지도 않으면서 그저 실없기만 한 표현들을 여럿 찾을

수 있었다. 가령 '비키니 족', '체리 맛 사탕', '칙칙폭폭', '털북숭이 간식', '비버', '투덜이' 같은 것들이다. 또, 어떤 곳에서는 긍정적 어조를 희미하게 띤 표현들도 발견했다. '꿀단지'나 앞에서도 언급했던 '여왕님', '허시퍼피'[1], '쪽쪽이', '패션프루트', '남부 미녀' 등은 정겹고 귀엽게 들린다. '태즈메이니아 지도/태메지'는 호주에서 자주 쓰이는데, 태즈메이니아섬이 꼭 삼각형을 뒤집어놓은 것처럼 생긴 까닭이다. 그 밖에 '팬티 햄스터', '곧추선 베이컨 샌드위치', '벨크로 삼각형'이라는 표현도 검색에서 나왔다.

내가 조사한 바로 이보다 더 불쾌한 은어가 목록에 있는 비속어 사이트는 그리 많지 않았다. Blackchampagne.com에 따르면 어떤 사람들은 음핵을 '설탕 입힌 아몬드'라 부르며 미국 흑인 사회에서는 음핵을 가리켜 훨씬 사랑스러운 어감의 '진주 혀'라 부른다고 한다.[7]

이렇게 보면 옛날과 달리 현대의 젊은 남성들은 버자이너가 사악하거나 천박하다고 생각하지는 않는 것 같다. 버자이너가 싸구려 군것질거리에 자주 비유되긴 하지만 여기에 개인적 악감정은 담겨 있지 않다. 이런 변화는 무엇 때문일까? 소시지 지갑처럼 포르노가 버자이너를 그리는 방식과 어떤 관련이 있는 걸까? 아니면 포르노가 가공식품과 비슷하게 대량생산품이라는 성질과 관련 있을까? 그것도 아니면 포르노가 묘사하는 섹스가 주문하면 바로 나오고 누구로도 대체 가능한 정크푸드 같기 때문일까? 현대인, 특히 포르노로 섹스를 처음 접하는 요즘 젊은이들은 마치 가공식품을 슈퍼에서 사 먹듯 포르노를 일상적으로

---

1) [역주] 미국 남부 지방에서 흔히 먹는 튀김과자

반복해서 소비한다. 이런 생활양식이 사람들의 인식에 영향을 미쳤을까?

이 은어들은 포르노그래피가 안드레아 드워킨이 두려워했던 것과 정반대의 상황을 만들었다는 사실을 보여 주는 증거일까? 남성들이 버자이너를 겁탈하도록 미친 듯이 몰아가는 대신 버자이너에 익숙해져 아예 무덤덤한 경지에 이르게 한 게 아닐까? 전자레인지에 데워 먹는 부리토보다 포장은 더 엉성하고 아주 조금 더 맛있어 보이는 군것질거리로 느껴지도록?

이런 현실에서 많은 여성이 조소에 항변하기 위해 혹은 버자이너의 명예를 회복하기 위해 노력한다. 신세대 여성운동 사이트 Tressugar.com은 여성 친화적인 버자이너 용어의 목록을 올려놓고 있다. 부정적인 비속어가 넘쳐나는 실태에 맞대응하려는 노력이다. 사이트의 회원은 대부분 20대의 서양 여성이다. 여기서 분명히 알 수 있는 사실이 하나 있다. 성 혁명 이후 세대의 젊은 여성들은 버자이너를 불길한 것으로도 엄청나게 매혹적인 것으로도 보지 않는다는 것이다. 그들은 버자이너를 귀엽고 친숙한 대상으로 여긴다. 그들에게 버자이너는 작고 복슬복슬한 헬로키티 혹은 달달한 사탕과자이며 은유를 조금 가미하면 반짝이 포장지로 싼 솜털 보송보송한 대추 한 상자다.

이 웹사이트는 회원들에게 남자들이 만든 적대적인 은어를 대신할 자신만의 표현을 올리도록 권하고도 있다. 실제로 올라온 단어들을 보면 대부분 달콤한 간식이나 폭신폭신한 소품을 연상케 한다. 냠냠, 꿀단지, 사탕과자, 손토시, 비버, 키티 등이 대표적인 예다. 재치 있는 어떤 회원은 자신의 버자이너를 꼬꼬마 여동생처럼 친근하게 부른다. 남성들이 자신의 음경을 '딸랑이'나 '꼬마친구'라 부르는 것과 다르지 않은 모습이다.

여성청결제가 상품화되어 처음 나온 것은 1960년대다. 그때는 여성청결제가 아니라 체취제거제라고 불렸었다. 요즘 여성잡지 같은 곳에 등장하는 여성청결제 광고를 보면 밝은 노란색 미니드레스 차림의 빨강머리 모델이 짓궂게 웃으며 양팔을 높이 들고 명랑하게 말한다. "내 프루프루에는 우후를!" 광고는 '미니', '트윙클', '후하', '꽃', '팬시', '요니', '숙녀의 정원' 등과 같은 단어들을 계속에서 나열하다가 이렇게 경고한다(상품 광고는 늘 이런 식이다). "바디클렌저와 비누를 그곳에 자주 사용하면 천연 방어막을 벗겨내 건조함과 자극을 일으킬 수 있다는 사실, 알고 계셨나요? 예민한 피부를 위해 pH 균형을 맞춘 펨후레쉬는 당신의 소중한 버제이제이, 키티, 누니, 랄라, 프루프루를 지켜 드려요. 뭐라고 부르든 당신의 그곳을 사랑하세요!" 마지막으로 "펨후레쉬는 당신의 그곳을 소중하게 관리해 드립니다"라는 구호를 강조하며 광고는 마무리된다.

네 거시기에서 비린내가 난다는 뉘앙스를 풍기는 1960년대의 무례한 광고는 이렇듯 활기 넘치는 신조어를 총동원한 명랑 쇼로 변형되었다. 하지만 후하나 프루프루라는 말을 들으면 나는 유아용 TV 프로그램 텔레토비에 나오는 보라돌이, 뚜비, 나나, 뽀 생각을 떨쳐낼 수가 없다. 키티나 냠냠도 마찬가지다. 숙녀의 정원이 정당한 인정을 받기 위해 이런 옹알이 같은 단어들만으로 충분한 걸까?

신세대 페미니스트들이 주도하는 여성에게 힘을 주는 버자이너 별명 짓기는 연예신문이나 대중지에서도 흔히 찾아볼 수 있다. 아일랜드 소설가 마리안 케예스는 본인의 버자이너를 깜찍하게도 으르렁쟁이라고 불렀다. 또, 미국의 한 연예지는 인기 드라마 〈고스트 위스퍼러〉의 여주인공 제니퍼 러브 휴잇이 중요한 데이트를 앞두고 버제이제이에 버제이즐을 했다는 소식을 대서특필했다. 이것은 질 주변에 보석을 박았다는 뜻이다.

버자이너에 더 우호적인 이름을 새로 지어 주고 언론 매체를 통해 소리 내어 말해야 하는 이유는 뭘까. 공개적인 호칭은 개인의 행동과 달리 정치적인 요소가 있다. 이름이 현실을 만드는 것이다. 게다가 여성들은 이미 수백 년 동안 큰 소리 한 번 못 내고 고통받았다. 그러니 내가 내 몸에 멋진, 아니 적어도 끔찍하지는 않은 새 이름을 붙일 권리를 행사하고자 하는 것은 당연하다.

힘이 생긴 여성들이 버자이너를 새로 명명하는 것에는 득과 실이 공존한다. 좋은 점은 버자이너가 더 이상 지옥문이 아니라는 것이고 나쁜 점은 이제는 버자이너가 위대한 우주의 중심도 아니라는 것이다.

현대 사회에서 개성이 톡톡 튀거나 경쾌 발랄하거나 귀여운 버자이너는 흔한 것이 되었다. 그런 한편 버자이너의 마법은 서구의 언어문화에서든 사회 전체에서든 종적을 거의 감춰 버렸다.

인류학 연구에 따르면 스리랑카의 한 민족은 전깃불의 발명이 영혼과 신의 계시를 몰아냈다고 믿는다고 한다. 아일랜드 사람들은 현대문명이 도래하면서 요정이 떠나버려 요정이 내리던 축복도 사라졌다고 말한다. 그런데 현대의 어휘를 보면 버자이너도 비슷한 상황에 부닥친 것 같다. 신비함이 벗겨진 버자이너는 이제 귀신이나 악마에 씌지도, 마법에 걸리지도 않게 되었다.

포르노 속 버자이너

질을 300번 넘게 구경한 다음에 아침에 일어나본 지가 며칠은 된 것 같다.
—록 가수 존 메이어, 《플레이보이》

버자이너의 마력은 예전 같지 않다. 그러나 문제는 그것만이 아니다. 버자이너와 관계를 맺는 남성도 마력을 잃고 있다. 버자이너 이미지의 과잉공급은 남성들의 정신을 산만하게 흩뜨려 놨고 온 세상을 점령한 포르노는 남성의 뇌 구조를 재설계하고 있다.

포르노가 남성의 신경계를 망가뜨리고 있는 현실은 버자이너와 버자이너의 주인인 여성의 인생에 백해무익하다. 현대 남성 대부분은 전희를 지겨워하고 속전속결로 끝내려고만 한다. 전희는 여성의 자율신경계를 최적의 상태로 끌어올리기 위해 반드시 필요한 과정인데 말이다.

평범한 섹스는 포르노에 중독된 현대 남성들에게 더 이상 신선한 자극을 주지 못한다. 그래서 남성들이 (폭력이 되기 일쑤인) 항문 삽입을 선호하고 항문 성교로 절정에 이르는 것을 목표로 삼는 경향이 점점 짙어지고 있다.

나는 두 달 동안 상반된 분위기의 두 대학 캠퍼스에서 교직원들과 애기를 나눈 뒤 이 문제가 어떻게 체계적으로 악화일로의 길로 가고 있는지 깨닫게 되었다. 통제가 느슨한 매사추세츠 주립 대학교에서는 학생들이 술에 취해 아무하고나 잠을 자는 일회성 급 만남이 드물지 않다. 이 학교의 한 보건 상담사가 내게 고민을 털어놓았는데 그 내용을 듣고 나는 깜짝 놀랐다. 여학생들이 보건실을 찾는 가장 흔한 이유가 항문 열상이라는 것이다.

항문 열상이란 항문이 찢어지는 것을 말하는데, 아직 미숙한 어린 학생들이 술까지 취해 콘돔도 없이 즉흥적으로 사고를 치면서 이런 상처를 입는다. 상담사가 말하기로 여학생들이 자주 하는 얘기가 있다고 한다. 포르노에 익숙한 남학생들이 그런 성관계를 기대하기 때문에 자신들도 그 요구에 부응해 주어야 할 것 같은 압박감을 느낀다는 것이다. 앞으로도 계속 만나고 싶은 상대일 경우에는 더더욱 말이다.

다음 달에 나는 더욱 엄격하고 종교적인 중서부의 한 모르몬 계열 대학교로 장소를 이동했다. 그곳의 보건 상담사 역시 근심이 있기는 마찬가지였다. 상담사는 많은 여학생이 공통된 문제 때문에 보건실을 찾는다고 했다. 바로 항문 열상이었다. 이 학교는 모든 소녀는 혼전순결을 지켜야 한다는 사회적 압력이 강했다. 그래서 남학생들이 욕구를 해결하면서 처녀성은 보존하는 방안으로 여학생들에게 항문 섹스를 요구한다는 것이다.

자기 앞가림은 하는 어엿한 법적 성인에게 항문 섹스를 한다고 비난하려는 게 아니다. (물론 골반의 외상이 남자든 여자든 신경계 건강에 좋을 리는 없다.) 현대의 포르노는 서서히 달아오르게 하는 애무와 자극의 비중은 크게 줄이고 강압적 삽입을 강조한다. 이런 포르노에 너무 자주 그리고 너무 쉽게 노출되는 탓에 점점 더 많은 사람들이 여성의 성적·감정적 불만족만 키우는 섹스 방식을 선택하고 있다. 이 불만족도 증가는 1997년과 2004년의 전국적 설문조사에서도 드러난 사실이다. 《하이트 보고서》가 나온 이후 남성 인구의 (그리고 덩달아 여성들도) 포르노 노출 빈도는 가파르게 증가하고 있다. 반면에 만족스러운 섹스를 하고 잠자리에서 자신의 요구사항을 분명하게 밝히는 여성은 점점 감소하는 추세다. 이 두 변화 사이에 무슨 연관성이라도 있는 걸까?

《데일리 메일》에 보도된 이 설문조사에 따르면 커플 100쌍 중 남성의 85%가 자신의 여성 파트너가 절정에 도달했다고 믿지만 실제로 그렇다고 응답한 여성은 61%뿐이라고 한다. 혹시 이 간극도 포르노와 관련 있지 않을까? 포르노가 여성의 반응을 항상 극적이고 과장되게 보여 주는 탓에 대다수 남성이 파트너의 반응을 착각하게 된 것 아닐까?

남성들이 포르노를 소비하는 행태는 잠자리에서 여성 파트너가 무엇을 원하며 어느 타이밍에 흥분하고 만족하는지를 남성이 얼마나 정확하게 읽어내는가에 영향을 줄 수 있다. 하지만 이 설문조사가 경고하는 위험은 이것만이 아니다. 포르노에는 덜 또렷하지만 못지않게 중대한 또 다른 위험이 숨어 있다. 바로 포르노를 보며 자위하는 오랜 습관이 남성의 성적 감각을 전체적으로 둔화시킨다는 것이다. 포르노를 본다는 남성에게 여성이 본능적으로 인상을 찌푸리면 남성은 저 여자가 뭘 모른다고 생각할지 모른다. 현대사회는 해롭지 않으니 맘 편히 즐겁게 감상하라거나 성생활을 다채롭게 해 주니 좋은 것이라는 식으로 포르노 소비에 매우 관대하기 때문이다. 그러나 최근 연구에 의하면 정반대의 결과가 사실로 드러났다. 포르노는 남성의 정력을 오히려 깎아 먹으며, 이런 유형의 중독에 취약한 남성들이 포르노를 자꾸 보다보면 실제로 중독자가 되기 쉽다는 사실이 확인되었다.

행복한 남녀의 잠자리에 정력이 충만한 남성은 필수 불가결한 조건이다. 현재 우리 사회에서는 남성이 포르노를 보며 자위할 때 머릿속에 무슨 일이 벌어지는지는 남이 신경 쓸 일이 아니라는 인식이 보편적이다. 그러나 그 순간 남성의 뇌에서 분주하게 왔다 갔다 하는 신경 신호들은 본인과 여성 파트너의 몸 그리고 나아가 여성의 뇌에까지 악영향을 주게 된다. 포르노를 좋아하는 남성을 향한 여성의 직감은, 질투가 섞여 있을지언정, 틀리지 않는다. 여성에게 포르노는 사랑하는 남자의 신경계를 조작해 성 기능을 뚝 떨어뜨리는 악질 라이벌이다. 남성이 포르노를 보며 자위하는 데 많은 시간을 쏟을수록 정기는 더욱 약해질 것이다. 이것은 분명 본인도 파트너도 원하는 바가 아닐 터다.

2003년에 나는 격주간지 《뉴욕》에 '포르노의 환상'이라는 제목으로 에세이를 기고한 적이 있었다. 현직 치료사들과 성 문제 상담사들의 전문적 견해를 참고해 건강한 젊은 남성들이 포르노를 점점 더 많이 보는 것과 남성 성 기능 장애의 발생률이 증가하는 현상 사이에 상관관계가 있음을 꼬집는 내용이었다.[1] 의사와 치료사들의 설명에 따르면 그들은 정력에 문제가 생길 신체적·정신적 소인이 하나도 없는데 발기를 오래 유지하는 데 어려움을 겪고 있었다. 발기에 성공해도 사정이 늦거나 아예 안 나오기도 했다. 이런 남성의 치료를 담당한 전문가들은 모두 포르노 과다시청이 성 감각을 점점 무뎌지게 하는 거라고 의심했다. 이 정황 증거에 쐐기를 박을 과학적 기전은 아직 완전히 규명되지 않은 상태였다.

기사가 나간 후, 기사 내용과 똑같은 문제를 하소연하는 남성들의 사연이 내 이메일로 쏟아져 들어왔다. 하나같이 심란해서 제정신이 아닌 것 같았다. 그들이 말하길, 시간이 지날수록 흥분하려면 포르노를 안 보면 안 될 것 같다는 강박이 점점 강해졌다고 한다. 점점 더 포르노에서 벗어나기 힘들었고 여자친구나 아내와 관계를 하는 게 점점 더 어려워졌다고 한다. 한때는 존재 자체만으로 참을 수 없이 매혹적이던 그녀들이었는데 말이다. 그들은 모두 다른 속셈 따위는 없는 더없이 평범한 보통 남자였다. 포르노 이용에 대해 사상적으로 반대하는 사람도 열렬한 사회운동가도 아니었다. 그들은 그저 겁먹은 남자일 뿐이었다. 그들의 사연에서 특히 내 시선을 끌어당긴 것은 그들 대부분이 더 이상 선택권이 없다는 망상을 가지고 있다는 점이었다. 그들은 겉으로 보기에는 완벽한 일상을 꾸려가고 있었다. 그런 그들이 내게 편지를 보내 무력한 삶에 은총이 내리길 기도하듯 절망적인 심경을 고백해온 것이다.

내가 이 에세이를 쓴 뒤, 학계에서는 포르노가 남성 뇌의 보상 시스템에 미치는 영향에 관한 연구 자료가 홍수처럼 쏟아져 나왔다. 이런 최신 자료들은 현대 남성의 성적 불행과 정력 감퇴가 점점 심해지는 이유를 설득력 있게 설명해 준다. 포르노를 보며 자위하는 행위는 잠깐 동안 뇌의 도파민 수치를 크게 높인다. 그렇게 한두 시간 동안은 매우 좋은 기분이 지속된다. 이 화학 작용은 도박을 하거나 코카인을 흡입할 때 발동하는 것과 똑같은 신경회로를 통해 일어난다. 문제는 도박이나 코카인과 마찬가지로 포르노 역시 짐 파우스 박사가 말한 강박장애 유형의 반응과 엮이면 중독성으로 발전할 수 있다는 점이다. 연구에 의하면 이렇게 포르노를 보면서 자위하는 게 끊을 수 없는 습관으로 굳는 사례가 드물지 않다고 한다.[2] '강박장애 유형의 습관적 자위'라는 말은 빅토리아 시대 의학용어와 어감이 비슷하기도 하다. 학자들은 이 용어를 남성이 여러 번 연속해서 자위해야 한다는 강박관념에 사로잡히거나 포르노가 나오는 스크린 앞을 떠나지 못할 정도로 정상적인 생활에 흥미를 잃는 경우로 정의한다.

이쯤에서 파우스 박사가 설명하는 포르노 중독의 신경과학을 살펴보자.

오르가슴과 마찬가지로 사정은 한 번 할 때마다 소강기가 찾아온다. 사정의 순간에는 오피오이드, 세로토닌, 엔도카나비노이드[1] 가 폭발적으로 증가한다. 이것은 황홀경, 포만감, 진정 효과를 가져온다. 자위를 습관적으로 하는 경우, 연속 사정할 때마다 억제 폭이 점점 커진다. 그때마다 세로토닌 증가 때문에 다음에 발기하기가 더 어려워지고 다음번 사정도 훨씬 힘들어진다. 이런 부작용을 막기 위해 남성은 자율신경계를 점점 더 강하게 활성화해 줄 자극을 찾는다. 습관적으로 포르노를 보며 자위하는 사람들이 에

---

1) [역주] endocannabinoid. 대마초와 유사한 효과를 내는 생체 화학물질

로물에 중독되는 이유이자 자율신경계를 옥죄는 더욱더 강렬한 상상을 갈구하게 되는 이유다. 이런 일이 누구에게는 일어나고 누구에게는 그렇지 않은 비밀은 빈도에 있다. 담배나 술과 마찬가지로 포르노도 가끔 보는 것은 괜찮다. 하지만 너무 자주 봐서 신경계가 만성적 흥분 상태에 이를 정도가 되면 중독된 것이다. 중독 자체가 위험한 것은 아니다. 중독의 위험성은 자위행위가 만성화되고 강박적인 성격을 띠게 된다는 데 있다. 포르노 자체가 죄인이 아니라 포르노에 의존하는 만성적이거나 강박적인 자위가 문제인 것이다. 즉, 실질적인 중독의 대상은 포르노가 아니라 오르가슴과 보상에 대한 기대감이다.[3]

참고로 어떤 사람들은 포르노 중독 치료 전문가들이 '도파민 구멍'이라 부르는 선천적 결함을 가지고 태어난다고 한다. 그런 남녀의 뇌는 다른 사람들과 달리 보상을 효율적으로 만들어내지 못한다. 그래서 보다 과격한 포르노나 그와 유사한 자극에 중독되기가 더 쉽다. 태생적 성향을 가졌으면서 포르노 자위에 중독된 남성은 흔히 발기불능이나 사정 장애로 고생한다. 혹은 성 충동 조절 장애 증세를 보일 수도 있다. 운이 나쁘면 도파민 조절 이상의 결과로 두 가지 문제가 다 생긴다.

중독자들은 보상을 받기 위해서라면 자기 파괴적 행위도 좀처럼 멈추지 못한다. 그 배경에는 신경화학적 기전이 깔려 있다. 포르노 자위가 습관화되면 도파민 조절 기능에 이상이 생기는데, 그러면 다른 사람들보다 음란 채팅에 더 잘 중독되고 기타 성적 일탈 행위를 끊지 못하게 되는 것이다. 수치심에 스스로도 벗어나고 싶어 하면서도 말이다. 하지만 포르노 자위를 오래 한 신체는 성적 자극에 적응해 버린다는 것이 훨씬 더 심각한 문제다. 그러면 그쪽으로 감각이 점점 둔해져서 사정 기능에도 문제가 생긴다. 케이블이나 랜선을 타고 날아온 버자이너 영상에 너무 익숙해진 남성은 웬만한 자극은 성에 차지 않고 천천히 느긋하게 달아오르지 못한다. 그래서 진한 오르가슴의 필수조건인 전희를 여성에게 선사할 수 없다.

생물학자 로버트 새폴스키는 저서 《얼룩말은 왜 위궤양에 안 걸릴까》에서 욕망과 포만감의 생물학에 대해 이렇게 설명한다.

비정상적으로 강렬한 인위적 경험과 쾌락은 비정상적으로 심한 습관화를 초래한다. 그 결과는 두 가지다. 첫째는 가을 낙엽의 바스락거리는 소리와 사랑하는 사람과의 눈 맞춤과 시간이 오래 걸리고 고되지만 보람찬 일을 마친 후의 성취감이 가져다주는 따스한 행복을 더 이상 느끼지 못하게 된다는 것이다. 둘째는 습관이 심해지면 얼마 못 가 아무리 강렬한 자극에도 만족하지 못하게 된다는 것이다. …끝없이 갈증만 심해질 뿐.
사람의 뇌는 영특한지라 반복적인 자극에 금방 적응한다. 그래서 결국 더 큰 자극에도 점점 만족할 줄 모르게 된다. 이쯤 되면 몇몇 남성은 여성에게 색다른 걸 해 보자고 할까 하는 생각을 떠올릴 것이다. 상상과 현실 사이의 괴리에 절망감을 경험한 남성은 파트너를 의심하게 되고 성마르고 자기중심적인 성격으로 변해간다.

그러면서 현재의 관계가 주지 못하는 것만을 꿈꾸게 된다. 여기서 끝이 아니다. 인간은 성적 불만족이라는 감정을 삶의 다른 측면들에 투영하는 경향이 있다. …신경화학적 조절 이상에서 비롯된 인지 장애는 불쌍한 남자의 눈을 가리고 어디서부터 잘못된 건지, 이 악몽에서 벗어나려면 어떻게 해야 하는지 알 수 없게 만든다. 현실 감각이 왜곡된 남성의 대뇌변연계는 오직 한 가지만이 그에게 행복을 되찾아 줄 거라는 거짓 확신을 심어 준다.

습관적 과잉자극에 노출된 후 정상 감각을 되찾는 데에는 한두 달 정도의 고통스러운 회복기가 필요하다. 그러나 요란했던 감정의 소용돌이가 잦아들면 삶의 모든 면에서 만족감을 찾기가 더 쉬워진다.[4]

이런 자극 역치의 꾸준한 증가는 포르노의 내용이 시간이 갈수록 극단으로 치닫는 원인이 되고 있다. 1980년대에는 상대적으로 온화하고 건전한 분위기의 엠마뉴엘 시리즈가 주름잡았었다. 그때에 비하면 요즘 포르노들은 몹시 폭력적이고 여배우 연령대도 크게 낮아졌으며 윤리적으로 아슬아슬하거나 페티시즘적인 소재가 자주 등장한다. 이런 변화는 무엇보다도 우리 문화가 개인의 성생활에 대한 도덕적 판단은 삼가면서 전반적으로 성에 더 관대해졌기 때문일 것이다. 하지만 과학 연구에 따르면 포르노 시청자들의 신경 반응이 매우 둔해졌다는 사실도 이 추세에 크게 기여했다. 오래된 포르노 자위 습관의 강박적인 성격은 전에 효과를 봤던 수위의 동영상이 다음에는 먹히지 않게 만든다.

그런 까닭에 포르노의 내용은 점점 더 자극적으로 되어가고 있다. 옛날에는 정상 체위에서 상호동의하에 하는 섹스가 주를 이뤘다. 하지만 요즘에는 중추신경계를 흥분시키기 위해 폭력적인 항문 섹스는 물론이고 근친상간이나 미성년자 강간과 같은 사회적 금기까지 건드린다.

성인 전용 유흥업소의 광고 역시 이런 추세를 따라가고 있다. 맨해튼의 유명한 스트립 클럽 프라이빗 아이즈 젠틀맨은 택시 지붕의 표시등에 광고를 싣는다. 불과 몇 년 전만 해도 이 광고에는 도발적인 미인의 얼굴이 실렸었다. 그런데 일 년 전쯤부터 여성이 어떤 폭력적 상황에 직면한 듯 약간 겁을 먹었거나 화가 난 듯한 표정으로 정면을 응시하는 광고가 눈에 띄기 시작했다. 그러다 최근에 유심히 관찰해보니 이 업소의 택시 광고가 죄다 페티시즘 웹사이트나 쓰레기 성인잡지에서나 볼 법한 그림으로 바뀌어 있었다. 바로, 아름다운 여성 모델의 광대뼈 언저리에 물방울이 하나 맺혀 있는 것이다. 그건 눈물이었을까?

다른 여자에게 눈을 돌리는 이성애자 남성은 흔히 비난의 대상이 된다. 그러나 크리스토퍼 라이언과 카실다 제타는 공저 《왜 결혼과 섹스는 충돌할까》에서 모든 남성은 숙명적으로 쿨리지 효과(Coolidge effect)의 유혹을 받는다고 말하고 있다. 쿨리지 효과란 남성이 자기 파트너가 아닌 다른 상대와 잠자리를 가질 때 더 흥분하는 현상을 말한다. (여성도 파트너가 바뀌면 비슷한 경험을 한다고 한다.) 쿨리지 효과는 랫트를 이용한 동물 실험을 통해 입증된 생물학적 현상이다. 실험에서 수컷 랫트는 처음 보는 암컷이 우리에 들어오자 크게 활기를 띠었다. 헬렌 피셔가 《왜 사람은 바람을 피우고 싶어 할까》에서 설명했듯이, 사람의 경우도 낯선 상대와 섹스를 할 때 흥분감이 치솟았다가 시간이 지나면서 잦아든다고 한다.[5] (별로 알려지지 않은 사실인데, 낯선 암컷이 수컷을 사로잡지만 오르가슴 직후에 나는 기분 좋은 체취를 원래 암컷 파트너의 몸에 바르면 수컷 랫트는 신선하고 어린 새 암컷을 제쳐두고 원래 자기 짝을 선택한다.)[6]

그러나 벌거벗은 섹시한 여자 수백, 수천 명이 눈앞에서 떼 지어 유혹의 신호를 보낼 때는 얘기가 달라진다. 이런 환경에서는 남성이 화면 속 여자들을 구경하면서 자위를 끝마칠 때까지 새로운 파트너로 인한 쿨리지 효과 따위는 발동하지 못한다. 반대로 섹시한 여자를 구경하기가 극히 힘든 상황에서는 남성의 뇌가 다르게 발달해 여자 그림자만 봐도 격하게 흥분하게 된다. 이때의 생물학적 반응은 여성과 잠자리를 갖기 전에 구애의 탐색 과정을 거쳐 도파민 수치를 높여놓는 교제 방식에 최적화되어 있다.

YourBrainOnPorn.com은 포르노와 포르노 중독의 과학을 추적하는 웹사이트로, 포르노가 인체에 정크푸드와 비슷한 영향을 미친다는 사실을 증명하는 연구 결과들을 소개한다. 마르니아 로빈슨은 이 연구들을 소재로 《큐피드의 독화살》이라는 책을 써서 발표했다.[7] 로빈슨과 함께 사이트를 운영하는 게리 윌슨은 '위대한 포르노 실험'이라는 제목으로 TED 강연자로 나서기도 했다. 매체는 다르지만 두 사람이 과학적 근거를 들어가며 얘기하고자 한 것은 같다. 포르노를 보는 남성은 도파민 활성화와 오피오이드 분비를 통해 포르노와 일종의 유대 관계를 맺게 된다는 것이다.

로빈슨은 책에서 이렇게 적고 있다. "정신과 전문의 노먼 도이지가 《스스로 변화하는 뇌》에서 지적했듯, 사람들은 포르노가 뇌를 얼마나 변형시키는지 전혀 모르고 있다. 환자들은 객관적으로는 파트너가 여전히 매력적이지만 그녀들을 보고 달아오르는 게 점점 힘들어진다고 호소한다. 그래서 그들은 파트너에게 포르노 배우 흉내를 내달라고 부탁하기도 한다. 사랑을 나누는 것보다는 성교 행위 자체에 더 집착하는 것이다. 마치 인류 전체를 대상으로 통제 불능의 실험이 어마어마한 규모로 시행되는 것 같다. 이 실험의 결말이 어떻게 날지는 아직 아무도 모른다. 하지만 여파가 따를 것이라는 점만은 분명하다."[8]

포르노 사이트들은 영리하게도 무료 미리보기를 제공하면서 회원들의 결제를 유도하고 집단 중독을 조장한다. 이런 전술은 제대로 먹혀들고 있다. 이제 포르노 시장은 그 규모가 영화, 음반, 서적, 영상물을 다 합친 것보다도 크다. (더불어 비아그라 판매량은 미국에서만 연간 수백만 달러어치에 달한다.) 진짜 버자이너가 정성껏 천천히 키운 유기농 식품이라면 포르노 속 버자이너는 유전자 조작 식품 혹은 대량으로 찍어내는 고도 가공식품이다. 포르노와 가공식품은 매한가지로 소비자에게 백해무익하다.

과잉공급에 휩쓸려 저도 모르게 포르노 중독자가 되었다는 현대 남성들의 딜레마는 적의가 아니라 동정심을 가지고 해결해야 할 사안이다. 혹할 만한 내용의 공짜 영상이 넘쳐나는 가운데 이 영상들이 신경계를 교란해 자유의지는 물론이고 정력도 빼앗을 수 있다는 사실을 어느 누구도 남성들에게 제대로 경고해 주지 않았기 때문이다. 포르노 중독과 성 기능 장애로 전전긍긍하다가 내게 이메일로 고민을 상담해 온 남성들은 괴물이 아니었다. 그들은 그저 누군가의 평범한 남편이고 연인이었다. 자신 때문에 피해를 보는 파트너를 마음 아파하고 자신이 더 이상 정력적인 남자가 아니라는 데 절망한.

2011년에 나는 포르노 중독이 남성의 뇌에 미치는 영향에 관한 새 글을 기고했다. 그러자 이번에는 고등학교 상담사들의 이메일이 쏟아져 들어왔다. 그들은 10대 남학생들의 포르노 중독 문제가 심각하다면서 재활 프로그램에 관한 정보를 더 줄 수 없냐고 물어왔다. 그들의 말에 따르면 열예닐곱 살짜리들이 포르노에 빠져서 학교생활이며 운동이며 친구까지 다 내팽개치고 있었다.[9] 2012년에 인터뷰했던 미국 버지니아주의 한 여대생은 많은 남학생이 고등학교를 졸업할 때쯤에 포르노 중독자가 되어 있다고 말했다. 그래서 젊은 여성들은 이 상황을 새로운 표준으로 받아들여야 한다는 압박감까지 느낀다고 한다.

포르노의 과학과 중독 탈출법을 알려 주는 Reuniting.info라는 웹사이트가 있다. 로빈슨과 윌슨이 새폴스키의 분석에 동조하며 여기에 올린 자료를 보면 사이트 회원들이 포르노를 끊은 뒤에 감각이 조금씩 미묘하게 살아 돌아오는 걸 느낀다고 한다. 이런 감각 변화는 종종 발기부전의 회복과 동시에 진행된다. 로빈슨과 윌슨이 지적하듯이 발기부전은 무료 동영상이 인터넷상에 흔해지면서부터 중증 포르노 중독자들이 급격히 증가했으며 이것은 분명한 병적 증상이다.[10] 두 사람은 시청 시간을 줄이거나 완전히 끊은 지 여러 달이 지난 회원들과 여전히 많이 보는 회원들의 진술을 토대로 두 집단 사이에 차이가 있는지를 검토했다.

그 결과, 몇 달 동안 자제한 남성들은 이제 똑같은 영상을 봐도 옛날만큼 흥분되지 않는다고 했다. 오히려 실망스럽거나 불쾌해했다고 한다.

한 남성은 재생 창을 닫은 뒤에 이런 감상을 남겼다. "내가 옛날에 즐겨 보던 포르노들이 전혀 흥미진진하지 않으며 노동 착취에 불과하다는 사실을 이제는 알 것 같다. 나는 나아지고 있다. 옛날에는 정서적 교감이나 질 섹스 따위는 건너뛰고 항문으로 돌진하는 데 급급했다. 또, 포르노 따라 하기에 협조해 주지 않는 아내에게 몹시 섭섭했었다. 하지만 요즘 나는 그동안 아내에게 보였던 내 태도가 너무나 후회스럽다. 그럼에도 여전히 나를 조건 없이 사랑해 주는 그녀가 고마울 뿐이다."

재활에 성공한 또 다른 포르노 자위 중독자의 경험담도 들어 보자.

최근까지 나는 섹스를 충분히 자주 하지 못하고 있다고 생각했다. 아내가 이틀에 한 번 이상은 원하지 않았고 한 군데 삽입만 고집했기 때문이다. 하지만 지금 나는 포르노를 보지 않고 소소하게 자위만 하거나 아내가 원하는 대로만 따라가면서 한 달째 잘 버티고 있다. 지난 10년 동안 달콤한 귀엣말로 나를 옴짝달싹 못 하게 만들었던 판타지와 강박적 충동을 잘 억누르고 있다.

우리 문화는 모든 사회구성원에게는 성적 표현의 자유가 있다고 강조한다. 그러나 성적 표현을 자제하는 이 실험 후 나는 과하게 자유로운 성이 내 정서 발달과 결혼 생활에 해를 입혀 왔다는 사실을 깨달았다. 과거에 나는 경험이 짧은 주제에 여성 집단 전체에 대한 선입견만 가득했다.

그동안 나는 자위를 하거나 포르노를 보거나 헛된 상상에 빠져 있거나 성적 불만족을 삶의 불만족으로 토해 내느라 많은 시간을 허비했다. 정확하게 계산해 보지는 않았지만 분명 몇 년은 될 것이다. 나는 아직 강박증에서 완전히 벗어나지는 못했다. 하지만 지난 16년을 통틀어 처음으로 만약 섹스에 집착하지 않았다면 내가 훨씬 더 의미 있는 인생을 살았을 거라는 생각을 하게 됐다. 강박증에서 벗어나는 것은 새로 태어나는 것과 같다.

아직까지는 성적 판타지와 성생활에 대한 불만족이 다시 고개를 들지 않고 있다. 이제는 아내도 전과 달라 보인다. 아내는 하루하루 다르게 매력을 더해 가고 있다. 바람직한 발전이 아니고 무엇인가.[11]

문제를 악화시키는 요인은 또 있다. 뇌에서 공격성 중추와 성욕 중추가 매우 가까이에 위치해 있다는 것이다. 여성들은 남자친구나 남편이 보는 비디오에 벗은 여자가 나온다는 사실보다는 내용이 여성 비하적이라는 점에 더 분노한다. 자상하기 그지없는 내 남자가 여자의 몸에 오줌을 누는 등 다양한 방법으로 여자에게 모욕을 주는 동영상을 보고 좋아한다니 믿을 수 없다는 것이다. 섹스를 폭력이나 모욕 행위와 연결하는 영상에 오래 노출된 남성은 본인도 점점 더 섹스가 그런 행위와 연동되어야만 흥분하게 될 수 있다. 이것은 여성도 마찬가지다. 페미니스트 작가 캐서린 매키넌과 안드레아 드워킨이 지적했듯 남성이 이 변연계 조절 이상에 취약한 것은 그들의 도덕적 결함이 아니다. 남자들이 처음부터 폭력을 행사하거나 여자를 무시하게끔 타고나지는 않았다. 동지들의 응원에 힘입어 포르노 중독을 치료하고자 재활 웹사이트에 가입한 남성 회원 다수는 스스로도 자위에 의존하는 자신을 좋아하지 않는다. 다만 뇌에서 인접한 위치 때문에 공격성과 연결되어 있을지 모르는 성욕이 남성들의 지갑을 털어 돈벌이하려는 속셈을 가진 영악한 최신 과학기술에 이용당하고 있을 뿐이다.

한편, 남성 중심의 포르노가 세상을 점령한 가운데 이성애자 여성들은 자신을 희생해 환경에 적응해 가고 있다. 포르노 자위는 남성으로 하여금 버자이너에 무감각해지게 만든다. 그렇다면 여성은 어떨까? 여성도 포르노를 많이 보면 본인의 버자이너에 무감각해질까? 최근 연구들이 내놓은 대답은 '그렇다'이다. 여성의 포르노 자위는 여성 스스로 버자이너에 무감각해지게 만든다. 나와 얘기를 나눈 여성들도 같은 경험을 고백했다. 그 때문에 그들은 웬만한 공상가지고는 더 이상 감흥이 일지 않는다고 말했다. 벌거벗은 여자가 키스하고 몸을 어루만지는 장면만 봐도 신경이 쭈뼛거리던 한 세대 전과 달리 이제는 여성도 더 노골적이고 폭력적인 자극이 필요해졌다. 여성의 성적 반응이 남성의 변화에 맞춰 적응해감에 따라 성욕 저하와 성 기능 장애를 겪는 사례도 점차 증가하고 있다. 이것은 남녀 모두의 성과 유대감까지 망가트리는 심각한 현상이다.

이쯤에서 한 여성의 사연을 들어 보자. 마르니아 로빈슨이《사이콜

로지 투데이》에 실린 발기부전에 관한 그녀의 최신 기사에 달린 감상문을 내게 전달해 준 것이다.

저에게도 정확히 똑같은 문제가 있어요. 제게는 음경이 없다는 점만 빼면 말이에요.

저는 이 글을 읽고서야 저도 환자라는 것을 깨닫게 되었어요. 포르노가 원인이라는 건 생각도 못 했죠. 저는 아주 어릴 때부터 포르노를 봐왔기 때문에 중독된 상태였어요. 아직 스물네 살밖에 안 되었지만 제 인생은 이미 엉망진창이에요. 남편도 대충 아는 것 같기는 한데 저는 단 한 번도 그에게 솔직하지 못했어요. 내가 중독자라는 사실을 어떻게 말하겠어요. 시작은 남들과 같았어요. 포르노를 보면서부터 점점 남편이 나를 만져도 별로 느낌이 없게 되었죠. 기사 내용처럼 제 경우도 포르노의 수위가 점점 높아져 갔어요. 옛날에는 벗은 몸만 봐도 심장이 두근거렸는데 지금은 내가 미친 것 아닌가 하는 걱정이 들 정도였죠.

요즘은 음핵 자극과 과격한 상상 없이는 오르가슴에 이르기가 어려워요. 별 노력 없이도 기분 좋은 섹스가 가능했던 때가 그리워요.

저는 한동안 포르노를 멀리했다가 최근에 다시 시작한 경우예요. 그러나 절제 기간 동안 성욕은 조금도 늘지 않았어요. 이젠 성욕이 완전히 사라진 건지도 모르겠어요. 옛날에는 통제할 수 없을 정도로 몹시 강렬한 욕구가 밀려오곤 했었는데 이제는 다른 사람 손이 내 몸에 닿는 것도 싫어요.

제 생각에 저는 포르노를 완전히 끊는 것이 어렵고 시도하더라도 아주 오래 걸릴 것 같아요. 감각을 다시 회복하려면 몇 년은 걸릴 거예요. 그래도 희망이 있으니 괜찮아요. 이 기사를 써서 나 같은 사람들이 읽게 해 준 데 대해 감사드립니다.

남성뿐만 아니라 여성도 포르노를 보면서 자위한다는 것을 많은 사람들이 이해했으면 좋겠어요. 장담하건대 포르노 시청에 있어 여성이 남성에 절대로 뒤지지 않으니까요. 어쩌면 그런 이유로 여성들도 점점 더 큰 자극을 원하는 걸지 몰라요. 한 가지 확실한 것은 바이브레이터는 몹쓸 물건이고 나도 조만간 갖다 버릴 겁니다.[12]

《저널 오브 애들레슨트 리서치》에 발표된 한 연구에 따르면 세상에는 이 같은 상황에 처한 여성이 생각보다 많다. 이 연구에서는 젊은 남성 열 명 중 아홉 명이 포르노를 이용하고 있고 여성은 3분의 1이 그렇다고 한다.[13]

나는 여성이 포르노와 자위기구를 사용하는 것이 감각 둔화와 관련이 있는지 궁금해서 파우스 박사에게 연락했다. 그는 동일한 자극이 반복되면 척추의 신경회로가 그에 맞게 변하는 것이 인체의 자연적인 적응 현상이라면서 자위기구를 장기적으로 사용하면 여성의 감각이 둔화한다고 말했다. 그동안 여성들은 포르노와 바이브레이터가 자상하고 창의적인 연인의 대용품이라고 여겨 왔지만 그건 사실이 아니었다. 기술이 문제를 일으키고 있었다.

버자이너에 대한 여성 스스로의 인식을 왜곡하는 신기술은 또 있다.

바로 음순 성형이다. 음순 모양을 바꾸는 이 수술은 미용성형 분야에서 신흥강자로 떠오르고 있다. 접힌 모양, 배열, 대칭성 등 대음순과 소음순의 타고 난 모양새는 개인마다 제각각이다. 실제 여성의 음순이 성인 잡지나 웹사이트에서 보여 주는 획일적 모형과 완전히 다른 것이 정상이라는 소리다. 그런데도 자신의 음순이 뭔가 이상하고 기형이라거나 '너무' 길다고 혹은 '너무' 복잡하다고 혹은 '너무' 짝짝이라고 생각하는 여성이 많다.[14]

뉴욕 레녹스힐 병원의 바실 코커 박사는 골반저 문제에 관한 한 자타 공인 최고 전문가다. 출산한 여성 혹은 중년 여성의 질벽이 느슨해져 종종 다른 장기와 함께 무너져 내리는 것을 골반저 허탈이라고 한다. 그는 이 문제가 생긴 여성 환자에게 질 성형 수술과 골반저 복구 수술을 할 수 있는 면허를 갖고 있다. 그는 골반저 수술이 외과학의 미래라고 말한다. 여성 인구는 점점 고령화되고 있고 점점 더 많은 여성이 젊은 시절의 성적 활기와 튼튼한 골반저를 되찾고 싶어 한다. 골반저가 튼튼해야 질벽을 팽팽하게 잡아 주고 골반을 지탱하기 때문이다. 그는 이렇게 절실한 여성들을 착취하는 무면허 돌팔이들을 주의하라고 경고한다. 그런데 수술 예약을 잡고 《펜트하우스》나 《플레이보이》의 한 페이지를 들고 와서 "이렇게 똑같이 해 주세요"라고 말하는 환자가 종종 있다고 한다. 그가 보기에 그녀의 음순에는 아무 이상이 없는데도 말이다. 코커 박사는 포르노가 그녀들의 머릿속에 음순은 이렇게 생겨야 한다는 비현실적인 선입견을 심어 주었다고 여긴다. 많은 포르노 배우들이 성형수술을 받고 와서 깔끔하고 대칭적인 음순만 보여

주는 탓이다.[15]

포르노와 버자이너 문맹

나는 중독적인 남성 중심적 포르노와 여성을 여신처럼 떠받드는 동양철학을 비교해서 보여 주는 강연을 자주 연다. 이때 청중석의 젊은 남녀들은 포르노가 그들의 성생활과 정서에 얼마나 깊이 침투해 있는지 매우 솔직하게 얘기한다. 여성 자율신경계가 얼마나 중요한지를 알고 나니 이제 내 눈에는 포르노가 여성의 오르가슴 반응마저 왜곡할 수 있다는 사실이 또렷하게 보이기 시작했다.

강연에 참석한 젊은 여성들은 포르노에서 여성의 성과 버자이너가 비춰지는 모습에 대한 자신의 생각을 솔직히 말한다. 포르노가 젊은 남성들에게 버자이너를 단단히 오해하게 만들고 여성과의 이상적인 섹스에 대해 잘못된 선입견을 잔뜩 심어 준다고 지적한다. 포르노는 남성들을 점점 더 서툰 사랑꾼으로 만들고, 무엇보다도 버자이너를 학대하고 무시하도록 오도한다.

나와 얘기를 나눈 또 한 무리의 젊은 여성들—신원을 보호하기 위해 웨스트코스트의 지역 동아리라 치자—은 훨씬 더 단호했다. "너무 화가 나요." 리사라는 이름의 소녀티를 완전히 벗지 못한 여성이 말했다. 리사는 가죽 부츠에 스키니 진을 입은 사랑스러운 여자였다. 여러 사람이 커피잔을 앞에 놓고 그녀의 말을 듣고 있었는데, 그녀가 테이블을 세게 내려치는 바람에 커피가 쏟아졌다.

"저에게는 남자친구가 있는데요. 너무 좋은 사람이에요. 딱 한 가지만 빼고 말이에요. 그는 늘 비디오를 틀어 놓고 사랑을 나누고 싶어 해요. 빨리감기로 절정 부분부터 시작하게 딱 맞춰 놓고요. 솔직히 저는 리모컨을 빼앗고 처음부터 천천히 다 보게 하고 싶어요. 전희까지 말이에요. 아니면 적어도 속도를 좀 늦추거나요." 나는 애초에 그녀가 비디오를 틀어 놓는 것 자체는 거슬려 하지 않는다는 점에 놀랐다. 그런데 놀란 것은 나뿐인 것 같았다. 나와 두 세대 가까이 차이가 나니 당연한 반응인지도 모른다. 그들은 포르노 비디오를 섹스 지침서처럼 생각하지, 비디오 때문에 성욕이 더 불타오르거나 반대로 식는다고는 여기지 않는 듯 보였다. 내가 만나 본 많은 젊은 여성들(그리고 남성들)의 말을 종합해 봐도 요즘 젊은 커플들은 섹스의 타이밍, 기교, 자세 등을 대부분 포르노 비디오를 통해 배우고 있었다. 이제 젊은이들에게 어떤 포르노를 보고 누가 리모컨을 차지할 것인가는 어떤 섹스를 어떤 속도로 할 것인지를 결정하는 진지한 고민거리인 듯하다.

아무리 우리가 성 해방의 시대에 살고 있다지만 이런 태도 변화는 단지 더 많은 섹스, 더 많은 섹스 동영상만을 의미하는 것일지도 모른다. 더 나은 섹스, 더 자유로운 섹스가 아니라. 옛날에는 남성들 사이에서 침대에서 여자를 기쁘게 하는 비법이 또래들과 어울리면서 주고받는 대화와 문화예술을 통해 세대에서 세대로 전수되었다. 그러다 20세기 중반 이후에 포르노가 널리 유행하면서 남성의 주 성교육 매체가 친구들의 얘기나 본인의 직접 경험에서 매스미디어로 옮겨가기 시작했다. 다양성과 정교함 면에서 섹스 기술이 퇴보한 것은 바로 이때부터였다.

당시 포르노로 지탄받던 존 클레랜드의 1748년 작품《패니 힐》은 여신 마중의 묘사로 넘쳐난다. 이 책은 18세기 남성들에게 명실상부한 섹스 지침서였다. 그 어느 섹스 교본보다도 당시 남성들에게 여성의 스위치를 켜는 방법을 제대로 안내해 주었다. 또한 남자와 여자 모두의 목소리로 더할 나위 없이 버자이너를 예찬했다. 여주인공 패니 힐은 자신의 버자이너를 두고 "내 안의 불타는 한 점"이라 묘사하며 육체적 사랑에 대해서 다음과 같이 찬미한다. "모든 감각의 중추가 활활 타오르고 …사랑스러운 앞 두덩을 덮은 곱슬곱슬한 체모 …쾌락에 목말라 하며 강단 있게 벌어진 틈 …이 모두가 내게 생명력을 주는 나의 일부다. …이 얼마나 굳건한 주름인가! 얼마나 폭발적인 흡입력인가! …예민한 대식가인 내 아래의 입이여!…"

또, 책 속의 남성 화자는 연인의 버자이너를 바라보며 이렇게 묘사한다.

> 탐스러운 살의 틈… 유혹적으로 삐죽 나온 부드럽고 촉촉한 문… 그녀가 놀라지 않도록 그는 최대한 상냥한 손길로 천천히 다가가… 그녀의 페티코트 위로… 그런 다음 여성의 매력이 가장 화려하게 발산하는 그곳을 드러낸 채로 그녀를 뉘었다. 지금 그녀의 모든 것이… 이보다 더 찬란하고 아름다울 수 없었다. …너무나 아름답기에 늘 새로운 이 특권을 즐거워하지 않을 수 없었다. … 보송보송한 봄날의 이끼가 덮인 짙은 그늘과 같은 틈. 세상에 이보다 더 아름다운 틈이 또 있을까. …그 따스함과 부드러움은 말

로 다 표현할 수 없었다. …그는 한 손으로 그 감미로운 자연의 입술을 부드럽게 닫았다. …보드라운 사랑의 실습실… 그는 찌르는 듯한 쾌락이 정점에 달해 그녀를 감각으로 충만한 꾸밈 없는 모습으로 바꾸어놓을 때까지… 심장을 다루듯 그녀를 깨우고 흔들고 만졌다… 그녀는 마치 달콤한 여행 중에 길을 잃은 듯했다…[16]

18세기와 19세기 초반에 관능 소설은 오늘날의 포르노와 다름없었다. 애초에 남성들을 겨냥해 오르가슴을 일으키는 것을 목적으로 문학적으로도 도덕적으로도 일말의 가식 없이 쓰였기 때문이다. 그런 소설들은 여신 마중과 관련된 표현으로 가득해서 오늘날 읽어도 얼굴이 붉어질 정도다. 당시 버자이너는 공공장소에서 여럿이 모여 얘기할 때는 심심풀이로 씹는 안줏거리가 되었지만 남성들이 홀로 탐독하는 소설 속에서는 여전히 애정과 찬미의 대상이었다. 작자 미상으로 발표되곤 했던 이런 유의 소설들 속에서 남성은 여전히 부드러운 입술과 손길로 여성을 다정하고 섬세하게 애무했다. 그들은 여성의 유방과 유두를 칭송했고 외음부를 어루만지고 입 맞추고 핥았다. 그들은 여성의 버자이너를 바라보며 찬사를 쏟아냈다. 소설 속 남성 화자들은 남녀의 흥분 과정을 자세하게 기술했고 절정의 순간을 더없이 생생하게 묘사했다. 이런 소설들이 성행위를 묘사하는 부분 중 3분의 1가량은 여신 마중에 관한 것인데, 이 과정들을 굳이 전희로 구분하면서 조바심내지 않는다. 그 대신 여러 행사로 구성된 큰 축제에서 짧지 않은 하나의 식순으로 취급한다. 클레랜드는 소설을 통해 "늘 새로운 종류와 다른 크기의 쾌락을 주면서" 연인의 몸을 "구석구석 살피고 보듬고 신뢰하면서 창의적으로 소진시켜 가야한다"고 주장했다. "…물고 당기고, 톡톡 건드리고, 부드럽게 흔들고, 괜히 주물럭거리고 유혹의 동작을 쉬지 않아야만 그녀 안의 열정의 불꽃이 활활 타오른다." 그렇게 파트너가 적절히 달아오른 다음에야 남성에게도 본인의 만족을 추구할 자격이 주어진다는 것이 클레랜드의 주장이었다. 그의 책에서는 여성의 흥분이 우선임이 여성의 목소리로도 강조된다. "그가 내 몸의 모든 곳과 가장 은밀하고 중요한 그곳에 키스했다. 날 어루만지는 그의 손길은 매우 섬세했고 때때로 나를 관통해 흘러넘쳤다. 그는 내 안이 몸을 간질이는 불꽃으로 가득하게 만들었다."[17] 그러나 오늘날 PornHub.com이나 Porn.com 같은 곳에서는 이런 유의 손길을 거의 찾아볼 수 없다. 패니 힐이 몸을 간질이는 불꽃으로 가득했다고 고백했던, 성 혁명이 시작되기 260년 전과 크게 대조되는 모습이다.

휴 헤프너나 앨 골드스타인과 같은 성인물 지지자들은 말할 것도 없고 1960년대의 성 혁명은 전반적으로 포르노가 마치 엄청난 급진주의의 상징물인 것처럼 말한다. 하지만 따뜻한 피가 흐르는 사람이 아니라 컴퓨터 화면과 마주 보고 홀로 욕구를 해결하면서 섹스를 상품으로 소비하는 데 익숙해진 사람들은 사람의 온기에서 기쁨을 만끽하는 자유인이 아니다. 그들은 픽셀의 제국에 갇힌 속국민이다.

기업자본주의 사회에서 포르노 사랑은 남녀를 해방하기는커녕 대중문화를 포르노의 식민지로 전락시키고 있다. 1980년대 《플레이보이》에나 실렸을 법한 헐벗은 남녀가 등장하는 속옷 광고가 뉴욕 타임스퀘

어의 옥외광고판에 보란 듯이 걸려 있고 어린이 승객도 있는 비행기의 기내 스크린에서 청소년 관람 불가 영화 속 낯뜨거운 성애 장면이 여과 없이 상영된다. 모든 사람이 지나다니는 길거리의 신문가판대에도 포르노는 터줏대감처럼 자리하고 있다. 인터넷 필터링 기능은 안 그래도 할 일 많은 부모들이 공부해서 설치하고 어쩌고 하기에는 너무 어렵다. 이런 상황에서 포르노는 아이들의 상상력을 잠식해 사고의 밑바탕에 깊게 새겨진다. 요즘 아이들은 태어나서 처음으로 시각적으로 화려한 포르노부터 접하고 여과 없이 그대로 받아들이지만, 자녀가 노출되기 전에 올바른 성교육 모델을 세우기에 어른들은 너무나 바쁘다. 많은 돈이 걸린 사업이라는 점도 있지만, 포르노의 문화 잠식을 막아야 한다는 비판의 목소리가 약하다는 것도 큰 문제다. 1960년대까지만 해도 청소년 유해 컨텐츠에 제한을 두자는 논의가 활발했었다. 하지만 포르노 중독자가 세상에 넘쳐나면서 그런 목소리는 점차 사그라지고 있다. 포르노는 성적으로는 물론이고 철학적·정치적으로도 사람들을 침묵시킨다.

보수주의자들은 언제나 민초들의 성적 각성을 두려워했다. 사회에서 에로스가 살아나면 저항이 생겨나기 때문이다. 그런 상향식 저항은 계급구조를 유지하고 민중을 억압하기 위한 사회 규범과 정치적 장치들을 무력화시킬 수 있다. 어느 시대에나 에로스는 정치와 사상 영역에서뿐만 아니라 육체적으로도 민중을 일으켜 세우는 위험한 자극제였다. 그러나 포르노는 마약과 같다. 개성과 상상력과 쾌락을 발산시키는 것이 아니라 오히려 고갈시키는 마약이다. 포르노는 섹스의 본질인 생동하는 에너지를 빼앗아간다.

1960년대의 성 혁명은 성은 수치라는 오명을 벗길 유력한 무기로서 포르노를 마구 휘둘렀다. 그럼에도 모순적으로 포르노는 현대인의 성욕을 떨어뜨리고 있다. 그 위력이 얼마나 큰지 남자들이 남자 구실을 못 해서 우울증에 빠질 정도다. 여성도 예외가 아니다. 포르노는 버자이너를 점령해 모든 여성에게 내재한 성적 잠재력과 무한한 창의력이 원래 있었는지도 모를 정도로 감각을 마비시키고 있다.

4부

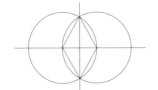

여신을
마중하라

사랑받을 사람은 나

연꽃을 손에 든 여신 락슈미가 연꽃 위에 앉아 있다 …마차를 타고 여신들이 등
장한다….
—데비야 카바삼, 힌두교 경전

세상에서 가장 아름다운 친애하는 여신 캐서린, 그대의 대답은 무엇이오?
—윌리엄 셰익스피어, 《헨리 5세》 5막 2장

1970년대로 시계를 다시 돌려 볼까. 1970년대는 서양에서 베티 도
드슨과 쉐어 하이트의 페미니즘과 휴 헤프너를 필두로 한 포르노 제작
자들의 뛰어난 상술이 힘을 합해 여성 섹슈얼리티의 모형을 구축한 시
대다.

페미니즘이 먼저 여성의 음부를 정의하고 포르노그래피가 완성도를
높인 이 모형은 나와 같은 세대 여성들이 가진 가치관의 뿌리가 되었
다. 이 시대에 여성의 외음부는 성적 쾌락의 매개체로 인식되었다. 그
런 까닭에 중요한 것은 기술이었다. 자위의 기술과 둘이 함께 하는 기
술이 모두 중시되었다. 질과 외음부를 오르가슴의 수단으로 여겼다는
점에서 이 시대 페미니스트들과 포르노 제작자들은 같은 편이었다.

기술은 물론 중요하다. 하지만 이 모형은 질과 외음부의 숨은 의미를 간과하고 있다. 버자이너가 정신세계와 예술과 연결되어 있으며 그런 까닭에 이 상호작용에 따라 오르가슴에 이를 수도 그러지 못할 수도 있다는 점을 놓치고 있는 것이다. 따라서 자위하는 여성이 자기 자신과 어떤 인간관계를 맺고 있는가라는 물음에 이 모형은 답을 내놓지 못한다.

도드슨의 강력한 여성상에는 순효과도 있었지만 역효과도 따랐다. 이성애자 여성의 성적 각성에 남성이 반드시 필요하지는 않다고 해석한 것 자체는 좋았다. 이 시대의 페미니즘이 이성애자 여성의 성적 각성이 남성 의존적 관계를 통해서만 실현된다는 공식을 깨는 데는 성공했으나 부작용을 낳았다. 1970년대에 유행한 '여자에게 남자는 물고기에게 자전거와 같다'는 범퍼스티커의 슬로건이 이 시대 페미니즘의 기조를 잘 대변한다. 이 시대의 페미니즘은 여성이 남자처럼 섹스할 수 있고 자신만의 쾌락을 위해 자위 도구를 얼마든지 이용해도 괜찮다고 주창했다. 하지만 이런 이성애 모형은 의도는 좋았을지 몰라도 소위 '해방된' 여성들에게 불가능한 이상들을 과도하게 강제했다. 진짜 중요한 문제는 어떻게 해방된 여성이 될 것인가, 남성과 유대를 이루려면 여성의 몸이 진정 원하는 것을 어떻게 인지할 것인가에 귀결한다. 하지만 페미니즘은 이런 어려운 질문들은 회피해 왔다. 춤을 추려면 자연의 섭리에 따라 짝을 맞추는 게 가장 좋긴 하다. 파트너가 없다면 우리는 알아서 스스로를 돌봐야 한다. 도드슨 모형은 남성 의존 욕구와 독립 욕구라는 이성애자 여성의 실존적 딜레마를 해결하지 못한 채 안무가 바뀌었다고 선언하기만 한 꼴이었다.

여성의 섹슈얼리티에 관한 이 모델의 폐해는 파편화하고 상업화한 동시대의 문화적 시류에 동조했다는 데 있다. 그리하여 인간을 특히 "성적으로 해방된 여성들"을 고립되고 자기몰입적인 개체로 보고, 쾌락을 새 구두를 맞췄을 때 드는 기분과 비슷한 그 무엇 정도로만 여기는데 일조했다. 성적 쾌락은 타인이나 자기 자신과 친밀한 관계를 맺는 수단인 동시에 사람의 인생을 통째로 변화시킬 만큼 완전하고 풍성한 한 단계 높은 차원으로 가는 통로가 될 수 있다는 사실을 간과했다.

사회학자 마커스 버킹엄이 여러 나라를 조사해 2009년에 발표한 연구에 의하면 서구 여성들에게 자유와 선택권이 점점 늘어나는데도 행복과 만족도 수준은 오히려 낮아지고 있다고 한다.[1] 이에 페미니스트 쪽과 반(反) 페미니스트 쪽 모두 이 확인된 현상의 원인을 찾기 위해 두 팔을 걷어붙이고 나섰다. 우선 페미니스트 쪽은 직장 내 불평등과 임금 격차 그리고 가정으로 돌아가서의 추가적 가사노동을 원인으로 꼽았다. 하지만 이 견해는 설문조사가 이미 성차별을 설명하기 위해 보정된 것이라는 점에서 신빙성이 떨어진다. 한편 반 페미니스트 진영은 이 모두가 페미니즘의 잘못 때문이라고 주장했다. 원래부터 그들의 영역이 아닌 직업적 성공을 여성에게 부추긴 탓이라는 주장이다.

이 논쟁에 대한 해답을 얻기 위해 나는 여성이 심리적으로 진짜 필요한 것은 무엇인가? 일반적으로 그들이 얻지 못하는 것은 무엇 무엇이 있는가? 등에 대한 판단을 위해 실로 방대한 자료를 섭렵하였다. 그 결과 여성들이 불만을 토로하는 이유는 기존의 성 모형(models of sexuality)들이 장기적으로는 들어맞지 않기 때문이라는 결론에 도달했다.

post(후)-도드슨 성 모형, 포스트-해프너 성 모형, 포르노 창궐 이후 시대의 성 모형, 결혼하고, 투잡을 뛰며, 몹시 바쁜 일상, 혹은 젊은 싱글의 경우라면 낯선 남자와 혹은 기숙사 남친과 원나잇 스탠드를 즐기는 성 모형, 그 어떤 성 모형도 장기적 측면에서 볼 때 여성에게 육체적으로 온당치 못하고 불안정할 따름이다. 이 성 모형들은 1970년대 어설프게 발전한 페미니즘, 직원들에게 섹스는 접고 초과근무를 하길 바라는 기업 문화, 포르노가 조장한 섹스 시간 단축에 이르기까지 여러 요인이 복잡하게 맞물려 우리에게 전해 내려왔고 여성에게 이중삼중으로 부담을 지우고 있다. 이러한 성 모형들은 여성들에게 육체적으로나 정서적으로 그리고 실존적으로도 불만족스러울 수밖에 없다. (이 모형은 이성애자 남성에게도 여러 가지 면에서 부정적인 영향을 주지만, 이에 관한 자세한 얘기는 다음 기회에 하기로 한다.)

버자이너는 여성이 행복하고 창의적인 삶을 되찾을 수 있는 통로다. 이제 이 사실을 알게 되었으니 우리는 여성의 성 모형을 다시 구축할 수 있다. 이 새 모형은 여성의 성을 축복하고 존중하는 완전히 새로운 것이 될 것이다. 여신 모형이 그런 것 중 하나다. 이 모형은 남녀가 사랑을 나눌 때 전반부나 중반부에 이루어지는 여신 마중 행위들에 큰 비중을 둔다. 그렇다면 이 모형의 사례를 현대인의 일상 어디서 찾을 수 있을까?

그 답을 찾고자 일단 나는 과거로 돌아가 보기로 했다. 여성의 성을 바라보는 태도를 비교해 동양과 서양 간에 차이가 있는지 알아보기 위해서였다. 물론 옛날에 여성은 동서양 모두 복종의 객체였다. 하지만 적어도 두 문화, 즉 1500년 전 인도의 탄트라와 1000년 전 중국 한나라에서는 여성들이 상대적으로 많은 자유를 누리며 살았다. 이 두 문화는 버자이너를 생명을 잉태하는 신성한 것으로 여겼고 삶의 균형과 남성의 건강이 버자이너와 여성을, 특히 성적으로, 어떻게 대우하느냐에 달려 있다고 믿었다. 여성의 성적 반응을 서구의 현대문명이 겨우 짐작하는 수준에 머문 반면 두 문화는 이것을 훨씬 더 잘 이해하고 있었다.

중세 인도어에서 기원한 탄트라라는 단어는 산스크리트어로 '교리'를 뜻한다. 탄트라는 우주를 신의 의식(정신)이 기쁨 가득한 유희 상태에서 세상에 현현(顯顯)한 것이라 보았다. 다시 말해, 여성적 에너지와 남성적 에너지, 즉 샥티와 시바가 균형을 이룬 상태에서 신의 의식이 표출된 것이 우주라고 보았다. 그런 이유로 탄트라에서는 신을 만나기 위한 통로로 섹스를 활용하는 기술이 발달하게 되었다. 탄트라에서 버자이너는 신이 내리는 자리다. 여성의 자궁에서 자연스럽게 흘러나오는 물과 꿀, 즉 **쿨라드라뱌**와 **쿨암리타**는 황홀경에 더 쉽게 이르도록 돕는다. 탄트라는 여성의 질액, 그중에서도 여성의 사정액 **암리타**를 천국의 생명수라고까지 말한다.

한편 중국에서는 서기 2세기부터 1700년대 후반까지 도교가 발달했다. 도교 전통은 성이 수행의 수단이자 일종의 철학이라고 여겼다. 즉, 버자이너를 신성한 생명의 원천으로 본 것은 도교도 마찬가지였다. 도교는 음기를 보충하려면 각종 기교로 여성을 오르가슴에 이르게 하는 게 좋다고 남성들을 독려했다. 도교에서 음경은 여성의 질액에서 생기를 흡수하는 도구였다. 남성은 양생법 교본을 탐독하며 음경을 잘 다루는 기술을 연마했다. 아내와 정부(情婦)들을 성적으로 만족시키려면 오랜 전희와 적절한 타이밍의 삽입이 중요했다. 도교의 관점에서는 인간과 우주가 조화를 이루고 건강한 자손을 생산하는 것이 모두 여성이 황홀경에 이르느냐 마느냐에 달려 있었기 때문이다.

역사학자 더글러스 와일이 《사랑의 기술》에 기술한 바에 따르면 도교 양생법은 "여성을 완벽하게 만족시키려면 최소한 '물과 불'의 흥분 시간 차이를 감안해 클라이맥스를 미룰 줄 알아야 한다"고 남성들에게 요구한다. 이 책에서 와일은 도교 철학을 매우 구체적으로 상술하고 있다. "여성은 느림(徐)과 머무름(久)을 사랑하며 성급함(急)과 난폭함(暴)을 혐오한다. …여성은 욕정을 소리(音)와 동작(動)과 신호(微 혹은 到)로 표현한다. 여성의 성적 반응은 물에 비유된다. 천천히 뜨거워지고 천천히 식는 성질 때문이다. …오랜 전희는 여성의 오르가슴에 필수적인 전제조건이다."[2] 더불어 도교 철학은 여성이 체감하는 자극의 강도가 남성보다 강하므로 이 불균형을 맞추려면 남성들이 양생법 수련을 해야 한다고 가르친다. 수련을 통해 타이밍과 강도를 조절할 수 있게 되면 여성으로부터 남성 건강에 좋은 '옥액'을 얻기가 쉬워지기 때문이다.

도교의 성 교본에 따르면 여성의 몸은 여러 군데에서 보양액을 만들어낸다고 한다. 그중에서 가장 중요한 3대 원천은 혀 밑, 유방, 질이다. 따라서 도교 문화의 남성들은 본인의 보신을 위해 여성의 몸에서 이 옥액들이 나오게 하는 것을 우선 목표로 삼았다. 도교 경전에서 '3대 봉우리의 명약'을 설명하는 부분을 보면 여성의 유방에서 나오는 옥액을 남성이 빨아먹으면 비장과 척수가 튼튼해진다고 쓰여 있다. 남성이 여성의 유두를 빨면 모든 경락이 열리고 몸과 마음이 이완된다. 이 기운은 '꽃밭' 저 너머에 숨어 있던 '신비의 문'을 두드린다. 그러면 여성의 몸에 체액과 기가 가득해진다. 이에 세 봉우리 중에서 유방의 문을 여는 것이 남성의 첫 번째 의무라고 이 경전의 저자는 말한다. 열기가 고조될수록 여성은 점점 더 감정이 풍부해지고 얼굴이 상기되며 목소리가 떨리게 된다. 그즈음 여성의 문이 열리고 그곳으로 기가 발산되면서 옥액이 흘러나온다. 이때 남성이 옥경(玉莖)을 손가락 한 마디 정도만 뒤로 빼고 주고받는 자세를 취하면 남성은 여성의 기와 옥액을 그대로 흡수할 수 있다. 그렇게 원초적 양기를 강화하고 영혼을 보양하는 것이다.[3]

서구 문화에는 생소하기 그지없는 이 개념은 우리에게 생각할 거리를 던진다. 흔히 서양의 여성들은 고대하던 순간이 닥치면 오르가슴까지 얼마나 오래 걸릴까, 내가 너무 내 위주로만 요구하나 등등 걱정부터 하기 시작한다. 그러나 도교는 오럴을 하는 동안 여성의 몸에서 분비되는 체액은 남성의 기를 보해 주는 에센스이며, 여성의 몸과 마음을 편안하게 해 주는 것이 잠자리에서 남성의 제일 임무라고 말한다. 따라서 도교의 관점으로 자신의 버자이너와 성을 경험하는 여성은 방금 말한 불안감에서 자유로워진다. 다시 한번 강조하지만 편안한 환경을 보장하는 것이 여성의 문을 여는 가장 중요한 열쇠다.

한편, 여성에게 억압적이라는 이미지가 강한 이슬람 문화 역시 의외로 에로틱한 문학작품과 버자이너를 아끼는 전통이 풍부하다. 일례로 16세기의 고전소설 《향기로운 정원》에는 스무 가지가 넘는 다양한 종류의 버자이너 얘기가 나온다. 엘 아다드는 물어뜯는 버자이너를, 엘 아리드는 큰 버자이너를, 엘 츠크는 살이 별로 없어 얇고 단단한 버자이너를 뜻한다. 또, 엘 하신은 모난 데 없이 희고 탄력 넘치며 돔 지붕처럼 봉긋하게 솟아오른 아름다운 버자이너, 엘 헤자즈는 섹스에 굶주린 여성의 쉴 틈 없이 바삐 움직이는 버자이너, 엘 메루르는 언제나 입구가 열려 있는 깊숙한 버자이너, 엘 누파크는 부어오른 버자이너, 엘 렐무네는 첫 경험을 하는 처녀의 버자이너, 엘 탈레브는 오랫동안 남자를 쉬었거나 파트너보다 더 열정적인 일명 '하품하는' 버자이너다. 엘 쿠스는 전체적으로 포동포동하니 둥근 모양에 가운데에 큼직한 입이 있고 젊은 여성의 향기가 나면서 보드랍고 완벽해서 매혹적인 버자이너를 말한다. 그래서인지 이슬람 문화에서는 여성의 외음부가 나오는 꿈이 길조로 여겨졌다. 《향기로운 정원》의 저자는 여성의 외음부 프르즈가 나오는 꿈을 이렇게 해몽한다.

'곤란에 처한 자에게 신은 문제를 해결해 줄 것이고 혼란에 빠진 자에게 신은 답을 줄 것이며 가난한 자에게 신은 부의 축복을 내릴 것이다.'
꿈에서 열린 외음부를 보는 것은 길몽 중의 길몽이다. 외음부가 열려 안을 들여다볼 수 있거나 숨겨져 있지만 자유롭게 들어갈 수 있다면 예전에 몇 번 실패했던 가장 어려운 일을 오래지 않아 상상도 하지 못했던 이의 도움을 받아 이루어낼 것이라는 징조다.
개략적으로, 꿈에서 외음부를 보는 것은 좋은 징조이며 성교하는

꿈을 꾸는 것도 마찬가지다. 꿈에서 행위를 하는 자가 자기 자신
이었고 사정까지 마쳤다면 도모하는 모든 일이 성공할 것이다.[4]

 단어와 표현이 늘 시적이고 아름다운 것은 아니지만, 이 문화들의 시
선에 비친 버자이너는 서양에만 없는 다정다감한 남성상을 보여 준다.
이 문화들은 여성 개개인마다 다른 버자이너의 미묘한 차이와 미학을
감상할 줄 알고, 여성의 기분과 기호와 삶을 주시하고 교감해야 한다고
남성들을 독려한다. 오늘날의 서양과는 완전히 다른 그런 세상에서 버
자이너는 저마다의 의지와 목표를 가진 다원적·개인주의적 개체로 인
식된다.
 이것은 성 혁명이 일어난 지 한참인데도 많은 여성이 여전히 고통스
러워하는 서양의 현실과 대조된다. 이런 현실과 더불어 탄트라와 도교
전통을 조사하는 과정에서 알게 된 정보들을 바탕으로 나는 확신하게
되었다. 뇌와 버자이너의 관계까지 고려해서 여성의 성을 어떻게 이해
해야 할 것인가의 물음의 답이 탄트라 안에 있다는 것을 말이다. 역사
적으로도 신경생리학적으로도 많은 자료가 여성의 성과 여성의 의식을
매개하는 징검다리가 G스팟임을 가리킨다. G스팟을 탄트라에서는 신
성한 장소라고 부른다. 탄트라에서는 모든 여성의 내면에 여신이 있다
고 본다. 그리고 이 여신을 이해하기 위한 기본은 신성한 장소를 진정
으로 아는 것이라고 탄트라는 설명한다.
 나는 선조들이 남긴 지혜에서 단서를 찾을 수 있지 않을까 하는 기대
에 '신성한 장소 마사지'를 중점적으로 다루는 유명한 탄트라 워크숍에

가 보기로 했다. 워크숍은 이틀에 걸쳐 열렸는데 책임 강사가 찰스 뮤어—내 실수로 대학교 도서관에 쩌렁쩌렁하게 울려 퍼졌던 바로 그 목소리의 주인공이다—와 그의 전부인 캐럴라인 뮤어였다. 두 사람은 이혼 후에도 참 사이좋게 지내는 듯했다. 둘은 25년째 이 행사를 열어 사람들에게 '신성한 장소 마사지'를 가르치고 있었다.

고백하건대 워크숍에 가기 전에 나는 탄트라가 무서운 것이라 생각했었다. 수염을 무성하게 기른 은둔자들이 모인 비밀스러운 이교 집단의 이미지만 가득했기 때문에 그곳에서 어떤 보물을 건지게 될지 감도 잡을 수 없었다. 흥미롭거나 알아두면 좋은 내용일 거라고는 생각했지만 내게 탄트라는 그저 생경하고 번거로운 일일 뿐이었다. 대부분의 현대 여성이 그렇듯 먹고 살기 바빠 죽겠는데 하나부터 열까지 다 새로 배워야 하는 것은 그렇다 쳐도, 마찬가지로 정신없이 사는 내 짝꿍까지 설득해야 하니까 말이다. 나는 궁금했다. 탄트라 철학이 여성의 성을 해석하는 방식을 내가 받아들일 수 있을까? 그래서 괜한 시간 낭비를 원치 않는 세상 사람들에게 이해가 가게 설명할 수 있을까?

장소는 맨해튼 미드타운에 있는 한 대형 호텔이었다. 여전히 알찼지만 열기가 예전만 하지는 못한 이 워크숍은 주말 내내 진행되었는데, 남녀 참가자 40명이 여성 중심의 탄트라 기술을 배우러 왔다. 아, 워크숍 주제가 뭐였냐고? '신성한 장소 마사지, 여성의 모든 것'이었다.

교육을 받은 참가자들은 워크숍에서의 경험이 전혀 컬트적이지 않은 방식으로, 성적인 측면을 넘어 그들의 생활을 전반적으로 변화시켰다고 고백했다. 여성의 신경생리학적 욕구에 관해 근래에 내가 깨달은 바가 다시 한번 증명되는 대목이다.

토요일 이른 오후에 나는 근처의 채식주의 인도 요리 전문점에서 참가자들과 점심을 함께 했다. 대부분이 20대 후반에서 50대 초반 사이인 남녀 참가자들은 서로에게 강한 관심을 보이며 대화를 활발히 나눴다. 테이블 주변에는 열기가 만든 신기루가 반짝이듯 에로틱한 긴장감이 감돌았다. 나는 한껏 들뜬 공기를 들이마시며 온몸의 신경을 곤두세워 왜 그 자리가 특별하게 느껴지는지 알아내려고 애썼다. 그러다 깨달았다. 모든 남성 참가자들이 여성의 눈동자를 깊이 응시하고 있었던 것이다. 그 태도 하나만으로도 오로지 당신에게만 집중한다는 인상을 주기에 충분했다.

이상한 점은 또 있었다. 객관적인 기준에서 여성들은 모두 상당히 매력적이었지만 남성 쪽은 다수가 평균 이하였다. 그럼에도 그들은 여성들을 매료시키고 있었다. 짝짓기 게임에서 불리한 외모를 가진 남성들이 주말에 짬을 내 뉴욕까지 와서 비장의 기술을 연마하고 지금 이 순간 써먹고 있는 것이었을까? 아무리 잘 봐 줘도 킹카라고는 할 수 없는 남성들이 전혀 어울릴 것 같지 않은 매력적인 여성에게 보기 드문 자신감으로 접근하고 있었다. 하지만 그들의 당당한 태도는 거만함보다는 어쩐지 믿음이 가는 자기 확신에 가까웠다. 주머니에 펜이 꽂혀 있는 셔츠를 입고 멀대같이 크기만 한 남성은 세련미가 철철 넘치는 여성의 시선을 붙잡았다. 백발의 중년 남성은 모든 연령대의 여성을 자기편으로 끌어들였다. 체형도 생김새도 제각각인 그들은 타고난 외모가 어떻든 자신감 넘치는 태도로 특별한 매력을 발산했고 여성들에게서 강한 호감을 이끌어내는 데 성공했다. 탄트라 마사지를 이해하는 것만으로 반나절 만에 사나이의 자존감이 이렇게 커지다니 놀랍다고, 나는 생각했다.

나는 그중에서 호주에서 왔다는 흑발의 한 사업가와 얘기를 나누게 되었다. 오로지 이 행사만을 위해 지구 반 바퀴를 날아온 것이었다. 그는 벨기에 사람과 결혼해 24년째 결혼생활 중이라고 했다. 그가 고백하길, 어느 날 아내가 그에게서는 더 이상 성욕을 느끼지 않는다고 말하더란다. 그래서 아내는 뒤늦게 자위에 맛을 들였고 결국 바싹 말라버려 지금의 이 참사에 이르렀다고 했다. 나는 문제를 직면하는 이 남자의 단도직입적인 태도에 살짝 감동했다.

"아내를 사랑하니까 나아질 수 있다는 희망을 안고 하루하루를 살았습니다. 매우 고통스러운 시간이었어요. 갈 길이 멀었으니까요." 이 남자가 주말을 포기해 가며 탄트라 마사지를 배우러 이곳에 온 이유는 결혼생활을 유지하고 두 사람 사이의 불씨를 되살릴 방법을 찾기 위해서였다.

그는 벌써 효과가 나타나고 있다고 말했다. "우리는 섹스는 빼고 치유를 위한 마사지를 하기 시작했어요." 내가 수첩과 펜을 꺼내자 그는 조금의 머뭇거림도 없이 자신의 속사정을 솔직하게 풀어 놓기 시작했다. "섹스에 대한 기대와 요구 없이도 두 사람이 연결될 수 있어요. 섹스 없이 주고받는 신체접촉의 효과는 엄청납니다. 탄트라 마사지가 저와 아내를 더 좋은 친구로 만들어 주었죠." 그가 말하길 결혼 후 두 사람의 친밀한 사랑은 시간이 지날수록 현실에서 점점 멀어져 환상이 되었다고 한다. "우리는 생계를 유지하고 아이들을 키우느라 너무 바빴어요. 세상의 기대에만 맞춰 산 거죠. 저는 늘 정이 넘쳐 퍼 주는 쪽이었고 아내는 저보다 냉정했어요. 하지만 탄트라 마사지 덕분에 성적인 면뿐만 아니라 전반적으로 기쁘게 포용할 줄 아는 사람이 되었습니다."

그는 말을 이어갔다. "오늘 여기 온 것은 사랑의 기술을 더 배우고 싶어서입니다. 꼭 배우고 싶어요. 소년으로서, 남자로서 우리는 순간을 즐기는 요령보다는 사정에 관한 얘기만 지겹도록 듣습니다. 모두가 자주 하는 게 최고라고 말하죠. 친밀한 순간을 만들고자 하는 소망은 늘 맨 마지막 순위였어요. 사실은 그게 가장 중요한데 말입니다."

이렇게 섹스 없는 친밀함을 원한다는 말을 다른 남성 참가자로부터도 들을 수 있었다. 이런 관계는 탄트라의 기본 중 기본이다. 그와 인터뷰를 하게 된 것은 장난꾸러기 같은 미소를 지으며 나를 바라보고 있는 그가 내 눈에 띄었기 때문이었다. 다부진 체격의 대머리 사내였지만 친근한 태도 때문인지 경계심이 들지는 않았다. 나는 당신을 이성으로 보지 않는다는 만국 공통의 신호인 팔짱 낀 자세를 한 뒤 나를 기자라고 소개했다. 그러고는 그에게 워크숍에 참가한 이유를 물었다.

그는 더 활짝 웃으며 이번이 네 번째라고 말했다. "애인이 그러는데 제가 갈수록 나아지고 있다고 합니다."

"비결이 뭔가요?" 내가 미소를 마주 지으며 물었다. 그의 표정에서 소년의 귀여운 허세가 엿보여 그러지 않을 수가 없었다.

"섹스까지 가지 않고 그저 손길에 에너지와 사랑과 애정을 담는 거지요. 그냥 빨리 해치우는 것보다는 현재를 즐기는 것이 중요해요. 뻔한 지침서를 그대로 따라 하거나 혼자 해결하려고만 하지 않고 상대와 연결되어 유대감을 충분히 느끼는 겁니다. 저는 남자라면 누구나 스무살이 되면 탄트라 마사지를 배워야 한다고 생각해요."

나는 그에게 처음에 이 기술을 배우기 시작한 이유가 뭐였냐고 물었다.

"사랑 없는 육체관계가 허무하다는 걸 깨달았거든요. 절대로 그때로 돌아가고 싶지 않아요. 사정이 다가 아니라는 걸 이제는 압니다."

그는 여성의 욕구에 집중하는 탄트라의 기술을 이렇게 설명했다. "상대방을 주의 깊게 살핍니다. 나는 지금 이 세상이 아닌 다른 곳에 있는 거예요. 그런 자세라면 어떻게 성공하지 못할 수가 있겠어요?" 남자들이 종종 여자들은 감정 기복이 심하다고 불평하지만 탄트라 마사지를 통해 파트너의 감정을 편안하게 다독일 수 있었다고 그가 말했다. "여성의 다양한 감정들을 수용할 수 있다면 여성과 소통하는 데 실패할 이유가 없어요. 남성의 손길로 탄트라 마사지를 받는 여성은 상대방을 경계하지도, '당신은 한 번도 내게 신경 쓴 적이 없어'라는 식의 딴소리를 하지도 않고 금세 평온을 찾습니다."

"여성에게 계속 집중하고 들어와도 좋다는 허락이 떨어질 때까지 기다립니다. 탄트라 선생님들이 그러는데 엄청나게 많은 신경 말단이 질 끝자락까지 뻗어 있다고 하더군요. 그중 대부분이 25mm 깊이에 다 모여 있답니다. 그곳에 더 집중력을 쏟으면 완전히 새로운 경험을 할 수 있어요. 그곳을 빨리 정복하려고 하지 말고 천천히 깊게 감상해야 합니다. …포르노의 목표가 빨리 깊게 사정하는 것이라면 탄트라의 목표는 상대방과 더 가까이 연결되면서 천천히 과정의 모든 면면을 탐험하는 것이죠."

내가 물었다. "현대 남성들이 버자이너를 충분히 이해하고 있다고 생각하세요?"

"현대 남성들은 버자이너든 음경이든 제대로 이해하지 못하고 있어요. 그들의 방식은 단순해요. 들어가서, 싸고, 나오는 거죠. 감각도 첫 25mm, 즉 귀두에서만 집중적으로 느끼고요. 반면에 찰스 뮤어 선생님은 음경을 일곱 구획으로 나누어 설명하는데, 하나하나를 '차크라'라고 불러요. 현대 남성들은 어디서도 이 차크라를 다스리는 방법을 배우지 못해요. 본인의 쾌락을 위해서도 말이지요. 하지만 그 방법만 알면 오르가슴이 며칠까지도 지속한다고 하더라고요."

"현대 남성들이 다른 방법으로도 여성의 신성한 장소에 닿을 수 있다는 걸 배우려고 할까요? 자세가 익숙하지 않고 불편할 수도 있는데요." 그는 웃으며 대답했다. "각도와 깊이와 리듬. 이 3요소가 서로 다른 반응을 이끌어냅니다. 음경이 아직 말랑말랑할 때도 음순을 벌리는 데 활용할 수 있어요. 적당한 순간에 충분히 발기하지 못했더라도 다른 기술들을 시도하면 됩니다. 게임과 같아요. 어찌 보면 이 과정이야말로 이벤트의 하이라이트 부분인 셈이죠."

그는 설명을 이어갔다. "요즘 청년들은 포르노로 모든 걸 배우죠. 포르노에는 갖가지 기괴한 자세들이 나오잖아요. 그런 포르노를 보면서 그들은 자신의 연인을 화면 속 가슴 한 쌍 혹은 다리 한 쌍과 비교해요. 포르노를 절대 기준으로 삼고 하나부터 열까지 다 비교하죠. 25~30cm

길이의 거대한 음경을 가진 화면 속 배우들과 스스로를 비교하는 건 물론이고요.

남자들은 섹스에 대한 얘기를 별로 하지 않아요. 기술이나 세부적인 경험이나 그때 느낀 감정들을 공유하지 않죠. '그때 옥상에 있어서 분위기가 그냥 그렇게 된 거야'라고 얼버무릴 뿐 여성을 이해하는 데 유용한 정보를 나누어갖지 않습니다. 남자들은 그런 걸 할 줄 몰라요. 서구문화에는 그런 게 없죠."

나는 새로 사귄 탄트라 친구에게 버자이너를 생각하면 무엇이 떠오르냐고 물었다. 같은 질문을 받은 대다수 사람들과 마찬가지로 그도 웃음부터 터뜨렸다. "멋지죠. 재미도 있고요. 탐험 욕구를 샘솟게 하는 미스터리예요. 재미와 즐거움과 마법으로 가득한 곳이고 때때로 여성이 오르가슴에 이르지 못하면 혼란을 안겨 주기도 하죠. 지난번에는 됐었는데 이상하다며 우리 남자들이 과정에 더욱 충실하게 만들어요. 쉽지는 않지만 놀라운 곳이죠."

그는 이 대화를 진심으로 즐기는 것 같았다. "여성들이 자기 자신을 더 잘 안다면 자신에게 무슨 일이 벌어지고 있는지 더 잘 설명할 수 있을 겁니다. 어떻게 소통할지를 파트너와 의논하는 거죠. 여성들이 자신이 원하는 바를 더 정확하게 전달할 수 있다면 남녀 모두에게 정말 좋을 거예요."

───────────

호텔 연회장에 들어서자 연단 뒤 벽면에 걸린 융단이 첫눈에 들어왔다. 융단에는 여성성을 상징하는 기호인 뒤집힌 삼각형 안에 샥티 여신이 서 있는 불화가 그려져 있었다. 여신의 긴 검은 머리는 물결치는 것 같았고 네 손에는 만개한 분홍색 연꽃이 한 송이씩 들려 있었다. 여신 주위에는 후광이 비쳤다. 성모가 피부색이 더 짙고 속세에 살았다면 딱 이랬을 것 같은 느낌이었다.

다소 허름하지만 널찍한 연회장에는 노란 장미로 장식된 연단이 있었고 바닥에 푹신해 보이는 쿠션이 여기저기 놓여 있었다. 다양한 연령대로 구성된 남녀 참가자들이 쿠션에 기대 눕거나 편안하게 앉아 자리를 잡자 연단에서 찰스 뮤어가 강연을 시작했다. 건조한 억양이었지만 뮤어는 한 문장이 끝날 때마다 소리 없이 활짝 웃는 표정을 지었다. 강연의 주제는 '남성이 요니에 접근하는 기술'이었다. 그는 전에 내가 뮤어 본인과는 물론이고 마이크 루사다와도 따로 얘기한 적이 있었던 몇 가지 요점을 짚었다. 아끼는 마음과 인내심, 존경, 보살핌, 집중력이 중요하다는 것이었다.

"여성의 몸에는 요니나디라는 곳이 있습니다. 깊숙이 안쪽에요. 음모 뒤쪽에는 치골이 있는데요, 질 안에 손을 넣어 손가락을 굽히면 만져지는 **뼈**가 바로 치골의 뒷면입니다. 그곳에 발기 조직이 있어서 잘 부풀어 오릅니다. 면적은 13㎠쯤 돼요. 이곳이 활성화되면 흥분이 표면으로 올라와 버자이너 오르가슴으로 나타납니다. 이때가 바로 버자이너와 뇌가 연결되는 순간이죠. 그곳에 신경이 많거든요. 여성의 성적 에너지를 자기장이라고 봤을 때 음핵이 북극이라면 이곳은 남극입니다. (여기서 잠깐 이 비유가 음핵과 G스팟의 해부학적 관계에 관한 최신 의학 연구의 결론과도 일맥상통한다는 점을 짚고 넘어가야겠다. 해부학적 단일 부위에 북극과 남극이 모두 존재한다는 것은 이제 의학적으로 검증된 사실이다.) 우리는 더 위로 넘어가지 않고 음핵에서 잠깐 머무릅니다. 이곳이 강한 쾌락점이기 때문이죠. 음핵의 반대쪽 끝에는 G스팟이 있습니다."

나는 워크숍 내내 어떤 마사지 기술을 얘기하든 쾌락을 끌어내는 것보다는 감정을 방출하는 것에 더 무게를 둔다는 사실을 깨달았다. 그날 나는 찰스 뮤어가 여성이 묵은 감정이든 무엇이든 그것을 발산할 때 남성이 여성에게 다가가는 방법, 즉 여성이 화를 내더라도 사랑하는 마음을 유지하는 방법을 가르칠 거라고 캐럴라인 뮤어로부터 미리 귀띔을 받았었다. 남성 참가자들은 오늘 이 치유의 기술을 배우게 될 터였다. 찰스 뮤어는 여성이 솔직한 마음을 표현해도 좋다는 응원과 허락과 초대를 남성으로부터 받는 것이 환상적인 전희로 올라가는 첫 번째 계단이라고 했다. 여성이 남성을 진심으로 신뢰하게 되기 때문이었다. 그의 설명에 따르면, 오늘날 대부분의 여성은 남성에게 상처받은 경험을 가지고 있다. 따라서 이 남자는 나를 강제로 범하지 않을 테니 내 온몸을 그에게 맡겨도 좋다는 신뢰를 구축하는 것이 급선무다. 손과 심장과 입술과 영혼으로 여성을 치유하는 것이다.

그는 남성들만 따로 일으켜 세웠다. 따로 교육을 시키기 위해서였다. 남성들은 찰스 뮤어를 뒤따라 우르르 몰려나갔다.

그렇게 남자들이 사라지고 난 뒤, 캐럴라인 뮤어가 올라왔다. 그녀는 마흔셋 정도로 보이면서 이 세상 사람이 아닌 것 같은 달콤한 분위기를 풍기는 외모를 갖고 있었지만 사실은 60대 초반이었다. 그녀가 나이를 공개했을 때 여자들로 가득한 청중석에서는 감탄사가 흘러나왔다. 그녀의 금발은 탄력 있게 곱슬거렸고 헐렁한 살구색 상의와 탈색된 청바지 아래에 정교한 무늬가 새겨진 샌들 밖으로 보이는 발톱에는 연분홍색 페디큐어가 칠해져 있었다.

캐럴라인이 입을 열었다. "맞아요, 우리의 여신은 소중해요." 그런 다음 화제를 '여성의 사정'으로 바꿨다. 오르가슴 동안 요도에서 나오는 액체를 현대의학에서는 사정액이라는 멋대가리 없는 용어로 말하지만 산스크리트어로는 암리타라고 한다. "탄트라 전통에 의하면 암리타는 천국에서 발원해 질까지 온다고 하죠. 에너지가 아래로, 아래로 흘러내리는 거예요. 암리타가 나오면 수건을 준비하고 그냥 흐르는 대로 내버려 두면 됩니다. 얼굴에 발라도 되고요. 남성이 마시면 각성 효과가 있다고도 해요. 그래서 한밤중은 오럴 섹스를 하기에 적절한 시간이 아니에요. 당신이 갓난아기처럼 잠들어 있을 때 그는 하룻밤을 꼴딱 새야 하니까요."

노란색 옷을 입은 한 여성이 손을 들었다. "왜 그렇죠? 카페인이 들어 있나요?"

"생명력 때문에요. 포르노는 '당신 싸는 소리가 들렸어'나 '난 한 번도 싸본 적이 없어'라는 대사를 치면서 이걸 비하하지만요." 이 얘기가 처음에는 좀 거북했지만 계속 듣고 있으니 나름 익숙해지는 것 같았다.

캐럴라인이 설명을 이어갔다. "탄트라에서는 뇌의 좌반구로만 사는 사람을 두고 사랑의 배를 놓친다고 말합니다. 사랑은 우뇌에서 일어나는 신비한 경험이니까요. 곧 우리는 여러분의 몸에서 요니나디라는 곳에 니야사를 할 거예요. 두 번째 차크라의 중심에 접근하는 건데, 남성 탄트라 수행자들이 사정을 조절하기 위해 누르는 점이죠. 여성에게도 같은 지점이 있어요. 저는 60대 여성들도 치료해 봤는데, 그중 한 분이 다중 오르가슴에 사정까지 완수한 최초의 여성 고객이 되었죠.

그녀들이 깨어나는 걸 저는 생생하게 목격했어요. 다시 살아 숨 쉬고 감정이 폭포처럼 흘러나왔죠. 지푸라기 인형처럼 무미건조하던 사람이 깨어나 생생한 오르가슴을 얻은 거예요. 천공에서 춤을 추는 것과 같았을 거예요. 이렇게 두 번째 차크라의 에너지가 발산되면 삶과 가족과 일에 대한 열정이 폭발합니다. 삶의 모든 면을 가득한 열정으로 다시 살아갈 수 있게 되는 거죠."

연회장 안에는 이제 여자밖에 없었기 때문에 여성이라면 누구나 간직한 비밀이 곧 밝혀질 것 같은 긴장감이 실내에 가득했다. 파자마 파티를 하듯 모두가 쿠션에 편안하게 기댄 채 옹기종기 모여 앉은 여성들 가운데서 캐럴라인이 말했다. "신성한 장소 마사지는 동면에서 깨우는 것부터 시작됩니다. 음핵 마사지는 …보통 사람들도 다 하죠. 하지만 이 G스팟, 다시 한번 강조하지만 음핵과 밀접하게 연결되어 있는 이곳은 영혼 더 깊은 곳으로 우리를 데려가 줄 거예요. …신성한 장소 마사지는 두 번째 차크라를 활성화하고 과거의 기억을 깨끗하게 씻어내는 작업입니다. 죄책감, 두려움, 수치심 등 나쁜 기억들을 이 차크라를 통해 모조리 내보내는 거예요. 그러고 나서 사랑을 나누는 방법을 제대로 배운 적이 없는 남성으로부터 진실한 관계를 하는 요령을 배웁니다. 여기서 여러분은 궁금할 거예요. 이 마사지가 깨우는 내면 심리는 어떤 걸까요?

남성의 25%는 탄트라 마사지를 통해 질을 처음 만졌을 때 아무것도 얻지 못해요. 음순은 유타주를 여행하는 것과 같아요. 평온하다 못해 지루하고 졸린 곳이죠. 그런데 30분 뒤 요니에 이르면 어떨까요. 그곳은 브라질의 축제 현장이에요.

질과 음순의 진정성은 피해망상과 편집증에 가려져 있습니다. 어릴 때 내 그곳을 만지는 게 '요니에 사랑을 심는 행위'라는 말을 들어 본 사람은 여기 한 분도 없을 거예요. 오늘 우리가 배울 마사지는 지금까지 쌓인 찌꺼기로 꽉 막혀 있던 요니를 뻥 뚫어 줄 겁니다." 나는 코디 박사가 알려 준 신경과학 이론이 생각났다. 여러 건의 연구에 의하면 다중 이상조절 때문에 질 통증이 나타나고, 성적 외상이 다른 신체 부위들의 기능도 망가뜨리며, 스트레스가 질 조직을 실질적으로 변화시킨다고 했다. 리치먼드 박사 역시 실제 환자의 사례를 들어가며 성적 외상이 감각기능 이상을 일으킨다고 말했었다. 그런데 탄트라 역시 더 친근한 어조로 똑같은 현상을 말하고 있었다. 버자이너가 은밀한 대용량 메모리뱅크라는 사실과 버자이너의 물리적·정서적 성질이 서로 완전히 다른 두 문화 체계 속에서 재확인되는 순간이었다.

나는 다시 캐럴라인 뮤어의 설명에 집중했다. "여성의 음핵은 남성의 음경과 같습니다. 분출을 원하죠. 그래서 분출 후에는 기분이 나아져요. 지금까지 우리들은 남자가 절정에 이르기 전에 우리가 선수를 쳐야 한다고 배웠어요. 제 경우는 음핵 오르가슴만 성공했었죠. 하지만 질 오르가슴은 훨씬 어려웠어요. 경험자인 친구들은 그곳이 독립선언을 하는 기분이라고 말했죠.

성적 쾌락은 아래가 따뜻하고 촉촉해지는 것으로 감지할 수 있어요. 기분 좋은 촉촉함이죠. 하지만 부모님이나 신앙을 생각하면 부끄럽게 느껴지기 쉬워요. 또한 여성이 쾌락을 원하는 게 정상이고 모든 여성은 그럴 자격이 충분히 있으며, 또 여성이 스스로 희열에 도달하는 지점을 잘 파악하고 남성 파트너에게 가르쳐 줄 수 있어야 한다고 말해 주는 언론도 거의 없습니다.

여성이 내면에서부터 깨어나기 시작하면 신성한 장소는 여신과도 같은 그녀의 여성성을 조금씩 드러냅니다. 여성이 자신의 분신인 여신과 사랑에 빠지면 여신이 그녀에게 무엇보다도 소중한 것이 되죠. 여신은 그녀를 절대로 떠나지 않아요. 여신이 자아의 정수인 거예요. 신성한 장소와 음핵이 최대로 깨어나면 그때부터는 롤러코스터와 같아요. 오르가슴이 눈앞에 보이는 건 물론이고 뭔가 다 잘 되고 있다는 기대가 고조되죠. 많은 여성이 이 마사지로 질 오르가슴을 훨씬 더 많이 느끼고 각성을 경험합니다. 창문 유리를 닦으면 바깥 풍경이 더 선명하게 보이는 것과 같아요. 기초 성교육 교본에는 이런 내용이 안 나와요. 그냥 '당신에게는 요니가 있고 그것은 단순한 보지가 아니다' 정도만 알려 주죠."

말을 마친 캐럴라인은 질문을 받기 시작했다.

팔뚝에 문신을 하고 빨간색 반다나를 목에 두른 한 여성이 입을 열었다. "저는 오르가슴이 강하지 않아요. 특히 요즘에는 좀 다른 느낌인데요, 몸이 조여드는 식이 아니라 전신이 주기적으로 쿵쿵거려요. 일반적인 오르가슴은 아니에요." 그녀는 '일반적인 오르가슴'이 뭔지 설명하려는 듯 손을 들어 주먹을 꽉 쥐어 보였다.

캐럴라인이 대답했다. "오르가슴 에너지는 파도와도 같아요. 스무 살 때는 뜨거운 오르가슴이 빠르게 스쳐 지나가죠. 하지만 나이가 들면 오르가슴은 더 부드러워지고 농밀해져요. 외음부와 뇌를 연결하는 통로가 살아나려면 몇 년이 걸리고 통로가 한두 개도 아니에요. 그래서 어릴 때 알았던 오르가슴과 다르게 느껴지는 겁니다."

문신한 여성이 말했다. "하지만 전 상실감을 느껴요. 저는 둘 다를 원하거든요."

캐럴라인이 말을 받았다. "다른 사람들도 다 그래요. 에너지를 분산시킬 자녀가 없는 20대 여성은 더더욱 그렇고요."

이번에는 길게 땋은 머리에 피부를 보기 좋게 태닝한 한 여성이 나섰다. "저는 지금 서른네 살인데요, 20대 후반에 강렬한 오르가슴이 사라졌어요. 섹스 중독자와 사귀던 때였는데 몇 년 동안 바이브레이터를 거의 매일 사용했어요. 그래서 지금까지도 몸이 좋지 않아요. 이제 영영 다시 건강해질 수 없을 것 같아요." 그녀는 울먹거렸다.

나는 흠칫했다. 안 그래도 최근에 내가 감각을 둔화시키는 포르노와 자위기구의 문제점에 관한 글을 쓴다는 사실을 아는 사람들로부터 이메일 제보가 점점 늘어나던 참이었기 때문이다.

캐럴라인은 여전히 침착한 태도로 대답했다. 훌쩍이는 여성의 팔을 옆의 금발 여성이 쓸어 주고 있었다. "바이브레이터의 속도에 익숙해진 뒤에 손가락을 쓰면 보정이 돼요. 바이브레이터는 뜨겁고 빠른 에너지에요. 요니는 그걸 좋아하지 않고요."

두 눈에 눈물이 그렁한 채로 여성이 말했다. "제 탓이 아니라는 말씀이세요?"

"당연히 아니죠."

또 한 여성이 요니 마사지사로 취직할 수 있을지 캐럴라인에게 물었다. 그녀는 단정한 단발머리를 하고 진주목걸이에 니트 카디건을 걸치고 있어서 늙은 부호의 젊고 아름다운 아내 같은 인상을 주었다. "저도 여성들에게 요니 마사지 서비스를 제공하고 있어요. 한 번에 두 시간씩, 시간당 250달러를 받아요. 저는 양성애자가 아니지만 많은 고객이 성적으로 흥분을 해요. 그게 마사지의 목적은 아니지만요. 감정이 폭발해 울음을 터뜨리는 분도 있고요. 그런 분들은 '맙소사, 너무 상냥하시네요!'라고 말하죠. 그들에게 결핍된 건 상냥함이었던 거예요."

캐럴라인이 설명을 이어갔다. "요니 마사지는 옛 기억을 깨웁니다. 제 첫 경험으로는 스물여섯 살 때 자궁적출술을 받았던 수술실의 소독약 냄새가 기억나더군요. 손가락 찌르기처럼 어릴 때 했던 못된 짓도 생각나고요. 신성한 장소 마사지는 기억 상자를 여는 열쇠예요."

"신성한 장소 마사지를 통해 무의식이 깨어나고 에너지가 발산되면 쾌락과 사랑의 제2막을 시작할 여유가 생깁니다. 워크숍을 25년째 열고 있지만, 매회 목표는 더 나은 섹스가 아니라 '성적 치유'였어요."

나는 손을 들어 내가 연구 중인 내용을 간략하게 설명하고 막히거나 뚫린 버자이너와 여성의 창의력이 연결되어 있는지 그녀의 의견을 물었다.

"그럼요." 캐럴라인이 명쾌하게 대답했다. 그녀는 여성의 성적 에너지가 창조 에너지에 불을 붙이는 게 아니라 창의력 그 자체라고 말했다. "샥티, 즉 여성의 성적 에너지는 변환 가능한 에너지예요. 샥티 자체가 창의력인 거죠. 모든 것의 합이 잘 맞는 때가 오면 새 삶이 탄생합니다. 여성에게 창조적 삶에 대한 원동력이 있고 요니 에너지가 뇌에까지 도달했다면 말이에요. 질을 통한 에너지 발산이 잘 될수록 후손들과 세상을 구원하고 예술작품을 만들고 더 나은 세상을 만들고자 하는 여성의 열망이 커집니다.

"탄트라 여정의 대부분은 '나는 부족해'라는 생각을 걷어내는 과정입니다. 사랑받을 대상은 남편도 남자친구도 아닙니다. 그건 여러분 안에 있어요. 사랑받을 사람은 나 자신인 거예요."

———————

이렇게 이날 나는 늘 무겁게 지니고 다녔던 물음의 답이 탄트라 안에도 있다는 것을 확신했다. 하지만 수행법을 잠깐 맛본 뒤에도 여전히 탄트라가 개인적으로 편안하게 다가오지는 않았다.

탄트라에서는 교육을 받고 일상생활에서 탄트라를 수련하는 여성들을 다키니(dakini)라 부른다. 나는 그런 여성 몇 명을 인터뷰했다. 그들의 말을 빌리면 다키니들은 다른 여성들보다 오르가슴에 훨씬 잘 도달한다고 한다. 그뿐만 아니라 그들은 보통 사람들보다 훨씬 더 행복하고 활기차 보였다. 외모는 상관없었다. 그들 중 패션모델급 몸짱이나 전통적인 미인상은 찾아보기 힘들었다. 그럼에도 대부분의 보통 여성들과 다르게 다키니들은 자신의 여성성에 매우 만족해하고 자신의 성적 자아를 크게 신뢰하는 모습을 보였다.

탄트라를 알면 알수록 더 많은 게 눈에 보였다. 특히, 여성 중심의 탄트라 양생법은 뇌와 내분비계에 관한 최신 과학 정보와 신기하게 맞아떨어졌다. 여성의 몸에서 중요한 신경회로가 지나는 지점들을 수백 년전 탄트라 대가들은 이미 알고 있었던 것 같았다. 신성한 장소가 G스팟과 정확하게 일치한다는 게 그 증거다. 중국의 도교 경전은 여성의 유두를 빠는 기술을 남성에게 권장했다. 여성의 몸과 마음을 이완시키기위해서다. 그런데 이 효과는 긴장을 완화하는 호르몬인 옥시토신이 분비된다는 현대 과학의 연구 결과로 입증된다. 또, 탄트라와 도교의 대가들은 질액의 가치를 일찍이 인식하고 있었다. 어감이 완전히 다르긴하지만 최신 과학이 밝혀낸 질액의 화학물질과 호르몬 성분들은 탄트라에서 심원한 철학적 이름으로 부르는 그것과 같은 것이다. 탄트라에서 오래전부터 인정해 온 여성의 사정을 현대과학은 최근에야 연구 주제로 삼기 시작했다. 그러는 동안 탄트라는 워크숍 등을 통해 실제 여성들에게 벌어지는 놀라운 일들을 눈앞에서 직접 목도하고 있다.

탄트라의 비밀이 뭘까 고민에 빠져있던 나는 마이크 루사다를 떠올렸다. 나는 그를 요니에 관한 모든 것을 알고 있는 내 평생 고문으로 여기고 있다. 그의 말에는 언제나 큰 울림이 있었다. 그는 mikelousada.com이라는 웹사이트도 운영하는데, 홈페이지 꼭지에는 '마이크 루사다의 신성한 성 치유소 런던 지부'라는 명패가 걸려 있고 바로 밑에 페르시아의 시인 잘랄루딘 메블라나 루미의 명언이 적혀 있다. '그대가 할 일은 사랑을 찾는 것이 아니다. 자신의 내면에 쌓아 올렸던 모든 방해물

을 찾아 걷어내는 것이다.'

이 웹사이트에 처음 들어가면 다소 민망한 질문 공세가 방문자를 기다린다. "당신은 관계를 피하고 있나요?", "섹스를 넘어선 무언가가 있는데 그게 뭔지 확신하지 못하나요?", "섹스를 즐기지 못하나요?", "오르가슴에 이르는 게 어렵나요?", "성에 대해 순수했던 때로 돌아가고 싶나요?" 하지만 여성 경험자들의 열광적인 댓글을 읽으면 바로 긴장이 누그러진다.[5] "내 상처를 그렇게 능숙하게 감싸 주어서 감사해요, 당신을 만나고 나서부터 내 심장이 뛰는 소리가 들려요. 나는 살아 있음을 느껴요. 진짜 여자가 된 것 같아요. 고마워요", "고마워요, 마이크. 제가 안전하고 분별력 있고 품위와 용기를 갖춘 여성이라는 느낌을 받아요. 평화로운 미소가 떠나지 않아요" 등등. 마우스를 끝까지 스크롤 다운하면 그의 사진과 함께 페이스북 주소가 링크되어 있다. 사진 속 루사다는 턱수염을 기르고 히피 같은 옷차림에 바위 위에 앉아 먼 곳을 응시하고 있다.

오랜 고민 끝에 나는 루사다에게 전화를 걸어 예약을 잡았다. 비용은 한 시간에 100파운드, 미국 돈으로 150달러 정도라고 했다.

그는 자신의 임무가 여성에게 성적 권력을 부여하는 것이라고 설명했다. 또한 그는 성적 외상을 입은 여성을 요니 마사지로 치유하는 데 주안점을 둔다고도 했다. 그는 배경도 나이도 제각각인 다양한 여성 고객을 상대하고 있었다. 그의 실적은 화려하다 못해 눈이 부셨다. 그의 손길을 거쳐 오르가슴을 되찾은 여성이 수백 명에 달했다.

'와우, 개론적인 워크숍이나 마사지보다 훨씬 구체적인걸.' 나는 생각했다. 나는 사귀는 남자가 있기 때문에 정통 요니 마사지까지는 가지 않으면 좋겠다고 양해를 구했다. 그는 내 요청을 흔쾌히 들어주었다. 남성 성 치유사와 인터뷰할 계획을 세웠다는 사실 자체로 나는 이미 성매매와 그 도덕성에 관해 페미니스트로서의 반사적 판단력을 상당히 양보한 상태였다.

세션을 예약했다고 말했을 때 친구들과 동료들의 반응은 뜨거웠다. 어느 누구도 우려나 반감을 표시하지 않았고 오히려 나와 함께 갈 수 없어서 몹시 안타까워했다. 단란한 가정을 꾸리며 살고 있는 두 아이의 엄마 E는 귀찮을 정도로 이메일을 보내 "아직 안 갔다 왔니? 어땠어?" 라고 반복해서 물어왔다. 우리의 반응은 내용을 충분히 알고 이성적인 판단을 내린 성숙한 어른의 태도가 아니었다. 우리는 다시 사물함 앞에 모여 호들갑을 떠는 10대 소녀들이 되어 있었다.

조금 걱정이 됐지만 루사다가 날 잡아먹을 것 같진 않았다. 게다가 자신의 신념에 따라 성을 시장경제에 편입시키겠다는 그의 결심을 내가 무슨 자격으로 지적 잣대를 휘둘러 왈가왈부하겠는가. 나는 그의 일이 매춘인지 아닌지에 관한 판단을 유보하고 일단 사람 자체만 보기로 했다.

루사다와 처음 얘기를 나눴을 때 나는 그에게 자신이 성 노동자라고 생각하냐고 물었다.

그때 그는 성 치유사라는 표현을 선호한다고 말했다. (그로부터 일 년 뒤, 높아진 명성에 힘입어 주류 의학계로 활동영역을 넓히기 시작했을 때 한 강연에서 그는 자신을 육체 치료사라고 소개했다.) 옷을 입고 벗고는 고객의 요구에 맞추며 고객도 원하는 대로 할 수 있다고 했다. 순간 머릿속에서 그림 하나가 스쳐 지나갔다. 이제 곧 태어나서 처음 만나 볼 요니 치유사의 모습이 여성을 모시는 남성 접대부의 이미지와 겹쳐 보였다. 믿을 수 없었다. 여성들은 그저 속된 말로 꼴리긴 하는데 괜찮은 남창이 없어서 루사다와 같은 사람을 찾는 걸까? 혹은 여성들이 그를 찾는 것은 서구에 널리 퍼진 현대 여성의 성적 우울감을 또 다른 방식으로 증언하는 현상일까? 아니면 배우자와의 성생활에 만족하지 못하는 돈 있는 여자들이 내용과 속도를 나에게 맞춘 섹스를 하기 위해 그런 남성을 고용하는 것일까?

루사다의 스튜디오는 런던 근교의 초크 팜에 있었다. 개축한 오두막의 문을 두드리자 사진에서 봤던 건강한 구릿빛 피부의 루사다가 두 팔을 활짝 벌려 맞아 주었다. 탄트라에는 마력 같은 게 있는 게 틀림없다. 그는 마흔세 살이었지만 10년은 젊어 보였다. 나는 그의 안내를 따라 쭈뼛거리며 바닥에 앉아 주변을 둘러보았다. 우리는 화사한 쿠션들이 여기저기 뒹구는 따뜻한 응접실에 있었다. 제단 역할을 하는 나지막한 테이블에는 힌두교 여신 칼리의 조각상을 중심으로 초와 향이 빙 둘러 놓여 있었다. 그런데 남성 사진사가 벌써 와 있었다. 나는 깜짝 놀랐다.

그가 여기 있는 것 자체는 문제가 아니었다. 이 체험기를 《선데이타임스》에 싣기로 했으니까. 하지만 원래는 세션이 끝날 때쯤 도착할 예정이었다. 그런데 내가 너무 깊이 빠질까 봐 루사다가 그에게 더 일찍 오시면 좋겠다고 부탁했다고 한다. "그게 작가님께도 좋을 것 같았습니다. 세션 중에는 이런저런 일들이 일어나니까요." 루사다가 말했다. "분위기에 압도되면 외상의 기억이 되살아날 수도 있고 황홀경에 빠져 소리를 지르거나 울기도 하거든요." 이 말에 나는 정신이 번쩍 들어 표정 관리를 해야 했다. 전담 성 치유사라면 모름지기 고객을 평온하게 해 주어야 하는 것 아닌가? 고객의 전문영역을 침범해 신경을 거스르는 게 아니라?

그런 사정으로 우리는 먼저 사진을 어느 선까지 찍을지 상의했다. 루사다는 얍윰(yab-yum) 자세를 제안하며 손가락으로 여신을 껴안은 시바 신의 조각상을 가리켰다. 여신은 허벅지를 시바 신의 허리에 두르고 남신의 사타구니를 만지고 있었다. 나는 소리를 버럭 질렀다. "그런 건 안 해요!" 그래서 결국 우리는 루사다와 내가 서로를 바라보고 연꽃 자세로 앉아 있는 모습으로 합의를 봤다.

시작하기 전에 나는 루사다와 잠시 얘기를 나눴다. 그는 고객 중 다수가 어릴 때 당한 성적 학대가 남성을 향한 깊은 분노로 자라난 경우라고 말했다. 또한 이런 반감은 오르가슴을 완전하게 느끼지 못하거나 아예 절정에 도달하지 못하는 성 기능 장애로 표면화된다고 말했다. 그런 고객과 관계를 가짐으로써 (대부분의 경우 손만 사용해서) 그들의 울화와 우울증을 치료한다고 했다.

그런 다음 우리는 탄트라 개론 1막 1장으로 들어갔다. 그는 나를 방석 위에 앉히고 호흡법부터 가르쳤다. 서로 마주 본 우리 둘 사이의 거리는 불과 몇십cm였다. 그는 정수리부터 뿌리인 성 중추까지 중요한 길목에 있는 차크라를 하나씩 설명해 주었다. (지금에서야 확실히 아는 건데, 성 중추의 차크라 하나는 골반 신경의 세 가지(分枝) 중 하나에 있다.) "당신의 뿌리 차크라가 땅속으로 뻗어 내려갑니다. 뿌리가 점점 튼튼해지는 걸 느껴 보세요. 당신의 요니가 땅속으로 뿌리를 내리고 있습니다. …뿌리가 바위를 깨고 계속 뻗어 내려갑니다."

나는 웃음을 터뜨렸다. 순간 사진기가 찰칵 소리를 냈다.

"긴장되세요?" 루사다가 물었다. "괜찮습니다."

나는 계속 키득거리며 간신히 말했다. "그런 게 아니에요. 그냥 웃겨서요."

침착해지려고 애썼지만, 요니를 우습게 알고 비하하는 문화에서 나고 자란 나로서는 바위를 가르는 전능한 요니를 상상하자니 너무 재미있어서 웃음이 멈추지 않았다. 나도 모르게 만화영화에 나오는 초인간적인 요니 슈퍼히어로, 요니 어벤져스를 머릿속에 그려보고 있었다.

이제 루사다는 자신의 눈을 응시하게 했다. 그러자 호흡 속도가 자연스럽게 그와 같아졌다. 이때까지도 나는 속마음으로 그가 난봉꾼인지 아니면 단순한 허풍쟁이인지 재고 있었다. 하지만 나를 응시하는 그의 두 눈은 차분하기 그지없어서 나는 그의 의도가 순수한 것임을 인정할 수밖에 없었다. 의심과 선입견은 허공으로 흩어져 사라져 버렸다. 성적으로 상처 입은 여성을 돕는 것이 일생의 사명이라는 그의 말을 생각하니 그의 일을 무시하거나 조롱할 이유를 찾기가 힘들었다.

드디어 호흡 파트가 끝났다. 그러자 루사다가 미소를 지으며 말했다. "어서 오세요, 여신님."

이 말에 자연스럽게 미소가 지어졌다. 나는 무심하고 모욕적인 말들로 하루도 빼놓지 않고 무형의 돌팔매질을 당하면서 사랑 없는 결혼생활을 하는 모든 여성을 생각했다. 상냥한 마음을 가진 창녀의 전형적인 이미지도 생각했다. 남자들이 그런 여성을 찾는 이유가 그들의 말을 들어 주고 그들을 칭찬해 줄 누군가가 그리워서라는 조사 결과가 많다. 여성의 경우도 다르지 않을 것이다. 여성들은 루사다가 그들의 신성한 여성성을 알아주는 것 자체로 비싼 수업료가 아깝지 않다고 생각할 것이다. 새 옷을 사거나 머리를 한 번 할 만한 금액인 150달러만 내면 진심 어린 여신 소리를 들을 수 있는데, 자식 뒤치다꺼리에 지친 엄마들과 소외된 아내들이 어찌 혹하지 않겠는가.

"구체적으로 어떻게 여성을 성적으로 치유하세요?"

그는 생식기에 축적된 외상의 기억을 풀어내기 위해 요니 태핑(yoni tapping) 기술을 쓴다고 대답했다. "생식기 접촉을 허락하는 마사지 면허 같은 건 세상에 없잖아요. 이 점을 포함해 여러 가지 이유로 마사지사들은 보통 이 부위의 외상을 살펴보지 않아요. 저는 전신 마사지로 시작해서 요니로 접근합니다. 처음에는 겉에서만 맴돌아요. 그런 다음 때를 봐서 고객에게 손가락을 더 넣어도 되냐고 묻습니다. 요니는 신성한 공간이에요. 성지 중의 성지죠. 주인의 허락 없이는 아무도 들어갈 수 없어요. 저는 '여신님, 제가 들어가도 되겠습니까?'라고 여쭙니다. 그러고는 허락을 받은 뒤에야 요니를 찬찬히 살펴보고 손가락을 입구에 갖다 놓습니다. 요니가 받아들일 준비가 되었다면 알아서 제 손가락을 빨아들여요. 손가락을 밀어 넣거나 쑥 삽입할 필요가 없어요. 마치 요니가 잡아당기는 깃처럼 지절로 들어가니까요.

섹스할 때 이 반응이 일어나지 않으면 여성은 자신의 요니를 욕보이는 것과 같습니다." 그는 준비가 되었음을 여성이 말로 표현하기 전에는 더 들어가지 말라고 남자들에게 조언한다고 했다. "요니가 아직 아니라고 말할 때도 마찬가지고요." 나는 기초 성교육 시간에 남학생들에게 이 말을 해 주면 좋겠다고 생각했다.

그는 고객과 진짜 성관계를 맺기도 할까? "극단의 치료가 필요한 상황이 아닌 한 그렇게는 하지 않습니다." 그는 자신은 대부분 손을 사용한다고 재차 강조했다. 그에게 푹 빠지는 고객도 있냐는 물음에는 고객과는 늘 적당한 거리를 유지하는 것이 그의 철칙이라는 답을 내놨다. 치료의 목적은 중독에서 해방시키는 것이지 그 반대가 아니라면서. 두 사람 사이에 감정적 유대가 생길 수도 있다는 사실은 그도 인정했지만 그는 모든 치료사가 그러듯 그런 상황을 원만하게 해결한다고 했다. 그러면서 자신에게는 동종업계 종사자인 여자친구가 있다고 덧붙였다. 가끔 두 사람이 협업하기도 한다고 했다.

"고객들이 오르가슴을 느끼나요?" 내가 물었다.

"보통은요. 하지만 그게 마사지의 우선 목적은 아닙니다. 고객들은 크게 세 종류로 나뉘는데요. 첫 번째 유형은 현재 연애에 만족하지 못해서 저를 찾아온 경우입니다. 그들은 짐승남을 동경하지만 본인에게 남성적 요소가 있기 때문에 그런 남성의 관심을 끌지 못하죠. 사회의 압력 때문에 자신도 모르게 남성성에 치중된 불균형적 삶을 살고 있는 겁니다." 그는 여성이라고 예외가 허락되지 않는 직장 내 스트레스를 얘기하고 있었다. 사회는 그런 불균형적 삶에 더 큰 보상을 하므로 누

구라도 여성성을 끌어올리기를 망설이는 것이다. 그런 여성들이 루사
다를 만나면 여성성이 회복되어 그들이 원하는 남성에게 매력적으로
보이기 시작한다고 한다. 내가 여전히 미심쩍어하는 기색을 보이자 그
는 그런 고객 몇 명을 소개해 주겠다고 했다. 루사다의 표현을 빌리면,
잠자리에서 남자가 할 일은 와인잔이 와인을 품듯 여성을 지탱해 주는
것이라고 한다. 여성의 타고난 본질을 있는 그대로 지지하고 응원해 주
는 것이라는 말이다. 나는 이 탄트라 기조를 설명하는 비슷한 표현을
전에도 들어 본 적이 있었다. "여성의 지극한 경지는 축복이 대양을 이
루는 상태입니다. 여성이 숨을 쉬고 몸을 움직여 물결을 일으키고 대양
으로 차오르게끔 돕는 게 남성의 역할이에요."

마땅히 대꾸할 말이 없어서 나는 그에게 두 번째 부류는 뭐냐고 물었
다. "심한 성적 학대나 외상을 경험한 여성들입니다. 정상적인 생활을
할 수 없을 정도여서 저를 찾아오죠."

그렇다면 마지막 유형은 뭘까? "소수의 고객은 단순히 특별한 쾌락
을 경험하고 싶어서 찾아와요."

"선생님이 보시기에 고객이 매력적이지 않으면 어떻게 하시나요?"
내가 물었다.

"모든 여성에게는 각자의 아름다움이 있습니다." 그가 다정하게 말
했다. 그가 설명하길, 이 마지막 유형의 고객 중에는 50~60대 중년 여
성도 있고 몸이 아프거나 장애가 있는 여성도 있지만 대부분은 혼자 사
는 여성이라고 한다. "마사지하다 보면 보이는 게 있죠."

보통은 요니 마사지 한 번에 두세 시간이 소요된다고 한다. 그는 고

객들에게 재촉받는 느낌이 들지 않게 해 주고 싶다고 말했다.

세 시간이라는 얘기를 듣고 나는 속으로 '역시'라고 생각했다. 뉴욕에서 열렸던 워크숍에서도 요니 마사지에만 한 시간 반이 걸린다고 했었다. 배정된 시간의 길이만 봐도 여성의 쾌락을 대하는 관점이 현대의 서구문화와 크게 다름을 확연하게 알 수 있었다. "너무 오래 걸리는 것 아니에요? 보통 남자들은 세 시간 내내 여자에게 집중해야 한다는 얘기를 들으면 당장 리모컨을 찾으러 나설걸요." 내가 농담으로 말했다.

"그게 바로 남자들도 배워야 하는 이유에요." 루사다가 진지하게 말했다.

그는 진심이었다. 적어도 내게는 그렇게 느껴졌다. 그래서 이제는 마사지를 시작해도 될 것 같았다.

그는 나를 2층으로 데리고 갔다. 그곳에는 잘 꾸며진 작은 침실이 있었다. 사진사는 떠나고 난 뒤였다. 침실에는 촛불들이 로맨틱하게 어른거렸고 향초 때문에 향기가 가득했다. 그러고는 다시 협상 타임이었다. 그는 요니 마사지를 하고 싶어 했다. 하지만 내게 그건 그냥 섹스와 같았다. 아무리 연꽃 비유를 떠올리고 그냥 조금 더 야한 마사지라고 자기암시를 건들 소용이 없었다. 나는 도저히 거기까지 갈 엄두가 나지 않았다. 매력적인 낯선 남자와 침대 위에 앉아 있는 지금 그가 제안하는 것이 일종의 섹스가 아니라고 부인할 용기가 내게는 없었다. 내 안에 잠들어 있던 보수적인 유대인 소녀가 깨어나고 있었다.

"이제 우리 그… 몸을 좀 써 볼까요? 기치료 어떠세요?" 그가 기치료 자격증을 가지고 있다는 사실을 알고 있었기에 꺼낸 말이었다.

그의 표정에는 실망감이 역력했다. 프로의 자부심을 드러내며 그가 말했다. "제 전공은 요니 마사지에요."

마침내 우리는 타결을 이루었다. 상의와 짧은 반바지까지 입은 상태에서 직접적인 피부 접촉은 하지 않기로 했다. 그런데 이럴 수가. 불과 30초 만에 나는 축복의 바다를 유영하고 있었다. 5분 뒤에는 웃음이 계속 터져 나왔다. 10분 뒤에는 내가 다른 사람이 된 것 같았다.

이 남자가 내게 무슨 짓을 한 걸까?

"지금 뭐 하시는 거예요?" 내가 묻자 루사다는 그가 오래전부터 그의 시바(남성) 에너지를 온몸으로 발산하는 수련을 해 왔다고 말했다. 그래서 지금 손과 손가락으로 나를 만질 때마다 에너지를 보내는 중이라고 했다. 그의 설명에 따르면, 사람 몸에는 동양의학이 차크라들의 네트워크라고 여기는 기의 길이 있는데 그는 지금 손가락 끝으로 그 길을 천천히 따라가고 있었다. 나는 딱히 뭐라 설명할 수 없는 역동적 에너지를 느꼈다. 이 세션은 1시간 만에 끝났다. 성적인 신체 접촉이 없었음에도 뭔가 계속 찌릿찌릿했다. 나는 내 몸이 아무 계획 없이 순수하게 매우 즐거운 시간을 보냈음을 알 수 있었다.

루사다의 스튜디오를 나섰을 때 나는 온몸에 도파민이 흘러넘치고 있음을 느낄 수 있었다. 주변 사물의 색깔들이 더 선명해 보였고 세상은 기쁨과 감각으로 가득했다. 얼마 뒤에 만난 한 친구는 놀리려고 그랬는지 몰라도 내 얼굴이 상기되어 반짝거린다고 말했다.

나는 더 확인할 게 있어서 루사다에게 전화를 걸었다. 특히 요니 마사지로 여성을 치유하는 것과 성을 넘어선 삶의 새로운 차원이 열리는 것이 어떻게 연관되어 있는지 그의 생각을 듣고 싶었다.

"여성이 안전하다고 느끼면 자기 스스로에게 쾌락을 마음껏 느껴도 좋다고 허락합니다. 제가 아니라요. 남자들은 평균적으로 4분이면 오르가슴에 도달하는 반면 여성은 16분 정도가 걸립니다. 그래서 남성들은 여성보다 더 서두르는 경향이 있죠. 일반적인 섹스에서는 남성이 들어가자마자 사정을 해 버려요. 여성의 몸이 긴장을 풀고 막 피어나려고 할 때 일이 다 끝나 버리는 거죠. 많은 여성이 이런 섹스를 지긋지긋해합니다. 그런 섹스라면 차라리 안 하는 게 낫다고 피할 정도죠.

대다수의 남성은 연인과의 섹스에 충분한 시간을 들이지 않습니다. 거기에 익숙해진 여성은 '이게 섹스다'라고 단정해 버립니다. 하지만 이건 남녀 모두 무지의 결과물이에요. 우리 사회에서는 여성의 진정한 성이 억눌려 있습니다. 우리 문화는 남성에게는 당연한 반응을 여성에게는 허용하지 않아요. 연구에 의하면 여성의 29%가 성교 중 오르가슴에 전혀 도달하지 못한다고 합니다. 15%는 아주 가끔씩만 오르가슴을 느낀다고 하고요. 이런 여성들을 대상으로 검사를 했는데, 오르가슴을 방해할 만한 뚜렷한 생리학적 원인은 없었다고 해요. 다 심리적인 문제라는 뜻이죠.

여성이 진짜 오르가슴 반응을 경험하게 하려면 남성들은 여성이 안전하다고 느끼게 해 주어야 합니다. 어디를 어떻게 만져야 할지 기본지식을 갖추고 해부학과 생리학도 조금 알아야 해요. 무엇보다도 기억해야 할 것은 본디 사람은 본인의 경험에 따라 다음 행동을 취한다는 사실입니다. 그래서 남성들은 본인이 좋았다고 기억하는 것만 하려고 하고 여성들도 굳이 새로운 방식을 제안하지 않습니다. 하지만 여성들은 제게 와서 말하죠. 그와는 오르가슴이 느껴지지 않는다고요. 그러면서 책임을 남자 쪽으로만 돌리려고 해요. 제 고객 중에도 자신의 성욕을 스스럼없이 드러내는 사람은 별로 없어요. 그저 저에게 '오르가슴을 느낄 수만 있다면 그에게 좋은 선물이 될 텐데요'라거나 '그가 내 오르가슴을 다 빨아들이는 것 같아요'라고만 말하죠. 맞아요. 남자들이 고칠 부분도 있어요. 하지만 치유해야 하는 사람은 여성입니다. 자신의 성적 자아를 발견하고 창의력과 생명력 넘치는 예술가가 되어야 합니다. 서로 각자의 몫이 있는 거예요. 생명력 발산이라는 공통의 목표를 위해서죠."

그의 말만 듣고 모든 걸 판단할 수는 없었기 때문에 나는 제3의 의견이 필요했다. 그래서 그의 소견을 뒷받침해 줄 만한 고객을 한 명을 소개해 달라고 부탁했다.

그리하여 나는 말끝마다 똑 부러지는 한 30대 여성을 만나게 되었다. 여기서는 그녀를 앤절라라고 부르겠다.

"작가님의 《선데이타임스》 기사를 읽어 봤어요. 만나 뵙고 싶었죠." 앤절라가 말했다. "옛날에는 남자들과 철저히 단절된 느낌이 들었어요. 그래서 꽤 오래 금욕기를 가졌어요. 제 연애는 장밋빛이 아니었고 성희롱 문제도 있었어요. 남자친구가 있었지만 깊은 관계는 아니어서 그에게 내 몸을 완전히 열어 줄 수 없었어요. 그럴 준비가 되지 않았던 거예요. 그런 상태가 한동안 이어졌죠.

그러다 마이크를 만나고 모든 게 달라졌어요. 제게는 치유가 필요했고 그 주체가 반드시 남자여야 했어요. 요즘에는 몇 달에 한 번씩 마이크와 만나지만 그때는 집중적으로 다섯 세션을 그와 함께했어요. 처음 두 세션은 거의 얘기만 했어요. 그래도 상당히 위로가 되었죠. 요니 마사지는 세 번째 세션부터 들어갔답니다. 첫 시간에는 얘기하다가 잠깐 멈춰서 울기도 하고 그랬죠. 진정한 나를 알아가는 단계였던 것 같아요. 두 번째 세션은 강도가 더 셌어요. 내가 얼마나 화가 나 있었는지 깨닫게 되었거든요. 마이크는 분노를 표출하라고 강력하게 권고했어요. 그래서 저는 그에게 '저리 꺼져!'라고 소리를 질렀죠. 남자 면전에 대고 이런 말을 하다니 제게는 엄청난 사건이었어요. 어떤 남자와의 관계가 화를 불러일으킨다면 그런 관계는 끝내야 한다는 사실을 그날 깨달았어요.

그날 이후 저는 단편을 쓰기 시작했어요. 그 어느 때보다도 저 자신 다워진 느낌이었죠. 다음번 세션에서 드디어 요니 마사지를 시작했어요. 그날 어릴 때 경험하고 잊었던 사정을 했답니다. 이런 일이 다시 일어나다니 무척 감동적이었어요. 남자가 온전히 제게만 집중해 주다니 너무 좋았죠. 서두를 필요도 없었고요. 그전에는 항상 시간에 쫓겨서 남자가 원하는 것에만 온 신경을 몰두했어요. 섹스 중에 긴장을 풀기는 쉽지 않은 일이에요. 오르가슴에, 그것도 여러 번 다다르면서도요. 예전에는 오르가슴을 느껴도 바로 사라져 버리는 일이 많았어요. 오르가슴이 찾아왔을 때 그걸 꽉 쥐고 있는 것은 대단한 경험이었어요. 엄청난 감정의 파도가 밀려왔는데 과거의 아픈 기억들이었죠. 그렇게 한바탕 씻어내고 나니 몸과 마음이 편안했어요. 이제 안전하다고 생각하니 긴장을 더 쉽게 풀 수 있었어요. 마이크는 일을 제대로 하는 사람이에요.

전에는 질 오르가슴을 느껴 본 적이 없었어요. 다 음핵에만 머물렀죠. 하지만 마이크는 달랐어요. 그는 정확한 작용점을 알고 있어요. 덕분에 저는 제 성적 자아와 완전한 하나가 되었는데, 그 순간 화가 치솟고 눈물이 흐르더군요. …마이크는 참 존경할 만한 사람이에요. 그에게 존경심을 표하고 싶었어요. 그게 어떻게 보일지, 어떻게 느껴질지는 잘 몰랐지만요. 어쨌든 이 경험 덕분에 사람을 더 잘 볼 줄 알게 된 것 같아요.

옛날에는 다중 오르가슴 회수가 기껏해야 두세 번 정도였어요. 그런데 마이크와는 무려 열두 번이었답니다. 열정을 마음껏 발산한 거죠. 예전에는 에너지가 막혀 있었던 것 같아요. 하지만 지금은 기분 좋은 비명을 지르기도 해요. 옛날에 사귀던 남자들은 제가 감정을 드러내는 걸 좋아하지 않았어요. 집안이 그런 가풍도 아니고요. 그런데 남자에게 감정적으로 솔직해질 수 있게 되니 더 당당한 성격으로 변하더라고요.

어느 날은 직장 상사에게 대들었어요. 제 생각을 조목조목 설명했죠. 과거의 저라면 상상도 못 할 짓이에요. 과거의 저는 늘 다른 사람들이 옳고 내가 틀리다고 믿었던 것 같아요. 하지만 다른 사람들 눈치를 볼 필요가 없다는 사실을 깨달았어요. 나는 그냥 나 자신이면 되는 거예요. 자신감을 갖고 거울 속의 나를 들여다보니 내가 나름 멋져 보였어요. 어릴 때부터 못난이라는 소리를 많이 들었거든요. 하지만 요즘에는 제 얼굴이 좋아요. 제가 변덕스럽고 열정적인 사람이라는 사실도 인정해가는 중이에요. 그런 감정이 옛날보다 훨씬 많이 나와요. 요즘은 자위할 때 오르가슴도 더 크고 판타지도 바뀌었어요. 옛날에 저는 판타지 속에서 언제나 지배당하는 쪽이었고 나쁜 남자가 반드시 등장했죠. 지금은 옆에 남자가 있다고 상상하지 않고도 저 스스로 오르가슴을 끌어낼 수 있어요. 제 온몸으로 오르가슴을 느낀답니다. 몸의 변화가 마음의 변화와 함께 온 거죠.

또 한 가지 말씀드리고 싶은 건, 저는 언제나 내 의견을 표출하는 글을 쓰고 싶었어요. 하지만 그러는 대신 부모님 집으로 다시 들어가 평범한 회사원이 되었어요. 그러다 마이크를 만나고 나서 보다 창의적인 직장으로 이직했죠. 그를 만나면서 언젠가는 꼭 그렇게 되리라는 느낌이 오더군요.

창의력이요? 내가 모든 것에 녹아 들어가는 느낌이 창의력인 것 같아요. 내가 그냥 그 안에 있는 거예요. 뇌만 재잘거리는 게 아니라 그냥 모든 걸 몸에 맡기고 온전한 하나의 개체로서 자유를 만끽하는 거죠. 이제 제 목표는 좀 더 실체적이에요. 제게는 누군가 나를 떠받치고 있으니 추락하지 않을 거라는 확신이 있어요. 마이크는 모든 여성이 여신이라는 말을 많이 하는데, 정말로 제가 여신이 된 것처럼 느껴져요. 제가 페르세포네에 관해 쓴 글이 있는데, 페르세포네는 남편에 의해 지하로 끌려가지만 그건 결과적으로 좋은 일이었어요. 그녀도 거기에 머물기로 선택해요. 암흑을 이해하고 공감하느냐의 문제였던 거죠. 저는 제 안의 여신을 봐요. 다른 여자들 안의 여신도 보고요. 마이크 안에도 신이 있어요. 공감능력이 전보다 훨씬 좋아져서 그런 것 같아요. 저는 타인 안에서 저 자신을 볼 수 있어요.

이 모두가 마이크와의 세션 후 봉인해제 되었어요. 로켓이 발사된 것처럼요. 요즘에는 제게 과분하다 싶은 남자들이 저에게 먼저 다가와요. 이제 다시 제대로 된 연애를 할 수 있을 것 같아요. 이제는 제게 안전한 성적 공간이 있으니까요."

"새로 태어난 당신의 성이 당신 자신의 일부라고 생각하세요?" 내가 물었다.

앤절라가 대답했다. "물론이죠." 그리고 덧붙였다. "여성의 어떤 상처는 오로지 남성만이 치유할 수 있어요."

버자이너가 준비가 되면 잡아당긴다는 루사다의 설명은 처음에는 무척 생소하게 들렸다. 하지만 탄트라와 도교를 공부하면서 점점 더 잘 이해할 수 있었다. 동양의 전통은 버자이너를 자신만의 의지와 기호와 권리를 가지는 살아 있는 독립체로 본다. 서구 문화에는 낯선 개념이다. 동양적 전통은 버자이너가 수동적이고 소극적이며 늘 **침묵한다**는 서양의 인식과 정반대되는 것이기도 하다.

버자이너가 '열린다'는 것의 의미를 동서양은 완전히 다르게 해석한다. 탄트라나 도교 같은 동양 전통에서는 남성이 끈기 있게 정성을 들여 문지기인 외음부 겉면과 음순을 설득해 더 들어가도 좋다는 허락을 받아야 한다. 이때 손, 혀, 음경이 설득에 동원된다. 하지만 이 단계를 통과해도 버자이너가 열리는 것은 그 자체로 복잡하고 점진적으로 이루어지는 또 하나의 과정이다. 한순간에 활짝 열리는 것도 아니고 내내 높은 관심과 다양한 회유책이 필요하다. 반면 서양에서는 버자이너의 열림이 그저 남자가 음경을 넣을 수 있도록 여성의 다리가 벌어지는 행위에 불과하다. 서양에서 버자이너가 열리는 것은 기계 작동과 같으며 버자이너는 문이나 커튼 혹은 상자와 다를 바가 없다. 이와 달리 동양의 관점에서 버자이너의 열림은 펼쳐지거나 피어나는 것에 가깝다. 고속촬영한 연꽃의 개화 과정처럼 말이다.

버자이너의 진정한 해방을 위한
12가지 원칙

오늘 나는 누드화를 그리고 싶어요. …당신이 한밤의 짙푸른 저 먼 곳으로 날
데리고 가면 좋겠어요. 다시는 낮이 되지 않는….
—조지아 오키프

여성의 성에 관한 최신 뇌과학과 전통 탄트라 양생법 모두를 알면 알
수록 더욱 확신하게 되는 게 하나 있다. 바로, 정신과 육체의 연결고리
를 서양의 과학은 최근에 비로소 감 잡기 시작했지만 수백 년 전 힌두
교 수행자들은 이미 깊이 깨치고 있었다는 사실이다.

서양 의학과 동양 탄트라라는 두 전통은 이제 막 손을 잡고 서로를
알아가기 시작했다. 루사다 역시 여성의 성 건강에 관하여 주요 의사
단체에 자문을 제공하고 논문을 내기도 하면서 내가 그를 처음 만났을
때보다 더 활발한 활동을 하고 있다.

루사다가 고객의 두 눈동자를 깊이 응시하는 것은 여성의 신경생리
학적 반응을 탐지하려는 행동이다. 남녀 모두 눈을 맞춤으로써 동공이
확장된 정도를 토대로 상대방의 건강과 흥분 수준을 가늠하려는 본능
이 있기 때문이다.[1] 그가 여성에게 "어서 오세요, 여신님"이라고 말할

때 여성의 어깨를 짓누르던 중압감은 사라지고 그녀는 성적으로 안전하다고 느낀다. 또한 자율신경계가 의식을 조정한다. 그리하여 상대방이 자신을 존중하고 소중히 여기며 세상에 유일무이한 사랑으로 생각한다고 믿게 된다. 그러면 여성의 몸도 채비를 갖춘다. 유두가 팽팽해지고 얼굴이 붉게 달아오르며 버자이너가 질액으로 촉촉해진다. 여성의 뇌는 남성에 비해 좌우 반구의 연결이 더 긴밀하다. 그런 까닭에 루사다가 버자이너에 쏟아내는 찬사는 여성의 몸과 마음이 성적 이미지와 생각들을 더 잘 처리하게끔 만든다.[2] 여성의 몸은 부드러운 자극에 훨씬 더 큰 이완 반응을 나타내므로 루사다의 비목표지향적이고 비강압적인 손길은 큰 폭의 이완과 큰 폭의 흥분을 반복하는 긍정적인 순환을 독려한다. 이 관점에서 탄트라는 신비주의 종교 수행법이 아니라 일종의 응용신경과학에 가깝다. 뇌와 성 기관 사이의 연결을 의도적으로 활성화하는 기술인 것이다.

신비주의를 연상케 하는 자율신경계의 작용과 더불어, 여성의 성 기관과 다른 모든 신체기관은 현대인이 섹스라고 부르는 것을 훨씬 넘어선 방식으로 공조하여 여성 심신의 행복을 좌지우지한다. 이 모든 기전을 나는 이제부터 '여신 네트워크'라고 부르고자 한다. 여신 네트워크를 발동시키기 위해서는 남성이 여성에게 해 주어야 하는 일들이 있다. 성교육 전문가 리즈 톱은 이것을 "남성에게는 필요 없지만 여성에게는 필요한 일들"이라고도 말했는데, 이 일들을 종합해서 '여신 마중'이라고 하자. 특히 나는 행동이나 동작이나 애무를 여신 마중의 일부로 보는 게 마땅하다고 생각한다. 탄트라 전통과 최신 과학 연구 모두 한목소리로 그게 옳다고 증언하고 있다. 다만 이 한 단어에 무궁무진한 사례와 응용법이 축약되어 있다는 점을 잊어서는 안 된다.

그동안의 관행을 살펴보면 동서양 모두 남녀 불문 누구라도 여신 마중에 참여할 수 있다. 하지만 그것이 남성이라면, 루사다가 말했듯, 여성이 황홀경의 경지에 이르고 묵은 감정을 다 쏟아내도록 하기 위해 진득하게 여성의 성적 반응을 살피는 심심상인(心心相印)적 태도가 무엇보다도 필요하다.

여신 마중의 기술을 구체적으로 살펴보기 전에, 한 가지 짚고 넘어갈 게 있다. 우리 사회는 여성의 성을 공론할 때 새로운 목표를 정하거나 어떤 경계선을 긋는 쪽으로 몰아가는 경향이 있다. 나는 여기에 절대적으로 반대한다. 여성은 모두 개성적인 주체라는 사실은 아무리 강조해도 지나치지 않다. 지금부터 내가 소개하려는 기술들은 탄트라 수행에 통상적으로 사용되고 최근에 현대과학으로도 근거 자료가 확보된 것으로 한정된다. 이 점을 분명히 밝혀둔다.

어떤 여성은 여신 마중의 모든 요소를 한결같이 좋아하고 또 어떤 여성은 여신 마중 다음 단계를 더 원한다. 같은 여성이라도 월경주기 전후 등 시점에 따라 신경생리학적으로 원하는 게 달라지기도 한다. 세상의 모든 여성이 여신 마중 기술들에 반응하는 것도 아니며, 탄트라의 방식도 좋아하지만 때로는 어두운 골목길에서 즉흥적으로 나누는 초고속 섹스를 사랑하는 여성도 있다. 여신 마중 기술들은 탐험의 기착지와 같다. 그럼에도 내가 여기서 이 얘기를 작정하고 길게 하려는 것은 여성의 성적 반응이 몸과 마음이 연결되어 일어나는 현상임을 분명하게 설명하기 위해서다.

무엇보다도, 그녀를 소중하게 여기고 도울 것

《왜 사람은 바람을 피우고 싶어 할까》에서 헬렌 피셔가 지적했듯이, 여성에게는 아이가 두 돌이 지날 때까지는 양육을 도울 파트너를 원하는 진화학적 욕구가 있다. 그래서 이 시기의 여성들은 여성을 아끼고 여성에게 헌신하는 마음을 실천으로 보여 주는 남성에게 높은 점수를 준다. 나는 이런 남성의 몸가짐을 '투자 행동'이라 부른다. 피셔 박사도 강조했는데, 투자 행동 이론은 젊은 가임 여성이 부와 권력을 가진 늙은 남자에게 성적으로 끌린다는 진화생물학자들의 근거 없는 주장과 분명하게 다르다.[3]

피셔 박사는 자녀가 약하고 손이 많이 가는 시기에 아이와 어미 모두를 안전하게 보호할 더 나은 배필감에게 성적으로 반응하는 것이 진화학적으로 효율적이라는 설득력 있는 논리를 펼친다. 이 본능이 여성에게, 특히 여성의 몸과 버자이너에 그렇게 중요하다면, 여성들은 마음이 동하기 전 이미 남편 후보들에게서 그런 행동을 읽고 있는 게 아닐까? 최신 과학이 타인에 대한 '직감적 반응'의 생물학적 근거로 든 바로 그 기전으로 말이다.

버자이너에 박동이 있다는 것은 탄트라와 현대과학 모두가 인정하는 사실이다. 여성의 성적 반응을 관찰하면서 질의 박동을 측정한 연구도 서양을 중심으로 이미 여러 건 수행되었다. 대부분의 여성은 이 박동을 섹스라는 한정된 틀 안에서만 생각하려고 한다. 그러나 질에서 언제부턴지도 모르게 섬세하게 뛰고 있던 특별한 박동은 섹스와 전혀 무관한 상황에서도 돌연 존재감을 드러낸다.

질 박동은 여성이 정서적으로 얼마나 안전한 환경에 있는지, 그녀가 성적으로 얼마나 귀히 여김 받는지를 알려 주는 신호일 것이다. 그렇다고 보는 게 순리에 맞다.

대중에게 질 박동은 아직 생소한 개념이다. 직접 대면해서든 채팅 혹은 이메일을 통해서든 나와 인터뷰했던 어느 누구도 그런 말을 들어 본 적이 없다고 했다. 나도 취재를 하다가 알게 된 거니까 그럴 만도 하다. 여성의 성적 반응을 연구하는 과학자들은 VPA, 즉 질 맥박 폭이라는 표준 단위로 박동의 크기를 측정한다. 여기에는 빛 신호를 보내 질의 혈류를 추정하는 질 광도계라는 장비가 사용된다. 연구에 의하면, VPA와 여성의 성적 반응 사이에는 밀접한 상관관계가 있다.[4] 내가 뇌와 버자이너의 상호작용에 관한 설명을 곁들여 이 사실을 말해 주었을 때 자신의 질 박동을 발견하지 못한 여성은 한 명도 없었다.

나는 온라인 설문조사를 만들어 섹스와 무관한 상황에서 질 박동이 특별히 강했던 때가 언제였냐고 여성들에게 물었다. 이 질문에 어떤 대답들이 돌아왔을까?

많은 여성이 배우자가 친절하게 행동할 때나 훌륭한 보호자 역할을 할 때 혹은 투자 행동을 보일 때 유별나게 묵직한 질 박동이 느껴졌다고 응답했다. (불행히도 나는 이 설문조사에서 동성애자나 양성애자 여성으로부터는 답변을 받지 못했다. 성적 취향과 상관없이 모든 여성이 파트너가 특정 행동을 보여 줄 때 질 박동을 경험하는지 아니면 성애 유형에 따라 박동을 유발하는 요소가 다른지 확인할 수 있는 연구가 시행된다면 정말 멋질 것이다.) 하나씩 그들의 목소리로 들어 보자.

"슈퍼마켓에서 남자친구와 장을 보는데 고양이 사료를 사야 한다는 사실을 그가 대신 기억해 줬을 때 질 박동을 느꼈어요."

"생일날 외식하러 가서 남편이 나를 위해 의자를 뒤로 빼 주었을 때요."

"캠핑을 갔는데 베개에서 곰팡내가 났어요. 그때 남편이 자기 베개를 내게 주고 자신은 코트를 둘둘 말아 베는 거예요. 그때 느낌이 왔어요. 가끔은 박동이 너무 세서 불편할 정도예요. 그럴 땐 항상 섹스로 이 긴장감을 해소하고 싶더라고요."

"남편이 우리 아들에게 자전거 고치는 법을 가르칠 때요. 그때 그랬어요."

또 어떤 여성들은 파트너가 강한 체력 혹은 예술가로서의 기질을 발휘하거나 무언가를 전문가처럼 능숙하게 해낼 때 또는 넓은 포용력을 보여 줄 때 질 박동을 느꼈다고 답했다. 그들의 말도 들어 보자.

"하필 장소가 쓰레기장이었네요! 낡은 소파를 버리기로 했는데, 트럭 짐칸에서 그가 무릎을 꿇어 소파를 번쩍 들어 올린 다음에 밖으로 휙 던져 버렸죠. 그때 박동을 느꼈어요."

"가족 모임이 있었어요. 그런데 그가 연로하신 할머니에게 붙어서 말동무를 해 드리고 있더라고요. 긴 시간 내내 엄청 지루했을 텐데 말이에요."

"첫 데이트 날, 빗속에서 능숙하게 운전하는 그의 모습을 봤을 때요."

"그가 노래하는 모습을 처음 목격했을 때요."

"그가 나를 위해 아침 식사를 만들었을 때요."

여성들의 답변을 종합하면 대체로 이성애자 여성은 정서적 안정을 보장하는 배려심 있는 남성뿐만 아니라 창의성과 도전정신이 있고 위험을 감수할 줄 아는 남성 모두에게 성적 매력을 느낀다는 것을 알 수 있다. 파우스 박사는 언뜻 모순처럼 보이는 여성 자율신경계의 이런 이중성이 일단 이완된 다음에 다시 활성화되려는 성질 때문이라고 설명한다. 이 성질을 알면 동서고금을 막론하고 모든 10대 소녀들은 좋아하는 가수의 콘서트장에서 왜 그렇게 광분하는지를 이해할 수 있다. 록이든 발라드든 노래가 자율신경계를 활성화하는 것이다. 파우스 박사의 설명에 따르면, 여성의 자율신경계는 나쁜 스트레스가 없을 때 최대로 이완되는 반면에 좋은 스트레스는 여성들에게 거부할 수 없는 성적 매력으로 다가간다. 좋은 스트레스는 여전히 여성의 통제 아래에 있으면서 위험 수준의 흥분을 유발할 수 있는데, 자율신경계 활성화의 문턱이 낮은 여성이 특히 이 유혹에 취약하다.

그런데 이 설문조사에서 예상 밖의 수확이 있었다. 몇몇 여성이 섹스와 완전히 무관하고 연애 상대와도 아무 관련 없는 상황에서 강렬한 질 박동을 체험했다고 고백해 온 것이다. 그런 상황은 바로 미학적 아름다움이나 자연의 미를 마주하고 깊은 영감을 받거나 그 안에서 자신감과 자아정체성을 확신했을 때였다. 이들의 답변은 중요한 사실을 강력하게 시사하고 있다. 여성이 자신의 몸과 마음으로 느끼는 유대감, 이 세상에서 환영받으며 살아 숨 쉰다는 사실에서 얻는 실존적 흥분은 무엇보다도 에로틱한 정서다. 그리고 이 에로스는 타자에 의한 성적 각성에 앞서 찾아온다.

"어느 날 밤에 주유소에서 차에 기름을 넣을 때 느꼈어요. 주립공원 산맥을 바라보고 있었는데 거대한 안개가 산봉우리를 집어삼키면서 흐르고 있었죠. 그 광경이 아름답고 장대하다고 생각하는 찰나에 쿵 하는 느낌이 왔어요."

"모차르트 레퀴엠을 듣고 있었는데, 곡조가 점점 고조되는 부분에서 박동을 느꼈어요."

"(남성 응답자) 제 여자 사람 친구 얘긴데, 하이킹하다가 쉬던 중에 나무들과 강둑의 아름다움에 매료된 순간 오르가슴을 느꼈다고 하더라고요."

질 박동은 경쟁, 승리, 자아 검증 등이 동반될 때도 강하게 발생했다. "제가 고발했지만 아무도 믿어 주지 않던 동료의 비리가 사실임이 밝혀졌을 때요. 자랑할 만한 일은 아니지만 정말 그랬어요. 울림이 정말로 컸죠."

"마라톤 결승선을 통과했을 때요."

"첫 전시회에서 사람들이 제 작품을 칭찬하는 소리를 들었을 때요."

"경마장에서요."

질 박동은 여성이 성적 흥분을 알아차리게 하는 신호다. 하지만 그게 전부가 아니다. 질 박동을 통해 버자이너는 여성이 성 말고도 다양한 측면에서 자기 자신을 알아가게 하는 코치 역할을 한다.

꽃을 바치고 은은한 조명을 켜고 그녀를 편안하게 해 줄 것

스파이크 리가 1986년에 만든 영화 〈그녀는 그것을 좋아해〉를 보면 막 키스를 시작한 두 남녀 사이에서 다음과 같은 대화가 오간다.

"어디 가?" 여자가 침대에서 몸을 일으켜 일어나자 남자가 놀라 묻는다.

"초를 더 가져오려고." 여자가 매력적인 목소리로 대답한다.

"이미 충분하지 않아?" 그는 이미 그들을 둘러싸고 있는 수십 개의 초를 가리킨다.

"냄새 안 나? 다 향초야." 그녀가 여전히 속삭이며 대답한다.

"그래, 좋은 향기가 나." 남자가 서둘러 인정한다. "그러니까 자기 이제 옷을 벗는 게 어떨까?"

이것은 남녀 간 엇나간 대화의 전형적인 예다. 여자는 정말로 초만 가져오려고 했던 게 아니다. 그녀는 자신의 자율신경계를 더 높은 흥분 상태로 끌어올리려고 했다. 자율신경계 흥분 수위가 오르가슴의 강도를 좌우하기 때문이다. 그러나 남자는 여자가 의미 없는 인테리어 소품에 아까운 시간을 낭비한다고 생각한다.

여자에게 촛불은 그냥 장식품이 아니라 육체적 욕망의 일부다. 루안 브리젠딘은 저서 《여자의 뇌, 여자의 발견》에서 이 배경에 깔린 신경화학을 이렇게 해설한다.

마침내 모든 것이 완벽해졌다. 그녀의 마음은 평온했다. 마사지가 효과가 있었다. 휴가는 언제나 좋다. 일도, 걱정도, 전화벨 소리도, 이메일도 없는 시간. 머리를 혹사할 일이 하나도 없다. …시간이 흘러가는 대로, 일이 벌어지는 대로 내버려 두면 되었다. 그녀 뇌의 불안 중추는 닫혀 있는 상태였다. 중요한 결정을 내릴 때 쓰는 뇌 영역은 한가했다. 지금은 신경화학 물질들과 신경계의 모든 구성이 오르가슴에 맞춰져 있었다. …성의 스위치가 켜지면 아이러니하게도 뇌의 스위치는 꺼진다. 오직 두려움과 불안 중추인 뇌 편도체가 비활성화되었을 때만 자극이 쾌락 중추로 밀려 들어와 오르가슴을 유발할 수 있다. 편도체가 꺼지기 전에는 각종 걱정근심이 오르가슴으로 가는 길을 방해하곤 한다. 여성은 신경학적으로 이 단계를 추가로 거쳐야 한다는 사실은 여성이 오르가슴에 이르기까지 남성보다 평균 3~10분 더 오래 걸리는 이유를 설명한다. …음핵 끝의 신경은 여성 뇌의 쾌락 중추와 직결되어 있다. …두려움이나 스트레스, 죄책감이 성적 흥분을 방해하면 음핵은 그 이후 경로의 모든 진행을 멈춰 버린다. …음핵은 허리 아래에 있는 뇌인 셈이다.[5]

여성의 오르가슴은 사랑을 나누는 장소의 조명과 분위기에 따라 크게 달라진다. 루사다는 아름다운 탄트라 전통 융단이 깔려 있고 곳곳에 초를 켜 놓은 방에서 꽃으로 가득한 제단 옆에 그날의 여신을 앉혀 놓고 세션을 시작했다. 또, 신성한 장소 마사지 워크숍에서 찰스 뮤어는 남성들에게 먼저 욕조에 물을 받아놓고 준비하라고 신신당부했다. 탄트라 경전은 항상 미와 질서가 있는 곳에서 관계를 가지라고 조언한다. 그래서 침대 옆에 꽃을 띄운 물그릇을 두고 아름다운 그림이나 조각상을 멋스럽게 올려둔 테이블에 향을 피우라고 권한다. 이난나부터 아스타르테와 아프로디테까지 여성미와 다산을 상징하는 고대 여신들이 하나같이 화려하게 치장하고 꽃과 예술에 둘러싸인 모습으로 묘사되는 것도 같은 맥락이다.

합리적인 현대인에게는 이런 무대 준비가 허례허식이고 번거롭다고 느껴질 수 있다. 매일 최소 한 시간 반씩을 이 일에만 쏟아야 한다면 상당한 부담이 되는 게 사실이다. 하지만 탄트라의 조언에는 신경과학적 근거가 있다. 은은한 조명, 꽃, 여자를 위해 욕조에 물을 받아 주는 섬세한 배려 등의 장치는 여성의 긴장을 완전히 풀어 주어 곧 더 높은 절정에 이를 수 있도록 여성의 자율신경계를 준비시킨다.

준비 의식은 여성이 혼자 있을 때도 종종 효과를 발휘한다. 섹시한 속옷을 입고 향수를 뿌리거나 향초를 켜고 방안을 꽃으로 채우면 여성은 분위기에 취해 들뜨고 흥분까지 할 수 있다. 이 예열 작업은 여성의 신체 반응을 달라지게 만들며 기분 좋게 편안해진 여성의 상상력은 배가된다.

수메르, 페니키아, 크레타, 고대 그리스 등과 더불어 탄트라 전통이 여성의 성을 각종 몸치장과 연결하는 것은 첨단 과학이 우주를 넘나드는 이 21세기에 갠지스강부터 캘리포니아 북부까지 이어지는 전 세계적인 헛소리일까? 아니면 고대인들은 여성 신경생리학의 어떤 본질을 일찍이 이해하고 있었던 걸까? 왜 남자는 여자에게 꽃을, 특히 빨간 장미처럼 풍성한 꽃잎이 활짝 벌어진 꽃을 바치고 왜 여자들은 남자에게 받을 꽃으로 국화나 카네이션을 본능적으로 원치 않을까? 미리 신중하게 골라 주문해 놓은 꽃인지 아니면 아무 길거리에서나 급하게 꺾은 꽃인지, 꽃 포장이 어떤지가 이성으로서의 매력도에 무에 그리 중요할까?

남편이 더 이상 꽃을 사 오지 않을 때 아내들은 크게 상심하고 밸런타인데이에 꽃다발을 보내는 걸 잊었다고 불같이 화를 낸다. 여자들은 왜 그렇게 예민한 걸까? 꽃이 뭐 별거라고.

꽃 안에 중요한 무언가가 감추어져 있는 걸까? 파트너에게 느끼는 성적 매력을 간직하기 위해 필요로 하지만 종종 간과되는 무언가가 꽃 안에 숨겨져 있는 걸까? 정답이다. 모든 여성이 초와 꽃과 음악을 좋아하는 것은 아니고 어떤 여성은 다른 종류의 도발을 더 선호한다. 그러나 모든 여성에게는 자신만의 준비 의식이 필요하다. 심지어 짧고 굵은 관계를 할 때도 남성의 준비 행동이 로맨틱하다고 느꼈다면 여성은 하루가 지나지 않아 다시 그를 더 열렬히 원하게 된다. 반대로 오래된 연인 사이에서는 남성이 그런 준비를 망각해 버리거나 결혼했으니 잡은 물고기에게는 이제 필요하지 않다고 단정해 버리기 쉽다. 이런 태도는 자신을 향한 여성의 열정이 식어가는 재앙을 부지불식간에 자초하는 것과 같다.

여성의 몸이 흥분하기 위해서는 먼저 충분히 이완되어야 한다는 사실을 앞서 배웠다. 그래서 교감신경계의 역할이 매우 중요하다는 것도 알고 있다. 그런 맥락에서 유명한 1981년 연구를 짚고 넘어갈 필요가 있다. 존 들버트 페리와 베벌리 휘플의 연구가 그것이다. 'G스팟과 여성의 사정에 관한 연구'에서 두 저자는 연구 주제와는 동떨어져 있지만 이 실험의 조건에 관한 중요한 사실 몇 가지를 여담처럼 읊조리고 있다.[6] 베리와 휘플은 자궁 오르가슴과 음핵 오르가슴이 다르다는 사실을 발견하고 이를 검증하기 위해 G스팟을 만졌을 때 여성의 반응과 오르가슴 동안의 자궁 수축 정도를 측정했다. 여성이 사정했는지, 즉 요도에서 투명한 액체가 나왔는지도 기록했다. (현재 학계에서는 여성 사정의 진위를 두고 이견이 분분하며 요도에서 나온 액체의 성분이 무엇인지는 아직 연구된 바가 없다.)

주목할 곳은 논문에서 베리와 휘플이 독자들에게 자극의 결과인 오르가슴이 환경에 크게 좌우된다는 점을 잊지 말라고 당부한 부분이다. 이 실험의 원래 목적은 G스팟 감각을 질과 음핵의 다른 감각들과 비교해 살펴보는 것이었다. 그런데 두 사람은 연구 과정에서 편안한 분위기와 조명에 따라 오르가슴의 강도가 달라지고 심지어 여성의 사정도 영향을 받는다는 것을 발견했다.

두 저자는 한 실험 참가자를 사방이 새하얗고 눈부시게 밝은 진료실에서 검사했다. 사람들이 보통 어디가 아프거나 병에 걸렸을 때만 찾아가는 병원의 전형적인 모습이다. 이 환경에서 실험에 참여한 여성은 결과가 뭔가 이상하다며 연구진에게 재검사를 요청했다. 그런데 "(결과적으로는 다행으로) 전의 그 진료실을 빌릴 수가 없는" 형편이었다. 그래서 두 번째 시도는 여성의 자택 거실에서 배우자가 동석한 상태에서 진행하기로 했다. 그랬더니 이번에는 근운동측정계로 잰 질 근육의 수치가 26μN(의사 진료실에서 측정된 수치는 11.8μN였다), 자궁 근육의 수치가 36 μN(며칠 전의 6.88 μN와 비교된다)로 나왔다. 새로 나온 데이터에 여성은 크게 안도했다고 한다. 이게 본인이 생각하던 자신의 성적 건강 상태에 더 가깝다면서 말이다.[7]

그런데 환경에 따라 실험 결과가 다른 것은 다른 참가자들도 마찬가지였다. 이번에는 일정 조정의 어려움 때문에 참가자들이 재실험을 위해 자택이 아닌 별도의 시설로 와야 했다. 실험 장소는 처음 방문했던 바로 그 진료실이었지만, 인테리어를 보다 안락하게 바꾸고 조명을 약간 어둡게 해 새롭게 꾸민 뒤였다. 더불어 실험 참가자들이 쉽게 긴장을 풀 수 있도록 생체자기제어 기전까지 반영되었다.

이렇게 더 편안해진 새 실험 장소에서는 여성의 오르가슴 강도가 수직상승했다. 환경이 더 아늑하고 쾌적하게 바뀌니 사정도 한결 쉬웠다.

논문에서 두 저자는 말하고자 하는 요점을 절제된 과학 언어로 적고 있다. 편의상 한 문장으로 요약하면, 여성이 더 유혹적인 물리적 환경에 있을 때 성적 반응이 마이크로볼트 단위로 측정한 질 수축도로는 거의 두 배 그리고 자궁 수축도로는 거의 네 배 더 컸다. 이에 비해 여성들이 꺼리는 전형적인 병원 시설에서는 반응 크기가 훨씬 작았다.

같은 실험 참가자의 두 측정 결과가 뚜렷하게 차이 난 것의 원인으로 배우자 동석 여부, 피로, 월경주기, 실험 환경, 연습 효과 등 여러 가지 요인을 꼽을 수 있다. 그중에서 유일하게 통제 가능한 변수는 실험 환경이었다. 이에 참가자들을 후향적으로 두 그룹으로 나누고 첫 번째 그룹은 일반 산부인과 검사대에서 실험을 진행했다. 두 번째 그룹은 생체자기제어 치료실의 뒤로 젖혀지는 의자나 소파에서 실험을 실시했다.

분석 결과, 실험 환경이 결과에 유의미한 영향을 준 것으로 나타났다. 근육이 약한 편이여서 사정하지 못한 여성들은 두 환경에서 차이가 작았다. 하지만 사정한 여성들 사이에서는 두 측정치의 격차가 상당했다. 산부인과 검사대 위에서 사정한 여성 6명의 질 근육 측정치는 평균 8.32μN(SD=3.44)였고 소파에서 사정한 여성 19명은 12.95μN(SD=6.15)로, 통곗값은 t(16)=2.33과 p=.05였다. 자궁 근육 측정치의 차이도 있었다. 산부인과 검사대 위에서 사정한 여성 5명의 수치는 7.38μN(SD=3.51)로 측정된 반면 소파에서 사정한 여성 11명의 수치는 15.88μN(SD=4.42)로, 통곗값은 t(10)=4.13과 p<.01였다.[8]

2011년에 베벌리 휘플은 질 오르가슴과 음핵 오르가슴과 G스팟 오르가슴이 다 서로 다른 것이며 저마다 뇌의 다른 부분이 관여한다는 놀라운 연구 결과를 추가로 발표했다. 이 최신 연구에서는 음핵과 질과 G스팟의 감각이 각각 별개지만 서로 연결된 뇌의 세 부분에서 감지되었다. 그뿐만 아니라 여성들은 질 오르가슴, 음핵 오르가슴, G스팟 오르가슴 그리고 혼합 오르가슴의 느낌과 감정을 각각 다르게 묘사했다. 이차이는 워낙 또렷해서, 휘플은 자궁경부 혹은 G스팟의 오르가슴을 '심부 오르가슴(deep orgasm)'이라 명명하고 이곳을 자극하는 바이브레이터를 직접 고안하기도 했다.[9]

페리와 휘플이 일찍이 1981년에 내린 결론은 전보다 더 확실해졌고 여전히 흥미롭다. 두 사람은 다음과 같이 평했다. "사후분석[1]에 의하면, 앞으로 성 기능에 관한 연구를 진행할 때는 실험 환경과 섹스를 독려하는 (혹은 지양하는) 분위기에 크게 신경 써야 할 것으로 사료된다."[10]

연애 기간이 긴 여성들은 잠자리가 예전 같지 않다는 말을 자주 한다. 그들은 데이트를 위해 일부러 날을 잡아 예약하거나 밸런타인데이에 와 줄 베이비시터를 알아봐야 하는 신세를 탄식한다. 이런 한탄은 아무 노력 없이 바라보는 것만으로도 가슴이 두근거리던 연애 초기를 기억하는 경우 한층 커진다. 자신이 왜 이런 노동—여성들은 실제로 노동이라고 표현한다—을 해야 하냐는 그녀들의 말에는 성적 권태감이 진하게 묻어난다. 그녀들은 레스토랑과 호텔을 예약하는 데 신경 쓰느라 데이트가 조금도 로맨틱하지 않고 좋아하는 시늉을 하는 것밖에 안 된다고 생각하는 듯하다.

로맨스를 위한 물밑 작업을 직접 해야 할 때 그녀들은 분노를 느낀다. 남편이 이제는 아내의 열망에 불을 계속 지피기 위한 최소한의 노력조차 하지 않는다고 인식하기 때문이다. 여성들은 남성이 결국은 섹스를 하자고 할 거면서 더 이상 배우자의 기분을 배려하지 않는다는데 울분을 토한다.

(파우스 박사의 실험에서 겁먹은 암컷 랫트가 그랬던 것처럼, 여성은 형편없는 섹스를 하게 될까 봐 점점 더 긴장하면서 기분이 나빠지기도

---

1) [역주] 데이터가 확보된 후에 구체적인 설정과 방법이 결정되는 분석법

한다. 파우스 박사가 설명했듯, 충분한 도파민 분비가 동반되지 않는 흥분은 실험용 쥐든 사람이든 암컷 포유류의 몸에 나쁜 기억을 새긴다.)

이성애자 남성 입장에서는 이런 고민이 들 것이다. "여신과 쌍년 둘 중 누구와 결혼할까?" 불행히도 생리학적으로 여성에게 중간 선택지는 없다. 여성은 잠자리에서 극진한 대접을 받거나 몸과 마음이 불편한 관계를 맺는 것을 감수하거나 둘 중 하나다. 파우스 박사가 여성의 성적 스트레스에 관한 연구에서 보여 주었던 것처럼 두려움이 만든 스트레스는 암컷 포유류가 통제할 수 있는 성질의 것이 아니다. 탄트라와 신경과학은 아내 혹은 여자친구가 살짝 미친 게 아닌가 의아해하는 남성에게 강력하게 권고한다. 꽃을 사 들고 집에 들어가고 레스토랑을 예약하고 침실을 정돈하고 촛불을 켜라고.

그녀가 무아지경에 이르도록 도울 것

이완과 탈억제는 같이 온다. 제대로 활성화된 교감신경계는 잠자리에서 여성이 무아지경에 이르게 하는 최고의 조력자다.

최신 과학 연구들은 탄트라가 늘 주장해 왔던 것이 사실이었음을 반복해서 보여 준다. 여러 소설의 명장면들이 암시하듯 절정에 이른 여성은 남성의 오르가슴과는 다른 성질의 무아지경에 빠진다는 신경과학 자료 역시 꾸준히 쌓여가고 있다. 야니코 R. 게오르기아디스 연구팀은 '건강한 여성이 음핵 오르가슴에 이르렀을 때 국부 뇌 혈류의 변화'라는 제목의 연구에서 여성 참가자들에게 두 가지 요청을 했다. 하나는 좀 어색하겠지만 실제로 흥분하지는 말고 오르가슴이 왔을 때 몸이 수축하는 반응을 흉내 내 달라는 것이었다. 다른 하나는 자위를 하거나 파트너의 도움을 받아 실제로 오르가슴을 느끼라는 것이었다. 그러고는 두 가지 상황 모두 여성의 뇌 MRI 사진을 찍었다. 사진에서는 오르가슴의 순간에 연구팀이 예상한 것 이상으로 뇌 여기저기에서 알록달록한 빛이 폭발하고 있었다. 이것은 음핵 자극에 관여하는 뇌 영역을 보여 주는 최초의 영상 증거였다.[11]

이 연구 결과는, 결정적인 증거까지는 아니더라도, 오르가슴의 순간에 섹스가 여자를 마녀나 미치광이로 만든다는 케케묵은 저주가 완전히 헛소문만은 아니라는 힌트가 될 수 있다. 연구자들이 관찰한 바, 섹스 동안에는 여성의 도덕적 사고와 사회적 판단을 담당하는 전전두엽 피질이 비활성화한다. 이는 오르가슴의 순간에 뇌의 해당 부분이 활동하지 않음으로써 도덕적 판단과 자기 지시적 사고가 결여된다는 것을 뜻한다. 즉, 여성은 절정이 가까워져 올수록 자아의식을 상실하고 점점 자신을 통제하지 못하게 된다. 그런 까닭에 벽이 얇은 호텔 방에서 자기도 모르게 비명을 지르고는 나중에서야 창피해하는 것이다. 게오르기아디스 연구팀은 흥분하는 동안 국부 뇌 혈류가 증가하는 것이 탈억제 효과와 무관하지 않다는 것도 발견했다. 여성의 뇌에서 행동을 제어하는 영역의 활성이 둔화하는 것인데, 이는 케네스 마와 어브 비닉이 앞서 확인한 바 있는 사실이다. 2001년 두 사람의 연구에서는 오르가슴 동안 여성의 뇌에서 의식 통제력의 소실을 조절하는 영역에 변화가 있었다.[12] 또한, 더 나중에 시행된 또 다른 연구에서는 오르가슴의 순간에 여성의 배쪽 중뇌(ventral midbrain)에도 심상치 않은 일이 일어난다는 사실이 확인되었다. 배쪽 중뇌는 탄트라에서 제3의 눈이 닿아 있다고 믿는 영역이다. (그리고 바로 여기서 도파민이 활약한다. 배쪽 중뇌는 도파민에 반응하는 세포들의 집결지다.)

여성이 의식의 경계를 넘어 탈 억제된 초월 상태에 이른다는 이 연구 결과는 다른 이유로도 중요하다. 야니코 게오르기아디스 연구팀은 논문에서 행동 탈억제와 관련된 뇌의 특정 부분이 음핵 오르가슴의 순간에 활성화된다는 관찰 결과를 바탕으로 프랑스 사람들이 여성의 오르가슴을 '작은 죽음'이라고 부르는 이유를 꽤 시적으로 설명했다. 논문에 의하면, 남성과 달리 여성은 오르가슴에 이르면 의식이나 자아를 통제하던 끈을 놓아 버리는 것과 비슷한 상태가 된다. 나는 이것이 남녀가 받아들이는 섹스의 의미가 왜 그렇게 천지 차이로 다른지를 이해할 중요한 단서라고 생각한다. 쾌락의 측면에서 섹스는 남녀 간 크게 다르지 않다. 하지만 쾌락이 아니라 의식과 연결지어 살펴보면 여성의 섹스는 남성의 섹스와 완전히 다른 것이 된다.

여성은 개인의 통제를 넘어선 힘의 조류에 잠식당하고 인간의 의식이 가진 의지에 반해 탈 억제 상태로 끌려가는 경험을 한다. 이런 신경학적 활성화를 매개한 자아 상실의 체험은 여류소설가들의 글쓰기에 큰 영향을 미쳤다. 그들의 글에서 여성 등장인물들은 섹슈얼리티를 각성한 후 자아의식의 한계를 스스로 깨부수는 모습으로 그려진다. 케이트 쇼팽의 《각성》에서 에드나 퐁텔리는 성적 각성 후 죽음을 무릅쓰고 나체로 바닷물에 뛰어들었다. 조지 엘리엇의 《플로스 강변의 물방앗간》에서 매기 툴리버는 각성한 뒤 홍수에 휩쓸려 죽음을 맞는다. 크리스티나 로세티의 《요괴 시장》에서 로라와 리지는 요괴의 과일을 먹고 나서 죽음의 문턱에서 고통에 허덕인다. 한편 샬럿 브론테의 동명소설에서 제인 에어는 성에 눈을 뜬 후 의식을 잃고 폭풍이 휩쓸고 간 황야에서 아사의 위기에 처한다. 이 장면들이 의미하는 바는 형벌이 아니다. 그보다는 성적 만족을 맛본 후에 변화한 인물의 내면을 보여 준다. 더불어 황홀경의 순간에 이성의 탈 억제를 억누르는 능력을 중시하는 작가의 불안감도 엿보인다. 그런 까닭에 샬럿 브론테부터 크리스티나 로세티와 이디스 휘턴까지 많은 여류작가들은 오르가슴의 순간에 의식을 놓는 것을 매력적이면서도 두려운 것으로 표현한다. 자아가 무너지고 의식이 방종 하는 것이니 심경이 복잡한 게 당연하다. 그런데 과학적 배경을 안다면 이 상반된 두 감정이 여성 예술가들, 나아가 세상의 모든 여성에게 매우 타당한 반응임을 이해할 수 있다.

　신경과학자들은 사람이 짧게라도 일체감이나 자아의 와해를 느낄 때 발동하는 뇌 영역들을 하나씩 찾아내고 있다. 케빈 넬슨의 《뇌의 가장 깊숙한 곳》을 보면 측두두정엽이 일시적으로 꺼질 때 자아상실감이 찾아오는 것일지도 모른다고 한다. 넬슨은 이 책에서 신경학적 자아의 중요한 부분이 측두두정엽 안에 존재한다면서 신경학적 자아를 형성하는 뇌의 중추들이 침묵할 때 사람들은 자신이 더 큰 무언가의 일부임을 감지한다고 말한다.[13] 이 점을 인지하면 게오르기아디스의 연구가 함축하는 바를 더 잘 읽어낼 수 있을까? 성적 각성 후에 자아가 소실되는 소설 속 장면이 유혹적인 동시에 두려운 이유를 이해할 수 있을까?

이디스 휘턴은 연인인 모턴 풀러턴에게 보내는 편지를 통해 그의 손길이 닿을 때 그녀의 생각과 말, 즉 그녀의 주체의식이 만들어내는 '금빛 열화'에 대해 말한다. 그러면서 버자이너를 이 금빛 정신상태를 넣어두는 서랍 혹은 보물상자에 비유한다.

신비의 섬에서 마법의 배에 실려 내게로 온 보물을 어서 열어 보고 싶어요. 이 보물이 당신에게는 흔해빠진 옥양목이나 구슬과 다름없을까 봐 두려워요. …당신이 이걸 보고 웃을까 봐 두려워서 나는 반짝이는 보물을 꺼냈다가도 상자에 다시 집어넣곤 해요. 방안이 불꽃의 잔물결로 가득한 느낌이고 당신이 만진 내 모든 곳에서 심장이 고동친다면, 당신이 나를 안았을 때 내가 말을 하지 않는다면, 그건 나의 모든 말이 박동이 되고 나의 모든 생각이 금빛 열화가 되기 때문이에요. 나는 옥양목과 구슬을 아름다운 보물로 바꿀 수 있는데 당신이 내게 미소짓는 걸 왜 두려워해야 할까요?[14]

《기쁨의 집》에서도 휘턴은 여주인공 릴리 바트를 통해 성적 욕망의 실현을 자아의 보존을 위협하는 것으로 묘사한다. "해변에 서 있는 필멸의 여인은 사냥감을 유혹하는 요정 세이레네스[1] 앞에서 무력하기 짝이 없다. 그렇게 모험을 떠난 많은 인간이 목숨을 잃고 육신만 바닷물에 떠밀려 돌아오곤 한다."[15]

여성 예술가와 여성 사상가는 의식의 경계를 허무는 뇌 부위의 반응

---

1) [역주] 그리스 신화에 나오는 반은 여자이고 반은 새인 바다의 마녀. 바닷가 외딴 섬에 살면서 매혹적인 노래를 불러 근처를 지나는 배들을 좌초시켰다.

을 어떻게 해석하느냐를 두고 심각한 고민에 빠진다. 오르가슴의 순간 자아의 경계에서 일어나는 일이 남녀 간에 크게 다르다는 뜻이기 때문이다. 남성적인 성향의 서양철학은 자아를 견고한 의식의 경계 안에서 자율성을 가지고 인간의 의지에 따르는 이성적인 존재로 규정한다. 하지만 오르가슴에 이른 여성의 뇌는 초월적인 힘에 잠식되어 의식의 통제를 받지 않는 무한한 주관적 자아를 경험한다. 이러한 자아 상실의 초자연성 탓에 남성들은 성적으로 고조된 여성을 비이성적인 광녀나 마녀로 묘사해 왔다.

그렇다면 여성의 배쪽 중뇌에 모여서 고삐 풀려 날뛰는 세포들은 어떤 관련이 있을까? 이 세포들은 온갖 자극에 반응해 광분한다. 연구에 의하면 이 세포 무리는 기분이 좋아지게 하는 마약을 하고[Breite et al. 1997, Sell et al. 1999], 경쾌한 음악을 듣고[Blood and Zotorre 2001], 초콜릿을 먹는[Small et al. 2001] 등 다양한 보상 행동을 유도하는 중요한 역할을 한다고 한다[Macbride et al. 1997, Sell et al. 1999].[16] 즉, 여성의 오르가슴이 점차 강화되어 여성이 마약을 했을 때와 흡사한 황홀경의 감정을 자꾸만 찾게 되는 물리적 기전이 이제는 생리학적으로 설명된다. 개개인의 성적 흥분도는 배쪽 중뇌의 국부 뇌 혈류와 비례하며, 이 현상은 여성의 성욕이 계속 커지는 성질을 보여 준다. 여성이 오르가슴을 알고 나면 점점 더 큰 오르가슴을 갈구하도록 여성의 몸이 생물학적으로 재편성되는 셈이다. 말하자면, 지난 천 년 동안 가부장제가 여성의 성을 두려워해 왔던 배경에 이런 과학적 근거가 깔려 있었던 것이다.

한편, 게오르기아디스 연구팀이 언급한 다른 연구들은—페미니스트들은 좋아하지 않겠지만—여성의 시상하부가 활성화되는 데에는 음핵보다는 자궁경부 자극이 더 중요하다고 말한다[Komisaruk et al 2004]. 이게 왜 중요하냐고? 시상하부는 여성의 생식행동에 관여하는 부위다[Pfaus 1999]. 오르가슴 동안 여성의 체내에 옥시토신을 분비시키는 역할도 한다[Carmichael 1999].[17] 그런데 이성애자 여성의 경우 질 오르가슴이나 혼합 오르가슴에 이를 때 임신 확률이 더 높다고 한다. 질 수축이 정자를 위로 빨아들이는 힘 때문이다. 요점은 어떤 잠자리 기술이 다른 기술보다 우월하다거나 필요하면 내키지 않더라도 다른 기술을 시도해 봐야 한다는 게 아니다. 다만 여성 오르가슴의 종류마다 임신 확률에 차이가 있고 사랑의 감정을 지속시키는 효과가 다르다는 사실이 최근에 과학적으로 증명되기 시작했다는 말을 하려는 것이다.

(파우스 박사의 연구팀에 있었던 한 젊은 여성 과학자와 언젠가 연구소 로비에서 만난 적이 있다. 좋은 집안에서 잘 자란 매력적인 20대 여성의 인상을 풍기는 그녀는 당시 화려한 무늬가 프린트된 긴 여름 원피스를 입고 있었다. 가는 손가락으로 와인잔을 우아하게 든 그녀가 연구팀이 발견한 사실에 대해 이런 말을 했다. "그래서 농부들이 자기네 암소를 때리는 대가로 일꾼들에게 돈을 주는 거예요. 성적 각성을 억누르려고…….")

여성들은 몹시 강렬한 섹스를 하면 황홀경에 도달하며 이 초월 상태에서 더 높은 차원의 자아와 만난다는 것을 알고 있다. 여성이 로맨스에 연연하는 게 오로지 상대방 때문이라고 생각한다면 큰 착각이다. 여성이 사랑하는 이의 도움을 받아 이 초월 상태에 진입할 수 있다면, 그 사랑은 거부할 수 없는 것이 된다. 상대방이 너무나 좋아서가 아니다. 성적 경험을 통해 여성의 자아가 각성해 더 심오한 차원을 넘나들게 되기 때문이다.

그녀를 껴안아 어르고 천천히 춤을 출 것: 내 남자의 겨드랑이

그의 책상 서랍을 생각한다. 서랍 하나를 열어서 잘 접힌 티셔츠 한 벌을 꺼내 코에 가까이 대 보는 것이다. 집안 여기저기에 그의 체취가 남아 있다. 그것마저 사라져 버리면 어떻게 될까 나는 궁금하다.
—샐리 라이더 브래디, 《어둠 상자》[18]

이성애자 여성에게 언제 섹스가 고프냐고 물어보면 성적 갈망을 냄새에 비유해 설명하는 대답을 종종 들을 수 있다. 내가 만나본 포르투갈 문학 교수라는 한 30대 여성은 연구 활동을 함께하기에는 최고의 조력자인 성실한 남성과 몇 년째 사귀고 있지만 속궁합은 별로라는 사실이 점점 거슬리게 되었다고 한다. 그녀는 그의 체취가 별로라는 점을 반복해서 불평했다. "언젠가 읽은 소설에서 남자 주인공이 '그녀가 내 삶을 향기로 가득하게 만들어 주었어'라고 말하는 부분이 기억나요. 나도 그러면 좋겠어요. 내 남자가 내 삶을 향기롭게 만들어 주고 나도 그에게 그렇게 해 주길 원해요."

남자의 체취에는 강력한 효과가 있다. 그래서 여성의 기분과 호르몬 수치와 심지어 생식능력에까지 영향을 미친다. 스웨덴 카롤린스카 연구소의 이반카 사비치는 여성과 게이 남성이 남성의 땀에 들어 있는 호르몬 성분을 코로 들이마셨을 때 뇌의 PET 스캔 상으로 시상하부 영역이 환해지는 현상을 관찰했다. 이것은 여성과 게이 남성의 뇌가 후각 자극에 성적으로 반응한다는 것을 시사한다.[19]

한편, 미국 휴스턴에 있는 라이스 대학교의 심리학자 데니즈 첸은 인간이 땀 페로몬을 만들고 거기에 반응한다면 여성은 남성의 평상시 땀보다 성관계를 할 때 나는 땀에 더 강하게 반응할 것이라는 가설을 세웠다.

그러고는 이성애자 남성 스무 명에게 며칠 동안 데오도런트와 향수를 일체 사용하지 말 것을 요청했다. 그런 뒤, 남성의 겨드랑이에 흡수패드를 대고 남성의 몸 여기저기에 전극을 연결한 뒤 포르노 비디오를 시청하게 했다. 실험 대상 남성들이 성적으로 흥분한 이후의 땀을 흡수한 패드를 분석했고, 동일 남성들의 평상시 겨드랑이에서 수거한 패드도 분석하였다.

그런 다음, 아까 그 흡수패드를 이용해 이성애자 여성 열아홉 명에게 두 그룹의 땀 냄새를 맡게 하면서 여성의 뇌 영상을 기록했다. 그 결과, 여성의 뇌는 두 그룹의 땀 냄새에 상당히 다른 반응을 나타냈다.

평온한 남성의 땀은 여성의 뇌에 아무 변화도 일으키지 못했다. 반면에 성적으로 흥분한 남성의 땀은 여성의 우뇌 안와전두피질과 방추형피질을 활성화했다. 두 곳은 감정 인식과 감각 인지를 돕는 영역이다. 두 영역 모두 뇌 우반구에 위치해 있는데, 뇌 우반구는 후각과 사회적 반응과 감정을 매개하는 영역이기도 하다.

이에 첸은 사람은 무의식적으로 화학신호를 통해서도 의사소통한다는 가설을 이 연구가 뒷받침한다는 결론을 내렸다.[20] 어떤 남성에게 성적으로 끌리거나 그렇지 않을 때 여성은 몸으로 분명하게 안다는 해석이 가능하다. 입으로는 늘 도리에 맞는 것만 얘기하더라도 말이다. 어쩌면 삶을 향기롭게 만들어 주지 못하는 파트너에게 만족하지 못하는 강한 성욕을 가진 내 친구가 겪고 있는 일이 바로 이것인지도 모른다. 그녀에게 그는 충분히 매력적인 상대가 아닌 것이다. 이 연구 결과가 사실이라면 그녀는 아무리 애를 써도 그 남자와는 완전히 만족스러운 연애를 하지 못할 것이다. 거부할 수 없는 자극을 주는 향기를 결코 맡지 못할 것이다.

참고로, 질의 혈류를 증가시키는 특별한 냄새가 있다고 한다. 오이와 감초 사탕의 냄새가 질의 혈액순환을 활성화한다는 연구 결과가 있다.[21] (우연의 일치로 둘 다 남근과 비슷한 모양이기도 하다.)

여성의 후각이 남성에게서 무의식적으로 감지할 수 있는 것은 흥분 정도만이 아니다. 또 다른 한 연구에 의하면 여성은 DNA가 자신의 것과 상이한 남성의 겨드랑이 땀 냄새에 끌리고 DNA가 너무 비슷한 남성의 체취는 본능적으로 거부한다고 한다. 예외가 하나 있는데, 임신한 여성은 DNA가 자신의 것과 비슷한 남성의 냄새를 더 좋아한다. 임신 기간에는 여성이 혈육 가까이에 머물고 싶어 하기 때문이라는 게 연구자들의 추측이다.

그런 맥락에서 비르피 루마와 알렉산드라 앨베르뉴의 연구가 우리의 시선을 끈다. '피임약이 다른 잠자리 상대를 선택하게 하는가?'라는 제목의 이 연구는 피임약이 여성이 감지하는 남성의 체취를 어떻게 변화시키며 그것이 여성의 선택에 어떤 영향을 미치는지 진지하게 생각하게 만든다. 연구에 의하면, 여성과 남성 모두 잠자리 상대 선호도가 여성의 월경주기에 따라 달라진다고 한다. 여성은 다른 시기에 비해 배란기에 유독 더 남성적이고 건장하며 유전적으로 자신과 멀리 떨어져 있는 남성을 선호한다는 과학적 증거가 있다. 또한 남성은 배란기의 여성에게 더 끌리는 경향이 있다. 이렇게 매달 반복되는 변덕은 번식 측면에서 진화적으로 이점이 있는 것으로 해석된다. 그런 가운데 경구피임약은 월경주기 동안 일어나는 마음의 동요를 없앰으로써 남녀 모두의 성향을 크게 바꿀 수 있다고 논문에서 저자들은 적고 있다.[22] 쉽게 말해 피임약이 임신 중이라고 믿도록 여성의 몸을 속이기 때문에 피임약을 복용하는 여성은 남성의 체취를 다르게 느낀다는 것이다. 따라서 여성이 피임약을 복용 중인 까닭에 호르몬 수치상 임신 상태일 때는 데이트 상대로서 친족의 체취를 풍기는 남성에게 더 끌리게 된다. 그렇게 만난 두 사람은 결혼하고 여성은 아기를 갖기 위해 피임약을 끊는다. 호르몬 수치가 비임신 상태로 돌아오면 두 사람은 원래의 후각 반응을 되찾는다. 그리고 신혼부부의 불화가 시작된다. 아내는 남편이 더 이상 성적으로 매력적이지 않다는 사실을 깨닫는다. 그래서 둘 다 한창 2세를 소망하는 바로 그 시점에 말한다. "그가 나를 만지는 게 너무 싫어요"라고. 상담사들은 이런 여성들이 상담 시간에 하는 얘기가 모두 같다고 말한다. 불현듯 자신이 잘못된 결혼을 한 것 같고 특히 남편의 냄새를 참을 수 없어 한다는 것이다.

남성의 체취는 이 남자가 내게 빠져 있는지, 그가 나의 좋은 짝인지 아닌지를 여성의 몸이 알아채게 하는 단서가 된다. 그뿐만 아니라 남성의 겨드랑이 땀과 그 안의 페로몬은 여성의 긴장을 풀어 주는 효과도 낸다. 미국 모넬 화학감각연구소의 조지 프레티는 남성 페로몬이 여성의 심리적 평정과 생식능력 모두에 영향을 준다는 사실을 연구를 통해 밝혀냈다.[23] 학술지 《바이올로지 오브 리프로덕션》에 발표된 이 연구에서는 남성 참가자의 겨드랑이에 흡수패드를 대고 실험을 진행했다. 연구팀은 땀이 밴 흡수패드를 수거한 뒤에 땀에서 화학물질들을 추출하고 향수에 섞었다. 그런 다음 여성 참가자들에게 이 향을 맡도록 했다. 그러자 6시간 뒤 여성 참가자 전원이 몸과 마음이 더 편안해졌다고 보고했다.

결혼한 지 오래된 여성들이 부부 사이에 더 이상 로맨스가 없다고 안타까워할 때 그들은 "남편이 더 이상 춤추러 가자고 하지 않는다"는 표현을 종종 사용한다. 부유한 중년 부부가 등장하는 영국 야간열차의 두 쪽짜리 광고가 있다. 남자 쪽에는 '룸서비스. 꿀 같은 낮잠. 골프'라는 카피가 그리고 여자 쪽에는 '촛불과 함께하는 저녁 식사. 시시덕거리기. 별빛 아래서의 춤'이라는 카피가 흐른다. 만약 이 커플의 주말여행이 아내가 희생해 남편에게 전적으로 맞추는 것이 된다면 그들의 결혼은 흔들리게 될 것이다. 두 사람 모두 위기의 원인을 모르는 채로 말이다. 아내는 결코 긴장을 완전히 풀고 진정으로 열정을 불태울 수 없을 것이다. 온종일 골프장에 나가 있는 남편의 체취를 맡을 짬이 없을 테니까 말이다. 내 남자의 향취는 여신 마중의 필수요소 중 하나다.

별빛 아래서의 춤은 많은 여성이 꿈꾸는 로맨스의 전형이다. 하지만 광고 속 아내가 원하는 춤은 두 사람이 페로몬의 사정거리를 벗어나 멀찌감치 떨어져 추는 로큰롤이나 힙합 같은 게 아니다. 아내는 두 사람이 코가 닿을 정도로 가까이 붙어서 춤을 추고 싶어 한다. 〈바람과 함께 사라지다〉나 디즈니의 〈미녀와 야수〉 혹은 〈아나스타샤〉에 나오는 왈츠 장면처럼 말이다. 실제로 많은 고전적 러브스토리에서 여자주인공은 남자주인공과 밀착해서 춤을 추고 난 뒤에 그와 사랑에 빠졌음을 깨닫곤 한다. 그 남자의 중독적인 페로몬을 깊이 들이마시고 음악의 리듬에 따라 자율신경계가 활성화되고 나서야 친숙하든 낯설든 눈앞에 있는 이 남자의 DNA가 선명하게 감지되는 것이다.

위기의 주부들이 자주 하는 또 다른 말은 "우리는 더 이상 포옹하지 않는다"이다. 소파에서 남자의 어깨나 가슴팍에 머리를 기댄 채로 쉬거나 침대에서 남자의 가슴에 머리를 올려놓고 허리를 감싸 안는 행동을 더 이상 하지 않는다는 뜻이다. 하지만 일반적으로 여성의 껴안기는 체취를 맡기 위한 행위다.

춤을 추고 껴안는 행위의 바탕에 있는 공통 요소는 무엇이며 그런 것들이 왜 여성에게 중요할까? 그 답은 남자의 겨드랑이에는 비밀스러운 힘이 있고 그에 따라 여성의 성욕이 변한다는 사실과 관련 있다.

사람들은 의외로 여기에 정서적으로 큰 애착을 가지고 있다. 나는 껴안거나 춤을 출 때 맡는 남성의 땀 냄새에 관한 설문지를 만들어 웹사이트에 올렸다. 그러자 45분 만에 87명으로부터 정성스럽게 꾹꾹 눌러 적은 답안을 받을 수 있었다. 작성자 중에는 남성과 여성이 섞여 있었는데 모두 나에게 해 줄 말이 많은 것 같았다. 여성 답변자 몇 명의 얘기를 들어 보자.

"스트레스를 받았을 때 남편이 안아 주면 바로 진정이 돼요. 그의 진한 체취만 맡아도 그렇고요."

"남자친구가 없을 때 잠을 이룰 수가 없어서 그의 티셔츠를 껴안고 잤어요."

"모든 면에서 완벽한 남자였지만 냄새 때문에 떠났어요. 안타까운 일이지만 그럴 수밖에 없었어요."

겨드랑이 화학신호의 효과를 체험한 것은 남성도 예외가 아니었다. "땀 날 일이 없는 겨울에는 데오도런트를 쓰지 않는데 겨울에 유독 여자들이 잘 꼬여요."

앞서 조지 프레티 연구팀은 남성 페로몬이 여성의 심리적 평정과 생식능력에 영향을 준다고 지적했었다.[24] 그런데 그것만이 아니다. 논문에서 부각되지는 않았지만, 남성의 땀 냄새를 맡은 여성은 그렇지 않은 여성보다 더 쉽게 성적으로 흥분하고 뇌의 황체형성호르몬 수치가 더 큰 폭으로 상승했다.

황체형성호르몬은 여성에게 성욕을 불러일으키고 배란을 촉진하는 중요한 화학물질이다. 중고등학교 성교육 시간에 강사들이 잘 알려 주지는 않지만, 이 호르몬은 여성의 성욕을 깨우고 증폭시키는 역할도 한다. 배란기가 다가오면 여성의 뇌에서는 이 호르몬의 맥동이 진폭과 빈도 면에서 크게 증가한다. 월경주기 한중간에 여성의 색탐이 평소보다 강해지는 것이 그래서다. 프레티의 실험에서 역시 같은 이유로 남성의 땀 성분 냄새를 맡았을 때 여성의 성욕 호르몬 수치가 급상승한 것이다.

그러나 두 사람이 온종일 떨어져 있고 서로 일과 육아에 지쳐 방전되었을 때의 냄새만 맡는 나날이 이어진다면 남편이 "사랑해" 혹은 "당신을 원해"라고 말해도 여성은 머리로만 그렇다고 인정할 뿐 몸으로는 체감하지 못한다. 현대사회에서는 커플이 주말마다 침대에서 게으름을 부리고 서로의 향기에 취해 사랑이 깊어지는 신혼기간이 상당히 짧다. 부부생활은 곧 하루에 10분도 서로의 품에서 편히 쉬지 못하는 맞벌이와 육아의 단계로 넘어간다. 그런데 이때 일상의 단조로움에 지치고 상실감에 허덕이는 쪽은 대부분 남성이 아니라 여성이다.

바로 이 대목에서 서양 여성의 무려 3분의 1이 현저한 성욕 감퇴를 호소한다는 최근 통계치가 눈길을 끈다. 근면 성실하지만 성욕도 시들하고 결혼이 싫증나고 세상이 재미없어진 여성들은 모든 원인을 어른으로서 감당해야 하는 스트레스와 책임 탓으로 돌린다. 하지만 그게 다 신경학적으로 향취에 굶주려서 그런 거라면? 사랑에 빠진 사람만이 누리는 유대감과 희망을 거머쥐기 위해 태생적으로 여성은 달콤한 손길, 부드러운 눈 맞춤과 함께 유혹적인 후각 자극이 필요하다면 어떨까?

과로에 시달리는 커플에게 휴가가 그렇게 안락하고 매혹적인 이유는 무엇일까? 왜 그렇게 많은 난임 커플이 휴가지에서 임신에 성공해 금의환향하는 걸까? 쉬는 동안 내 남자의 냄새를 되찾았기 때문일까? 이 남자가 했던 얘기를 또 하고 빨랫감을 바닥에 던져놓더라도, 혹은 머리숱이 점점 적어지더라도 그의 동물적 자아는 여전히 그녀를 평온하고 행복하게 만들어 줄 수 있다고 그의 달콤한 체취가 말해 주기 때문일까?

이성의 페로몬이 진정 효과를 발휘하는 것은 이성애자 여성에게뿐이다. 이성애자 남성은 여성의 체취에 안정감을 느끼지 않는다. 그런 까닭에 이성애자 남성은 여성의 냄새를 자주 맡지 못해도 흥분 빈도만 줄어들 뿐 스트레스를 받지는 않는다. 반면에 이성애자 여성은 남성의 냄새를 충분히 맡지 못하면 성적으로 무뎌지는 동시에 스트레스를 받는다. 당연히, 이런 스트레스는 여성의 성욕을 떨어뜨린다.

현재 난임은 미국과 서유럽을 중심으로 전염병처럼 퍼져 나가고 있다. 현대 여성들은 임신에 적합한 수준으로 황체형성호르몬 수치를 높여 주는 남성의 체취를 충분히 맡지 못하고 있다. 결혼 전문 상담사들은 문제를 얘기해 보라고 고객을 몰아붙이고 불임클리닉 의사들은 남성을 혼자 골방으로 보내 자위를 시킨다. 그러고는 그렇게 얻은 정액을 임신이 되지 않아 우울해하는 여성의 질에 집어넣는다. 그러나 여성의 동물적 본성을 제대로 이해한다면 이렇게 무성의한 기존 방식은 결코 해결책이 될 수 없다. 상담사는 남성에게 여성을 자주 안아 주고 여자가 원하는 대로 그녀의 몸을 쓰다듬으라고 조언해야 한다. 두 사람 모두 싫어하지 않는다면 부부가 사교댄스 교실에 다녀 보도록 권해야 한다. 산부인과 의사도 할 일이 있다. 의료장비를 들이대기 전에 여성의 오르가슴을 유도할 정도로 부부의 신체적 애정표현이 충분한지부터 확인해야 한다.

방송사 ABC가 제작하는 〈사이언스 온라인〉이라는 프로그램이 있다.

여기서 진행자 밥 빌은 프레티의 연구를 소개하면서 공동연구자인 찰스 위소키 박사의 말을 인용했다. 여성의 몸은 남성 배우자의 체취에 자극을 받아 배란이 잘되도록 진화했을지도 모른다는 얘기였다.[25] 풀이하면, 남성 배우자의 체취가 여성의 긴장을 풀어 주면서 적당한 시점에 배란을 촉진함으로써 임신하기에 딱 좋은 시기에 섹스에 잘 반응하게 만들어 준다는 해석이 가능하다.

그러나 위소키 박사의 말은 이 연구 분야를 선도한다는 세계적 과학자조차도 정말 중요한 핵심을 놓치고 있음을 보여 준다. 무의식적으로 남성 중심적 관점에서 섹스를 정의내림으로써 여성의 성욕이 정확히 어떤 것인지, 데이터가 보여 주는 인과의 맥락이 무엇인지는 보지 못한 것이다. 박사의 말을 직역하면 아무 관심도 없는 여성이 그저 남자 냄새를 맡는 것만으로 배란이 일어나 난임이 치유되고 긴장이 해소되어 남성의 접근에 더 수용적으로 변한다는 뜻이 된다. 하지만 이것은 잘못된 해석이다. 여성이 남성의 냄새를 맡으면 여성의 황체형성호르몬 수치가 급증하고 그런 다음에 긴장이 풀리면서 흥분하게 된다. 이 이완과 흥분 상태가 오면 여성은 (수용적이 아니라) 적극적으로 섹스와 오르가슴을 더 원하게 된다. 특히 정상 체위 섹스는 여성이 남성의 겨드랑이를 마음껏 탐할 기회를 제공한다. 이 풍족한 후각 자극은 다시 여성의 생리 주기에 영향을 미쳐서 생식능력을 한층 강화한다. 다시 말해, 남성의 체취가 배란을 유도하면 여성이 섹스를 더 원하고 이것이 다시 여성을 남성 체취에 더 노출시켜 생식능력을 높이는 게 옳은 순서다. 이 논리는 파우스 박사가 제안한 포유동물 암컷의 성적 본능 이론과도 더 잘 맞아떨어진다. 파우스 박사는 수컷은 암컷을 비옥하게 만드는 게 아니라 암컷의 섹스 욕구를 높일 뿐이고 임신에 최적화된 신체 조건을 유지하는 것은 섹스를 원하는 암컷 자신이라고 설명한다. 반면에 기존 남성 중심의 진화생물학 이론은 섹시한 외모의 여성이 임신도 잘 한다는 주장을 펼친다. 이는 성차별주의적인 데다가 기본 모형인 실험용 쥐에게 적용하기에도 무리가 있다. 우리는 최신 신경과학 연구가 새롭게 전하는 얘기에 귀 기울여야 한다. 성욕을 계속 발산하고 섹스를 끊임없이 원하는 여성은 더 왕성한 생식능력을 가지고 있다. 그런 여성은 진화론적으로 더 성공한 암컷이다. 후손을 남겨 나의 DNA를 퍼뜨리기에 유리하도록 신체 조건을 재편하는 것은 고전적 관점에서 여성이 얼마나 예쁜가가 아니라 성적으로 얼마나 적극적이고 활달한가이다. 최신 신경과학이 말하는 바는 이것이다.

버자이너를 일컫는 단어들은 우리가 여성의 성을 진정으로 이해하지 못하게 막는 케케묵은 걸림돌이 되고 있다. 드라마에서 여성을 남성이 지휘하는대로 따라가기만 하는 수동적 캐릭터에 가두는 것도 언어가 가진 힘 때문이다. 하지만 버자이너도 스스로 모험가가 될 수 있다. 관점을 바꾸면 같은 소재와 같은 자료를 가지고도 여성이 일인칭 화자가 되는 이야기를 써 나갈 수 있다. 여성의 성욕은 드라마의 부작용도 아니고, 모성 본능이 씨 뿌리는 남성에게 적절한 시기에 입장을 허락하기 위해 잠깐 흔들어대는 일회용 미끼도 아니다. 같은 데이터를 진화론적으로 더 자연스럽게 각색한 이 새 시나리오에서 여성은 자신의 욕구에 따라 성적 모험을 시작한다. 새로 쓰는 이 이야기에서 버자이너는 우주의 중심이다. 과거 신비주의의 베일은 다 벗어 버리고 어엿한 진화론적 관점에서 말이다.

그녀의 눈을 지긋이 응시할 것

루사다는 탄트라 세션을 시작할 때 고객과 마주 앉아 눈을 지긋이 바라보는 데에만 10분 남짓한 시간을 투자한다. 나는 이 시간이 마치 영원과도 같이 느껴졌었다. 대부분의 여성은 처음에 이 10분을 무척 곤혹스러워한다. 그래서 멋쩍게 웃거나 눈을 돌리기 일쑤다. 하지만 나 자신도 그렇고 내가 인터뷰했던 그의 고객들 전부가 이 끈적한 시선 교환이 여성성을 고양하는 분위기를 만들어 낸다고 말한다.

그 이유는 뭘까? 대니얼 에이멘 박사는 《사랑에 빠진 뇌》에서 눈 맞춤이 거울뉴런의 활동을 유도해 내가 상대방에게 어떻게 비춰지는지, 상대방이 성적으로 흥분했는지를 감지하게 한다고 말했다.[26] 또, 대니얼 골먼은 《SQ 사회지능》에서 눈 맞춤이 친밀감을 형성하는 데 중요한 이유를 신경과학적 맥락으로 해설했다. "긴 눈 맞춤은 신경계가 연주하는 키스의 전주곡과도 같다. 시신경은 공감과 유대를 불러일으키는 뇌 영역, 즉 전전두엽의 안와전두피질과 직결되어 있다. 눈을 맞추는 행위는 보이지 않는 밧줄이 되어 두 사람을 하나로 엮는다. 이렇게 안와전두피질이 대뇌피질, 편도체, 뇌간과 긴밀하게 연결된 덕분에 우리는 사고와 감정과 행동을 신속 정확하게 조화시킬 수 있다. 안와전두피질은 사회적 수들을 순간적으로 계산해 내가 상대방에게 어떤 감정을 느끼는지, 상대방은 나를 어떻게 느끼는지, 상대방의 반응에 맞춰 어떻게 대응해야 할지를 바로바로 가르쳐 준다."[27]

안와전두피질의 능력을 고려할 때 여성이 유대 형성의 수단으로써 눈 맞춤을 애용하는 것은 그리 놀랄 일이 아니다. 실제로 눈 맞춤은 신경학적으로 유대감을 만들어 준다. 일반적으로 여성은 본능적으로 기회가 있을 때마다 상대방과 눈을 맞추려고 노력한다. 여성은 다른 여성이나 아이들과 얘기할 때 상대방의 눈동자에서 시선을 떼지 않는다. 그들에게 이것은 유대를 강화하려는 행동이다. 반면에 남성은 눈을 오래 맞추는 것을 본능적으로 기피한다. 남성은 마주 보는 것보다는 옆에 나란히 서서 사람을 상대하기를 선호한다. 그들은 노골적인 눈 맞춤을 위협으로 받아들인다. 연구에 의하면, 남녀가 서로를 신중하게 탐색하는 첫 2년 동안 남성의 신경화학 물질이 여성의 것과 닮아가고 또 여성은 남성과 비슷해진다고 한다. 그래서 연애 초반에 남성은 여성의 눈을 자주 응시한다. 하지만 이 기간이 지나면 눈 맞춤의 빈도는 현저하게 줄어든다.[28] (동물도 비슷하다. 암컷 랫트는 마음의 결정을 내리기 전에 진한 눈 맞춤을 한참 한다. 머리를 들이밀면서 수컷의 눈을 깊이 바라보다가 섹스할 준비가 되면 그때서야 물러난다.)

사람의 경우 양측이 서로 신뢰하는 관계여야만 이런 눈 맞춤이 가능하다. 특히 서로 호감이 있는 남녀가 눈을 맞추는 행위는 상대방의 기분을 감지할 기회가 된다. 동공이 확장하는 것은 성적으로 흥분했다는 뜻이기 때문이다. 조명이 어두운 레스토랑에서 동공이 확장된 상태로 낭만적인 시간을 보낼 때 상대에게 푹 빠지는 것도 같은 원리다.

문제는 사랑하는 남자와 눈을 맞추고 싶어 하는 여성의 욕망은 시간이 지나도 줄어들지 않는다는 것이다. 남자가 여자의 눈동자를 뚫어질 듯이 바라보는 장면은 로맨스 영화나 소설에서 빠지지 않고 등장한다. 동물도 예외가 아니어서 야생 영장류도 상대를 유혹하고 짝짓기하는 과정에서 상대와 진한 눈 맞춤을 나눈다. 이런 시선 접촉 혹은 눈으로 나누는 대화를 향한 여성의 끝없는 갈망은 오래된 커플이 삐걱거리는 이유를 설명해 준다.

　대부분의 여성은 나를 뚫어져라 응시하는 내 남자를 섹시하다고 생각한다. 눈으로 나누는 대화는 여신 마중의 일부다. 그래서 눈 맞춤에 고픈 여성은 단지 시선을 나누고 싶어서 무의식적으로 남자를 도발하곤 한다. 눈 맞춤에 인색한 남자와 사는 여성은 남자가 화를 낼 때만 자신을 똑바로 쳐다본다고 생각한다. 이 남자가 더 이상 자신을 제대로 보지 않으면서 자기가 하고 싶은 것만 하려고 한다는 느낌에 여성은 절망한다. 이런 절망감이 계속 쌓이면 여성은 남성에게 못되게 행동하기 시작한다. 당신 때문에 우울증에 걸렸다고 탓하면서 말이다. 하지만 여성은 자신이 그에게 왜 이렇게 짜증을 내는지 정확히 알지 못한다. 그 남자는 그녀에게 욕을 하지도 나쁜 짓을 하지도 않았다. 다만 사나흘 동안 그녀를 제대로 봐 주지 않았을 뿐이다. 불쌍한 여자는 서로 교감하는 눈 맞춤이 그리워서 자신이 그러는 것임을 깨닫지 못한다. 눈 맞춤이 이렇게 중요한 요소라는 사실을 아는 사람은 아직 많지 않다. 두 사람이 옆으로 나란히를 한 바람에 서로 시선을 맞출 수 없을 때 여자는 예민하게 굴기 시작하지만 남자는 불쌍하게도 오히려 더할 나위 없이 다정해진다. 남자에게는 어깨를 나란히 하는 것이 동성 친구나 동료들과 즐겁게 지내기에 딱 좋은 자세이기 때문이다.

조사에 의하면 첫째 아이가 태어나면 부부생활의 만족도가 뚝 떨어진다고 한다. 아기는 본능적으로 보호자의 관심을 갈구하고 잠시라도 소홀함을 허락하지 않는 생명체다.[29] 어쩌면 남편의 시선에 고픈 초보 엄마들이 천사 같은 아기의 눈동자로 대리만족하느라 남자를 소외시키는 건 아닐까? 초보 엄마들이 눈 맞춤을 원하는 아기에게 매혹되어 아기가 여성의 1순위가 되면 로맨틱한 파트너였던 남성은 그냥 '내 아이의 아빠'로 지위가 강등하는 게 아닐까? 첫째를 낳고 나서 시작하는 불행의 악순환은 현대사회에서 오히려 이게 정상처럼 느껴질 정도로 매우 흔하다. 두 남녀는 서로 멀어져 성욕 감퇴로 고통받고 심하면 섹스리스 부부가 된다. 이 모든 비극이 눈 맞춤을 충분히 받지 못한 여성으로부터 시작된 게 아니라고 말할 수 있을까?

여신 마중을 시작하고자 하는 남성은 먼저 집에서 휴대폰을 내려놓을 줄 알아야 한다. 익숙지 않더라도 종종 일부러 시간을 내야 한다. 그래서 휴대폰 화면이 아니라 내 여자의 눈을 깊이 들여다봐야 한다.

그녀에게 말을 걸고 그녀의 얘기를 들을 것

많은 여성이 남자친구나 남편이 평소에 말을 잘 안 하는 것에서 스트레스를 받는다고 얘기한다. 심하게 다퉜거나 화가 났을 때 이어지는 침묵을 얘기하는 게 아니다. 보통 남자들은 원래 생겨먹기를 말이 별로 없다.

남녀의 뇌가 구두 언어를 처리하는 방식이 서로 다르다는 것은 수많은 연구를 통해 입증된 사실이다. 여성의 뇌는 두 반구 사이의 소통이 훨씬 활발하다. 그래서 여성은 말하기를 좋아하고 어휘의 폭이 훨씬 넓으며 감정을 말로 표현하는 데 능숙하다.[30] 반면에 남성의 뇌는 명확한 신경생리학적 이유로 이런 능력이 현저히 떨어진다. 일부러 무례하게 구는 것도 소심해서도 아니다. 그저 뇌가 이런 활동에 익숙지 않은 것이다. 그럼에도 대부분의 남성은 직장에서 온갖 사람들과 말을 섞고 상대방의 감정을 정확하게 읽어야 하는 소모전에 시달린다. 산업혁명 이후 생겨난 각종 직업들은 남성들에게 뇌를 여성처럼 쓰라고 강요한다. 그런 하루를 보낸 남성의 뇌는 저녁 무렵에 만신창이가 될 수밖에 없다. 퇴근한 남성들이 원하는 것은 오직 하나. 뇌를 쉬는 것이다.

이 능력 차이는 두 사람이 하루 일과를 마치고 막 재회했을 때 부부 싸움이 자주 벌어지는 중요한 이유가 된다. 아내의 뇌는 이야기보따리를 풀어낼 생각에 들떠서 근질근질하다. 참았던 얘기를 쏟아내야 마음이 좀 후련할 것 같다. 반면 남편은 벌러덩 누워서 아무것도 안 하거나 TV 앞에 앉아 멍만 때리고 싶다. 이것이 남자의 뇌가 회복하는 방법이다. 남자가 대화에 동참하지 않으니 아내는 따분하고 실망감이 든다. 반면 남편은 여자의 수다 공세가 막무가내라고 느낀다.

루안 브리젠딘 박사는 《남자의 뇌, 남자의 발견》에서 남성의 뇌는 구두 언어 처리 용량이 여성의 뇌보다 작다고 지적한다.[31] 여성은 구두 언어 중추의 스위치가 항상 켜져 있다. 그래서 여성이 "지금 무슨 생각해?"라고 물었을 때 남성이 "아무 생각도 안 해"라고 대답하면 여성은 그가 뭔가 감추고 있다고 의심한다. 태생적으로 여성의 뇌는 사람이 깨어 있는 상태에서 뇌의 언어중추가 쉴 수도 있다는 걸 상상도 하지 못하기 때문이다. 하지만 남성은 가끔씩 정말로 뇌를 쉰다. 그래야만 평형을 회복할 수 있다.

한시도 쉬는 법이 없는 여성의 뇌는 이 간극을 쉽게 받아들이지 못한다.

세상에는 여성들이 매일 얼마간의 시간을 오로지 다른 여성이나 어린이와만 보내는 문화권이 여럿 있다. 서아프리카에서는 많은 여성이 시장에서 장사하고, 모로코 여성들은 매일 강둑에 모여 빨래를 하며, 인도 시골 지역에서는 아낙네들끼리 집집마다 마실을 다니면서 점심을 함께 먹는다. 이들 지역의 여성은 높은 사회적 장벽과 불평등이라는 현실에도 서양의 여성들과 달리 같이 사는 남자에게 불만이 별로 없어 보인다. (물론 가정폭력 문제가 없다는 전제하에서다.) 애초에 그들은 신경망에 새겨진 여성의 대화 본능에 맞장구쳐 줘야 한다는 부담을 어차피 능력이 안 되는 남편에게 전부 지우지 않는다.

반면 서양에서는 여가시간 대부분을 커플이 함께 보내야 한다는 것이 사회의 불문율처럼 정해져 있다. 그런 까닭에 남녀 모두 언어 궁합이 맞지 않아 신경생리학적으로 스트레스만 가득한 채로 직장에서도 집에서도 진정한 휴식을 누리지 못한다.

서양에서는 여성이 짧디짧은 저녁 시간 안에 그토록 원하던 스킨십과 눈 맞춤과 관심을 얻고 갈등을 해결하기 위해서는 당사자들끼리 사회적 합의를 이루는 것이 최우선적인 해결책이다. 그러나 오직 한 사람, 그것도 단 1분이라도 정반대를 절실하게 원하는 피로에 찌든 남자에게 이 임무를 일임하고 흔쾌히 동의를 얻는 것은 기적에 가까운 일이다.

대니얼 골먼과 심리학자 존 가트맨은 각자 저서를 통해 남녀의 스트레스 반응 차이와 이 차이가 부부갈등에 미치는 영향을 자세히 논했다. 1995년에 출간된 《EQ 감성지능》에서 골먼은 남성은 여성보다 연약한 존재라고 말한다. 아드레날린의 범람을 막는 생리학적 제방이 낮은 까닭에 한 번 넘치면 복구하는 데 더 오랜 시간이 걸린다는 것이다.[32] 남성의 스트레스 반응이 이러하므로 남성의 뇌에서 감정처리 작업에 부하가 걸려 홍수가 나면 여성이 잠시 물러나 줘야 한다고 책의 저자는 조언한다. 가트맨 역시 2001년 저서 《행복한 결혼을 위한 7원칙》에서 갈등을 해결하기 위해서는 여성의 방식을 어느 정도 포기해야 한다고 말하고 있다. 생물학적으로 갈등 과정에서 받는 스트레스를 견디는 능력이 여성이 더 뛰어나기 때문이란다. 그러면서 대화를 피하기만 해서 여자의 스트레스를 더하지 말라고 남성에게도 당부한다. 두 사람의 충고 모두 꽤 논리적이다. 하지만 이것은 임시방편에 불과하다. 장기적 관점에서 문제를 근본적으로 해결하기 위해서는 여성의 스트레스 반응을 이해하고 거기에 맞춰 주는 것도 아주아주 중요하다는 게 내 생각이다. 서구문화에서는 남자가 아무리 다정해도 여자 입장에서는 늘 부족할 수밖에 없다. 이렇게 고립된 심리 상태에서는 일정 유형의 만성적 스트레스가 필연적으로 발생한다. 이 스트레스가 장기적으로 여성에게, 특히 성적으로 미치는 영향을 함께 고려할 필요가 있다.

때리지 말고 쓰다듬을 것

갈등 상황에서 스트레스에 대처하는 태도는 남녀가 완전히 다르다. 남성은 스트레스 호르몬이 흘러넘치면 신경내분비계의 평형을 되찾기 위해 마음의 문을 닫고 물러나 자신을 분쟁의 원인과 단절시킨다. 아드레날린에 대한 '싸우기 혹은 도망치기' 반응이다. 반면에 여성은 똑같은 스트레스에 직면할 때 정반대로 행동한다. 여성은 그럴수록 더 많이 얘기하고 상대방과 소통하려고 노력하면서 스트레스를 풀어내고자 한다. '화해' 반응이다. 남녀의 이런 차이를 감안해 갈등 해결 방식을 바꾸는 게 좋다고 골먼과 가트맨은 커플들에게 조언한다.

연구에 의하면 감정적으로 힘든 토론을 견디는 신경화학적 내성이 남성보다 여성에서 더 크다고 한다. 가트맨은 결혼생활의 위기를 맞은 아내가 어렵게 대화를 시작할 때 남자들이 죄다 벙어리로 변하는 게 바로 이 차이 때문이라고 설명한다. 남자는 어쩔 수가 없다. 생물학적으로 남성의 몸은 거부 본능이 잦아들기까지 길게는 20분이라는 시간이 걸린다.

이렇게 짧지 않은 시간 동안 남성이 멍하니 있을 때 여성의 스트레스 호르몬 수치는 수직상승한다. 남성의 무반응은 여성에게 적대적 긴장과 불안감을 조성한다.

가트맨은 저서에서 매우 여성 친화적인 어조를 유지하면서 여성에게 뒤치다꺼리를 은근히 떠맡긴다. 여성은 남성만큼 파괴적인 스트레스의 홍수를 겪지 않으니 그게 공정한 역할 분담이라는 것이다. 여성은 옥시토신의 마법 덕분에 평정을 더 잘 유지하도록 진화했고 남성은 아드레날린이 순식간에 치솟도록 발달했다고 그는 설명한다. "남성의 심혈관계는 여성보다 스트레스에 더 민감하게 반응하고 더 더디게 회복한다." 다툼이 남녀의 몸에 서로 다른 효과를 유도한다는 가트맨의 분석은 옳다. 남성은 스트레스 회복 속도가 느리고 속 깊은 얘기는 침묵으로 피하려고 한다. 반면 여성은 부부간 솔직한 대화의 진행자로서 탁월한 재능을 발휘한다. 여성은 아드레날린 폭발에 흔들리지 않고도 불편한 얘기를 부드럽게 꺼낼 수 있다. 그러나 대부분의 남성은 답답하게 굼뜬 태도를 개선하려고 노력하지 않고 이런 남성의 태도는 여성에게 스트레스를 더하기만 할 뿐이다.[33]

여성은 갈등 상황에 부닥쳐도 남성만큼 급작스러운 아드레날린의 홍수를 경험하지 않는다. 하지만 대립의 순간만 주시하고 일상에서 꾸준하게 일어나는 미묘한 상호작용을 살펴보지 않는다면 정작 중요한 핵심을 놓칠 수 있다. 여성이 남성으로부터 받는 스트레스는 덜 극적이지만 보다 유기적인 상호작용을 통해 꾸준히 축적되어 가기 때문이다. 남성은 동굴에 숨거나 침묵하거나 화제를 돌리는 식으로 언쟁을 피하려고만 한다. 가트맨은 이런 남성의 증상을 '홍수'라고 표현한다. 그런데 이 홍수 증상은 여성의 심장을 빨리 뛰게 만들고 카테콜아민을 혈관으로 분비시키고 크기는 작지만 지속적인 스트레스로 여성을 몰아간다. 따라서 남성은 여성을 진정시키기 위해 꾸준히 뭔가를 해야 한다. 그러기에 알맞은 시기로는 다툼의 순간 말고 다른 평상시가 더 좋다. 둘 사이의 긴장이 팽팽할 때는 남성이 달래는 행동을 시작하기가 생리학적으로 어렵기 때문이다.

여성의 뇌와 여성이 스트레스를 처리하는 방식에 관한 연구 자료를 보면, 여성은 신체 접촉에 남성과 다르게 반응한다는 과학적 증거가 있다. 2005년에 《선데이타임스》에 실린 기사 '여성에게 건강한 신체 접촉이 필요한 이유'에서 로저 돕슨과 모리스 치텐든은 정신과 전문의 캐슬린 라이트의 흥미로운 연구 결과를 소개했다. 미국 노스캐럴라이나 대학병원의 라이트 연구팀은 여성의 몸을 10분 동안만 부드럽게 톡톡 건드려도 옥시토신 분비량이 증가한다는 사실을 발견했다. 기억하겠지만, 옥시토신은 애정과 신뢰를 강화하는 화학물질이다. 그뿐만 아니다. 가벼운 신체 접촉은 여성의 혈압도 크게 떨어뜨렸다.[34]

연구에는 남녀 커플 59쌍이 참여했다. 라이트는 각 커플에게 2인용 소파에 앉아서 10분 동안 로맨스 영화를 시청하게 했다. 남성들에게는 그동안 손이든 목이든 등이든 여성의 몸을 어루만지도록 했다. 그러고는 신체접촉 전과 후에 여성의 혈압과 옥시토신 수치를 측정했다. 그랬더니 이 짧은 시간 안에 애정을 강화하는 호르몬의 양이 5분의 1이나 증가한 것으로 관찰되었다. 좀 비약하면, 10분 동안의 부드러운 신체접촉만으로 아내가 남편을 5분의 1만큼 더 좋아하고 더 믿게 된 것이다. 그런데 남성의 반응은 달랐다. 남성의 경우는 여성의 부드러운 손길이 있거나 말거나 호르몬과 혈압에 변동이 없었다.

캐슬린 라이트는 연구 결과를 이렇게 해설했다. "이것은 인간에게서 확인된 새로운 결과다. 남성이 여성 파트너를 쓰다듬거나 껴안는 행동이 여성의 옥시토신 수치 상승과 혈압 강하를 촉진하는 것으로 보인다." 이 연구는 사람의 반응을 관찰한 최초의 증거라는 점에서 매우 중요하다. 그동안의 연구들은 옥시토신의 역할을 밝히는 데 기여하긴 했지만 진화의 사다리에서 사람보다 아래에 있는 포유동물이 관찰 대상이었다는 한계가 있었다. 하지만 이제는 분명하게 말할 수 있다. 대부분의 이성애자 여성에게는 평정과 건강을 유지하기 위해 남성의 상냥한 손길이 필요하다. 남성이 본인의 생물학적 본능을 기준으로 자연스럽다고 혹은 타당하다고 생각하는 것보다 훨씬 더 많이 말이다.

나는 이 연구를 웹사이트에 소개하면서 이성애자 남녀 네티즌에게 이런 손길이 그들의 감정을 어떻게 변화시키는지 알려 달라고 부탁했다. 그들의 답변에 나는 이 작은 행동이 눈에 띄게 큰 차이를 만든다는 사실을 직접 확인하고 감명을 받았다.

부부관계 상담사라는 한 네티즌은 이렇게 말했다. "작가님의 글을 읽은 후 이 방법을 적용해 상담 방식을 바꿔 봤습니다. 아내를 불안하게 만들 만한 얘기를 꺼내야 할 때는 그녀를 쓰다듬으면서 말하라고 남편들에게 조언했습니다. 그랬더니 기적 같은 효과가 있었습니다. 아내들은 남편의 말을 더 귀 기울여 들었고 갈등을 긴장 상황 없이 평화롭게 해결할 수 있었습니다."

애리조나의 테리사는 이런 댓글을 남겼다. "힘든 하루를 보낸 내게 남편이 발 마사지를 해 주면 다른 날에도 성적으로 몸이 더 쌩쌩해지고 우리 둘이 훨씬 더 친밀해진 느낌이 들어요."

버지니아의 크리스토퍼는 이렇게 얘기했다. "작가님의 제안대로 해 봤죠. 그랬더니 아내가 거슬리는 고민거리들을 훨씬 더 잘 흘려넘기더 군요. 이제 우리는 더 이상 사소한 일들로 아옹다옹하지 않아요." 또, 댈러스의 마이크는 어려운 얘기를 나눌 때 여자친구의 머리카락을 쓰 다듬으면 여자친구가 더 잘 들어 준다는 사연을 보내왔다.

한편으로 대부분의 남성은 싸우고 있을 때는 그런 행동이 나오지 않 고 그러기도 싫다고 언급했다. 나쁜 자식이라는 소리를 듣고 어떻게 좋 게 행동하고 싶어지겠느냐는 것이다. 여성도 마찬가지다. 여성들은 한 창 싸우는데 남자가 갑자기 쓰다듬으려고 다가오면 사람이 교활해 보 인다고 고백했다.[35]

개인적으로 나도 이 간단한 전략이 연인 사이에서 일어나는 불안과 감정의 홍수를 잠재운다는 데 한 표를 던진다. 나 역시 내 남자친구에 게 이 연구 얘기를 했다. 그 이후 남자친구는 민감한 대화를 나눌 때마 다 내 머리카락이나 목덜미를 쓰다듬는다. 그러면 나는 심장박동이 바 로 안정화되는 것을 느끼고 얼굴에 미소를 머금게 된다.

남성들은 공격을 받고 있다고 느낄 때 상냥하게 행동하는 게 어렵다 고 얘기하면서도(본디 수컷은 전투 상황에서 스트레스 호르몬에 더 민 감하니 이해는 간다), 평상시에 아내나 여자친구를 자주 쓰다듬으면 여 성이 훨씬 행복해하고 더 평온하다는 것을 인정한다. 한편 여성들은 부 드러운 신체접촉을 자주 하기 시작한 후부터 별 것 아닌 일로 다투는 일이 줄었고 남편 혹은 남자친구에게 짜증을 덜 내는 대신 더 다정하게 굴게 된다고 말한다. 과학적으로 당연한 얘기다. 옥시토신 수치가 5분의 1 상승한다는 라이트의 연구 결과가 사실이라면 이 호르몬 증가는 실제로 여성이 자신을 자주 보듬는 남성을 더 신뢰하고 가깝게 느끼도록 만들어 줄 것이다. 옥시토신 수치가 높아진 여성은 매사에 더 편안하게 느낀다. 나아가 부드러운 손길 덕분에 혈압이 낮아지면 여성이 심장질환이나 뇌졸중에 걸릴 위험도 크게 줄어든다.

이렇듯 여성이 내 남자에게 더 편안함을 느끼는 것과 성적으로 활짝 열리는 것 사이에는 직접적인 비례관계가 성립한다. 비슷한 원리로 상습적이든 가끔이든 남성에게 맞고 사는 여성에게는 정반대의 일이 일어난다. 이런 환경이 여성에게 물리적으로 미치는 해악은 예상보다 심각하다.

그럼에도 남성이 아내와 자녀에게 손찌검하는 것의 심각성을 충분히 고려하는 부부관계 가이드를 나는 아직 한 번도 본 적이 없다. 대부분의 여성은 가족에게 손을 대거나 짜증을 내고 나면 죄책감을 느낀다. 여성의 폭력이 남성의 몸에 미치는 영향만으로도 책 한 권이 거뜬히 나올 정도로 나는 할 얘기가 많지만 이 책의 주제는 남성이 아니라 여성의 몸과 마음이니 여기서는 여성의 얘기를 계속하기로 하자. 현대사회에는 남성이 아내와 자녀에게 손찌검하거나 짜증을 내는 게 엄청나게 심각한 문제는 아니라는 인식이 여전히 흔하다. 이 이상한 가부장적 자격은 가정 안에서 남성이 거머쥔 다른 특권들과 궤를 같이 한다. 우리 문화에서 성실한 가장이든 천하의 난봉꾼이든 남성은 어떤 경우에도 여자와 아이에게 손을 대서는 안 된다고 촉구하는 목소리는 그리 크지 않다.

하지만 가정폭력이 반복되는 환경에서는 여성의 자율신경계가 성적으로 살아 숨 쉬는 데 필요한 신경 통로들을 닫아 버린다. 그런 이유로 폭력적이거나 무섭게 변덕스러운 남성과 얽히는 것은 진화학적으로도 여성에게 좋지 않다. 여성의 몸은 남성이 자신과 아이들에게 갑자기 화를 낼 때 심장박동이 증가하고 아드레날린이 치솟도록 진화했다. 따라서 손찌검이 일상이 될 경우 나쁜 스트레스가 만성적으로 항진되어 여성의 성적 반응이 죽어 버리게 된다. 잠자리에서 여성에게 열정적인 반응을 원한다면 남성은 못된 손을 거둬야 한다. 그리고 스트레스가 없는 정서적 환경에서 여성의 자율신경계가 완전히 활성화될 때 여성에게 어떤 긍정적 변화가 일어나는지 지켜봐야 한다.

그녀의 '신성한 장소'를 찾을 것. 그리고 충분하다고 생각되는 것보다 훨씬 오래 주변에서 서성일 것

마이크 루사다라면 이성애자 남성들에게 어떤 조언을 할까? 여성의 건강한 성을 깨우는 전문가로 이름을 날리게 되기까지 오르가슴 장애와 성욕 저하로 고통받는 수많은 여성을 치유하면서 그가 깨달은 바는 무엇일까?

"간단합니다. 어려운 일이 아니에요. 남성들은 두 가지만 기억하면 돼요. 하나는 인내심과 인정을 가지라는 것이고 다른 하나는 여성의 성 중추가 음핵과 G스팟 두 곳이라는 점을 잊지 말라는 것이죠." (사실은 둘 이상이지만 이 두 가지가 가장 중요한 포인트이긴 한다.)

앞서 언급했듯, 일반적으로 남성은 4분 만에 절정에 도달한다. 반면에 여성의 경우는 평균 16분이 걸린다. 우리는 이 현격한 시차에 주목해야 한다. 사람들은 보통 여자가 남자에게 맞춰 주는 게 옳다고들 여긴다. 여성 본인도 남자의 속도를 따라잡는 데 힘들어하면서도 그러는게 당연하다고 생각한다. 하지만 이것은 사실무근이다. 여성에게 가장좋은 것은 음핵과 G스팟과 기타 자극들이 전부 조화를 이루는 것이다. 그러면 여성의 오르가슴 성공률을 90%까지 높일 수 있다. 슬로바키아코메니우스 대학교의 밀란 자비아치치는 실험에 참여한 여성들에게 G스팟 마사지를 받게 했다. 그러자 스물일곱 명 전원이 오르가슴에 도달했고 열 명은 사정까지 했다. 또 다른 한 연구에서는 여성 2,350명 중 40%가 사정을 경험한 것으로 조사되었다.[36] 미국과 서유럽에서 여성들의 섹스 만족도와 성욕이 낮은 현상은 알맞은 환경이 조성될 때 기대되는 오르가슴의 용량과 여성들이 실제로 경험하는 쾌락의 크기 사이에 거대한 간극이 있음을 시사한다. 이것은 여성들이 신체적으로든 정신적으로든 제대로 대접받지 못하고 있다는 분명한 경고다.

《성 행동 아카이브》에 발표된 '질 에로시티즘: 재현 연구'라는 제목의 연구가 있다.[37] 헬리 알자테는 여성 지원자들을 모집하고 면밀한 계획에 따라 질벽에 디지털 자극을 주었다. 그 결과, 모든 여성 참가자에게서 성감대를 찾을 수 있었다. 위치는 대부분 질 전벽 윗부분과 후벽 아랫부분이었다. 또한, 참가자의 89%가 이 영역에 자극을 받은 후 오르가슴 반응을 나타냈다. 여성 참가자의 3분의 1 내지 절반 정도가 만족에 이르지 못했던 일리노이 대학교 실험에 비교하면 이것은 놀랄 만큼 높은 성공률이다. 나는 이 연구와 함께 비슷한 결과가 도출된 다른 연구들을 다 검토했다. 그리고 나자 탄트라 수행자들이 서양의 기준으로 엄청나게 많은 시간을 신성한 장소 마사지에 투자한다는 생각이 들었다. (보통은 음핵과 다른 부위의 자극을 병행하면서 둘째 손가락 하나로 혹은 둘째와 셋째 손가락으로 이리 오라고 손짓하듯 질을 톡톡 건드린다.)

알자테는 G스팟의 해부학적 구조를 또렷하게 식별할 수는 없었지만 그의 연구 결과가 질 에로티시즘과 신성한 장소, 즉 G스팟의 오르가슴에 관한 기존 자료들과 일맥상통한다는 결론을 내리고 있다. 또한 여성에게는 음핵과 질 두 종류의 오르가슴이 있으며 몇몇 여성은 오르가슴 동안 사정을 한다는 의견에 동의를 표했다.

많은 여성과 탄트라 전문가들은 음핵 오르가슴은 남성의 오르가슴과 흡사하게 신체의 긴장과 이완을 통해 일어나는 반면 질 오르가슴은 이완을 통해서만 일어난다고 말한다. 여성들은 탄트라의 신성한 장소 마사지를 받는 동안 자의에 의해 긴장을 풀어 버리고 의식을 놓음으로써 반복되는 질 오르가슴을 체험하고 익힌다. 긴장이 고조되면서 성적 판타지만 부풀어 오르는 게 아니라 실제로 오르가슴이 흥분한 파도처럼 계속해서 밀려온다. 이런 상태에서는 음핵 오르가슴과 서양의 전형적인 섹슈얼리티 이미지가 2순위로 밀려나게 된다.

만족스러운 오르가슴에 도달하는 활발한 성생활은 여성의 창의력과 자신감과 자존감을 고양한다. 나는 이 주제를 책 전반에서 누누이 강조해 왔다. 신성한 장소 마사지를 비롯해 여성을 오르가슴으로 이끄는 다양한 요령을 익힌 남성은 여성의 마음을 더 잘 들여다본다. 이런 남성은 여성에게 천군만마와 같다. 스코틀랜드의 스튜어트 브로디와 체코의 페트르 바이스도 비슷한 얘기를 했다. 두 사람은 여성이 잠자리에서 동시적 오르가슴에 도달하는 것과 정기적으로 질 오르가슴을 경험하는 것이 여성의 성생활 만족도를 높인다고 분석했다. 그런 만족감은 나아가 일상의 행복을 키우고 정신 건강을 북돋는 자양분이 된다. (물론, 이미 자신의 섹슈얼리티를 잘 이해하고 통제권이 자신에게 있다고 느끼며 이런 얘기를 상대방과 자유롭게 나눌 수 있는 여성이 동시적 오르가슴에 더 잘 도달하기도 한다.) 한마디로, 성적 만족도는 성과 무관한 다른 삶의 영역들에서도 만족도를 높인다.[38]

  널리 알려지지는 않았지만 충분히 주목할 만한 또 다른 최근 연구에 의하면, 질 오르가슴에 도달하는 여성을 **걸음걸이**로 알아볼 수 있다고 한다. 예측의 정확도는 80%가 넘는다. 질 오르가슴이 골반거근과 관련 있다고 루사다가 추측한 그대로다. 그뿐만 아니다. 이탈리아의 G. L. 그라비나 연구팀은 요도받침이 두꺼울수록 질 오르가슴 성공률이 높다는 분석을 내놨다. 요도받침이 두꺼우면 음경이나 다른 자극이 더 효율적으로 골반 신경망을 압박하기 때문이라고 한다. 연구팀은 2008년에 오르가슴 동안 음핵과 G스팟에서 일어나는 변화가 G스팟이 음핵의 일부임을 증명하는 증거라고 확신했다. G스팟은 사실 음핵의 뒷부분이며 크기가 음핵보다 훨씬 더 크고 골반 안쪽 깊숙이까지 연결되어 있다는 것이다. 이것은 여성의 성적 반응을 이해할 열쇠를 쥔 성배였다.[39]

같은 내용이 데버라 코디와 낸시 피시의 2011년 공저 《성교통 치유법》에도 언급되어 있다. 이 연구 분야의 선봉장 격인 두 저자는 이를 토대로 음핵과 G스팟이 한 신경구조 안의 두 지점이라는 새로운 해부학 개념을 제시했다.[40]

또한, 츠비 호흐는 자위나 외음부 자극에는 문제가 없지만 성교 과정에서만 오르가슴에 이르지 못한다고 스스로 밝힌 여성의 64%가 G스팟을 율동감 있게 압박하는 기술을 배우고 난 뒤 바로 성교 오르가슴을 되찾는 것을 확인했다.[41] 이 연구 결과는 '성 과학적 분석을 통해 측정한 성적 자극에 대한 질의 민감도'라는 제목의 보고서에 수록되었다.

이 연구자들에게는 공통점이 있다. 그들은 G스팟이 별개의 부위라는 개념을 부인하고 음핵 반사와 질 반사가 따로따로라는 시각을 반박했다. 그들은 또한 새로운 과학적 사고의 가능성을 재차 확인했다. 바로, 여성의 오르가슴은 음핵과 질 오르가슴 반사의 감각 네트워크를 매개해 일어나며 이 네트워크에는 따로 이름이 없는 여러 심부 조직들도 포함되어 있다는 것이다. 그들의 연구가 내리는 공통된 결론은 질 전벽 전체가 성적으로 반응한다는 것이었다.

대부분의 경우, 어느 한 지점이 아니라 더 안쪽에 있는 방광, 요도 주위 조직, 상부 근막까지 질 전벽 전체가 성적으로 민감하게 반응했다. 실험에 참여한 여성의 64%는 전극을 연결하거나 실제 성교를 통해 이 부위에 직접 자극을 줌으로써 오르가슴에 도달하는 자신만의 요령을 익혔다. 질의 나머지 부분들은 성적 감도가 떨어졌다. 이 실험 결과는 음핵, 질 전벽 전체, 그리고 더 안쪽의 심부 조직들이 모두 음핵과 질을 아우르는 오르가슴 반사의 감각 네트워크에 속한다는 우리의 가설을 뒷받침한다. 질 오르가슴(즉, 성교 오르가슴)과 음핵 오르가슴은 따로따로가 아니다. 전체 성기 오르가슴 반사의 감각 네트워크에 다양한 자극을 따로 혹은 같이 줄 때 종합적인 성기 오르가슴을 유도할 수 있다.

전반적으로 실험에서는 연구자가 힌트를 살짝 줬을 뿐 크게 달라진 게 없는데도 많은 여성이 너무나 쉽게 오르가슴을 되찾았다. 그런데도 조사 자료마다 현대 여성들이 성적으로 몹시 불행하다는 통계 일색이라는 사실은 놀라울 정도로 모순적이다.

하지만 겁먹을 필요는 없다. 이 자료들이 시사하는 바가 여성이 남성의 삽입 속도에 무조건 따라갔던 《하이트 보고서》 이전으로 회귀해야 한다는 뜻은 아니다. 올바른 해석은 이렇다. 여성의 성 중추를 깨울 자극에는 여러 가지 종류가 있다. 이 기전을 조금이라도 알고 나면 많게는 여성의 90%가 본인이 원하고 파트너도 인내심을 가지고 협조할 때 오르가슴에 어렵지 않게 이를 수 있다. 또한 파트너가 사랑하는 여자의 버자이너를 더 상냥하게 대하고 여성의 속도에 맞춰가는 것만으로 음핵 오르가슴과 질 오르가슴의 성공률을 높일 수 있다. 이 기술을 발휘해 줄 파트너가 있거나 여성 본인이 직접 할 수 있다면 여성은 심신의 건강을 비롯해 모든 측면에서 훨씬 만족스러운 삶을 살게 될 것이다.

당신은 아름답다고 말할 것

"당신은 아름다워"라고 소리 내어 말하는 것은 아주 중요하다. 앞에서도 언급했지만, 진화론적으로 여성은 배우자의 칭찬을 자주 들어야만 성적 자아가 만개하는 존재다. 따라서 남성들은 여성에게 아름답다고, 당신이 세상에서 최고라고 자주 말해 주어야 한다.

대학에 다닐 때 한 친구가 연애를 했다. 상대는 꽤 멋진 남자였지만 내 친구에게 한 번도 예쁘다는 소리를 하지 않았다. 두 사람은 섹스를 자주 했지만 내 친구는 한 번도 맘 편한 적이 없었다고 한다. 친구가 데이트에서 돌아오면 우리 삼총사는 자췻집에 모여 크림 탄 커피를 잇달아 홀짝이면서 연애 얘기로 수다 삼매경에 빠지곤 했다. 그때 친구는 남자친구를 방에 가두고 "알았어, 알았어. 너 예뻐."라고 투덜거리며 말할 때까지 하루나 이틀 정도 굶기는 상상을 자주 한다고 말했다.

그녀가 나쁜 년이어서였을까? 아니면 안절부절못하는 자율신경계가 그녀를 그렇게 만든 것이었을까? 당시에는 우리 셋 중 어느 누구도 그녀의 판타지를 진정으로 이해하지 못했다.

본능적으로 여성은 투자 행동을 보여 주는 남성에게 성적으로 더 반응한다. 앞으로도 계속 책임과 고통을 기꺼이 분담하겠다는 약속으로 받아들이기 때문이다. 그래서 내 남자가 다른 여자에게 더 끌리고 있다는 생각이 들면 여성은 바짝 긴장한다. 내 것을 수호하고 새끼들을 보호하기 위한 전투가 시작될 것임을 예감하는 것이다. 이러한 성적 성향의 한 측면만으로도 남성의 포르노 시청이 왜 여성의 성욕에 부정적 영향을 미치는가를 충분히 설명해낼 수 있다. 반면 남성이 당신이 세상에서 제일 아름답다고 말하면서 여성을 자주 안심시키면 여성의 자율신경계가 이곳은 안전하다는 메시지를 보낸다. 그러면 여성은 커플의 금실을 낯선 여자가 망가뜨릴지도 모른다는 걱정에서 벗어나 스트레스로부터 완전히 해방될 수 있다.

자율신경계의 허락이 떨어지면 여성은 완전한 황홀경에 진입한다. 완전한 황홀경 상태의 여성에게는 남을 의식하지 않고 어느 정도 자아도취에 빠져도 된다는 허락이 떨어진다. 그런 여성은 셀룰라이트를 부끄러워하지도, 절정이 얼마나 오래갈지 혹은 거기서 냄새가 나지 않을지 걱정하지도 않는다. 누군가가 나를 연모한다고 느껴지면 성적 반응의 모든 단계가 한결 쉬워진다. 그리고 그런 느낌을 주기에는 당신은 너무 아름다워라는 칭찬만큼 효과적인 게 없다.

케임브리지 여성 포르노그래피 조합이 발간한 쾌활한 어조의 서적 《여성을 위한 포르노》를 보면 섹시한 남성 모델이 카메라를 응시하는 사진이 실려 있다. 남자는 자막으로 이렇게 말한다. "당신은 볼 때마다 아름다워지는군요."[42] 또 다른 페이지를 펼치면 남성 모델이 놀란 표정을 짓고 있다. 남자는 묻는다. "세상에, 인터넷에 포르노라는 게 돈다고요?" 여성의 자율신경계를 완전히 깨우려면 그냥 예쁘다는 칭찬만으로는 부족하다. 여성은 자신이 '세상에서 제일 아름답다'고 느껴야 한다. '여신'이라는 단어는 바로 이 시점에 비장의 무기가 된다.

마이크 루사다를 비롯한 탄트라 전문가들은 왜 탄트라 마사지를 시작할 때 "어서 오세요, 여신님"이라고 말하고 왜 자꾸 상대 여성을 여신이라고 부를까? 허튼소리라며 진심으로 믿지도 않는 많은 여성이 이 말 한마디에 오르가슴의 새로운 경지에 이르는 건 어떤 이유에설까? 오글거리고 약간 비꼬는 것도 같은 이 호칭이 무슨 마법을 부리기에? 이 말 한마디가 여성의 몸에 어떤 생리학적 변화를 일으키는 걸까?

여성이 여신이라 불리는 것—혹은 이게 지나친 기대라면 적어도 여성 스스로 자신을 여신이라 칭하는 것—은 여성의 성적 반응을 초월적 세계로 끌어올리거나 생애 처음으로 오르가슴에 이르게 한다. 중간에서 자율신경계가 열심히 활동하는 덕분이다.

그런데 왜 여신일까? 여신은 강하다. 여신은 경외의 대상이며 자신의 존재와 가치를 의심하지 않는다. 심지어 여신은 자기 자신에게 심취해도 된다. 게오르기아디스팀이 밝혀낸 것처럼 여신이 된 여성은 내면의 환상 여행을 신나게 한다. 불안해하거나 가책을 느끼거나 자책하는 것은 여신에게 어울리지 않으며 여신은 오로지 뜨거운 관심과 쾌락만을 누려 마땅하다.

나는 온라인과 오프라인을 통해 인터뷰한 여성들에게 이런 내 생각과 마이크 루사다의 사례를 얘기했다. 어떤 답이 돌아올지 걱정도 되었다. 하지만 여신이라는 호칭이 여성을 숭배까지는 아니더라도 예찬하는 여신 마중 기술의 일부임을 재확인할 수 있었다.

그중에서 한 여성의 사연을 들어 보자. "작가님의 제안을 시도해 봤어요. 우리는 집 뒷마당에 있는 실외 온수 탕에서 쉬고 있었어요. …우리 부부는 서로 사랑하고 잠자리도 나쁘지 않아요. 하지만 먹고 사는 데 바빠 지쳐 있었죠.

작가님의 여신 가설과 관련 연구들을 남편에게 얘기했어요. 재미있어하면서 관심을 보이더군요. 특히 여성의 반응이 달라질 수 있다는 부분에요. 남편은 슬슬 달아오르기 시작했지만 저는 솔직히 그럴 기분이 아니었어요. 포르노를 흉내 내는 것 같아서 별로 끌리지 않았거든요. 애쓰면 하기야 하겠지만 그냥 좋아하는 시늉만 하게 될 것 같았어요. 그럴 때 작가님이 말씀하셨던 실망감이 밀려들더라도 감당할 수 있게 마음의 준비를 했죠. 그러고는 남편을 살짝 밀어내면서 명랑하게 말했어요. '날 여신님이라고 불러야지'라고요.

그가 웃음을 터트리더니 엄청 어색하게 말하더군요. '당신은 귀여운 여신이야.' 미친 소리 같지만 이 한마디에 제 몸과 마음이 활짝 열리더라고요. 남편도 알아챈 것 같았어요. 절정의 순간에 그가 또 말했어요. '당신의 요니는 참 귀여워.' 이때는 저도 웃음이 나왔어요. 그의 말투가 약간 우스꽝스러워서 웃겼거든요. 하지만 그때 우리 둘 사이에는 진실한 무언가가 존재했어요. 그동안 녹슬어 열리지 않던 문이 사라진 것 같았어요. 일이 끝나자 내가 뭔가 달라졌다는 느낌이 들었죠. 남편도 다르게 보였어요. 남편이 내게 한 말은 억지 아부가 아니었어요. 뭐라고 말로 표현하기 힘든데, 어쨌든 그의 진심을 본 것 같았어요."

내가 하려는 말은 모든 남성이 연인을 여신이라 불러야 한다는 게 아니다. 본능에 내재하는 '뻘쭘한 짓 탐지기'가 이 말이 입 밖으로 나가는 것을 막는 사람이 분명 있을 것이다. 다만, 최근의 성 과학 연구 자료들과 탄트라 개론을 나란히 놓고 종합해 볼 때 한 가지 명백한 사실이 있다. 이성애자 남성이 여성을 여신으로 대접한다면 지치고 상처 입어 침울한 여성을 활짝 여는 데 도움이 된다. 당신은 특별하다고, 너무나 아름답다고, 내 눈에는 세상에 당신만큼 아름다운 여자가 또 없다고 자주 칭찬하고 가벼운 스킨십을 자주 하는 것만으로도 어마어마한 효과가 있다.

무섭지도, 지루하지도 않게

이성애자 여성이 원하는 남성상의 이중성은 영구히 사라지지 않고 세대와 세기를 거듭해 등장하고 있다. 제인 오스틴의 《오만과 편견》 (1813년)에서는 거만하고 무뚝뚝한 나쁜 남자 다시(Darcy)가 사실은 더할 나위 없이 상냥하고 좋은 남자였음이 소설 후반부에 드러난다. 에밀리 브론테의 《폭풍의 언덕》(1847년)에서는 (온순한) 에드가 린턴과 (야성적인) 히스클리프가 대립각을 세운다. 샬럿 브론테의 《제인 에어》 (1847년)에서는 불이 나기 전의 (사나운) 로체스터가 (친절하고 편안한) 세인트 존과 대비된다. 또 사고 후 눈이 멀어 약해진 (역시 친절하고 편안한) 로체스터와도 대비를 이룬다. 마거릿 미첼의 《바람과 함께 사라지다》(1936년)에는 (착하지만 지루한) 애슐리 윌크스와 (나쁘지만 매력적인) 레트 버틀러가 등장한다. 또 소년 같던 신인 시절의 (친절하고 편안한) 비틀즈와 처음부터 막 나간 (나쁘고 사나운) 롤링 스톤즈는 또 어떤가(1960년대).

웃자고 그냥 하는 얘기가 아니다. 내가 보기에 이렇게 서로 대비되는 두 남자주인공은 이성애자 여성들이 꿈꾸는 이상적인 남자의 전형이다. 소위 베스트셀러라는 로맨스 소설들을 읽어 보면 공통점을 하나 찾을 수 있다. 거만하거나 위험천만하거나 성격이 비뚤어져서 딱 봐도 나쁜 남자인 주인공이 알고 보면 좋은 사람이고 나중에 아내에게만 헌신하는 최고의 남편이 된다는 것이다. 소소한 설정만 바뀔 뿐 줄거리가 거의 똑같아서 지겨울 법도 한데 이런 로맨스 소설이 줄기찬 사랑을 받는 이유는 판타지를 풀어내는 방식에 있다. 독자는 현실에서는 절대로 해소할 길이 없는 생리학적 긴장 상태를 이야기 속에서 잠시나마 잊는 것이다.

여성을 성적으로 완전히 깨우려면 안전한 환경을 보장해야 한다고 했지만 그렇다고 해서 지루함을 견뎌야 한다는 뜻은 아니다. 앞서 파우스 박사는 나쁜 스트레스의 부작용과 좋은 스트레스가 성적 반응을 독려하는 위력을 강조했다. 나는 이것을 비틀어 흥분과 '안전한 위험'이라 표현하고 싶다. 여성의 의식에 뿌리 깊이 잠재한 모순적 딜레마는 여성의 신경생리학에 체현되어 있을지도 모른다. 이를 뒷받침하는 연구 데이터가 있다. 월경주기에 따른 여성 호르몬의 변동 추이를 보면 배란기에는 여성이 테스토스테론 냄새를 사방으로 뿜어내는 열혈 상남자에게 끌리지만 배란기가 아닐 때는 더 듬직하고 성실한 남자를 좋은 짝으로 느낀다고 한다.[43]

이 이중성은 진화론적 관점에서 헬렌 피셔의 이론과 완벽하게 들어맞는다. 피셔 박사는 여성은 본능적으로 일부일처주의적 개체가 아님에도 아이가 두 돌이 될 때까지는 안전하고 믿을 수 있는 남성과 짝을 이루는 성향이 있다고 분석한다. 또한 진화론적으로는 불륜이 쓸모 있다고도 주장한다. '정자 경쟁성'을 부여한다는 이유에서다. 과학적 맥락에서 일부일처를 고집하지 않는 여성은 여러 남자의 정자를 받으므로 임신 확률이 더 높다는 것이다. 이때 믿을 만한 보조 양육자가 옆에 있다면 적어도 두 해 동안은 안심하고 아이를 기를 수 있다. 여기서 여성은 선택의 갈림길에 선다. 성적 본능에 충실해 어디로 튈지 모르는 낯선 사내의 아이를 낳을 것인가 아니면 행동이 예측 가능하고 성실하게 나를 챙겨 줄 남자와 아기를 만들 것인가. 이 불멸의 딜레마가 조성하는 긴장감은 여성의 유전자에 새겨져 있을지도 모른다. 여자라면 매달 겪는 호르몬의 변화만 봐도 확실히 그런 것 같다. 로체스터냐 세인트 존이냐. 레트 버틀러냐 애슐리 윌크스냐. 선택은 오늘이 한 달의 몇째 날인지 그리고 교감신경계의 기본 활성이 얼마나 높은지에 달려 있다.

이 긴장감과 얽혀 있는 문제는 또 있다. 오래전부터 인지하고는 있었지만 모두가 쉬쉬하는 이 문제는 바로 많은 이성애자 여성이 나쁜 남자에게 끌린다는 것과 지배와 복종이라는 권력 게임에 성적으로 반응한다는 것이다. 변태적 성욕 요소가 들어 있는 E. L. 제임스의 연작소설 《그레이의 50가지 그림자》가 2012년에만 수백만 부가 팔려 나갔다는 게 높은 관심의 증거다. 페미니스트들은 여성의 성을 논할 때 이 주제를 거의 언급하지 않는다. 하지만 그런 유의 수많은 장면들, 가령 낸시 프라이데이의 《나의 비밀 정원》이나 할리퀸 로맨스 시리즈 혹은 출판사 밀즈 앤 분이 발행하는 소설들을 보면 남성의 물리적 힘이 아니라 지배자라는 위치에 자석 같은 속성이 있음을 인정할 수밖에 없다.

소설 속의 사랑받는 나쁜 남자 캐릭터들은 여자주인공에게 진짜로 못되게 굴지 않는다. 그들은 여성을 놀리면서 계속 도발한다. 그렇게 여성이 감춰진 야성미를 분출하도록 자극한다. 로맨스 소설에서 남자 주인공들은 퉁명스럽거나 다소 무례한 성격으로 그려지지만 절대로 여성에게 손찌검하거나 해치지 않는다. 만나기만 하면 투닥거리면서도 항상 상대방을 존중했던 다시와 엘리자베스 베넷을 생각해 보라. 로맨스 소설 장르의 남자주인공들은 모두 처음에는 세상에서 제일 나쁜 척 하지만 사실은 좋은 사람임이 드러난다. 여자 캐릭터는 또 어떤가. "가난하고 미천하고 예쁘지 않고 작다"는 제인 에어의 고백처럼 소설 초반에는 얌전하고 순진했던 그녀들은 선의를 감춘 나쁜 남자의 도발에 진정한 자기 자신으로 성장해 간다.

몹시 역설적인 동시에 정치적으로 구시대적인 이 판타지는 이성애자 여성이 성적으로 성장하는 과정에서 한 번은 반드시 겪는 통과의례 같다. 긴 여정을 시작하는 여성에게 약간 위험해 보이지만 보다 능숙한 남성이 첫 안내자가 되는 것이다. 이런 남성의 수식어 '나쁨'을 직역하는 것은 옳지 않다. 이 '나쁨'에는 다른 것, 야생의 것, 미지의 것이라는 의미가 담겨 있다. 일반적으로 사회는 여성에게 '착한 여자'라는 정체성 외의 다른 욕망은 틀어막고 금지하기만 한다. 그러나 나쁜 남성은 여성이 모험을 하고 확 트인 길을 질주하고 내 의지대로 창조하고 파괴할 수 있도록 오토바이 부츠를 신긴다. 남성의 '나쁨'에는 '날 것으로서(wild)'의 자아를 깨우치지 못한 여성의 어두운 그림자가 투영되어 있다.

성적으로 매력적인 남성이 권력이나 기술 면에서 우위에 있다는 점은 왈가왈부하기 민감한 부분이다. 이것은 아마도 여성을 진한 테스토스테론 냄새에 예민해지게 만드는 주기적인 호르몬 변화와 연관 있을 것이다. 여성의 자율신경계를 활성화하는 좋은 스트레스도 마찬가지다. 《이기적 유전자》에서 리처드 도킨스는 기존의 남성 중심적 진화생물학 이론에 대해 설명한다. 젊고 아름다운 여성은 안전을 보장해 줄 수 있는 나이 들고 부와 권력을 가진 남성에게 끌린다고 주장한다는 것이다. 그러면서 남성은 더 많은 곳에 씨를 뿌리기를 원하는 반면 여성은 상대가 자신에게만 헌신할 것을 기대하는 까닭에 언제나 여성이 불리할 수밖에 없다고 주장한다. 그러나 헬렌 피셔의 이론은 완전히 다른 얘기를 한다. 이 이론에 따르면 짝짓기 상대를 고르는 주체는 수컷이 아니라 암컷이다. 포유류 왕국 안의 모든 종이 그렇다. 여성이 찾는 것은 VVIP 전용 플래티넘 카드를 가진 늙은이가 아니다. 그녀는 고품질의 정자를 가진 보조 양육자를 찾는다. 자녀 양육과 성욕 해소라는 이중 과제를 한 번에 해결하기 위해서다. 여성은 호르몬 수치 변동을 주기적으로 겪는다. 그리고 겉으로 그래 보일 뿐 실제로는 해롭지 않은 남성으로부터 좋은 스트레스를 받는다. 이 두 가지 특징이 조금 전 언급한 과제의 이중성을 극대화하는 게 아닐까? 더불어 영화와 소설 속 판타지적 남성상이 현실에서 양립할 수 없는 상반되는 특질을 가지는 이유를 설명해 주지 않을까?

나는 남편과 갈라서거나 바람을 펴 본 여성들의 얘기를 들었다. 그 결과 발견한 사실이 하나 있다. 현대 여성들이 안정적인 결혼생활을 끝내거나 헌신적인 남편을 두고 불륜을 저지르는 표면적인 이유는 지루해져서다. 우리 문화는 남성이 먼저 끔찍한 잘못을 저지르지 않는 한 가정을 떠나거나 외도하지 말라고 여성에게 명령한다. 하지만 얼마나 많은 완벽한 아내들이 내게 고백하는지 모른다. 착하고 성실하며 예측 가능한 남편이 성적으로 지루해서 더 이상 참을 수 없었기 때문에 그를 떠났다고. 그녀들은 자신이 저지른 짓을 떳떳해하지는 않는다. 하지만 "살아생전에 에로틱한 화학작용을 다시 한번 느껴보지 못한다면 죽을 것만 같았다"는 고백에는 생존에 대한 절실함이 묻어난다. 그들은 "그냥 있으면 그대로 죽을 것 같았다. 나는 안으로부터 죽어가고 있었다"고 말한다. 그녀들에게 배신당한 남편들은 모두 말도 안 되게 괜찮은 사람이었지만, 여성의 성장과 모험에 더 이상 지적으로 동참하지 않았다는 게 문제였다. 그들은 부부의 침실에 유혹의 공기와 드라마를 불러들이는 것을 그만뒀다. 그들은 더 이상 아내를 정성을 들여야 하는 왁자지껄한 연애 드라마의 상대역으로 보지 않고 '당연히 여기에 있는' 존재로 생각했다. 이것은 도미노 효과를 일으켰다. 이번에는 아내가 남편에게서 신경을 끄고 그를 재미없는 사람이라 단정했다. 나는 남성이 기대에 부응하지 않을 때 여성이 날카롭고 못되지는 게 매달 드라마를 원하는 여성의 생물학적 본능 때문이라고 믿는다. 처음 계획이 실패하면 말다툼이라는 바람직하지 않은 형식으로라도 자극을 얻어내고 마는 것이다. 너무 한결같아서 예측 가능한 남편들은 아내가 보기에 고루하고 섹시하지 않은 배우자 역할에 자신을 가둘 뿐 선동자가 되기를 포기한다. 그들은 한 달에 한 번 여성의 모험심과 흥이 특히 고조되는 시점에 꿈틀대는 여성의 자율신경계를 그냥 방치한다. 그 여성들은 여성의 호르몬이 요구하는 두 가지 이상 중에 모험이나 예측 불가능한 특성은 무시하고 안정적인 동반자라는 반쪽만 채워 주는 남자와 결혼한 게 아닐까.

그렇다면 궁금해진다. 예측할 수 없는 나쁜 남자의 특징이 여성의 교감신경계를 깨우는 걸까? 답은 '그렇다'이다. 나쁜 스트레스는 교감신경계를 건드리면서 성적 흥분보다는 불안을 더 증폭시킨다. 반면에 파우스 박사가 지적했듯, 좋은 스트레스는 성생활에 득이 되는 쪽으로 교감신경계를 깨운다. 휴가지에서의 섹스는 유독 짜릿하다. 환경의 신선함과 예측 불가능성이 불안감보다는 성적 흥분을 높이는 방향으로 교감신경계를 자극하기 때문이다. 파우스 박사의 설명에 따르면 어떤 여성은 엉덩이를 때리거나 머리카락을 잡아당기면서까지 교감신경계를 건드려야 오르가슴에 이른다고 한다. 이런 소수의 특이 성향은 종종 마조히즘의 증거로 분류된다. 하지만 그들은 단지 교감신경계의 기본 활성이 이미 높아서 다른 여자들보다 더 많은 자극이 필요한 것일 수 있다.[44]

어떤 여성에게는 약간의 폭력성이 필요하다는 사실은 '왜 적지 않은 여성이 성폭력의 판타지나 역할극에 매료되는가'라는 질문의 답이 된다. 모두 교감신경계를 활성화하기 위한 장치인 것이다. (하지만 12장 '포르노 속 버자이너'에서 논의했듯, 이런 성적 취향이 마조히즘 심리에서 비롯된 것이 아니라는 사실을 안다고 해서 폭력적 성관계가 습관화되고 점점 더 과격해질 위험을 더 이상 경계하지 않아도 된다는 얘기는 아니다.)

여성의 교감신경계를 좋게 활성화하는 기대감과 예측 불가능성은 보다 소소한 깜짝 이벤트에서도 얻을 수 있다. 여기 행복한 결혼생활을 유지하고 있는 한 부부가 있다. 그들도 다른 평범한 가족처럼 각종 요금고지서, 출퇴근, 직장, 밤낮으로 울고 보채는 두 아이, 곧 현실이 될 대학등록금의 압박 등등 일상의 스트레스들을 감당하며 살아간다. 그런데도 이 아내는 유독 반짝반짝 빛난다. 40대인 그녀 안에는 여신이 살아 있다. 남편 역시 자신의 삶에 매우 만족한다. 넉넉한 형편이 아닌데도 그는 저렴한 항공권을 예약해 아내의 생일마다 합리적인 가격에 카리브해 리조트로 날아가 주말을 보낸다.

그들도 다른 수많은 권태기 부부들과 같을 수 있었다. 두 사람이 함께 줄을 서서 지루한 입국심사를 기다리고, 시간을 때우려고 잡지를 읽고, 지치고 허기진 상태로 리조트에 도착하면 일상의 무게를 훌훌 털어내고 침대 위로 쓰러져 기절하는 것이다. 하지만 이 부부에게는 그런 일이 일어나지 않는다. 남편이 늘 목적지를 비밀에 부치기 때문이다. 그는 아내에게 봄옷 몇 벌과 수영복을 챙기라고만 말한다. 공항에서도 그는 아내보다 앞서 나가서 항공사 직원에게 깜짝 이벤트라고 미리 일러둔다. 그런 다음 그녀가 기다리는 대기실로 돌아가 샴페인 병을 따고 아내에게 딸기를 권한다. 그러고는 허락을 받아 비행기에 오를 때까지 그녀의 눈을 가린다. 눈가리개가 풀린 적도 있었지만 그녀는 착륙할 때까지 자신이 어디로 향하고 있는지 짐작하지 못했다. 창공을 날아가는 내내 그녀의 입가에서 미소가 사라지지 않았다고 남편은 말한다.

그는 성실함과 더불어 유머 감각과 위험을 감수하는 도전정신을 겸

비한 까닭에 아내가 원하는 두 가지 남성상을 모두 충족할 수 있었다.

그렇다면 과로와 야근에 시달리는 우리 시대의 모든 성실한 남편들은 이 사례를 듣고 절망해야 할까? 닐 스트라우스의 《더 게임》이 제안하는 '멍청한 여자 꼬시기' 기술이라도 배워야 할까? 내 말뜻은 그게 아니다. 다만 이 글을 읽는 당신이 남자라면 사랑하는 여자가 삶에 흥미를 잃지 않게 하기 위해 끊임없이 노력해야 한다. 선동자 역할을 포기하지 말고 변화와 성장을 거듭해야 한다. 더불어 그녀를 깜짝 놀라게 할 크고 작은 비법을 계속 개발해야 한다.

여성의 복잡다단한 성적·생물학적 욕구를 충족시키기 위해서는 상반되는 두 남성상 모두 필요하다. 따라서 성실한 동반자를 선택한 여성에게는 그와의 안전한 관계에 예측불가능한 기대감을 조화롭게 섞는 것이 어렵지만 근본적인 해결책이 될 것이다. 그 반대로 나쁜 남자와의 주종관계에 더 끌리는 여성이 어느 정도 안전과 헌신을 보장받는 것도 마찬가지다.

그녀의 유두에 그녀가 원하는 대로

여성이 무엇을 원하든 남성은 그녀가 좋아하는 대로, 그녀가 요구하는 만큼 유두에 머무를 필요가 있다. 앞서 살펴봤듯, 유두 자극은 옥시토신을 분비시키고 옥시토신은 여성에게 안정감을 선사한다. 옥시토신 수치가 높은 여성은 세상이 사랑이 존재하는 따뜻한 곳이며 그 안에서 자신이 안전하다고 느낀다. 그런 여성은 사물과 현상의 유기적 관계를 꿰뚫어 보고 미묘한 감정 신호를 예리하게 포착해 낸다. 더 세심한 파트너, 더 나은 지도자, 더 창의적인 예술가, 더 상냥한 어머니가 되는 것이다. (참고로, 잠자리에서 남성의 유두를 자극하기도 하지만 남성에게는 효과가 짧고 자주 하지도 않는다.) 내가 연인으로부터 어떤 유두 자극을 받는 걸 원하냐고 물었을 때 대부분의 여성은 유두를 만지작거리거나 꼬집거나 빠는 게 좋다고 말했다. 재미있는 점은, 응답자 다수가 섹스는 어떤 남자와도 할 수 있지만 좋아하지 않는 남자가 유두를 만지거나 빠는 건 참을 수 없다고 말한 것이다. 몸 전체를 맡기는 것은 이미 서로 신뢰하는 관계에서만 가능한 게 아닐까. 이 자체가 신뢰감을 더 쌓기 위한 행위임에도 말이다.

아기가 젖을 빠는 행위가 옥시토신 분비를 촉진하고 그럼으로써 모자간에 단단한 유대감이 형성된다는 것은 과학적으로 입증된 사실이다. 그런데 남성이 그럴 때 역시 옥시토신이 분비된다. 그러면 여성의 몸 안에서는 안락함과 친밀함을 높이는 화학반응이 일어난다. 여성은 자신의 유두를 빠는 연인을 더 가깝게 느끼게 된다. 이 점을 주지한다면 더 깊어지고 싶지는 않은 남성(혹은 여성)에게는 애초에 유방 접근을 허락하지 않는 것이 현명한 처사일 것이다. 옥시토신은 새로운 것을 두려워하는 네오포비아(neophobia)와 불안감을 어르고 달랜다. 연인에게 유두를 자주 빨리는 여성은 쉽게 안식을 찾는다. 연인의 입술이 유두에 머물 때 여성이 흥분과 안락함을 동시에 느끼는 것은 옥시토신의 마법 덕분이다. 이런 식으로 여성은 연인의 유혹에, 사랑의 낚싯바늘에 걸려든다.

사랑의 감정 없이 다시는 만날 일 없는 낯선 이와의 하룻밤 일탈을 꿈꾸는가? 그렇다면, 상대방에게 유두는 건드리지 말라고 미리 경고하는 게 좋다.

사정

여성의 감정은 남성이 어떻게 사정하느냐에 따라 달라질까? 헬렌 피셔 박사는 그렇다고 말한다. 박사의 설명에 따르면 섹스는 여성에게 엄청난 심리적 영향을 미친다. 그래서 사정을 방해할 수 있는 우울증 치료제를 남성 환자에게 처방할 때는 "사정이 잘 안되면 구애 신호를 보내는 능력도 감퇴할 우려가 있다는 점을 반드시 일러 주어야 한다"고 경고한다.[45]

남성이 여성의 몸 안에서 사정할 때와 그러지 않을 때 여성이 남성에게 느끼는 감정은 분명하게 다르다. 정액은 달콤하고 향기가 난다. 또 정액은 끈적끈적하기 때문에 음경 삽입만 있을 때보다 질과 자궁경부의 더 넓은 면적을 자극한다. 질벽은 사정액에 들어 있는 당분을 흡수해 소화한다. 사정을 동반한 섹스 후 여성이 더 활기차졌다면 그것은 끈적끈적하고 뜨뜻한 액체가 몸속 깊숙이 자극한 동시에 당이 보충되었기 때문일 수 있다. 신디 메스턴과 데이비드 M. 버스는 공저 《여자가 섹스를 하는 237가지 이유》에서 정액에는 기분을 좋게 만드는 성분이 미량 존재한다고 주장했다. "정액에는 테스토스테론, 에스트로겐, 여포자극호르몬, 황체형성호르몬, 프로락틴과 같은 호르몬들과 몇 가지 프로스타글란딘류가 들어 있다. 이들 호르몬 모두 여성의 기분을 변화시키는 효과가 있으며 질벽을 통해 혈류로 흡수된다."[46] 평소에 피임을 철저하게 하는 커플에게 오랜만에 콘돔을 쓰지 않는 섹스는 안전한 상대와 안전한 방법으로 섹스를 한다는 안정감을 주면서도 더 많은 옥시토신과 오피오이드의 분비를 유도할 수 있다. 실제로 많은 여성이 평소와 다르게 파트너가 콘돔을 쓰지 않고 사정했을 때 전과 다르게 느껴졌다고 고백했다. 그 여성들은 더 강한 친밀감과 만족감을 느꼈고 전에는 거슬렸던 일들을 호쾌하게 넘길 수 있게 되었다고 말했다.

몹시 철두철미한 경우지만, 처음에는 원칙대로 콘돔을 사용하고 성병 검사를 받아 깨끗하다는 것을 확인하고 나서야 콘돔 쓰기를 그만두면 남녀 관계가 변할까? 나는 실제로 이런 여성들에게 정액의 효과에 관한 가설을 설명하고 그들의 경험을 물었다. 한결같은 체취를 가진 똑같은 남자와 예전과 똑같은 방식으로 섹스를 하는데 뭔가 달라지는 게 있을까?

놀랍게도 그들은 정색하면서 이구동성으로 완전히 다르다고 대답했다. 그래픽 디자이너인 줄리아는 이렇게 말했다. "세상에, 콘돔을 안 쓰니까 남자친구의 짜증나던 면들이 얼마나 귀엽게 느껴지던지요. 남자친구가 더 잘생겨 보이기까지 했어요. 그가 거적때기를 걸치고 있어도 상관없어졌죠. 우리 관계가 좀 더 진지해진 느낌이었는데, 콘돔을 쓰지 않아도 되는 사이라는 사실이 주는 신뢰감 때문만은 아닌 것 같았어요. …이런 일이 일어나다니 믿을 수 없어요."

뉴욕에 사는 학생인 아나스타샤도 동의했다. "확실히 변했어요. 훨씬 더 가까워졌다고 할까요. 전에는 그와 거리감이 좀 있었거든요. 콘돔을 안 쓰기 시작하면서 그와 더 연결되고 그에게 더 불타오르는 느낌이 들어요."

회사원 다이앤도 마찬가지였다. "달라졌죠. 그가 예전과 다르게 느껴져요. 사랑이 더 깊어졌고 만족감과 유대감도 커졌어요. 훨씬 행복해요."

니나는 이렇게 표현했다. "우리 관계가 한층 업그레이드되었어요. 생각해 보니 사랑을 나누고 난 직후에 둘 사이가 가장 돈독한 것 같아요. 그때 기분이 가장 좋아요. 고무주머니 안에 사정할 때는 그가 이렇게 근사한 남자인지 몰랐어요. 그가 내 남자라는 생각이 들지 않았죠. 하지만 지금은 그가 내 평생의 사랑이라는 느낌이 들어요."

그렇다면 오럴 섹스를 하면서 정액을 삼키는 경우는 어떨까? 경험자 중 이때 똑같은 감정 변화가 있었다고 기억하는 여성은 많지 않았다. 어느 정도는 영향이 있었을지 모르지만 오피오이드를 비롯해 긍정적인 감정 호르몬들을 폭발시키는 질 안에서의 사정에 비하면 새 발의 피라는 보고만 여러 건 있을 뿐이다.

혹자는 피임의 안전성을 과소평가하는 것 아니냐고 우려할지 모른다. 하지만 내가 전달하려는 요지는 정액을 받아들일 때 여성의 심리에 일어나는 변화를 이해하는 것이 중요하다는 것이다. 당신이 어떤 남자와 막 사랑에 빠졌다고 상상해 보라. 그와 잠자리를 가질 때 초반에는 콘돔을 쓸 것이다. 그러다 두 사람이 확실한 연인 사이가 되면 콘돔 없이 사랑을 나눈다. 그럴 때마다 당신은 점점 더 그의 온기와 체취에 중독된다. 두 사람에게는 오직 서로뿐이라는 믿음이 주는 안정감이 당신의 오르가슴을 증폭시킨다. 그런 잠자리 후에는 주체할 수 없는 행복감이 밀려든다. 반면 데이트를 하다가 사랑을 나누는 분위기가 되었는데 어떤 이유로든 다시 콘돔을 쓴다고 상상해 보라. 그때 당신은 실망감과 거리감을 느낄까? 관계를 마친 후에 또 다른 새로운 감정이 들까?

오럴 섹스에는 여성의 추진력을 부추기는 효과가 있다. 반면 질에 삽입하는 섹스는, 메스턴과 버스의 표현대로, 여성을 더 다정하고 유쾌하게 만든다. 사정에 대한 여성의 반응은 상대가 누구냐에 따라 극과 극으로 달라진다. 하지만 작금의 과학은 어떤 남성의 정액은 나에게 더 잘 맞고 다른 남성의 정액은 그렇지 않은 이유를 설명하지 못한다. 내가 조사한 바로는 여성은 어떤 남성의 정액이 나에게 맞는지 아닌지 바로 알 수 있다고 한다. 얘기를 나눴던 많은 이성애자 여성이 다른 모든 면에서는 흠잡을 데가 없던 연애 초기의 관계가 틀어지는 전환점이 바로 정자에 대한 비호감을 확인한 순간이라고 말했다. 어떤 여성이 누가 봐도 훌륭한 배우자감인 남성에게 불꽃이 튀지 않는다고 고민한다면 문제의 본질이 이것일 가능성이 높다. 인간은 본능적으로 불쾌한 냄새가 나는 것을 멀리한다. 맛도 마찬가지다. 커플이 처음으로 콘돔을 쓰지 않고 사정하는 섹스는 냄새와 맛을 제대로 체험하는 첫 기회가 된다. 이 남자의 사정액이 가진 맛과 냄새에 대한 여성의 호불호가 바로 이 시점에 결정된다.

인터뷰한 여성들 다수가 마치 서로 짠 듯 표현만 다를 뿐 같은 취지로 내게 던진 질문이 하나 있다. "상황이 안 좋더라도 기분이 좋아지려면 콘돔 없는 삽입 섹스를 해야 한다는 건가요?" 그들은 이 질문을 웃으면서 하지만 본심은 매우 진지하다. 짐작건대 '섹스를 하고 싶어질 때까지 섹스하라'는 오랜 속설의 바탕에는 분명히 생화학적 근거가 있다. 잠자리에서 남성의 사정과 상냥한 행동들은 여성의 몸 안에서 오피오이드와 기분을 좋아지게 하는 여러 화학물질들이 분비되도록 유도한다. 무엇보다도 이 생화학 작용은 위기에 직면한 커플에게 믿음직한 버팀목이 되어 줄 수 있다.

불씨를 되살리려면 빨래를 개라

서구사회에서 여성은 육체적 사랑의 불꽃이 꺼지지 않게 유지하는 지킴이 임무를 맡아 왔다. 1970년대의 베스트셀러 《사랑받는 아내》에서 매러벨 모건이 제안했듯 퇴근하는 남편을 전라에 앞치마만 두른 채로 맞이하거나 시시때때로 새로운 코스튬으로 완전무장해 남편의 눈을 즐겁게 해 주는 식으로 말이다. 하지만 탄트라 전문가들은 정반대여야 한다고 말한다. 탄트라의 세계관에 따르면 불씨를 돌봐야 하는 것은 남성이다. 루사다의 표현대로 남성이 여성을 붙잡아야 하는 것이다. 그러나 안타깝게도 현대 남성 대다수는 본인이 끌리지 않는 한 여신 마중을 우습게 여긴다. 그래서 여성 안의 불꽃이 완전히 꺼지도록 방치하기 일쑤다. 그런 남성은 충분한 성적·정서적 예열과정 없이 바로 여성의 질로 돌격한다. 그러는 게 남자다운 줄 안다. 하지만 버자이너는 섹스와 무관해 보이는 두 사람 간 섬세하고 역동적인 교감의 부산물로서 비로소 사랑에 갈증을 느끼고 활짝 열릴 수 있다. 탄트라식 설명대로 남성이 섹스와 무관한 여러 방면에서 풀무질을 해 주어야 하는 것이다.

여신 마중에 공을 들이는 남성은 저녁에 귀가하면 사랑하는 여자를 따뜻하게 꽉 안아 주고 새 옷이 잘 어울린다고 칭찬하는 것을 잊지 않는다. 피곤할 때면 여성의 머리카락을 쓰다듬으면서 힘을 얻는다. 이런 남성을 배우자로 둔 여성은 화분에 물을 주거나 우편물을 확인하는 순간에도 늘 성적·정서적·신체적으로 즐겁고 들떠 있다. 동반자 남성이 그런 환경을 조성한 덕분이다. 여성의 신체는 이완과 자극을 동시에 필요로 하는 특성을 지닌다. 이 두 가지가 공존하는 독특한 환경을 만드는 것은 여성이 아니라 남성의 일이다(남성의 생화학적 체질을 고려해 여성이 할 일은 또 따로 있다). 이런 환경에서 여성의 교감신경계는 평정을 유지한다. 그러면 혈액순환이 원활해져 온몸 구석구석에 건강한 혈액이 공급된다. 이것은 유익한 호르몬의 분비로 이어진다. 그런 화학 물질들은 기분을 좋게 만들고 여성의 자신감과 커플의 유대감을 높인다. 이런 상태의 여성은 사랑을 나눌 시점이 되었을 때 이미 원하고 있다. 내적으로도 외적으로도 모든 요소가 유기적으로 연결되어 사랑하는 남자를 받아들일 만반의 채비를 갖추고 그를 간절하게 원한다.

대상이 하등 포유동물이긴 하지만, 파우스 박사 연구팀은 여성 안의 불꽃이 완전히 꺼져 되살릴 수 없게 되는 생리학적 소실점이 있다는 증거를 찾아냈다. 수컷과 안 좋은 섹스를 경험한 암컷이 성적으로 너무나 크게 실망해 이 소실점을 건너가면 수컷이 아무리 노력해도 암컷은 복구가 불가능해진다. 암컷 랫트에게 호르몬을 주입해 발정 상태를 유도

한 실험을 기억하는가? 이 실험에서 자유를 허락받은 암컷들이 수컷과 어울리며 즐길 때 날록손을 추가로 주입받은 암컷들은 옴짝달싹도 안 했다.

날록손 군 암컷들의 무기력한 반응은 실험이 끝난 뒤에도 사라지지 않았다. 실망스러운 섹스를 다섯 번쯤 경험하고 나면 수컷을 무시하기만 하는 게 아니라 공격하기까지 했다. 이제는 투여 약물이 날록손이 아니라 그냥 생리식염수인데도 말이다. 다시 말해, 녀석들은 **물리적으로** 성적 쾌락을 느낄 수 있게 되었는데도 섹스를 귀찮아했다.

이 실험 결과를 두고 파우스 박사는 쉽고 명료한 해설을 제시한다. "이 암컷들은 척추전만 자세로 수컷을 유혹하는 게 아니라 맞서 싸운다. 날록손이 몸에서 다 **빠져나간** 지가 한참인데 왜 이러는 걸까? 섹스가 엿 같다는 인식이 심어진 것이다. 마지못해 했을 뿐 진짜로 좋지는 않았다. 그런 까닭에 호르몬이 최적의 조합에 이르렀음에도 섹스가 내키지 않는다. 녀석들은 몹시 불쾌했던 지난 다섯 차례의 섹스를 기억한다. 그래서 무의식적으로 '섹스는 아프기만 해. 그런데 이걸 왜 또 해?'라는 결단을 내린다. 이런 경계 심리는 예상보다 훨씬 오래간다. 암컷들은 수컷이 형편없는 연애 상대라고 생각하고 있다. 녀석들은 자책하지 않는다. 대신 비극의 원인을 외부에서 찾는다. 그래서 결론이 뭐냐고? 요지는, 최근에 여성에게 나쁜 섹스의 기억이 심어졌다면 그녀가 당신과의 섹스를 더 이상 원하지 않게 되는 순간이 머지않아 찾아온다는 것이다."[47]

연인이 지난 화요일에는 나를 그렇게 정열적으로 올라타 놓고 오늘은 두통을 핑계로 도망갈 때, 남성이 그날 여신 마중을 제대로 했었는지 돌아보지 않는다면 그는 아무리 고민해도 그녀가 그러는 이유를 알 수 없을 것이다. 여신 마중의 기전과 효과를 제대로 이해한다면, 일상에서의 몇몇 소소한 행동이 아내에게 얼마나 매혹적으로 보이는지 알게 될 것이다. 그런 까닭에 남성은 아침마다 출근하기 전에 굿바이 키스에 앞서 아내와 깊은 눈 맞춤을 나누고, 잠자리에서 그녀를 유혹하기 전에 방바닥에 널린 빨랫감을 정리하고, 여력이 되면 직접 세탁기를 돌리고 마른빨래를 개서 정리해야 한다. 이런 소소한 일이 여성에게 거슬려 보일 때, 남성이 여성의 스트레스 수위를 낮추는 방향으로 대응한다면 여성의 버자이너가 더 빨리 윤활해진다.

한 가지 더 당부할 게 있다. 눈을 맞추고 칭찬하고 빨래를 개는 것은 효과적인 전희에 불과한 행동이 아니다. 여성의 몸은 소소해 보이는 이런 행동들을 좋은 섹스 자체의 한 과정으로 느낀다.

별의 소나기

최신 과학은 현대인의 성 지식을 원점으로 돌려놓고 있다. 황홀경에 이르는 오르가슴의 유형에 여성들 스스로 새로 붙인 이름들이 그 증거다.

캐나다 맥길 대학교의 어브 비닉 박사는 여성을 위한 오르가슴 체크리스트를 만들었다. 그의 연구팀은 스물네 개 보기 중에서 여성이 택한 답변을 토대로 여성들이 주관적으로 정의한 오르가슴의 종류를 세분할 수 있었다. 어떤 여성은 오르가슴이 '생리학적'이라고 답했다. '포괄적', '계측 가능', '주관적'이라는 보기를 선택한 여성도 있었다. 연구팀의 분석에 의하면, 생리학적 서술어를 고른 여성들은 자위를 자주 하고 감정과 관련된 주관적 서술어를 사용한 여성들은 상대방과의 성관계를 더 선호한다는 특징이 있었다.[48]

베벌리 휘플과 배리 코미사룩은 이 통찰을 한 단계 발전시킨다. 두 사람은 2011년에 여성들에게 음핵과 질(G스팟), 자궁경부를 따로, 또 같이 자극했을 때 느껴지는 다양한 오르가슴을 자유롭게 묘사하도록 요청했다. 그 결과, 시적이라고 말해도 좋을 실로 다양한 표현이 쏟아져 나왔다. 나는 이 연구 자료를 보고 성교육 전문가 리즈 톱이 너무나 많은 10대 여학생이 자신의 몸을 잘 모른다는 현실을 안타까워했던 게 생각났다. 그녀는 여학생들이 자기 몸 안에 여러 우주가 존재한다는 걸 모른다고 말했었다.

휘플과 코미사룩의 분석에 의하면, 외음부 오르가슴은 음핵 자극을 통해 흔히 일어나고 음부신경과 두덩꼬리근[1])이 주로 관여한다. 또, 자궁 오르가슴은 보통 G스팟을 매개해 일어나며 이때는 골반 신경과 자궁근육이 총출동한다고 한다. 한편 통계적으로 가장 많은 여성이 선호하는 형태인 혼합 오르가슴은 여러 지점의 동시 자극을 통해 일어나고 굵직한 두 신경 줄기인 음부신경과 골반 신경 그리고 해당 부위의 모든 근육이 반응한다.[49]

다양한 여성 오르가슴의 한 카테고리를 정의하기 위해 여성의 입에

---

1) [역주] 골반 장기들을 잡아 주는 근육 중 하나. 항문괄약근이라고도 한다.

서 신비주의의 언어가 다시금 혹은 새롭게 나오게 만든 것이 여성이 절대다수를 차지하는 연구팀들이라는 사실은 어쩌면 당연한지 모른다. 지식인이라면 우리가 바깥세상에서 신성이나 초월적 조화를 경험할 때 우리의 내면은 신 혹은 여신의 존재를 느낀다고 말할 것이다.

여성들에게 직접 체험한 오르가슴을 스스로 이름 붙이게 했을 때 기발한 신조어들이 만들어졌다. 그중에 하나가 특히 잊히지 않는다.

누군가가 말했다. '별의 소나기'라고.

맺으며 / 여신의 귀환

집처럼 편해요
—마돈나, '기도문처럼'

처음에는 버자이너의 알려지지 않은 차원들을 탐색한다는 일차원적 생각이었다. 이 책 덕분에 시야가 이렇게 트일 줄은 나도 예상하지 못했다. 하지만 돌이켜보면 단순한 성 기관 이상의 더 큰 무언가에 관한 얘기가 나올 거라는 확신이 있었기에 이 주제에 몰입할 수 있었던 것 같다. 이 프로젝트가 내게 준 선물은 지식의 확장만이 아니다. 세상을 보는 눈도 달라졌다.

책을 마무리 짓기 위해 나는 여름의 초입에 아이들을 데리고 그리스로 가서 에레소스 마을 인근의 집 한 채를 빌렸다. 우리는 그곳에 일주일 동안 머물 예정이었다. 집필을 시작한 지 어느덧 2년째였다.

2년이라는 시간 동안 내 몸은 등에 작은 흉터를 남기긴 했지만 그럭저럭 잘 회복했다. 척추 회전이 완전하지는 않아서 테니스나 격렬한 운동과는 평생 작별을 고해야 했지만 수영이나 가벼운 등산 정도는 다시 할 수 있게 되었다. 가끔 발작처럼 통증이 있긴 해도 나는 허리 교정기를 차지 않아도 된다는 사실에 감사한다. 무엇보다도 전체 신경계가 다시 정상작동해 모든 의식과 감각을 돌려준 것이 너무도 기쁘다. 영원히 잃어버린 줄 알았던 것을 되찾았다는 사실을 알았을 때 얼마나 감격스럽던지. 코디 박사, 콜 박사, 바부 박사를 비롯해 내게 도움을 준 모든 분에게 평생 갚아도 모자랄 은혜를 입었다.

치유된 것은 몸만이 아니었다. 나는 심리적으로도 달라졌다. 책을 쓰려고 조사와 연구를 하는 과정에서 나만의 보물을 덤으로 발견했다. 보이지 않는 현실의 이면을 계속 노려보다가 꼭꼭 숨어 있던 보물의 실체가 내 눈앞에서 형상화할 때 그 경이로움을 어찌 말로 다 표현할까.

원고를 완성하던 날, 나는 컴퓨터를 가방에 넣고 집 근처 해변으로 나갔다. 전날 우리는 자그마한 쌍동선을 타고 짧은 항해를 했었다. 여름 한 철 마을에서 아르바이트하는 한 10대 소녀가 함께 휴가를 보내러 온 내 친구와 나를 안내했다. 하늘은 청명했고 아침부터 여름날의 열기가 날카로운 유리 조각처럼 쏟아져 내리고 있었다. 바닷물은 푸른색과 보라색이 어우러진 에게해 특유의 색조를 띠었다. 일찍이 호머가 '포도주처럼 진하다'고 묘사한 색이다. 그게 어떤 느낌인지 예전에는 잘 몰랐는데 직접 와서 보니 그 표현이 딱 맞았다. 에게해는 풍요와 보물을 감춘 심연 속의 심연이었다.

곧 숙녀가 될 여자아이가 자신 있게 조타석에 오른 배는 바람을 가르며 시원하게 나아갔다. 몇 분 뒤 우리는 하프처럼 생긴 만의 한가운데에 와 있었지만 등 뒤로는 해변과 마을이 아직 보였다. 그리스에 도착한 첫날 나와 내 친구는 여독이 덜 풀린 상태로 아이들 시중을 들고 서로를 살피느라 정신이 없었다. 그래서 우리는 문화도 환경도 완전히 다른 그리스라는 타국에 와 있다는 현실을 아직 실감하지 못했다. 저 멀리 언덕 자락의 저지대에 우리의 소박한 임시 거처가 보였다. 뒤쪽으로는 높은 구릉이 버티고 서 있고 전체적으로 금회색 산맥이 둘러싼 지형이었다. 나는 주변 풍경을 둘러보기 시작했다. 전체가 한 폭의 그림 같았다. 산들바람이 쉬지 않고 불어와 우리를 간질이고 지나갔다. 자연이 빚은 그대로 굽이져 있는 언덕은 아름다운 여인의 나신을 연상케 했다.

풍광을 감상하면서 자연의 위대함과 다정함을 반추하자니 눈앞에 얼룩이 번지다가 한순간 시야가 걷히면서 사물들이 반짝반짝 빛나기 시작했다. 어른이 된 후로 이런 경험은 처음이었다. 순간적으로 나는 이 거뭇거뭇한 얼룩이 우리가 우리 자신의 여성성에 씌운 수치심과 모멸감의 굴레였음을 깨달았다. 그동안 얼룩은 성 중추의 전형인 버자이너뿐만 아니라 온 세상을 물들였다. 그래서 우리의 눈과 귀를 가리고 우리가 세상과 소통하지 못하도록 방해했다. 그런 굴레가 한순간에 사라지자 모든 것이 얼마나 새롭고 아름답게 보이던지! 이 따뜻한 광채 아래서 보니 우리가 서로와 그리고 자연과 얼마나 조화롭게 어우러져 있던지!

그날 우리는 섬의 북쪽으로 갈 예정이었다. 그런데 이곳이 내 집필 여정의 출발점이었다는 사실을 깨닫고 깜짝 놀랐다. 크레타섬은 고대 미노스 문명에서 여신 숭배의 중심지였던 곳이다. 미노스 문명은 아리아인들이 남성 중심의 그리스 신화를 창조하기 전에 번영했고 훨씬 더 엄격한 가부장적 히브리 문화보다도 앞선다.

섬은 사방이 미노스 여신을 묘사한 토기 유물과 똑같은 색깔이었다. 섬 전체에 성의 여신이 없는 곳이 없었다. 똬리 튼 뱀을 가슴에 안아 들고 있는 미노스 여신은 이 섬의 공식적인 상징이다. 우체국 건물에도, 시청 청사에도 이 상징이 보란 듯이 새겨져 있었다. 일반 가정도 집집마다 여신의 얼굴이 새겨진 토기 조각상을 놓아둔다. 외음부 모양의 조각상 틀은 옥스퍼드 대학교에서 봤던 고문서 속 만돌라와 놀라울 정도로 흡사했다. 사람들은 이 조각상을 여신 얼굴이 바깥을 향하게 해서 지붕 한 귀퉁이에 부적으로 걸어 두었다. 여성성이 가진 신성함과 힘에 대한 믿음이 이 섬에는 아직 남아 있었다.

여기 오기 직전에 우리는 몰리보스라는 마을을 들렀는데 그곳 역시 아름답기는 마찬가지였다. 산마루에 남아 있는 비잔틴 유적지를 둘러보던 중에 친구가 외쳤다. 저것 좀 봐! 그녀가 가리킨 방향으로 고개를 돌리니 골짜기를 가로질러 수 킬로미터에 이르는 진홍색 불길이 무섭게 번져가고 있었다. 색이 점점 탁해지는 거대한 연회색 빛 연기기둥은 온 하늘을 가릴 기세였다. 인근 마을들을 위협할 만한 대규모 산불이었다. 우리는 서둘러 항구로 돌아왔다. 그러고는 소방기들이 상공을 맴돌며 성난 불기둥에 연이어 물을 쏟아내는 장면을 지켜보았다. 마을 사람들은 매년 여름마다 산불이 일어난다고 했다. 불길은 매번 쉽게 잡히지 않는다고 한다. 전년도에는 이 마을에서만 수십 명이 여름 산불로 희생되었다. 특히 올해는 유독 건조하다며 주민들은 걱정이 이만저만이 아니었다. 상황은 변하고 있었다.

순간 어떤 깨달음이 뇌리를 스치고 지나갔다. 성서가 전하는 것과 달리 원죄의 뿌리는 인간의 육욕에 있지 않았다. 인간의 진짜 원죄는 여성성과 여성 섹슈얼리티를 숭상하는 태고의 전통을 버린 것이었다. 원죄의 본질은 5,000년이라는 긴 세월 동안 신성한 섹슈얼리티를 부끄러워하고, 억압하고, 왜곡하며 여성으로부터 혹은 남성으로부터 분해하고 분리하려 했다는 데 있었다. 그 결과로 모든 인간 개체와 인류문명은 곳곳이 어긋나고 뻥 뚫린 채로 성장했다. 오늘날 우리는 그 소산을 곳곳에서 목격하고 있다. 태곳적 비행(非行)은 남녀 모두의 비극과 위태롭게 기울어진 약탈 문명을 낳았다. 그런 반만년의 풍상이 주마등처럼 내 눈앞을 스쳐 갔다.

그 모든 역사와 통찰이 이 순간 나에게로 수렴하고 있었다.

나는 리즈 톱이 해 주었던 뉴욕 여고생들 얘기가 생각났다. 그녀의 강연을 들은 소녀들은 그동안 자신이 성적으로 부당한 처우 속에서 무지와 침묵을 강요받고 자랐음을 알게 되었다고 톱에게 고백해 왔다. 그리고 어느 날 한 무리의 여학생들이 조회시간에 앞으로 나섰다. 발언권을 얻은 그들은 한목소리로 이렇게 제창했다.

"버자이너! 버자이너! 버자이너!"

나는 흐뭇했다. 소녀들은 다소 충동적인 시위 행동을 통해 그들의 힘과 발전을 스스로 증명해 보였다.

그리고 그들은 옳았다.

원고를 탈고하던 날, 나는 에레소스 중심부로 혼자 산책하러 나갔다. 만에서 멀리 떨어진 곳이었다. 올리브 나무 근처에서 암염소들이 평화롭게 풀을 뜯고 새끼 염소들은 그늘에서 서로를 들이받으며 놀고 있었다. 나는 오른쪽으로는 에게해를, 왼쪽으로는 광활한 목초지를 끼고 천천히 걸었다. 그러다 작은 다리가 나왔다. 다리 아래로 흐르는 초록빛 강에서는 물고기와 거북이 수십 마리가 헤엄치고 있었다. 다리를 건너자 알록달록한 야생화들이 흐드러지게 핀 꽃밭이 나타났다. 연분홍색 협죽도, 트럼펫 모양의 주황색 덩굴꽃, 연보라색 엉겅퀴 등 종류도 다양했다. 꿀벌들은 꽃송이를 오가며 제 할 일을 하느라 분주했다. 꽃은 식물의 성 기관이다. 나는 이 성 기관의 진액을 여기 머무는 내내 매일 아침 먹었다.

나는 미소를 지었다. 눈을 돌리는 모든 곳에 눈부시게 빛나는 완전 무결한 여성성의 에너지가 있다. 창조하고 베푸는 에너지다. 여성의 섹슈얼리티는 무소부재하며 세상과 인간을 양육하고 보존하는 궁극의 힘이다.

나는 속으로 노래하듯 외쳤다. '버자이너! 버자이너! 버자이너!'

주석

들어가며

1. Christopher Ryan and Cacilda Jethá, *Sex at Dawn: The Prehistoric Origins of Modern Sexuality* (New York: HarperCollins, 2010).
2. Shere Hite, *The Hite Report: A Nationwide Study of Female Sexuality* (New York: Seven Stories Press, 2004).
3. Catherine Blackledge, *The Story of V: A Natural History of Female Sexuality* (New Brunswick, NJ: Rutgers University Press, 2004).
4. William James, *The Varieties of Religious Experience* (New York: Barnes and Noble Classics, 2004), 366.
5. 같은 책., 329 - 71.
6. 같은 책., 366.
7. William Wordsworth, "Ode on Intimations of Immortality from Recollections of Early Childhood," in *The Major Works, Including the Prelude*, Stephen Gill, ed., (New York: Oxford World Classics, 2000): "풀밭과 숲과 냇물, 대지의 모든 일상이 내게 진정 천상의 빛과 광휘와 꿈의 생기로 치장한 듯 보이던 때가 있었다. … 광휘와 구름을 뒤에 끌면서 우리는 우리의 집인 하느님으로부터 온다."
8. James, *The Varieties of Religious Experience*, 370.
9. Sigmund Freud, *Civilization and Its Discontents* (New York: Penguin Books, 2002).
10. Janniko R. Georgiadis and others, "Regional Cerebral Blood Flow Changes Associated with Clitorally Induced Orgasm in Healthy Women," *European Journal of Neuroscience*, vol. 24, (2006): 3305 - 16.
11. Blaise Pascal, *Pensées* (New York: Penguin Books, 1996), 148.
12. Kamil Dada, "Dalai Lama Talks Meditation with Stanford Scientists," *The Stanford Daily*, www.stanford-daily.com/2010/10/18/dalai-lama-talks-meditation-with-stanford-scientists.

1부 / 버자이너의 자아의식

1. 숨은 실세, 골반 신경

1. Netter image 5101. "Innervation of Female Reproductive Organs," www.netterimages.com/image/5101.htm and 2992; compare "Innervation of Male Reproductive Organs," 2910, www.netterimages.com/image/2910.htm.

2. "Innervation of External Genitalia and Perineum," ibid.

3. www.netterimages.com/image/3013.htm.

4. "Innervation of Internal Genitalia," www.netterimages.com/image/3093.htm.

5. 같은 자료.

6. Naomi Wolf, *Misconceptions: Truth, Lies and the Unexpected on the Journey to Motherhood* (New York: Doubleday, 2001), 165 - 67.

2. 꿈꾸는 자율신경계

1. Cindy M. Meston and Boris B. Gorzalka, "Differential Effects of Sympathetic Activation on Sexual Arousal in Sexually Dysfunctional and Functional Women," *Journal of Abnormal Psychology* vol. 105, no. 4 (1996): 582 - 91.

2. Herbert Benson, M.D., *The Relaxation Response* (New York: Avon, 1976).

3. Janniko R. Georgiadis and others, "Regional Cerebral Blood Flow Changes Associated with Clitorally Induced Orgasm in Healthy Women," *European Journal of Neuroscience* vol. 24, no. 11 (2006): 3305 - 16.

4. Naomi Wolf, *Misconceptions: Truth, Lies and the Unexpected on the Journey to Motherhood* (New York: Doubleday, 2001), 165 - 67.

5. Ina May Gaskin, *Spiritual Midwifery* (Nashville, TN: Book Publishing Company, 2002), 86, 440 - 41.

6. Carter, 1998, cited in Mark R. Leary and Cody B. Cox, "Belongingness Motivation: A Mainspring of Social Action," in *Handbook of Motivation Science*, ed. James Y. Shah and Wendi L. Gardner (New York: Guildford Press, 1998), 37.

7. Wolf, *Misconceptions*, 118, 141.

8. Netter image 3093, www.netterimages.com/image/3093.htm.

9. William H. Masters and Virginia E. Johnson, *Human Sexual Response* (New York: Ishi Press, 2010), 69.

10. Rosemary Basson, "Women's Sexual Dysfunction: Revised and Expanded Definitions," *CMAJ*, 172, no. 10 (May 2005): 1327 - 1333.

11. 여성의 골반 신경 구조는 워낙 복잡하다. Hanny Lightfoot-Klein은 음핵을 절제한 뒤 꿰매버리기까지 한 수단 여성들도 일종의 오르가슴을 느낀다는 사실을 알아냈다. Hanny Lightfoot-Klein, "The Sexual Experience and Marital Adjustment of Genitally Circumcised and Infibulated Females in the Sudan," *Journal of Sex Research*, vol. 26, no. 3 (1989): 375 - 92.

12. Barry R. Komisaruk and others, "Brain Activation During Vagino-Cervical Self-Stimulation and Orgasm with Complete Spinal Cord Injury: fMRI Evidence of Mediation by Vagus Nerve": "척추 완전손상으로 진단받은 여성들도 질이나 자궁경부를 기계적으로 자극할 때 감각을 인지하고 오르가슴 반응을 나타내는 것으로 보고되었다." *Brain Research* 1024 (2004): 77 - 88. www.sciencedirect.com/science/article/pii50006899304011461.

3. 자신감과 창의력, 그리고 유대감

1. George Eliot, *The Mill on the Floss* (London: Penguin Classics, 2003), 338.

2. 같은 책., 573.

3. Christina Rossetti, "Goblin Market," *Poems and Prose* (Oxford: Oxford World's Classics), 105 - 19.

4. Hunter Drohojowska-Philp, Full Bloom: *The Art and Life of Georgia O'Keeffe* (New York: W. W. Norton, 2004), 115, 135; Sarah Greenough, ed., *My Faraway One: Selected Letters of Georgia O'Keeffe to Alfred Stieglitz*, vol. 1, 1915 - 1933 (New Haven, CT: Yale University Press, 2012), 127, 217.

5. David Laskin, *Partisans: Marriage, Politics and Betrayal among the New York Intellectuals* (New York: Simon and Schuster, 2000), 151.

6. Kate Chopin, *The Awakening and Other Stories* (Oxford: Oxford University Press, 2000), 219.

7. Hermione Lee, *Edith Wharton* (New York: Alfred A. Knopf, 2007), 327.

8. Chopin, *The Awakening*, 82.

9. Edith Wharton, *The House of Mirth* (New York: Barnes and Noble Classics), 177.

10. Gordon Haight, *George Eliot: A Biography* (Oxford: Oxford University Press, 1978), 226 - 280; Greenough, *My Faraway One*, 216; Candace Falk, *Love, Anarchy and Emma Goldman: A Biography* (New Brunswick, NJ: Rutgers University Press, 1990), 66.

11. Greenough, *My Faraway One*, 56 - 57, 217.

12. Isabel Allende, *Inés of My Soul* (New York: HarperPerennial, 2006), 8.

4. 도파민, 오피오이드, 옥시토신

1. 참고 Stanley Siegel, *Your Brain on Sex: How Smarter Sex Can Change Your Life* (Naperville, IL: Sourcebooks, 2011).

2. Marnia Robinson: Dopamine Chart.

3. Dr. Jim Pfaus, interview, Concordia University, Montreal, Quebec, January 29, 2012.

4. 같은 자료.

5. David J. Linden, *The Compass of Pleasure: How Our Brains Make Fatty Foods, Orgasm, Exercise, Marijuana, Generosity, Vodka, Learning, and Gambling Feel So Good* (New York: Viking, 2011), 94 - 125.

6. Dr. Helen Fisher, *Anatomy of Love: A Natural History of Mating, Marriage, and Why We Stray* (New York: Ballantine Books, 1992), 162.

7. 같은 책., 175.

8. Cindy M. Meston and K. M. McCall, "Dopamine and Norepinephrine Responses to Film-Induced Sexual Arousal in Sexually Functional and Dysfunctional Women," *Journal of Sex & Marital Therapy*, vol. 31 (2005): 303 - 17.

9. Claude de Contrecoeur, "*Le Rôle de la Dopamine et de la Sérotonine dans le Système Nerveux Central,*" www.bio.net/bionet/mm/neur-sci/1996-July/024549.html.

10. 같은 자료.

11. Dr. Pfaus interview, January 29, 2012.

12. 참고 Mary Roach, Bonk: *The Curious Coupling of Science and Sex* (New York: W. W. Norton, 2008).

13. 같은 책., and Susan Rako, *The Hormone of Desire: The Truth About Testosterone, Sexuality, and Menopause* (New York: Harmony, 1996).

14. Linden, *The Compass of Pleasure*, 94 - 125.

15. 같은 책., 94 - 125.

16. Marnia Robinson and Gary Wilson, "The Big 'O' Isn't Orgasm,"www.reuniting.info/science/oxytocin_health_bonding.

17. 같은 자료.

18. Navneet Magon and Sanjay Kalra, "The Orgasmic History of Oxytocin: Love, Lust and Labor," *Indian Journal of Endocrinology and Metabolism* Supp. 3 (September 2011): 5156 - 61.

19. Agren, 2002, cited in Beate Ditzen, *Effects of Romantic Partner Interaction on Psychological and Endocrine Stress Protection in Women* (Gottingen, Germany: Cuvillier Verlag, Gottingen, 2005), 50 - 51.

20. C. A. Pedersen, 2002 and Arletti, 1997, cited in Robinson and Wilson, "The 'Big O' Isn't Orgasm," http://www.reuniting.info/science/oxytocin_health_bonding.

21. R. W. B. Lewis and Nancy Lewis, *The Letters of Edith Wharton* (New York: Scribner, 1988), 324 - 36.

22. James G. Pfaus, and others, "Who, What, Where, When (and Maybe Even Why)? How the Experience of Sexual Reward Connects Sexual Desire, Preference, and Performance," *Archives of Sexual Behavior* 41 (March 9, 2012): 31 - 62:

성 행동은 호르몬과 뇌의 신경화학적 작용을 통해 조절되지만, 성 경험이 어느 정도의 가소성을 부여한다. 성 경험을 토대로 중요한 조건반사적 상관관계를 인지한 동물은 특정 조건에 따르는 결과를 예측하여 성적 반응의 강도를 변화시킨다. 이 논문에서는 성적 보상의 경험이 어떻게 랫트의 성 행동 발달을 강화하고 어떻게 짝짓기 장소와 상대에 대한 선호도를 형성시키는지를 기술하고자 한다. 수컷이든 암컷이든 평범하거나 심지어 고약한 냄새를 묻힌 상대와의 성 경험이 있는 랫트는 나중에도 이 과거 경험을 기반으로 특정 냄새가 나는 짝짓기 상대를 고른다. 선호도는 수컷을 특정 향이 나는 암컷과 만나게 하는 조작과 더불어 모르핀이나 옥시토신을 투여하는 조작으로도 바뀔 수 있다. 이것은 성적 보상과 관련된 신경화학 경로는 보통 성적 자극으로 깨어나지만, 약물을 통한 오피오이드 수용체나 옥시토신 수용체의 생화학적 활성화가 이 경로를 대체할 수 있다는 뜻이다. 같은 원리로 오피오이드 수용체 길항제인 날록손을 투여하면 짝짓기 장소나 상대를 향한 관심이 반대로 차단된다. 한편 성적 보상과 체성감각 신호(구속복)를 학습한 수컷 랫트는 구속복을 벗겼을 때 현저한 성욕 저하를 보였다. 내인성 오피오이드 활성화는 성적 보상의 주된 원동력이면서 성적 보상을 기대하게 만드는 신호가 존재할 때 시상하부와 중변연계 도파민 시스템을 예민하게 만드는 것으로 여겨진다. 이런 시스템은 집중력을 높이고, 목표지향적 행동을 촉구하며, 보상 관련 자극을 일으킨다. 따라서 개개인의 초기 성 경험에는 "사랑의 지도", 즉 성적 보상과 연관된 특징, 행동, 감정, 대인행동의 원형이 구축되는 결정적인 기간이 존재한다.

23. www.guardian.co.uk/science/2011/nov/14/female-orgasm-recordedbrain-scans and Barry R. Komisa-ruk, PhD & Beverly Whipple, Ph.D., "Brain Activity During Sexual Response and Orgasm in Women: fMRI Evidence," Presentation, International Society for the Study of Women's Sexual Health, 2011 Annual Meeting, Scottsdale, Arizona, Feb. 10-13, Program Book, pp. 173-184.

24. Ian Sample, "Female Orgasm Captured in a Series of Brain Scans," *The Guardian*, November 14, 2011, www.guardian.co.uk/science/2011/nov/14/female - orgasm-recorded-brain-scans.

25. Dr. Pfaus interview, January 30, 2012.

26. Simon LeVay, *The Sexual Brain* (Cambridge, MA: MIT Press, 1993), 71 - 82.

27. Sappho, "Fragment," *Sappho's Lyre: Archaic Lyric and Women Poets of Ancient Greece*, trans. Diane J. Rayor (Berkeley, CA: University of California Press, 1991), 52. "Come to me now again, release me from / this pain, everything my spirit longs / to have fulfilled, fulfill···"

28. "Song of Songs," 2:5 - 16, *The New International Version*, www.biblegate way.com.

5. 20세기의 옷을 입은 21세기 여성의 성

1. Liz Topp, interview, New York City, April 15, 2010.

2. 참고 Shere Hite, *The Hite Report: A Nationwide Study of Female Sexuality* (New York: Seven Stories Press, 2006); Shere Hite, *the Shere Hite reader: New and selected writings on sex, globalism, and private life* (New York Seven Stories Press, 2006).

3. Anaïs Nin, *Delta of Venus* (New York: Penguin Modern Classics, 1977), 140.

4. J. A. Simon, "Low Sexual Desire—Is It All in Her Head? Pathophysiology, Diagnosis, and Treatment of Hy-poactive Sexual Desire Disorder," *Postgraduate Medicine* 122, no. 6 (November 2010): 128 - 36.

5. Dr. Helen Fisher and J. Anderson Thompson, Jr., "Sex, Sexuality And Serotonin: Do Sexual Side Effects of Most Antidepressants Jeopardize Romantic Love and Marriage?," www.medscape.org/viewarticle/482059.

6. 1992년에 전국에서 수행된 National Health and Social Life Survey를 통해 미국 여성의 성욕 감퇴의 유병률이 높은 것으로 확인되었다. 성욕 감퇴 문제는 여성에게 불만족을 초래한 가장 흔한 원인 범주였다: http://popcenter.uchicago.edu/data/nhsls.shtml. 이 조사는 2009년에 업데이트되었는데, 표본 안에서 성기능 장애를 보고한 여성이 여전히 43%에 달해 남성의 31%보다도 높았다: Edward O. Lau-mann, Anthony Paik, and Raymond C. Rosen, "Sexual Dysfunction in the United States: Prevalence and Predictors," *Journal of the American Medical Association*, vol. 281, no. 6 (February 10, 1999): 587.

7. J. J. Warnock, "Female Hypoactive Sexual Desire Disorder: Epidemiology, Diagnosis and Treatment," *CNS Drugs*, 2002 16, no. 11 (2002) 745 - 53. 또 다른 한 연구에서도 폐경 전 여성의 3분의 1이 성욕 감퇴를 겪는 것으로 파악되었다: S.L. West, A.A. d'Aloisio, R.P. Agansi, W.D. Kalsbeek, N.N. Borisov, and J.M. Thorp, "Prevalence of Low Sexual Desire and Hypoactive Sexual Desire Disorder in a Nationally Repre-sentative Sample of US Women," *Archives of Internal Medicine* 168, no. 3 (July 2008): 1441 - 49.

8. Corky Siemaszko, "Sex Survey Finds U.S. Men Aren't the Lovers They Think They Are—and Women 'Faking It' Is to Blame," *New York Daily News*, October 4, 2010.

2부 / 정복과 통제의 역사
6. 상처 입은 버자이너

1. Jonny Hogg, "400,000-plus Women Raped in Congo Yearly: Study," *Reuters*, May 11, 2011, citing a study by the *American Journal of Public Health*. www.reuters.com/article/2011/05/11/US_congo_rape_iDU5TRE74A79y20110511. 다음 기사도 참고할 것: Jeffrey Gettleman, "Congo Study Sets Estimate for Rapes Much Higher," *New York Times*, May 11, 2011. www.NYTimes.com/2011/05/12/world/Africa/12congo.html. The Congolese Women's Campaign Against Sexual Violence가 발표한 공식 통계치는 훨씬 낮지만, 동콩고에서 하루에 40명의 여성이 강간을 당한다는 보고가 있다: http://www.rdc-viol.org/site/en/node/35.

2. Jimmie Briggs, interview, New York City, May 12, 2010.

3. Douglas Bremner, Penny Randall, Eric Vermetten, Lawrence Staib, Richard A. Bronen, Carolyn Mazure, Sandi Capelli, Gregory McCarthy, Robert B. Innis, and Dennis S. Charney, "Magnetic Resonance Imaging-Based Measurement of Hippocampal Volume in Posttraumatic Stress Disorder Related to Childhood Physical and Sexual Abuse—A Preliminary Report," *Biological Psychiatry*, 1, no. 41 (January 1997): 23 - 32.

4. Dr. Burke Richmond, interview, New York City, November 20, 2011.

5. Roni Caryn Rabin, "Nearly 1 in 5 Women in U.S. Survey Say They Have Been Sexually Assaulted," *New York Times*, December 14, 2011. www.nytimes.com/2011/12/15/health/nearly-1-in-5-women-in-us-survey-report-sexual-assault.html.

6. Tami Lynn Kent, *Wild Feminine: Finding Power, Spirit & Joy in the Female Body* (New York: Atria Books, 2011), 51 - 65.

7. Alessandra H. Rellini and Cindy M. Meston, "Psychophysiological Arousal in Women with a History of Child Sexual Abuse," *Journal of Sex and Marital Therapy* 32 (2006): 5 - 22. 다음 연구도 참고할 것: Cindy M. Meston and Boris B. Gorzalka, "Differential Effects of Sympathetic Activation on Sexual Arousal in Sexually Dysfunctional and Functional Women," *Journal of Abnormal Psychology*, vol. 105, no. 4 (1996): 582 - 91, and Cindy M. Meston, "Sympathetic Nervous System Activity and Female Sexual Arousal," in "A Symposium: Sexual Activity and Cardiac Risk," *American Journal of Cardiology*, vol. 86, no. 2A (July 20, 2000): 30F - 34F.
긴장 완화와 여성의 성적 흥분 간 관련성과 불안과 여성의 성적 억압 간 관련성에 관한 추가 정보는 다음 연구를 참고할 것: Andrea Bradford and Cindy M. Meston, "The Impact of Anxiety on Sexual Arousal in Women," *Behavioral Research and Therapy*, vol. 44 (2006): 1067 - 77: "불안 장애가 있는 여성 집단에서 성기능 장애의 발생률이 높다." Hannah Gola 등의 연구에서는 성폭행 피해 여성은 심리적 원

인으로 코르티솔 반응이 다른 것으로 증명되었다: "Victims of Rape Show Increased Cortisol Responses to Trauma Reminders: A Study in Individuals with War-and Torture-Related PTSD," *Psychoneuroendocrinology* 37 (2012): 213 - 20.

8. Margaret Buttenheim and A.A. Levendosky, "Couples Treatment for Incest Survivors," *Psychotherapy* vol. 31 (1994): 407 - 14 참고. 성폭력, 특히 어린 시절의 성적 학대가 여성에게 평생의 상처를 남긴다는 사실이 많은 연구를 통해 입증되어 있다. 인과관계도 확실하다. 하지만 대부분의 연구는 피해 여성의 성적 반응을 억누르는 제일 원인을 심리적 외상으로 본다. *The Abuse of Men: Trauma Begets Trauma*의 Barbara Jo Brothers 편집본에 이런 연구들의 시사점이 요약되어 있다. "Courtois (1988)의 연구에 의하면 어린 시절에 성적 학대를 당했던 희생자의 80%가 성년이 된 후 이성과 관계를 맺는 데 어려움을 겪는다." Sarwer and Durlak, 1996 논문의 인용된 Becker, Skinner, Able의 연구에 의하면, "성욕 저하, 생식기에 대한 혐오감, 섹스 통증 등 형태도 다양한 이런 사회성 장애의 발생률이 50%에 이른다. … Buttenheim and Levendosky는 섹스리스 부부가 살아남은 사람들의 그런 상처를 보여 주는 또 하나의 명백한 현상이라고 규정하면서 이 점을 명확히 했다." Barbara Jo Brothers, ed., *The Abuse of Men: Trauma Begets Trauma* (Binghamton, NY: Haworth Press, 2001), 20. Levendosky and Buttenheim의 1994년 연구는 *Principles and Practice of Sex Therapy*의 Sandra Risa Leiblum 편집본에도 인용되어 있는데, 근친상간이나 성적 학대의 피해자들이 겪는 성기능 장애는 과거의 악몽이 정교하게 재현된 것이라고 해석한다. Sandra Risa Leiblum, ed., *Principles and Practices of Sex Therapy* (New York: The Guilford Press, 2007), 361.

9. M. F. Barnes, 1995, cited in Abrielle Conway and Amy Smith, "Strategies for Addressing Childhood Sexual Abuse in the Hope Approach," *Regent University Hope Research Study*, www.regent.edu/acad/schlou/research/initiatives.htm#hope.

10. J. Douglas Bremner, and others, "MRI and PET Study of Deficits in Hippocampal Structure and Function in Women with Childhood Sexual Abuse and Posttraumatic Stress Disorder," *American Journal of Psychiatry* 160, no. 5 (May 1, 2003): 924 - 32. 이 연구에서는 유년기에 성적 학대를 당했던 여성은 뇌의 해마 영역에 계측 가능한 수준의 변화가 있는 것으로 밝혀졌다. 해마 용적이 두 대조군에 비해 16~19% 더 작고 활성도도 더 낮았다. 해마는 구두서술 기억을 주관하는 영역이다. 새로운 기억 고정과 감정 반응에도 관여한다. 따라서 이 연구는 매우 중요한 시사점을 갖는다. 어린 시절의 성적 외상이 진정한 나를 체험하는 능력에 어떤 영향을 미치는지 뇌 수준에서 조명해볼 수 있다는 점에서다. 이 연구에서는 성폭력이 남긴 PTSD가 아는 것을 안다고 인식하고 자아인식을 구축하는 여성의 능력을 현재 진행형으로 파괴하는 것으로도 증명되었다:
목적: 동물 연구들에 의하면, 유년기의 스트레스가 학습력과 기억력에 중추적인 역할을 하는 해마의 변화와 관련 있는 것으로 제시된다. 이 연구의 목적은 일반인 여성과 유년기에 성적 학대를 받았던 여성 외상후스트레스장애(PTSD) 환자를 대상으로 해마의 구조와 기능을 측정하는 것이었다.
방법: 33명의 여성 환자가 참여했는데, 성적 학대 경험이 있는 여성 PTSD 환자가 10명, 성적 학대 경험이 있지만 PTSD가 남지 않은 여성이 12명, 성적 학대 경험도 PTSD도 없는 건강한 여성이 11명이었

다. 모든 참가자를 대상으로 자기공명영상(MRI)을 활용하여 해마의 용적을 측정하였다. 해마의 기능은 해마 기반의 구두서술 기억 검사를 하는 동안 양전자방출단층촬영(PET)을 통해 측정하였다.

결과: 성적 학대 경험이 있는 PTSD 환자 집단에서는 해마가 활성화되지 못했고 해마 용적이 성적 학대 경험이 있지만 PTSD가 남지 않은 여성 집단에 비해 16% 더 작았다. 완전히 건강한 여성들에 비해서는 성적 학대 경험이 있는 PTSD 집단의 해마 용적이 19% 더 작았다.

결론: 이 연구의 결과는 성적 학대로 인한 PTSD가 해마의 기능과 구조를 망가뜨린다는 가설을 뒷받침한다.

11. R. Yehuda, 2003; and S. M. Southwick and others, 1999, cited in Thomas Steckler, N. H. Kalin, and J. M. H. M. Reul, *Handbook of Stress and the Brain: Integrative and Clinical Aspects*, vol. 15, *Techniques in the Behavioral and Neural Sciences* (New York: Elsevier Science, 2005), 251, 272.

12. S. M. Southwick, R. Yehuda, and C. A. Morgan III, "Clinical Studies of Neurotransmitter Alterations in Post-Traumatic Stress Disorder," in *Neurobiology and Clinical Consequences of Stress: From Normal Adaptation to PTSD*, ed. M. J. Friedman, D. S. Charney, and A. Y. Deutch (Philadelphia, PA: Lippincott-Raven, 1995), 335 - 49.

13. 같은 논문.

14. K. Stav, P. L. Dwyer, and L. Roberts, "Pudendal Neuralgia: Fact or Fiction?" make Ms. Fish's point. *Obstetrical and Gynecological Survey* 64, no. 3 (March 2009): 190 - 99.

15. Nancy Fish, interview, Copake, New York, April 5, 2011.

16. 참고 Stephen Porges, *The Polyvagal Theory: Neuropsychological Foundations of Emotions, Attachment, Communication, and Self-Regulation* (New York: W. W. Norton, 2011).

17. Mike Lousada, interview, London, UK, June 12, 2011.

18. Dr. James Willoughby, Faculty of History and New College, New College Archives, University of Oxford, interview, June 11, 2011.

19. Juan Eduardo Cirlot and Jack Sage, *A Dictionary of Symbols* (New York: Philosophical Library, Inc., 1971), 381.

7. 신성한 버자이너

1. Riane Eisler, *The Chalice and the Blade: Our History, Our Future* (New York: HarperOne, 1988), 51.

2. 참고 J. A. MacGillivray, *Minotaur: Sir Arthur Evans and the Archaeology of the Minoan Myth* (New York: Hill and Wang, 2000).

3. Rosalind Miles, *The Women's History of the World* (London: Paladin Books, 1989), 34 - 37.

4. Asia Shepsut, *Journey of the Priestess: The Priestess Traditions of the Ancient World* (New York: HarperCollins, 1993), 62 - 79.

5. 같은 책., 16.

6. 같은 책., 72.

7. 같은 책., 69.

8. Catherine Blackledge, *The Story of V: A Natural History of Female Sexuality* (New Brunswick, NJ: Rutgers University Press, 2004), 30.

9. Erich Neumann, *The Great Mother: Analysis of an Archetype* (Princeton, NJ: Princeton University Press), 168.

10. Sigmund Freud, "Three Essays on the Theory of Sexuality," *The Freud Reader*, ed. Peter Gay (New York: W. W. Norton, 1989), 239.

11. Thomas Laqueur, *Making Sex: Body and Gender from the Greeks to Freud* (Cambridge, MA: Harvard University Press, 1990), 26.

12. Leviticus 15:19, www.come-and-hear.com/editor/america_3.html.

13. Babylonian Talmud, *Tractate Kerithoth 2B* Soncino 1961 Edition, 1, www.come-and-hear.com/editor/america_3.html.

14. Tertullian, "On the Apparel of Women," www.public.iastate.edu/~hist.486x/medieval.html; 참고 Kristen E. Kvam, Lina S. Schearing, and Valarie H. Ziegler, *Eve and Adam: Jewish, Christian, and Muslim readings on genesis and gender* (Bloomington, IN: Indiana University Press, 1999), 131.

15. Morton M. Hunt, *The Natural History of Love* (New York: Minerva Press, 1959), 187.

16. 같은 책., 207. For a full account of the rise of sexless mariolary, 참고 Jacques Delarun, "The Clerical Gaze," *A History of Women: The Silences of the Middle Ages*, ed. Christiane Klapisch-Zuber (Cambridge, MA: Harvard University Press, 1992), 15 - 36.

17. Mary Roach, Bonk: *The Curious Coupling of Science and Sex* (New York: W. W. Norton, 2008), 214 - 15.

18. Geoffrey Chaucer, *The Canterbury Tales*, ed. Nevill Coghill (New York: Penguin Classics, 2003), 285. 〈방앗간 주인〉 편에서 학생 한 명이 슬그머니 앨리슨의 은밀한 자료를 만지며 그녀에게 "이렇게 하지 않으면 난 당신에 대한 사랑 때문에 죽고 말 것이오(Ywis, but if ich have my wille,/ For deerne love of thee, lemman, I spille.)"라고 말했다. 또, 〈바스 여장부〉 편의 머리글에서 여인은 그녀의 남편들 중 한 명에게 이렇게 말한다. "이게 무슨 말이냐, 당신이 원한다면 오늘 밤에 실컷 즐기도록 해 주겠다는 말이거든(For, certeyn, olde dotard, by youre leve, / Ye shul have quente right ynogh at eve)." 더 뒷부분에서 그녀는 자신의 버자이너를 "아름다운 것(프랑스어로 *belle chose*)"이라고 불렀다.

19. "Case Study: The European Witch-Hunts, c. 1450 - 1750," www.gendercide.org/case_witchhunts.html.

20. Dr. Emma Rees, "Cordelia's Can't: Rhetorics of Reticence and (Dis)ease in King Lear," *Rhetorics of Bodily Disease and Health in Medieval and Early Modern England*, ed. Jennifer Vaught (London: Ashgate, 2010), 105 - 16.

21. Rees, "Cordelia's Can't," 105 - 16.

22. William Shakespeare, *The Compete Works*, ed. G. B. Harrison (New York: Harcourt, Brace and World, 1958), 1546.

23. Rees, "Cordelia's Can't," 110.

24. 같은 책.

25. 같은 책.

26. 같은 책.

27. John Donne, *The Complete Poetry and Selected Prose of John Donne*, ed. Charles M. Coffin (New York: Modern Library, 2001), 85.

28. Naomi Wolf, "Lost and Found: The Story of the Clitoris," in *Promiscuities: The Secret Struggle for Womanhood* (New York: Random House, 2003), 143 - 53. 또한 Catherine Blackledge, *The Story of V: A Natural History of Female Sexuality* (New Brunswick, NJ: Rutgers University Press, 2004), 125.

29. Laqueur, *Making Sex*, 4, 239.

8. 빅토리아 시대, 의학 연구와 예속 대상으로서의 버자이너

1. Michel Foucault, *The History of Sexuality*, vol 1, *An Introduction* (New York: Vintage, 1990), 12.

2. Jeffrey Moussaieff Masson, *A Dark Science: Women, Sexuality, and Psychiatry in the Nineteenth Century* (New York: Noonday Press, 1988), 63 - 65.

3. Erna Olafson Hellerstein, Leslie Parker Hume, and Karen M. Offen, eds., *Victorian Women: A Documentary Account of Women's Lives in Nineteenth-Century England, France, and the United States* (Palo Alto, CA: Stanford University Press, 1981), 5.

4. William Acton, *A Complete Practical Treatise on Venereal Diseases* (London: Ibotson and Palmer, 1866), cited in, *Suffer and Be Still: Women in the Victorian Age* ed. Martha Vicinus (Bloomington, IN: Indiana University Press, 1973), 82 - 83, 84.

5. Steven Seidman, *Romantic Longings: Love in America, 1830-1980* (New York: Routledge, 1993), 33.

6. Hellerstein, Hume, and Offen, *Victorian Women, 3*.

7. 같은 책., 5.

8. 같은 책.

9. Jeffrey Moussaief Masson, *A Dark Science: Women, Sexuality, and Psychiatry in the Nineteenth Century* (New York: Farrar, Straus and Giroux, 1986), 3.

10. 같은 책., 65 - 90.

11. Dr. Emma Rees, "Narrating the Victorian Vagina: Charlotte Bronte and the Masturbating Woman," *The Female Body in Medicine and Literature*, ed. Andrew Maugham (Liverpool: Liverpool University Press, 2011), 119 - 34.

12. Peter T. Cominos, "Innocent Femina Sensualis in Unconscious Conflict," and E. M. Sigsworth and T. J. Wyke, "A Study of Victorian Prostitution and Venereal Disease," in Vicinus, *Suffer and Be Still*, 77 - 99, 155 - 72. 참고 *A New Woman Reader*, ed. Carolyn Christensen Nelson (New York: Broadview Press, 2000).

13. 참고 A. N. Wilson, *The Victorians* (New York: W. W. Norton, 2003). *A History of Private Life*, vol. 4, *From*

the Fires of Revolution to the Great War, ed. Michelle Perrot (Cambridge, MA: Harvard University Press, 1990), 261 - 337. 같은 책., 311. 이렇게 악명 높은 빅토리아 시대와 에드워드 시대에도 버자이너를 향한 정반대의 시각이 있었다. 당시 프랑스에서는 남성들이 결혼식을 앞두고 약혼녀에게 여성의 외음부를 닮은 꽃다발을 보내곤 했다. "동양의 풍습에 따라 점점 더 붉은 빛깔이 짙어져 결혼식날에 딱 맞춰 열렬한 사랑을 상징하는 보라색이 되는 꽃을 일부러 고르기도 했다. 당대의 예의범절 지침서는 이 새로운 유행이 최악의 취향을 만들어냈다고 혹평했다." 같은 책., 311.

14. George Eliot, The Mill on the Floss (London: Penguin, 1979), 318, 338.

15. Rees, "Narrating the Victorian Vagina," 119 - 34.

16. Christina Rossetti, Poems and Prose, ed. Simon Humphries (Oxford, UK: Oxford World Classics, 2008), 105 - 19.

17. 참고 Richard von Krafft-Ebing, Aberrations of Sexual Life: The Psychopathia Sexualis (London: Panther, 1951); Havelock Ellis and John Addington Symonds, Sexual Inversion (New York: Arno Press, 1975).

18. Freud on Women: A Reader, ed. Elisabeth Young-Brueitz, (New York: W.W. Norton, 1990), 137.

19. Wilhelm Stekel, Frigidity in Woman, vol. 2, The Parapathiac Disorders (New York: Liveright, 1926), 1 - 62.

9. 모더니즘: 버자이너의 해방

1. Steven Seidman, Romantic Longings: Love in America, 1830–1980 (New York: Routledge, 1993), 76 - 77.

2. Elizabeth Sprigge, Gertrude Stein: Her Life and Work (New York: Harper and Brothers, 1957), 128.

3. 같은 책., 94.

4. Rhonda K. Garelick, Electric Salome: Loie Fuller's Performance of Modernism (Princeton, NJ: Princeton University Press, 2007), 164 - 65.

5. Hunter Drohojowska-Philp, Full Bloom: The Art and Life of Georgia O'Keeffe (New York: W. W. Norton, 2004), 115, 135. Sarah Greenough, ed., My Faraway One: Selected Letters of Georgia O'Keeffe and Alfred Stieglitz (New Haven, CT: Yale University Press, 2012), 127.

6. Edna St. Vincent Millay, Collected Poems of Edna St. Vincent Millay, ed. Norma Millay (New York: Harper-Perennial, 1981), 19.

7. Ellen Chesler, Woman of Valor: Margaret Sanger and the Birth Control Movement in America (New York: Simon and Schuster, 1992), 272, 343.

8. Remy de Gourmont, The Natural Philosophy of Love, trans. Ezra Pound (London: Casanova Society, 1922), 205 - 6.

9. Henry Miller, Tropic of Cancer (New York: Grove Press, 1961), 2.

10. 같은 책., 24, 31.

11. Michael Whitworth, "Modernism" (lecture, Department of English Language and Literature, University of Oxford, May 10, 2011).

12. Mina Loy, *The Lost Lunar Baedeker* ed. Roger L. Conover (New York: Farrar, Straus and Giroux, 1997), xv.

13. D. H. Lawrence, *Women in Love* (New York: Penguin, 1987), 37, 55 – 56.

14. Anaïs Nin, *Delta of Venus* (New York: Penguin Modern Classics, 1977), 8 – 19.

15. Miller, *Tropic of Cancer*, 31.

16. Paul Garon, *Blues and the Poetic Spirit* (London: Eddison Press, 1975), 69.

17. Memphis Minnie, "If You See My Rooster," Bluesistheroots, http://www.youtube.com/watch?v=UxS-jUmGweqg.

18. Bessie Smith, "I Need a Little Sugar in My Bowl," www.lyricstime.com/bessie_smith_i_need_a_little_sugar_in_my_bowl_lyrics.html.

19. Merline Johnson, the Yas Yas Girl, "Don't You Feel My Leg," 1938, www.jazzdocumentation.ch/audio/rsrf/high.ram.

20. Ruth Brown, "If I Can't Sell It I'll Keep Sittin' on It (Before I Give It Away)," 1940, *Essential Women of Blues*, compact disc, Hill/Razaf, Joe Davis Music.

21. 참고 Betty Friedan, *The Feminine Mystique* (New York: W. W. Norton, 2001).

22. 참고 Shere Hite, *The Hite Report: A Nationwide Study of Female Sexuality* (New York: Macmillan, 1976).

23. Betty Dodson, "Getting to Know Me," *Ms.* magazine, 1974, in Jeffrey Escoffier, *Sexual Revolution* (New York: Running Press, 2003), 698.

24. Germaine Greer, *The Madwoman's Underclothes: Essays and Occasional Writings* (New York: Atlantic Monthly Press, 1994), 74 – 89.

25. Erica Jong, *Fear of Flying* (New York: Signet, 1974), 310 – 11.

26. Seidman, *Romantic Longings*, 150 – 51.

27. 같은 책.

28. Andrea Dworkin, *Intercourse* (New York: Free Press, 1997), 188.

29. 같은 책.

3부 / 누가 질을 질이라 했을까

10. 세계 최악의 단어

1. John Austin, *How to Do Things with Words* (Cambridge, MA: Harvard University Press, 1975), 12.

2. Sarah Forman, "Yikes! … Yale Edition," *Yale Daily Herald Blog*, October 24, 2010, blogdailyherald.com/tag/yale/.

3. H. Yoon and others, "Effects of Stress on Female Rat Sexual Function," *International Journal of Impotence Research: Journal of Sexual Medicine* 17 (2005): 33 – 38.

4. 같은 논문.

5. 같은 논문.

6. 같은 논문.

7. 같은 논문.

8. 같은 논문.

9. 참고 Kate Millett, *The Prostitution Papers: A Candid Dialogue* (New York: Avon Books, 1973).

10. Matthew Hunt, "Cunt: The History of the C-Word" (PhD), abstract, www.matthewhunt.com/cunt/abstract.html; 참고 also http://www.matthewhunt.com/cunt/references.html.

11. 같은 자료. 참고 encyclopedia.jrank.org/articles/pages/657/Cunt.html for an additional history of the word *cunt*.

12. Hunt, "Cunt".

13. 같은 논문.

14. Christina Caldwell, "The C-Word: How One Four-Letter Word Holds So Much Power," *College Times*, March 15, 2011.

15. Cited in Hunt, "Cunt." www.matthewhunt.com/cunt/abstract.html; 참고 http://www .matthewhunt.com/cunt/references.html.

16. 같은 자료. www.matthewhunt.com/cunt/abstract.html; 참고http://www.matthewhunt.com/cunt/references.html.

17. 같은 자료. www.matthewhunt.com/cunt/abstract.html; 참고 http://www.matthewhunt.com/cunt/references.html.

18. 참고 Gordon Rattray Taylor, *Sex in History* (New York: Vanguard Press, 1954).

19. Russell Ash, cited in Hunt, "Cunt." www.matthewhunt.com/cunt/abstract.html; 참고 http://www .matthewhunt.com/cunt/references.html.

20. "Egypt Bans Forced Virginity Tests by Military," *Al Jazeera*, December 27, 2011, www.aljazeera.com/news/africa/2011/12/20111227132624606116.html.

21. Vanessa Thorpe and Richard Rogers, "Women Bloggers Call For a Stop to 'Hateful' Trolling by Misogynist Men," *The Observer*, November 5, 2011. www.guardian.o.uk/world/2011/Nov/05/women-bloggers-hateful-trolling.

11. 웃을 수 없는 농담

1. Richard E. Nisbett, *The Geography of Thought: How Asians and Westerners Think Differently ... And Why* (New York: Free Press, 2003), cited in Marcia Beauchamp, "Somasophy: The Relevance of Somatics to the Cultivation of Female Subjectivity" (PhD diss., California Institute of Integral Studies, San Francisco, 2011), 301–3.

2. Douglas Wile, *Art of the Bedchamber: The Chinese Sexual Yoga Classics, Including Women's Solo Meditation Texts* (Albany, NY: State University of New York Press, 1992), 9.

3. Sunyata Saraswati and Bodhi Avinasha, *Jewel in the Lotus: The Sexual Path to Higher Consciousness* (San

Francisco: Kriya Jyoti Tantra Society, 1987), 180 - 81: "여성은 신성한 절대원리이기 때문에 어떤 남성도 여성을 통하지 않고는 깨우침을 얻을 수 없다. 탄트라에서 어머니 신으로 상징되는 여성의 에너지를 숭배하는 것이 그런 까닭이다."

4. 참고 Clement Egerton, *The Golden Lotus*, trans. Lanling Xiaoxiaosheng (London: Tuttle, 2011).

5. Virginia Woolf, *A Room of One's Own* (New York: Mariner Books, 1989), 18.

6. Onlineslangdictionary.com/thesaurus/words + meaning + vulva + ('vagina'), + female + genitalia.html.

7. Blackchampagne.com/wordpress/.

12. 포르노 속 버자이너

1. Naomi Wolf, "The Porn Myth," *New York magazine*, October 20, 2003. nymetro/news/trends/n_9437.

2. Dr. Jim Pfaus, interview, January 29 - 30, 2012.

3. 같은 자료.

4. 참조 Robert Sapolsky, *Why Zebras Don't Get Ulcers: An Updated Guide to Stress, Stress-Related Diseases, and Coping* (New York: W. H. Freeman, 1998).

5. Dr. Helen Fisher, *The Anatomy of Love: A Natural History of Mating, Marriage and Why We Stray* (New York: Ballantine Books, 1992), 182 - 84.

6. Pfaus interview, Montreal, Quebec, January 29 - 30, 2012.

7. Marnia Robinson, *Cupid's Poisoned Arrow: From Habit to Harmony in Sexual Relationships* (Berkeley, CA: North Atlantic Books, 2009), 133 - 66.

8. 같은 책, 137 - 66. 포르노 중독에 관해: 참조 J. M. Bostwick and J. A. Bucci, "Internet Sex Addiction Treated with Naltrexone," *Mayo Clinic Proceedings* 83, no. 2 (February 2008): 226 - 30. 참조 Marnia Robinson and Gary Wilson, "Santorum, Porn and Addiction Neuroscience," *Psychology Today*, March 26, 2012, www.psychologytoday.com/blog/cupids_poisoned_arrow/201203/santorum-porn-and-addiction-neuroscience.

9. Naomi Wolf, "Is Pornography Driving Men Crazy?" Project Syndicate, June 13, 2011, www.project-syndicate.org/commentary/is-pornographydriving-men-crazy.

10. Reuniting.info/science/articles/sexual_neurochemistry#reward.

11. 같은 자료.

12. http://www.psychologytoday.com/blog/cupids-posioned-arrow/201107/porn-induced-sexual-dysfunction-is-growing-problem.

13. Jason S. Carroll and others, "Generation XXX: Pornography Acceptance and Use Among Emerging Adults," *Journal of Adolescent Research* 23, no. 1 (January 2008): 6 - 30.

14. National Health Service의 통계에 의하면 2009년에 영국에서 음순성형의 빈도가 70%나 증가했다. http://www.guardian.co.uk/lifeandstyle /2009/nov/20/cosmetic- vulva- surgery.

15. Dr. Basil Kocur, interview with author, New York City, February 26, 2011.

16. Dr. John Cleland, *Memoirs of a Woman of Pleasure* (Oxford: Oxford University Press, 2008), 116 - 17.

17. 같은 책., 139.

4부 / 여신을 마중하라

13. 사랑받을 사람은 나

1. 참조 Marcus Buckingham, *Find Your Strongest Life: What the Happiest and Most Successful Women Do Differently* (New York: Thomas Nelson, 2009).

2. Douglas Wile, *Art of the Bedchamber: The Chinese Sexual Yoga Classics, Including Women's Solo Meditation Texts* (Albany: State University of New York Press, 1992), 9.

3. 같은 책., 140 - 41.

4. Richard Burton, trans., *The Perfumed Garden of Cheikh Nefzoui: A Manual of Arabian Erotology* (London, UK: Kama Shastra Society of London and Benares, 886), 129 - 59.

5. Diamond Light Tantra의 탄트라 대가 Leora Lightwoman은 여성의 성적 치유를 위한 탄트라가 꾸준히 영역을 넓혀가고 있다고 강조한다. 그녀는 이메일을 통해 이렇게 설명했다:

여성에게 탄트라 마사지는, 요니 마사지를 포함해서 하는 말이에요, 연인이 공유할 수 있는 아름다운 의식입니다. 루사다와 같은 전문가는 연인이 없거나 연인이 이런 방식에 반대하는 여성에게도 신성하고 풍요로운 성적 경험의 기회를 제공하는 것이고요. 바람직한 현상이에요. 탄트라 마사지는 효과가 엄청나죠. … 다만 적절한 통제 수단이 없기 때문에 탄트라 마사지의 평판이 전체적으로 휩쓸리지 않을까 걱정이 돼요. 누구라도 자신을 탄트라 마사지사라고 우길 수 있으니까요. 탄트라 마사지와 그냥 성 마사지 사이의 경계는 아주 모호해요. 분야 종사자들에게도 말이에요. 미묘하게 변해가는 연속체 같은 것이죠.

그녀는 탄트라 치유사와 보통의 성 치유사를 분명하게 구분할 필요가 있다고 못 박으면서 탄트라 수행자들은 고객을 존중하고 작업의 순수성을 잊지 않는다는 규율을 반드시 지켜야 한다고 경고했다.

2011년 7월 15일, 영국 런던에서 Leora Lightwoman과 가졌던 인터뷰도 참고할 것.

14. 버자이너의 진정한 해방을 위한 12가지 원칙

1. Judith Horstman, *The Scientific American Book of Love, Sex and the Brain: The Neuroscience of How, When, Why and Who We Love* (New York: Jossey-Bass, 2012), 85.

2. Dr. Louann Brizendine, M.D., *The Female Brain* (New York: Morgan Road Books, 2006), 123: "남성의 뇌에서는 감정을 감지했을 때 직관보다는 이성적 사고가 먼저 발동한다. 어떤 감정에 직면했을 때 남성의 뇌가 보이는 전형적인 반응은 무슨 수를 써서라도 회피하는 것이다."

3. Dr. Helen Fisher, *The Anatomy of Love: A Natural History of Mating, Marriage and Why We Stray* (New York: Ballantine Books, 1992), 182 - 84.

4. 아래는 질 맥박폭(VPA) 측정 장비의 사용법 설명이다:

질 광혈류측정(Vaginal Photoplethysmography)-
탐침 끝에 광원이 내장되어 있어서 질벽에 빛을 쏜다. 질벽의 조직에 부딪힌 빛은 반사되고 굴절되어 다시 탐침 몸체에 있는 광감지세포에 닿는다. 이때 세포 저항의 차이가 역산란되어 광감지세포 표면에 도달한 광량의 변화를 의미한다. 역산란 신호가 클수록 질 혈관을 흐르는 혈류량이 많다고 본다(Levin, 1992). 옛날에는 백열등 광원과 광세포의 광트랜지스터를 썼지만 이것을 LED 적외선으로 바꾼 개량된 질 광도계 모델이 Hoon et al. (1976)의 논문에 소개되었다. 이 모델은 혈중 산소포화도의 측정 오류와 자기이력 현상, 잔광의 영향을 크게 줄였다는 장점이 있다. 질 광도계의 디자인도 착용하기에 더 편하게 바뀌었다. 탐침의 케이블에 차단막을 달아 삽입의 깊이와 광수용체의 방향을 원하는 대로 일정하게 고정할 수 있다(Geer, 1983; Laan, Everaerd, & Evers, 1995). 광도계는 측량가능한 두 가지 신호를 측정한다. 하나는 직류 신호다. 직류 신호는 총 혈류량을 가늠케 하며(Hatch, 1979), 보통 VBV(질 혈량)라 약칭한다. 다른 하나는 교류 신호로서, 보통 VPA(질 맥박폭)라 약칭한다. VPA는 혈관 내압 변화로 인한 혈관벽의 위상 변화를 투영하는 것으로 사료된다(Jennings et al., 1980; Figure 11.2 참조). 두 신호 모두 성적 자극에 대한 반응의 지표로서 잠재력이 있지만(Geer, Morokoff, & Greenwood, 1974; Hoon, Wincze, & Hoon, 1976) 정확한 성질과 출처는 아직 불분명하다. Heiman et al. (2004)의 연구에서는 여성 12명의 VPA와 생식기 체적의 변화를 MRI로 측정했는데, 둘 사이에 유의한 상관관계가 없는 것으로 밝혀졌다. Heiman and Maravilla (2005)의 연구에서는 과하지 않게 성적으로 흥분했을 때 질에 삽입한 탐침이 다른 생식기 혈량의 변화를 동반하지는 않는 질 조직의 변화를 감지할 가능성이 제시되었다. (하지만 흥미롭게도, 같은 연구에서 실험 참가자가 주관적으로 느낀 성적 흥분이 MRI 파라미터보다는 VPA와 더 밀접한 관련성을 보이는 것으로도 보고되었다.) 타당한 이론적 토대가 존재하지 않고(Levin, 1992) 측정 수치를 알려진 생리학적 반응으로 변환할 보정법이 없는 까닭에 광도계 수치와 혈관의 기저 기전 간 상관관계를 정확하게 해석하는 것은 쉽지 않다. 현 시점에는 실험 결과를 mm 단위 굴절이나 µV 단위의 전압 변화 등의 상대적 지표로 기술하는 것이 학계의 지배적 경향이다. Levin (1997)의 논문에는 VBV와 VPA의 변화가 언제나 국소적 혈관 변화를 반영한다는 특징이 혈류측정법을 사용하는 것의 근거로 명시되어 있다. 하지만 이 논문의 저자는 운동과 오르가슴이 VBV와 VPA에 미친 영향을 평가한 연구들을 검토한 후 두 신호가 교감신경계와 부교감신경계 사이 그리고 전신 혈압과 질 혈압 사이의 보다 복잡한 상호작용을 반영하는 것 같다고 해석했다. 한편, Prause et al. (2004)의 연구에서는 VPA가 긍정적인 성적 자극, 위협적인 성적 자극, 위협적인 영화 장면의 자극을 구분하지만 혈압(세 가지 조건 모두에서 상승함)은 그런 변별력이 없는 것으로 확인되었다. 또한 VBV보다는 VPA의 논거가 더 탄탄하다. 이 논문 저자들은 VPA와 VBV 간 상관관계가 높고 특히 성적 자극이 강할 때 더욱 그러하다고 보고했으나, 두 신호의 관련성이 약하거나 전혀 없다고 기술된 논문도 여럿 있다(Heiman, 1976; Meston and Gorzalka, 1995). VPA는 자극 강도의 변화를 VBV보다 더 민감하게 감지하는 것으로 보인다(Geer et al., 1974; Osborn & Pollack, 1977). 또한 VPA는 당사자가 보고한 성적 흥분의 세기도 VBV에 비해 더 정확하게 반영한다(Heiman, 1977). 마지막으로 전반적인 자극 증가에 따른 VBV의 변화를 보면 VBV가 VPA보다 성적 자극에 덜 특이적인 것으로 시사된다(Laan, Everaerd, & Evers, 1995). VPA의 민감도와 특이도를 직접적으로 측정한 연구가 2건 있다(Laan et al., 1995; Prause, Cerny, & Janssen, 2004). 두 연구 모두 성기능이 정상인 여성에게 성적 흥분을 유도하거나 불안감을 조성하거나 성적으로 위협적이거나 성적 요소가 없는 영화를 잠깐 보여 주고 반응을 측정했다. 그 결과, 성적 흥분을 일으키는 영화를 시청했을 때 VPA가 최대로 증가하고 성적 위협을 느끼게 하는 영화를 봤을 때는 중간 정도로 증가하는 것으로 나타났다. (실험 참가자들은 성적으로 위협적인 자극에 대한 흥분 정도도 중간 정도라고 보고했다.) 불안감을 유도하는 자극에는 어느 연구에서도 VPA가 증가하지 않았다. 이들 연구 결과는 질 혈류 증가 반응이 긍정적인 성적 자극에 특이적임을 입증하는 것이다.

5. Dr. Louann Brizendine, *The Female Brain*, 77–86.

6. Beverly Whipple and John Delbert Perry, "Pelvic Muscle Strength of Female Ejaculators: Evidence in Support of a New Theory of Orgasm," *Journal of Sex Research* 17, no. 1 (1981): 22–39.

7. 같은 자료., 22–39. Whipple과 Perry는 이 가설을 설명하고자 하부 척추의 신경망 구조도 살펴봤다. 마침 연구팀원 한 명이 허리를 삐었는데, 케겔(Kegel)형 자궁 수축의 강도가 평소보다 현저하게 낮아져 있었다. 척수의 건강과 기능이 질 수축력에 영향을 미친다는 가설이 사실로 증명된 것이다.

8. 같은 자료., 22–39.

9. 같은 자료., 22–39.

10. 같은 자료, 22–39.

11. Janniko R. Georgiadis and others, "Regional Cerebral Blood Flow Changes Associated with Clitorally Induced Orgasm in Healthy Women," *European Journal of Neuroscience* 24, no. 11 (2006): 3305–16.

12. K. Mah and Y. M. Binik, "The Nature of Human Orgasm: A Critical Review of Major Trends," *Clinical Psychology Review* 6 (August 21, 2002): 823–56. 참고 also R. King and others, "Are There Different Types of Female Orgasm?" *Archives of Sexual Behavior* 40, no. 5 (October 2010): 865–75: 여성이 섹스를 통해 경험하는 오르가슴의 유형을 구분하고 검증하려는 시도로서, Mah and Binik (2002)의 연구를 통해 수집된 차원현상학적 자료로 유형론적 분석을 실시하였다. 총 503명의 여성이 성관계(n=276) 혹은 자위(n=227)를 통해 경험한 오르가슴을 여러 가지 형용사로 기술하는 조사에 참여했다. 잠재계층 분석에 의하면, 쾌감과 감각의 측면에서 오르가슴 유형을 4가지로 나눌 수 있었다. 쾌감과 감각 점수가 자위할 때보다 높은 두 가지 유형은 종합해 '좋은 섹스 오르가슴'이라 부른다. 반대로 점수가 더 낮은 나머지 두 가지는 '좋지 않은 섹스 오르가슴'이라 칭한다. 두 상위그룹은 유형론적 분석에 반영된 다양한 심리학적 요소, 신체적 요소, 대인관계 요소의 측면에서 차이를 보였다. 이 연구의 데이터를 여성 오르가슴의 기능에 관한 진화적 사고의 맥락에서 고찰한 결과, 향후 연구의 바람직한 방향이 제시되었다. 특히, 파트너의 특징이 달라지면 한 여성이 겪는 오르가슴의 유형도 달라지는지를 조사할 필요가 있다. 진화적 사고가 세운 가설은 그렇다고 말하고 있기 때문이다.

13. Kevin Nelson, M.D., *The Spiritual Doorway in the Brain: A Neurologist's Search for the God Experience* (New York: Penguin, 2012), 242–43.

14. R. W. B. Lewis and Nancy Lewis, *The Letters of Edith Wharton* (New York: Scribner, 1989), 12.

15. Edith Wharton, *The House of Mirth* (New York: Barnes and Noble Classics, 2003), 177.

16. Georgiadis, "Regional Cerebral Blood Flow," 3305 - 6.

17. 같은 책., 3305 - 16

18. Sally Ryder Brady, *A Box of Darkness: The Story of a Marriage* (New York: St. Martin's Press/Griffin), 114.

19. Mary Roach, Bonk: *The Curious Coupling of Science and Sex* (New York: W. W. Norton, 2008), 293.

20. Wen Zhou and Denise Chen, "Encoding Human Sexual Chemosensory Cues in the Orbitofrontal and Fusiform Cortices," *Journal of Neuroscience* 28, no. 53 (December 31, 2004): 14416-21.

21. 같은 논문., 14416 - 21.

22. Virpi Lummaa and Alexandra Alvergne, "Does the Contraceptive Pill Alter Mate Choice in Humans?" *Trends in Ecology and Evolution* 25, no. 3 (October 6, 2009): 171 - 79.

23. George Preti and others, cited in "Pheromones in Male Perspiration Reduce Women's Tension, Alter Hormone Response that Regulates Menstrual Cycle," *Penn News*, March 14, 2003. www.upenn.edu/pennnews/news/pheromones-male-perspiration-reduce-womens-tension-alter-hormone-responseregulates-menstrual-cycle.

24. 같은 자료.

25. Bob Beale, "What Women Need: Sweaty Male Armpits," *ABC Science Online*, June 26, 2003. www.abc.net.au/science/articles/2003/06/26/888984.htm.

26. Dr. Daniel G. Amen, The Brain in Love: *Twelve Lessons to Enhance Your Love Life* (New York: Three Rivers Press, 2009), 50 - 72.

27. Dr. Daniel Goleman, *Social Intelligence: The Revolutionary New Science of Human Relationships* (New York: Bantam Books, 2006), 63 - 64.

28. 참고 Naomi Wolf, *Misconceptions: Truth, Lies and the Unexpected on the Journey to Motherhood* (New York: Doubleday, 2000).

29. 같은 책.

30. Brizendine, *Female Brain*, 77.

31. Louann Brizendine, M.D., *The Male Brain* (New York: Three Rivers Press, 2010).

32. Daniel Goleman, *Emotional Intelligence: Why It Can Matter More Than IQ* (New York: Bantam, 1995), 129 - 47.

33. John M. Gottman, *The Seven Principles for Making Marriage Work* (New York: Three Rivers Press, 1988), 38, 39.

34. Kathleen Light, cited in Roger Dobson and Maurice Chittenden, "Women Need that Healthy Touch," *Sunday Times* (London), January 16, 2005, www.thetimes.co_uk/tto/public/sitesearch.do?qugrystringwomen + need + that + healthy + touch8p-tto8pf-all&bl-on.

35. Naomi Wolf, Facebook Community Page, informal online survey, September - October 2011.

36. 참고 Milan Zaviacic, *The Human Female Prostate: From Vestigial Skene's Paraurethral Glands and Ducts to Woman's Functional Prostate* (Bratislava: Slovak Academic Press, 1999).

37. Heli Alzate, "Vaginal Eroticism: A Replication Study," *Archives of Sexual Behavior* 6 (December 14, 1985): 529 - 37.

38. Stuart Brody and Petr Weiss, "Simultaneous Penile-Vaginal Orgasm Is Associated with Satisfaction (Sexual, Life, Partnership, and Mental Health)," *Journal of Sexual Medicine* 8, no. 3 (2011): 734 - 41.
선행된 다변량 연구에 의하면, 삶에 대한 만족도가 질 삽입 섹스(다른 섹스 방식들과 구분하기 위한 용어) 및 질 오르가슴의 빈도의 비례하는 것으로 밝혀졌다. 삶에 대한 만족도가 질 삽입 섹스에 의한 동시적 오르가슴에 기여하는 바를 고려하면 대규모 표본 집단을 대상으로 직접적 평가를 수행하는 것이 마땅하다.

39. G. L. Gravina and others, "Measurement of the Thickness of the Urethrovaginal Space in Women with or without Vaginal Orgasm," *Journal of Sexual Medicine* 5, no. 3 (March 2008): 610 - 18.

40. 참고 Deborah Coady and Nancy Fish, *Healing Painful Sex: A Woman's Guide to Confronting, Diagnosing, and Treating Sexual Pain* (New York: Seal Press, 2011).

41. Zwi Hoch, "Vaginal Erotic Sensitivity by Sexological Examination," *Acta Obstetricia et Gynecologica Scandinavica* 65, no. 7 (1986): 767 - 73.
여성이 자위나 파트너에 의한 외음부 자극에는 정상적으로 흥분하지만 성교에만 들어가면 불감증이 나타나 어려움을 겪는 경우가 있다. 이런 커플을 위한 치료 과정의 일환으로 우리는 성과학적 질 검사를 통해 질의 감도를 조사하였다. 본 연구에서는 해부학적으로 경계가 분명하게 그어지는 성감대 요체, 소위 G스팟이 질 내벽에 존재한다는 기존 통설이 반박되었다.

42. Cambridge Women's Pornography Collective, *Porn for Women* (San Francisco: Chronicle Books, 2007).

43. Lumaa and Alvergne, "Does Contraceptive Pill Alter Mate Choice?"

44. Dr. Jim Pfaus, interview, Montreal, Quebec, January 29 - 0, 2012.

45. 우울증치료제가 성기능에 미치는 영향력은 무시할 수 없을 정도로 크다. Anita Clayton, M.D., and Angel L. Montejo, M.D., "Major Depressive Disorder, Antidepressants, and Sexual Dysfunction," *Journal of Clinical Psychiatry* 67, Suppl. 6 (2006): S33 - S37:
성기능 장애는 심리사회적 요인, 질병, 정신 장애, 약물 등 다양한 원인에 의해 드물지 않게 일어나는 의학적 상태다. 성기능 장애는 … 우울증치료제와 밀접한 상관관계가 있는 것으로 밝혀졌다. 특히 선택적 세로토닌 재흡수 억제제(SSRI)는 상이한 작용기전을 따르는 다른 우울증치료제들에 비해 성기능 장애의 발생률이 더 높다. 성기능 장애와 우울증치료제의 작용 기전 간 상관관계를 뒷받침하는 자료는 많다. 여러 건의 연구에 의하면 부프로피온, 네파조돈, 미타자핀이 성기능 장애의 증상을 완화시키면서도 우울증 증상을 조절하는 데 SSRI만큼 효과적인 것으로 제시되었다. 우울증치료제로 인한 성기능 장애를 관리할 목적으로 약물 처방을 바꾸는 것 외에 여러 가지 전략이 사용되고 있지만, 치료에 만족하지 못하는 환자가 여전히 많다. 그냥 저절로 사라지기를 기다리는 환자가 42%나 된다. …

성기능 장애는 건강한 사람과 우울증 환자 모두를 괴롭힌다. National Health and Social Life Survey 집계에 의하면, 성기능 장애는 남성(31%)보다 여성(43%)에서 더 빈번하고, 정신건강 상태가 좋은 대조군에 비해 그렇지 못한 군에서 남녀 모두에게 더 흔하다. 우울증치료제의 부작용으로 나타나는 성기능 장애는 상당한 문제를 일으키는데, 우울증 환자의 장기적인 치료 순응도를 떨어뜨린다는 게 가장 큰 문제다. 조사에 의하면 우울증 환자의 약 36%가 약물 부작용인 성기능 장애 때문에 치료를 중단하려고 한다. 성기능 장애 부작용의 원인은 우울증치료제의 작용기전에 있는 것으로 추론된다. 이런 관련 자료들과 성기능 장애의 생리학 및 병인을 더 자세히 이해하게 되면 치료 순응도를 저해하지 않는 더 효과적인 관리 전략을 마련할 수 있을 것이다.

헬렌 피셔 박사 역시 SSRI가 여성의 성욕 감퇴라는 큰 그림의 중심에 있다고 믿는다. 박사의 그러한 생각은 2004년에 American Psychiatric Association Forum에서 공개된 J. Anderson Thomson Jr.와의 공동연구 "Sex, Sexuality And Serotonin: Do Sexual Side Effects of Most Antidepressants Jeopardize Romantic Love and Marriage?"에 잘 드러나 있다. 이 연구에 따르면, 2002년에 미국에서만 수백만 건의 우울증치료제 처방전이 발행되었고 그중 대부분이 SSRI였다고 한다. SSRI에 의지하는 환자의 무려 73%가 부작용으로 다양한 성기능 장애를 겪는다고 논문은 보고한다:

SSRI가 성기능 장애를 일으키고, 성욕을 감퇴시키고, 성적 흥분을 늦추며 오르가슴을 없앨 수 있다는 것은 잘 알려진 사실이다. …

요점은 성욕 억제 부작용이 있는 SSRI가 사랑을 하려는 사람의 뇌 회로에도 충분히 부정적인 영향을 줄 수 있다는 것이다. …

진화론의 관점에서 오르가슴은 여성이 무의식적으로 짝짓기 상대를 심사하는 제일 기전 중 하나다. 인류학에서는 오래전부터 이것이 비효율적인 방법이라고 여겨왔다. 여성이 매번 오르가슴에 도달하는 것이 아니기 때문이다. 그러다 최근에야 더 설득력 있는 새로운 해석이 나왔다. 바로 '변덕스런 여성 오르가슴' 이론이다. 오르가슴은 여성에게 매우 중요한 적응 기전이다. 시간과 체력을 기꺼이 투자해 그녀들과 함께할 완벽남과 성급하고 자기밖에 몰라서 남편이나 애들 아빠로는 꽝인 문제남을 구별하게 하는 것이다. 따라서 여성이 오르가슴을 억제하는 SSRI를 복용하는 것은 파트너의 자질에 대한 판단력을 흐리는 위험 행위가 될 수 있다. 여성에게 오르가슴은 현재의 파트너십을 판가름하는 잣대이기도 하다. 여성은 오래 함께한 파트너와 오르가슴을 더 자주 느끼는 경향이 있다. 그런데 인위적인 성불감증은 이런 두 사람의 돈독한 관계를 깨뜨릴 수 있다.

46. Cindy M. Meston and David M. Buss, *Why Women Have Sex* (New York: Times Books, 2009), 252.

47. Dr. Jim Pfaus, interview, Montreal, Quebec, January 29 - 30, 2012.

48. Kurt Hahlweg and Notker Klann, "The Effectiveness of Marital Counseling in Germany: A Contribution to Health Services Research," *Journal of Family Psychology* 11, no. 4 (December 1997): 410 - 21.

49. Beverly Whipple, Barry Komisaruk, and Julie Askew, "Neuro-Bio-Experiential Evidence of the Orgasm," paper presented at the annual meeting of the International Society for the Study of Women's Sexual Health, Scottsdale, AZ, February 10 - 13, 2011, *Desert Heat: International Society for the Study of Women's Sexual Health, 2011 Annual Meeting Program Book*, 153 - 84.

참고문헌

Alzate, Heli. "Vaginal Eroticism: A Replication Study." *Archives of Sexual Behavior* 6 (December 14, 1985): 529 - 37.

Amen, Daniel G. *The Brain in Love: Twelve Lessons to Enhance Your Love Life.* New York: Three Rivers Press, 2009.

Batra, S., and J. Al-Hijji. "Characterization of Nitric Oxide Synthase Activity in Rabbit Uterus and Vagina: Downregulation by Estrogen." *Life Sciences* 62 (1998): 2093 - 100.

Baumgardner, Jennifer, and Amy Richards. *Manifesta: Feminism and the Future.* New York: Farrar, Strauss and Giroux, 2000.

Beauchamp, Marcia. "Somasophy: The Relevance of Somatics to the Cultivation of Female Subjectivity." PhD diss., unpublished.

Bostwicvk, J. M., and J. A. Bucci. "Internet Sex Addiction Treated with Naltrexone." *Mayo Clinic Proceedings* 83, no. 2 (February 2008): 226 - 30.

Brizendine, Louann, M.D. *The Female Brain.* New York: Morgan Road Books, 2006.

———. *The Male Brain.* New York: Three Rivers Press, 2010.

Brody, Stuart, and Petr Weiss. "Simultaneous Penile-Vaginal Orgasm Is Associated with Satisfaction (Sexual, Life, Partnership, and Mental Health)." *Journal of Sexual Medicine* 8, no. 3 (2011): 734 - 41.

Brontë, Charlotte. *Jane Eyre.* London: Penguin Classics, 2006.

Brontë, Emily. *Wuthering Heights.* New York: W. W. Norton, 1991.

Burnett, A. L., and others. "Immunohistochemical Description of Nitric Oxide Synthase Isoforms in Human Clitoris." *Journal of Urology* 158 (1997): 75 - 78.

Burton, Richard, trans. *The Perfumed Garden of Cheikh Nefzoui: A Manual of Arabian Erotology.* London: Kama Shastra Society of London and Benares, 1886.

Charters, Ann, ed. *The Portable Beat Reader.* New York: Penguin Books, 1992.

Chaucer, Geoffrey. *The Canterbury Tales.* Edited by Nevill Coghill. New York: Penguin Classics, 2003.

Chopin, Kate. *The Awakening and Other Stories.* Oxford: Oxford University Press, 2000.

Clayton, Anita, M.D., and Angel L. Montejo, M.D. "Major Depressive Disorder, Antidepressants, and Sexual Dysfunction." *Journal of Clinical Psychiatry* 67, Suppl. 6 (2006): S33 - S37.

Cleland, John. *Memoirs of a Woman of Pleasure*. Oxford: Oxford University Press, 1985.

Coady, Deborah, and Nancy Fish. *Healing Painful Sex: A Woman's Guide to Confronting, Diagnosing, and Treating Sexual Pain*. New York: Seal Press, 2011.

Contrecoeur, Claude de. *Dopamine et Sérotonine: Le Rôle de la Dopamine et de la Sérotonine dans le Système Nerveux Central*. http://www.bio.net/bionet/mm/neur-sci/1996-July/024549.html.

Cott, Nancy F., ed. *Root of Bitterness: Documents of the Social History of American Women*. New York: Dutton, 1972.

Daley, Patricia O. *Gender and Genocide in Burundi: The Search for Spaces of Peace in the Great Lakes Region*. Bloomington: Indiana University Press, 2007.

D'Emilio, John, and Estelle B. Freedman. *Intimate Matters: A History of Sexuality in America*. New York: Harper and Row, 1988.

De Riencourt, Amaury. *Sex and Power in History: How the Difference Between the Sexes Has Shaped our Destinies*. New York: Dell, 1974.

Donne, John. *The Complete Poetry and Selected Prose of John Donne*. Edited by Charles M. Coffin. New York: Modern Library, 2001.

Drohojowska-Philp, Hunter. *Full Bloom: The Art and Life of Georgia O'Keeffe*. New York: W. W. Norton, 2004.

Dworkin, Andrea. *Intercourse*. New York: Basic Books, 1987.

Eliot, George. *The Mill on the Floss*. London: Penguin Books, 1979.

Fisher, Helen. *Anatomy of Love: A Natural History of Mating, Marriage and Why We Stray*. New York: Ballantine Books, 1992.

Freud, Sigmund. *The Freud Reader*. Edited by Peter Gay. New York: W. W. Norton, 1989.

Garon, Paul. *Blues and the Poetic Spirit*. London: Eddison Press, 1975.

Gola, Hannah, and others. "Victims of Rape Show Increased Cortisol Responses to Trauma Reminders: A Study in Individuals with War-and Torture-Related PTSD." *Psychoneuroendocrinology* 37 (2012): 213 - 20.

Goleman, Daniel. *Social Intelligence: The Revolutionary New Science of Human Relationships*. New York: Random House, 2006.

Gravina, G. L., and others. "Measurement of the Thickness of the Urethrovaginal Space in Women with or without Vaginal Orgasm." *Journal of Sexual Medicine* 5, no. 3 (March 2008): 610 - 18.

Greer, Germaine. *The Female Eunuch*. New York: HarperPerennial, 2006.

Hahlweg, Kurt, and Notker Klann. "The Effectiveness of Marital Counseling in Germany: A Contribution to Health Services Research." *Journal of Family Psychology* 11, no. 4 (December 1997): 410 - 21.

Hamburger, Lotte, and Joseph Hamburger, eds. *The Secret Life of a Victorian Woman*. New York: Fawcett Columbine, 1991.

Hoch, Zwi. "Vaginal Erotic Sensitivity by Sexological Examination." *Acta Obstetricia et Gynecologica Scandinavica* 65, no. 7 (1986): 767 - 73.

Horstman, Judith. *The Scientific American Book of Love, Sex and the Brain: The Neuroscience of How, When, Why and Who We Love.* San Francisco, CA: Jossey-Bass, 2012.

Hunt, Morton M. *The Natural History of Love.* New York: Minerva Press, 1959.

James, William. *The Varieties of Religious Experience.* New York: Barnes and Noble Classics, 2004.

Jong, Erica. *Fear of Flying.* New York: Penguin Books, 1973.

Kelsey, Morton, and Barbara Kelsey. *Sacrament of Sexuality: The Spirituality and Psychology of Sex.* Rockport, MA: Element Press, 1986.

Kent, Tami Lynn. *Wild Feminine: Finding Power, Spirit and Joy in the Female Body.* New York: Simon and Schuster, 2011.

King R., J. Belsky, and Y. Binik. "Are There Different Types of Female Orgasm?" *Archives of Sexual Behavior* 40, no. 5 (August 10, 2010): 865 - 75.

Klapisch-Zuber, Christiane, ed. *A History of Women: Silences of the Middle Ages.* Cambridge, MA: Harvard University Press, 1992.

Laskin, David. *Partisans: Marriage, Politics and Betrayal among the New York Intellectuals.* New York: Simon and Schuster, 2000.

Lawrence, D. H. *Lady Chatterley's Lover.* New York: Barnes and Noble Classics, 2005.

———. *Women in Love.* New York: Penguin Books, 1987.

LeVay, Simon. *The Sexual Brain.* Cambridge, MA: MIT Press, 1993.

Lewis, R. W. B., and Nancy Lewis. *The Letters of Edith Wharton.* New York: Scribner, 1989.

Mah, K., and Y. M. Binik. "The Nature of Human Orgasm: A Critical Review of Major Trends." *Clinical Psychology Review* 6 (August 21, 2001): 823 - 56.

Masson, Jeffrey Moussaieff. *A Dark Science: Women, Sexuality and Psychiatry in the Nineteenth Century.* New York: Farrar, Strauss and Giroux, 1986.

Masters, William H., and Virginia E. Johnson. *Human Sexual Response.* New York: Ishi Press, 2010.

Meston, Cindy M., "Sympathetic Nervous System Activity and Female Sexual Arousal." In "A Symposium: Sexual Activity and Cardiac Risk." *American Journal of Cardiology* 86 (July 20, 2000): 30F - 34F.

Meston, Cindy M., and Boris B. Gorzalka. "Differential Effects of Sympathetic Activation on Sexual Arousal in Sexually Dysfunctional and Functional Women." *Journal of Abnormal Psychology* 105, no. 4 (1996): 582 - 91.

Miles, Rosalind. *The Women's History of the World.* London: Paladin, 1989.

Millay, Edna St. Vincent. *Collected Poems of Edna St Vincent Millay.* Edited by Norma Millay. New York: HarperPerennial, 1956.

Munarriz, R., and others. "Biology of Female Sexual Function." *Urology Clinic North America* 29 (2002):

685 - 93.

Nelson, Kevin, M.D. *The Spiritual Doorway in the Brain: A Neurologist's Search for the God Experience.* London: Plume, 2012.

Offit, Avodah K., M.D. *The Sexual Self: Reflections of a Sex Therapist.* New York: Congdon and Weed, 1983).

Pfaus, James G., and others. "Who, What, Where, When (and Maybe Even Why)? How the Experience of Sexual Reward Connects Sexual Desire, Preference, and Performance." *Archives of Sexual Behavior* 41 (March 9, 2012): 31 - 62.

Prioleau, Betsy. *Seductress: Women who Ravished the World and their Lost Art of Love.* New York: Viking, 1994.

Rellini, Allessandra H., and Cindy M. Meston. "Psychophysiological Sexual Arousal in Women with a History of Child Sexual Abuse." *Journal of Sex and Marital Therapy* 32 (2006): 5 - 22.

Ryan, Christopher, and Cacilda Jethá. *Sex at Dawn: The Prehistoric Origins of Modern Sexuality.* New York: HarperCollins, 2010.

Sato, Y., and others. "Effects of Long-Term Psychological Stress on Sexual Behavior and Brain Catecholamine Levels." *Journal of Andrology* 17, no. 83 (2006).

Seidman, Steven. *Romantic Longings: Love in America, 1830–1980.* New York: Routledge, 1991.

Shepsut, Asia. *Journey of the Priestess: The Priestess Traditions of the Ancient World.* New York: HarperCollins, 1993.

Stekel, William. *Frigidity in Woman. Vol. 2, The Parapathiac Disorders.* New York: Liveright, 1926.

Traish, A. M. and others. "Biochemical and Physiological Mechanisms of Female Genital Sexual Arousal." *Archives of Sexual Behavior* 31 (2002): 393 - 400.

Vicinus, Martha, ed. *Suffer and Be Still: Women in the Victorian Age.* Bloomington, IN: Indiana University Press, 1973.

Warnock, J. J. "Female Hypoactive Sexual Desire Disorder: Epidemiology, Diagnosis and Treatment." *Journal of Sexual Medicine* 3 (May 3, 2006): 408 - 18.

Wharton, Edith. *The House of Mirth.* New York: Barnes and Noble Classics, 2003.

Whipple, Beverly, Barry Komisaruk, and Julie Askew. "Neuro-Bio-Experiential Evidence of the Orgasm." Paper presented at the annual meeting of the International Society for the Study of Women's Sexual Health, Scottsdale, Arizona, February 10 - 13, 2011.

Woolf, Virginia. *A Room of One's Own.* New York: Harcourt, 1981.

Yoon, H., and others. "Effects of Stress on Female Rat Sexual Function." *International Journal of Impotence Research: Journal of Sexual Medicine* 17 (2005): 33 - 38.

Zaviacic, Milan. *The Human Female Prostate: From Vestigial Skene's Paraurethral Glands and Ducts to Woman's Functional Prostate.* Bratislava: Slovak Academic Press, 1999.

색인

저자 | 나오미 울프(Naomi Wolf)

미국의 사회운동가이자 진보적 페미니스트.

40여 권의 저서를 출간한 베스트셀러 작가.

21세기에도 여전히 만연한 성차별과 인종차별에 저항하며 저술과 강연을 통해 사회운동을 펼쳐왔다. 1997년 우드헐 연구소를 창립하여 여성 지도자 양성에 전념하는 한편 《뉴욕타임스》, 《월스트리트저널》, 《워싱턴포스트》, 《에스콰이어》 등에 정기적으로 기고활동을 하고 있다. 대표 저작으로 《버자이너(Vagina)》, 《무엇이 아름다움을 강요하는가(The Beauty Myth)》, 《미국의 종말(The End of America)》 등이 있다.

번역 | 최가영

서울대학교 약학대학원을 졸업하였다. 현재 과학 및 의학 분야 출판 전문 번역가로 활동하고 있다. 옮긴 책으로 《뉴 코스모스》, 《한권의 물리학》, 《한 권의 화학》, 《과학자들의 대결》, 《커피 중독》, 《꿀꺽 한 입의 과학》, 《맨즈헬스 홈닥터》, 《슈퍼박테리아》 등 다수가 있다.

2018년 7월 29일 초판 1쇄 발행

ISBN | 979-11-961697-7-3 03330

가격 | 18,000원

「이 도서의 국립중앙도서관 출판예정도서목록(CIP)은 서지정보유통지원시스템 홈페이지(http://seoji.nl.go.kr)와 국가자료공동목록시스템(http://www.nl.go.kr/kolisnet)에서 이용하실 수 있습니다. (CIP제어번호: CIP2018013630)」